全国交通运输行业职业技能鉴定教材——汽车维修工

汽车检测工、汽车机械维修工、汽车电器维修工职业技能鉴定教材

（初级、中级、高级）

 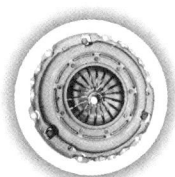 

交通运输部职业资格中心
（交通运输部职业技能鉴定指导中心） 组织编审

QICHE JIANCEGONG QICHE JIXIE WEIXIUGONG
QICHE DIANQI WEIXIUGONG ZHIYE JINENG
JIANDING JIAOCAI

人民交通出版社股份有限公司
China Communications Press Co.,Ltd.

内 容 提 要

本书包括了汽车检测工、汽车机械维修工、汽车电器维修工中的初级、中级、高级人员在通过国家职业技能鉴定时,应该掌握的技能要求和相关知识要求。

本教材是汽车维修工职业技能鉴定的辅导用书,也可作为职业院校汽车类专业的教学教材,还可作为汽车维修行业相关人员自学与继续教育的参考教材。

图书在版编目(CIP)数据

汽车检测工、汽车机械维修工、汽车电器维修工职业技能鉴定教材:初级、中级、高级/交通运输部职业资格中心,交通运输部职业技能鉴定指导中心组织编审. —北京:人民交通出版社股份有限公司,2017.8

全国交通运输行业职业技能鉴定教材. 汽车维修工

ISBN 978-7-114-14092-1

Ⅰ.①汽… Ⅱ.①交… ②交… Ⅲ.①汽车—车辆维修—职业技能—鉴定—教材 Ⅳ.①U472.4

中国版本图书馆 CIP 数据核字(2017)第 192034 号

书　　名:	汽车检测工、汽车机械维修工、汽车电器维修工职业技能鉴定教材(初级、中级、高级)
著 作 者:	交通运输部职业资格中心 (交通运输部职业技能鉴定指导中心)
责任编辑:	刘　博
出版发行:	人民交通出版社股份有限公司
地　　址:	(100011)北京市朝阳区安定门外外馆斜街 3 号
网　　址:	http://www.ccpress.com.cn
销售电话:	(010)59757973
总 经 销:	人民交通出版社股份有限公司发行部
经　　销:	各地新华书店
印　　刷:	中国电影出版社印刷厂
开　　本:	787×1092　1/16
印　　张:	17.75
字　　数:	413 千
版　　次:	2017 年 8 月　第 1 版
印　　次:	2019 年 9 月　第 3 次印刷
书　　号:	ISBN 978-7-114-14092-1
定　　价:	60.00 元

(有印刷、装订质量问题的图书由本公司负责调换)

全国交通运输行业职业技能鉴定教材
——汽车维修工
审定委员会

主 任 委 员：申少君

副主任委员：朱传生

委　　　员：王福恒　郝鹏玮　黄新宇　贾彦勇

　　　　　　　魏俊强　陶　巍　张　泓　吴晓斌

　　　　　　　苏　霆　李远军　陈　琦

《汽车检测工、汽车机械维修工、汽车电器维修工职业技能鉴定教材（初级、中级、高级）》编写人员

主　　编：吕　坚　周　旭

参　　编：王　钰　邱尚磊　卜军伟　任　东

　　　　　黎　敏

前 言
FOREWORD

为做好交通运输行业职业技能培训及鉴定工作,在汽车维修从业人员中推行国家职业资格证书制度,交通运输部职业资格中心(交通运输部职业技能鉴定指导中心)组织汽车维修行业的有关专家编写了"全国交通运输行业职业技能鉴定教材——汽车维修工"。

本套教材共6本,分别为:《职业道德和基础知识》《汽车检测工、汽车机械维修工、汽车电器维修工职业技能鉴定教材(初级、中级、高级)》《汽车检测工、汽车机械维修工、汽车电器维修工职业技能鉴定教材(技师、高级技师)》《汽车车身整形修复工职业技能鉴定教材》《汽车车身涂装修复工职业技能鉴定教材》《汽车美容装潢工、汽车玻璃维修工职业技能鉴定教材》。

本教材具有以下特点:

(1) 坚持标准引领。教材以《汽车维修工国家职业技能标准》为基本遵循,注重把职业标准的内容与要求贯穿于教材编写全过程,并结合汽车维修工工作实际对教材内容予以拓展。

(2) 突出知识结构。教材列明了不同级别的汽车维修工应该掌握的技能要求和知识要求,结构合理、层次清晰,便于汽车维修工准确了解掌握学习内容,满足了不同级别汽车维修工的学习需求。

(3) 注重职业能力。教材内容以职业活动为导向,以提升职业能力为核心,突出职业特色,体现能力水平,具有较强的针对性和可操作性。

(4) 体现专家权威。参与教材编写和负责教材审定的同志来自知名职业院校、维修企业、交通运输行业汽车维修主管部门和职业资格工作专门机构,具有扎实的理论功底、丰富的实践经验和良好的职业素养。

本教材是汽车维修工职业技能鉴定的辅导用书,也可作为职业院校汽车类专业的教学教材,还可作为汽车维修行业相关人员自学与继续教育的参考教材。

本教材的编写与审定,得到了汽车维修行业相关专家、学者和部分交通运输行业主管部门、职业院校、维修企业的大力支持,在此一并致谢!

由于教材编写时间紧、内容多、任务重,加之编审水平有限,教材定有不足之处,恳请广大读者批评指正。

交通运输部职业资格中心
(交通运输部职业技能鉴定指导中心)
二〇一七年七月

目录 CONTENTS

- 第一章　汽车维护 …………………………………………………………………… 1
  - 第一节　发动机维护 …………………………………………………………… 2
  - 第二节　底盘维护 ……………………………………………………………… 7
  - 第三节　电器维护 ……………………………………………………………… 13
- 第二章　汽车发动机检修 …………………………………………………………… 24
  - 第一节　发动机拆装和零件清洗要求 ………………………………………… 24
  - 第二节　发动机技术参数检测 ………………………………………………… 31
  - 第三节　曲柄连杆机构检修 …………………………………………………… 39
  - 第四节　配气机构检修 ………………………………………………………… 51
  - 第五节　燃油、电控系统检修 ………………………………………………… 56
  - 第六节　润滑和冷却系统检修 ………………………………………………… 66
  - 第七节　进(排)气系统检修 …………………………………………………… 68
  - 第八节　发动机大修 …………………………………………………………… 72
- 第三章　汽车底盘检修 ……………………………………………………………… 75
  - 第一节　传动系统检修 ………………………………………………………… 75
  - 第二节　行驶系统检修 ………………………………………………………… 86
  - 第三节　转向系统检修 ………………………………………………………… 96
  - 第四节　制动系统检修 ………………………………………………………… 101
- 第四章　汽车电器检修 ……………………………………………………………… 108
  - 第一节　蓄电池检修 …………………………………………………………… 108
  - 第二节　起动系检修 …………………………………………………………… 114
  - 第三节　充电系统检修 ………………………………………………………… 119
  - 第四节　照明、信号及仪表系统检修 ………………………………………… 129
  - 第五节　汽车辅助电器系统检修 ……………………………………………… 157
  - 第六节　空调系统检修 ………………………………………………………… 176
- 第五章　汽车发动机故障诊断与排除 ……………………………………………… 183
  - 第一节　发动机机械故障诊断与排除 ………………………………………… 183
  - 第二节　发动机燃油、控制系统故障诊断与排除 …………………………… 188
  - 第三节　进(排)气系统故障诊断与排除 ……………………………………… 193
  - 第四节　润滑、冷却系统故障诊断与排除 …………………………………… 198

第五节　排放控制系统故障诊断与排除 ………………………………………… 203
第六章　汽车底盘故障诊断与排除 …………………………………………………… 215
　　第一节　传动系统故障诊断与排除 ……………………………………………… 215
　　第二节　行驶系统故障诊断与排除 ……………………………………………… 221
　　第三节　转向系统故障诊断与排除 ……………………………………………… 225
　　第四节　制动系统故障诊断与排除 ……………………………………………… 230
第七章　汽车电器故障诊断与排除 …………………………………………………… 234
　　第一节　充电、起动系统故障诊断与排除 ……………………………………… 234
　　第二节　照明、信号及仪表故障诊断与排除 …………………………………… 238
　　第三节　汽车辅助电器系统故障诊断与排除 …………………………………… 241
　　第四节　空调系统故障诊断与排除 ……………………………………………… 252
　　第五节　新能源汽车电力驱动和电池系统维护 ………………………………… 265
参考文献 ………………………………………………………………………………… 274

第一章　汽车维护

　　汽车维护是指汽车经一定的行驶里程间隔或时间间隔后,根据汽车维护技术标准,按规定的工艺流程、作业范围、作业项目、技术要求所进行的预防性作业。

　　汽车维护是以保持车容整洁、及时发现和消除故障及其隐患、防止车辆早期损坏为目的。通过汽车的技术维护,应使车辆达到如下要求:汽车经常处于技术状况良好的状态,可以随时出车;在合理使用的前提下,不因中途损坏而停车,以及因机械故障而影响行车安全;在运行过程中,降低燃料、润滑油以及配件和轮胎的消耗;各总成的技术状况应尽量保持均衡,以延长汽车大修间隔里程;减小车辆噪声和排放污染物对环境的污染。

　　根据《汽车维护、检测、诊断技术规范》(GB/T 18344—2016),我国汽车维护的原则是"预防为主、定期检测、强制维护"。即车辆维护必须遵照交通运输管理部门的规定并结合汽车制造厂推荐的行驶里程(或间隔时间)、汽车维护作业要求,按期强制维护,不得拖延,并在维护作业中遵循车辆维护分级和作业范围的有关规定,保证维护质量。

　　我国关于汽车维护的具体规定是:汽车维护分为日常维护、一级维护和二级维护。

　　汽车日常维护定义:以清洁、补给和安全检视为作业中心内容,由驾驶员负责执行的车辆维护作业。

　　汽车日常维护基本要求:车容整洁;工作介质(燃油、润滑油、动力传动液、冷却液、制动液及蓄电池电解液等)充足;密封良好,水、电、油、气无泄漏;附件齐全无松动;制动可靠,转向灵敏,灯光喇叭等工作正常。

　　汽车一级维护定义:除日常维护作业外,以清洁、润滑、紧固为作业中心内容,并检查有关制动、操纵等安全部件,由维修企业负责执行的车辆维护作业。

　　汽车一级维护是一项运行性维护,即在汽车日常使用过程中的一次以确保车辆正常运行状况为目的的作业,是在日常维护的基础上增加润滑、紧固和检查安全部件的要求。

　　汽车二级维护定义:除完成一级维护作业外,以检查、调整转向节、转向摇臂和悬架等经过一定时间使用容易磨损或变形的安全部件为主,并拆检轮胎,进行轮胎换位,检查调整发动机工况和排气污染控制装置等,由维修企业负责执行的车辆维护作业。

　　汽车二级维护是一次以消除隐患为目的的性能恢复性作业,尤其是恢复达标的排放性能、恢复安全性能。因此,保证汽车二级维护作业的全面性和彻底性很重要。

第一节　发动机维护

技能要求

1. 能清洁、更换空气滤清器(初级要求)；
2. 能检查、调整发动机机油、冷却液的液位(初级要求)；
3. 能检查发动机机油、冷却液的泄漏(初级要求)；
4. 能更换机油及机油滤清器(初级要求)；
5. 能检查冷却液冰点(初级要求)；
6. 能更换燃油滤清器(中级要求)；
7. 能检查进(排)气系统及其泄漏(中级要求)；
8. 能检查、调整及更换发动机传动皮带(中级要求)；
9. 能检查、更换发动机正时皮带或正时链条(中级要求)；
10. 能更换发动机悬置总成(中级要求)。

知识要求

1. 发动机一级维护项目、作业内容和技术要求(初级要求)；
2. 发动机机油、冷却液泄漏检查(初级要求)；
3. 冷却液冰点检查(初级要求)；
4. 发动机二级维护项目、作业内容和技术要求(中级要求)；
5. 进(排)气系统密封性检查技术要求(中级要求)；
6. 发动机传动皮带检查调整操作方法和技术要求(中级要求)；
7. 正时皮带、正时链条更换操作方法和技术要求(中级要求)；
8. 发动机悬置总成更换操作方法和技术要求(中级要求)。

一、发动机一级维护

发动机一级维护作业内容和技术要求：除日常维护作业外，以清洁、润滑、紧固为作业中心内容，主要以"三清三滤"检查或更换为主，检查发动机水、电、油液面和品质等，由维修企业负责执行。

1. 发动机空气滤清器清洁、更换

发动机空气滤清器位于进气道的入口处，在行车的过程中，空气中的尘埃、水分、油污被空气滤清器滤芯过滤，当纸质滤芯吸附了过多的污物后就会发生堵塞，进气量就会下降，影响发动机的动力性和经济性，此时就应清洁或更换空气滤清器滤芯。因此，为延长纸质空气滤清器滤芯的使用寿命，一般可以定期或不定期地进行清洁维护。

发动机空气滤清器的一般清洁、更换步骤如下：

(1)视需要断开进气温度传感器或空气流量传感器电气元件的连接器。

(2)拆卸进气管/空气滤清器盖。

①松开进气管/空气滤清器软管卡箍。
②从节气门体和空气滤清器盖上卸下进气软管。
③松开空气滤清器盖与下体的紧固卡箍。
④拆下空气滤清器盖,取出滤芯。
⑤检查空滤器壳体和进气管是否损坏,若有须更换。

(3)用小于300kPa的压缩空气按与进气流相反的方向清洁滤芯,将尘土除掉,同时将滤清器壳内的灰尘清除掉。

(4)将清洁后的空气滤清器滤芯或新的滤芯安装到空气滤清器壳体上。

(5)装上壳体盖和进气软管,并用卡箍紧固。

2. 发动机油液位检查、机油和滤清器更换

发动机机油使用后会变质,或者即使没有使用也会变质。由于发动机机油去除了发动机中的污垢和油污,它会变脏,然后变黑。如果不更换发动机机油,发动机易被损坏,而且会造成难以起动。

发动机机油滤清器是用于清除机油中的炭、油污和金属颗粒的部件。如果机油滤清器没有按时更换而出现滤清器阻塞,机油就不能流过滤清器。导致机油滤清器上的安全阀开启,将脏的机油直接送入发动机。发动机机油和滤清器更换间隔期随车型、使用状况而不同。

发动机机油液位、机油和滤清器的一般检查、更换步骤如下:

(1)在车辆未举升前,松开机油加注口盖,同时检查发动机上部有无漏油痕迹。举升车辆,检查曲轴前油封、油底壳垫和放油螺栓,以及其他接合面及管路有无漏油痕迹。

(2)拆下放油螺塞和密封垫圈,将旧机油放入机油回收器内,按要求检查或更换放油螺塞和密封垫圈并按规定力矩拧紧。

(3)使用专用工具,拆卸机油滤清器,检查、清洁滤清器座安装表面。

(4)更换新的机油滤清器和密封圈,并在安装表面涂抹适量机油。用手安装机油滤清器使其就位,然后使用专用工具按车型要求拧紧。

(5)放低车辆,从机油加注口加入规定数量和规格的清洁机油,通过机油尺检查油液平面是否在规定范围内。

注意:机油滤清器内还没有注满机油,因此机油液位应偏上限。

3. 发动机冷却液泄漏、液位和冰点检查

发动机冷却液的功能主要是防止冷却液凝固、防止冷却系统部件生锈,提高沸点。当冷却液泄漏或液位低而未及时补充,发动机将会出现因冷却不良而使温度过高现象,会引起发动机功率不足、油耗增加,甚至导致机械件损坏。如果冷却液变质,其内在防锈品质将会降低,或者使冷却液凝固,对散热器、管路以及发动机机体等将可能造成影响。因此,及时对发动机冷却液泄漏、液位和冰点检查很重要。

(1)检查冷却液泄漏。冷却液损失首先是泄漏造成的,在这种情况下仅补充冷却液是不能解决问题的。应当模拟发动机热车工作状态下的情况来检查冷却液泄漏位置。

拆下加液口盖,把冷却系测试仪装到加液口处,加压至规定值以上(120~150kPa),检查水泵、散热器及各连接处是否有泄漏现象,保持一定时间,若压力不下降,则说明没有泄漏;如有下降,应仔细观察何处泄漏,如图1-1所示。

使用散热器盖测试仪测量带空气蒸汽阀的散热器盖阀门开启压力,并检查其是否在规定的范围以内,如图1-2所示。检查橡胶密封垫是否有裂纹或者破损。

注意:热车检查冷却系时,即使点火开关关闭,散热器电动风扇也可能突然转动。热车打开散热器盖时,要防止冷却液因压力过高而溢出伤人。

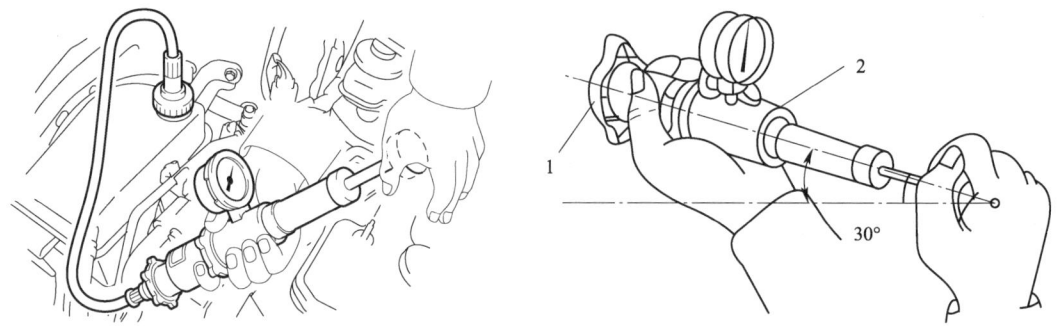

图1-1 冷却系统泄漏检测

图1-2 散热器盖检测
1-散热器盖;2-测试仪

(2)检查冷却液储液罐液位。液位应在 LOW 和 FULL 两线之间。若低于 LOW 线,则应检查有无泄漏,再补充冷却液至 FULL 线。

(3)检查冷却液冰点。除了检查冷却液中有无机油或沉积物外,还要检测冷却液冰点。冷却液冰点折射仪的一般检测步骤如下,如图1-3所示。

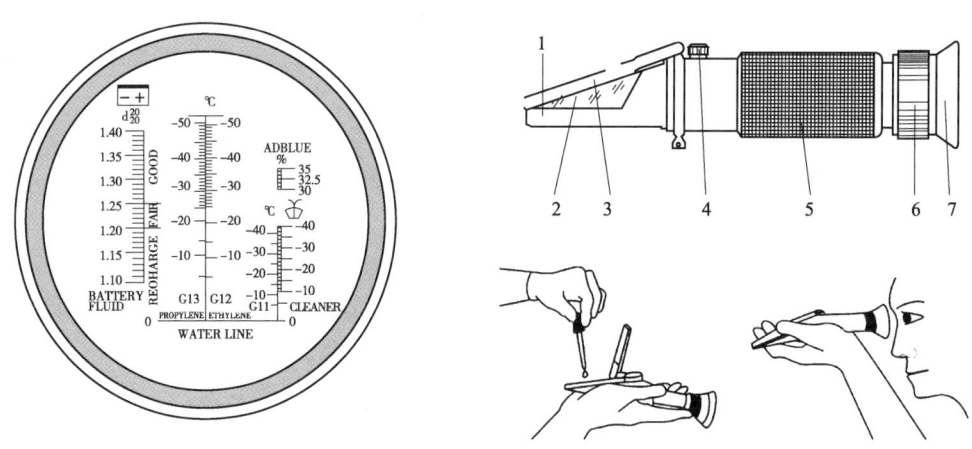

图1-3 冷却液冰点折射仪及使用方法
1-棱镜座;2-检测棱镜;3-盖板;4-调节螺钉;5-镜筒和手柄;6-调节手轮;7-目镜

①打开盖板,用软布仔细擦净检测棱镜。
②取待测溶液数滴,置于检测棱镜上,轻轻合上盖板,避免气泡产生,使燃油遍布棱镜表面。
③将仪器进光板对准光源或明亮处,通过目镜观察视场,转动目镜调节手轮,使视场的蓝白分界线清晰。分界线的刻度值即为溶液的浓度。

二、发动机二级维护

发动机二级维护作业内容和技术要求:除一级维护作业内容外,以检查、调整为主,主要检查并调整各传动带,检查调整发动机工况和排气污染控制装置等,并对发动机进行不解体检测,确定二级维护附加作业,确保两次维护之间发动机技术状况良好,由维修企业负责执行。

1. 发动机进(排)气系统密封性检查

发动机密封性能的检测,包括汽缸密封性和进气管密封性检测。进气管密封性不良主要由进气管衬垫漏气、真空管脱落或进气管连接处漏气等因素引起。进气管密封性不良易引起混合气过稀。排气系统密封性不良,主要是排气歧管衬垫、排气管密封绝热垫或排气管破损,将会产生很大的排气噪声。

发动机进气管的真空度也称进气管负压,是进气管内的进气压力与外部大气压力的压力差。进气管真空度随进气管密封性和汽缸的密封性变化而变化。因此,可运用真空表检测进气管的真空度来分析、判断进气管密封性和汽缸密封性。发动机进气管的真空度检测及诊断方法,参见第二章第二节的进气歧管真空度检测内容。

2. 发动机燃油滤清器更换

发动机燃油滤清器是为了过滤燃油中的氧化铁、粉尘等固体夹杂物,防止燃油系统堵塞。若燃油滤清器发生阻塞,就会减少和降低传递至喷油器的燃油量和压力,造成发动机起动困难、动力下降,故应按规定更换汽油滤清器。更换时,应注意汽油滤清器上箭头所指的燃油流动方向,并且注意燃油系统有压力,应在断开燃油管路前先释放燃油系统压力。

发动机燃油滤清器的一般更换步骤如下:

(1)释放燃油系统压力。电控燃油喷射发动机,从熔断丝盒中拆卸燃油泵熔断丝使其不工作,起动发动机并使其运转至油管内燃油耗尽而熄火。

(2)拆卸燃油滤清器。拆卸安装架装配螺栓,松开油管接头卡箍,从燃油滤清器上拔出软管,断开进/出油管。

(3)更换新燃油滤清器。注意滤清器箭头应指向燃油流动方向,连接进/出油管。用卡箍紧固油管,安装燃油滤清器安装架。

(4)在熔断丝盒中装上燃油泵熔断丝,起动发动机检查燃油滤清器以及油管连接处是否有泄漏。

3. 发动机传动皮带检查、更换

发动机外部的主要附件发电机、动力转向油泵、空调压缩机,都是通过V带或多楔带由曲轴带轮驱动。V带或多楔形橡胶带随着使用时间的延长磨损越来越大,甚至出现脱层、龟裂、变形等损伤。

发动机V带或多楔传动皮带的一般检查、更换步骤如下:

(1)在拆卸V带或多楔带之前应先做上方向记号。如果按相反方向安装原V带或多楔带,可能损坏V带或多楔带。

(2)松开发电机的固定螺栓,向上推动发电机,取下V带或多楔带。

(3)松开空调压缩机V带带张紧轮并推转,松开空调压缩机固定螺栓,拆下V带带。

(4)按原记号安装V带或多楔带,或更换新V带或多楔传动带。转动螺栓C,以调节多楔带传动的张紧度。

检查多楔传动带的张紧度,如图1-4所示。

张紧度:新皮带为700~800N;旧皮带为550~750N。

4. 发动机正时皮带或正时链条更换

汽车在使用过程中,由于正时皮带或正时链条磨损或变形会引起配气正时失准,将影响到发动机的动力性和经济性。如果出现正时皮带或正时链条跳齿或断裂,则可能使活塞与气门发生运动干涉。顶置凸轮轴式发动机发生运动干涉时,气门会被顶弯,甚至导致气门传动组件损坏。因此,应按技术要求对发动机正时皮带或正时链条进行检查,并适时更换。

1)发动机正时皮带的一般更换步骤

(1)拆卸发动机正时皮带。拆下齿形皮带护罩,使用专用工具松开张紧器。

(2)分别转动曲轴带轮和凸轮轴带轮,将两带轮上的记号分别与齿形皮带的标记对齐。将齿形带装到曲轴皮带轮上,然后按凸轮轴皮带轮、张紧轮等顺序安装齿形带,如图1-5所示。注意齿形带的旋转方向,使用专用工具转动张紧轮,直至齿形带张紧力合适。

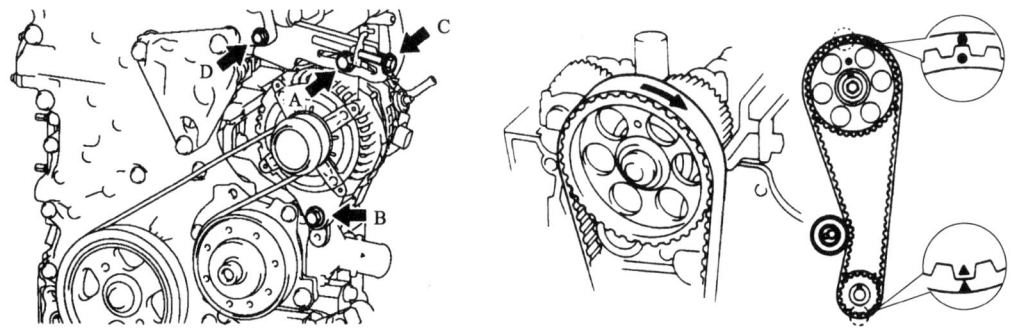

图1-4 拆装多楔传动带　　　　图1-5 发动机带式正时传动机构正时记号

2)发动机正时链条一般更换步骤

(1)拆卸正时链条。拆卸正时链条张紧器及导板,用扳手逆时针旋转凸轮轴正时齿轮,在链条松弛时,将链条从凸轮轴正时齿轮上松开并拆下链条。

(2)安装正时链条。将链条上标记板和正时标记对准曲轴、凸轮轴链轮标记并安装链条,安装正时链条导板和张紧器,如图1-6所示。

提示: 发动机正时皮带或正时链条更换后,不能立即起动发动机。必须用手摇转曲轴数圈,再次检查链条上标记板与曲轴、凸轮轴链轮标记,只有完全对准后,才可起动发动机。

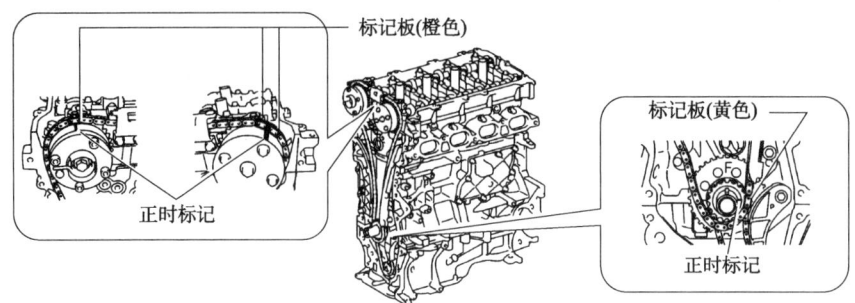

图1-6 发动机链式正时传动机构正时记号

5. 发动机悬置总成更换

发动机悬置总成磨损或损坏,将引起车辆行驶过程中出现振动和异响;严重的话,会引起传动装置异常损伤,因此需立即更换。

发动机悬置总成的一般更换步骤如下:

(1)拆下发动机悬置总成连接螺栓。拆除发动机悬置总成附近必要机件,用钢丝拉索将发动机提升托架连接至发动机提升装置上,拉紧钢索直到轻微张紧,拆下悬置总成紧固螺栓。

(2)拆除发动机旧悬置总成。拉动钢索将发动机提升至合适高度,拆下旧悬置总成。

(3)安装发动机新悬置总成。将新悬置总成安装到发动机支架与车架之间并装上贯穿螺栓,放低发动机总成至车架上的悬置总成,紧固贯穿螺栓,放松并移动发动机提升托架。

第二节 底盘维护

技能要求

1. 能检查、紧固底盘螺栓、螺母(初级要求);
2. 能检查车轮外观损伤、轮胎花纹深度和轮胎气压(初级要求);
3. 能检查、调整变速器、制动、转向、传动等系统的液位和品质(初级要求);
4. 能检查、调整离合器踏板、制动踏板自由行程(中级要求);
5. 能检查万向节、传动轴技术状况(中级要求);
6. 能检查、调整转向拉杆及球头(中级要求);
7. 能检查悬架弹簧、减振器技术状况(中级要求);
8. 能检查、调整轮毂轴承间隙(中级要求);
9. 能检查、调整制动器和更换(中级要求)。

知识要求

1. 底盘一级维护项目、作业内容和技术要求(初级要求);
2. 车轮组成、结构和轮胎检查方法(初级要求);
3. 润滑油(脂)选用与加注方法(初级要求);
4. 底盘二级维护项目、作业内容和技术要求(中级要求);
5. 二级维护竣工检测项目、技术要求(中级要求)。

一、底盘一级维护

底盘一级维护作业内容和技术要求:除日常维护作业内容外,以清洁、润滑、紧固为主,并检查有关制动、操纵等安全部件。主要有变速器、制动、转向、传动等系统的液位和品质的检查、加注,车轮外观损伤、轮胎花纹深度和轮胎气压检查等内容,由维修企业负责执行。

1. 变速器维护

一级维护时,检查变速器齿轮油液面,液面高度应在规定标线内,或在检视口下沿不低于 15mm 的位置。变速器通气孔塞保持清洁通畅。还应检查变速器密封情况,要求变速器外部清洁,无渗漏油,各部连接紧固。

2. 制动液检查和加注

现在大多数汽车都是采取液压制动,然而制动液对于制动的安全性能有着很大的影响,所以一定要对制动液进行检查并及时加注。

1) 检查制动液

(1) 目测检查制动液液面是否在正常范围(中间刻度处),不在正常范围内,要及时添加。检查制动液是否有变稀、颜色变黑的现象,如果变稀变色,则更换制动液。

(2) 用制动液测量仪检测制动液的含水量。根据检测仪器上面的测量范围来确定制动液的含水量,如果显示在绿色区域表示制动液正常,黄色区域为警告,红色区域为不正常,如图 1-7 所示。

(3) 检查主缸储液罐液面。正常液面应在 MIN 与 MAX 两线之间。若低于 MIN 线,检查制动系有无泄漏。

(4) 怠速时检查有无泄漏。发动机怠速时挂空挡,用脚踩住踏板并保持,如果踏板会慢慢下降,说明系统有泄漏。

2) 添加更换制动液

(1) 如果在常规油液检查时发现制动液液位处于或低于半满位置,且制动系统检查未发现磨损或制动液泄漏,则可以将制动液加注至最满标记。

(2) 如果刚完成制动系统维修,制动液到了更换周期或变质,则可更换制动液并加满。

(3) 制动液更换后应进行制动系统排气检查。

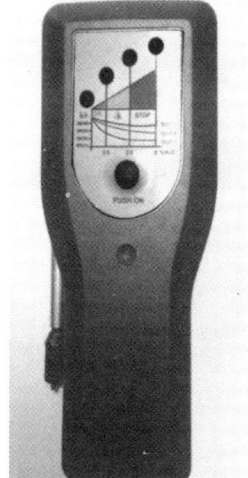

图 1-7 制动液测量仪

①让另一人缓慢地将制动踏板踩到底,并在踏板上保持稳定的压力。

②等待约 30s,然后检查整个液压制动系统,确保不存在制动液外部泄漏。

③将合适的扳手放置右后车轮液压回路放气阀上。

④将透明软管安装至放气阀端口,将透明软管的开口端浸入透明容器中。

⑤松开放气阀,排出车轮液压回路中的空气。让制动液流动,直到放气装置不再放出气泡,然后拧紧放气阀。反复多次,踩踏制动踏板、松开车轮放气螺栓,直至从右后液压回路中放出所有空气后,拧紧放气螺栓。

⑥同样,按左后轮、右前轮、左前轮的顺序释放所有制动管路中空气。

⑦在完成最后一个车轮液压回路放气程序后,确保 4 个车轮液压回路放气阀被正确紧固。加满制动主缸储液罐中制动液,装上制动主缸储液罐盖。

3. 万向传动装置和驱动桥维护

一级维护时,应对万向传动装置和驱动桥进行润滑和紧固作业。

(1) 检查、清洁传动轴和万向节。要求传动轴和万向节上无泥污等。

(2) 检查万向传动装置各部螺栓和螺母的紧固情况。特别是万向节叉凸缘连接螺栓和中间支承支架的固定螺栓等,并按规定力矩拧紧。

(3)检查润滑脂油嘴是否完好,并对传动轴的滑动叉、中间支承轴承、万向节的十字轴轴承等加注润滑脂。

(4)检查后桥壳是否有渗漏。如有渗漏,应查明原因,予以排除。

(5)壳内润滑油量是否合适,润滑油液面应在检视孔下沿15mm处。桥壳的通气塞应保持畅通。

(6)检查驱动桥各部螺栓、螺母的连接是否可靠。

4.转向系统维护

汽车转向系工作性能好坏直接影响到行车安全和驾驶员的劳动强度。

(1)汽车一级维护时,要润滑转向节主销、转向轴轴承、转向传动轴滑动叉、万向节轴承、纵拉杆和横拉杆球销。检查机械转向器壳内润滑油量是否合适,润滑油液面应在检视孔下沿15mm处;桥壳的通气塞应保持畅通。

(2)认真检查转向器与转向联动机构各接头点和转向器的固定是否牢靠;转向盘转动是否灵活、正常;液压转向系统有无漏油和油罐是否有油等。

(3)检查动力转向液压系统的液位,根据需要向储液罐中加注油液至规定液位。

5.车轮和轮胎维护

车轮和轮胎的维护应结合车辆的维护强制执行,并侧重轮胎的维护。

(1)紧固轮胎螺栓,检查气门嘴是否漏气,如发现损坏立即补齐。

(2)检查轮胎(包括备胎)气压,并按标准补齐。

(3)挖出轮胎花纹中的石子、杂物,如有较深伤洞应填塞。

(4)检查轮胎磨损情况,轮胎花纹深度可用深度尺进行测量。轿车轮胎胎冠上花纹磨损深度应不小于1.6mm(磨损标志),载货汽车轮胎胎冠上花纹磨损深度应不小于3.2mm,其余轮胎胎冠上花纹磨损深度小于1.6mm,应停止使用。

二、底盘二级维护

底盘二级维护作业内容和技术要求:除一级维护作业内容外,以检查、清洁、润滑、紧固和调整为中心内容,并检查有关制动、操作等安全部件,进行轮胎换位,以维持其良好的技术状况和使用性能,由维修企业负责执行。

1.离合器踏板、制动踏板自由行程检查、调整

1)离合器踏板自由行程检查、调整

踏板自由行程是指踏板踩下一定行程而离合器尚未起分离作用时的踏板高度与踏板在自由状态时的高度之差。

(1)机械式操纵机构检查和调整方法。先测出踏板在完全放松时的高度,再测出用手掌按下踏板感觉有阻力时的高度,前、后两高度数值之差便是踏板自由行程值。

轿车离合器采用钢索式操纵机构。离合器踏板自由行程一般为(20±5)mm,总行程一般为(150±5)mm。可通过钢索支座上的调整螺母进行,螺母逆时针转动,踏板自由行程加大。另外还应注意有些车辆分离叉传动臂与支座之间的距离,如该距不符,可将分离叉摆臂固定螺母松开,将摆臂从分离叉支承轴上取下,转过一个角度后装复。

(2)液压式操纵机构检查和调整方法。液压式操纵机构离合器的踏板自由行程,是离合

器主缸推杆与活塞之间的间隙和分离杠杆与分离轴承之间的间隙在踏板上的总反映。调整应分两步进行。首先应检查分离叉外端的移动量。将分离叉复位弹簧取下,来回扳动分离叉,其外端应有 3~4mm 的摆动量,此处间隙可通过调整离合器工作缸推杆长度的方法进行调节。然后检查调整主缸推杆与活塞之间的间隙,轻压离合器踏板至稍有阻力,此段空行程应在 6mm 左右,可通过旋转踏板中部偏心螺栓来调整(有些车型则是通过改变主缸推杆长度调整)。上述两部位调整后,其离合器踏板总自由行程为 32~40mm。

2)制动踏板自由行程检查、调整

(1)液压制动踏板自由行程的调整。液压制动踏板自由行程来自液压主缸活塞与活塞推杆之间的间隙,一般自由行程在 8~15mm。

一般调整是改变主缸活塞推杆的长度,推杆伸长,自由行程减小,反之则增大,有的则通过转动主缸活塞推杆与踏板臂连接的偏心螺栓进行调整。使用真空加力器的制动系自由行程的检查、调整,应在发动机熄火并使真空度为零的条件下进行。

(2)气压制动踏板自由行程的调整。气压制动踏板自由行程来自制动控制阀芯杆与进气阀之间的排气间隙。转动制动阀拉臂上的调整螺钉调整。

2. 转向拉杆及球头检查、调整

转向拉杆变形超过 2mm,应冷压校直,转向拉杆球节的球头销球部与球座之间磨损严重或球节上的弹簧过软或折断,不能消除球部与球座之间增大的间隙时,会造成松旷。一般凭手感检查,在加足润滑脂的情况下,用手握住销柄,向各个方向转动,手感转动灵活稍有阻力为宜。拉杆两端与接头的紧固螺栓必须紧固可靠。球销与球座磨损,经调整仍然松旷时,应更换球销和球座。球节内预紧弹簧张力不足时,应予以更换。

3. 万向节、传动轴技术状况检查

二级维护时,除进行一级维护的项目外,还应进行如下作业内容:

(1)检查传动轴的技术状况。要求传动轴无弯曲,传动轴平衡块无脱落或脱焊,橡胶防尘罩不得有裂纹、损坏等,卡箍可靠。

(2)检查万向节的技术状况。要求万向节不松旷,其十字轴轴承的配合应用手感觉不出轴向和径向移动量,并运转自如,无异响等。

(3)检查中间支承的技术状况。中间支承的轴承应不松旷,当其径向松旷超过规定或轴承在运转中有异响时,应更换轴承。中间支承的橡胶垫圈应完好无破损等。

4. 悬架弹簧、减振器技术状况检查

1)悬架弹簧技术状况检查

悬架弹性元件有钢板弹簧、螺旋弹簧等。

钢板弹簧弹性减弱,表现在弧高的减小。检验方法一般在弹性试验器上检验有负荷或无负荷下弧高的减小量,也可用样板(即新片)进行靠合试验。要求左、右钢板弹簧的总片数相等,总厚度差不大于 5mm,弧高差不大于 10mm。此外,还要对钢板弹簧总成的其他零件进行检修。检查钢板弹簧夹子,如发现损坏、断裂,一律更换。检查钢板弹簧中心螺栓的螺纹,如损伤超过两牙以上或螺杆直径小于孔径 1.5mm 时,应予以更换。检查钢板弹簧各支架、吊耳有无裂纹,如发现,应焊修或更换。检查钢板弹簧 U 形螺栓的螺纹,如损伤超过两牙,应予以更换。

螺旋弹簧弹性减弱,表现在弹簧高度的减小。检验方法一般在弹力检测仪上检验有负荷或无负荷下弧高的减小量,弹簧的弹力或自由长度减小量不符合原厂技术要求,应立即更换。

2)减振器技术状况检查

减振器主要损伤形式是:出现油液渗漏、减振效能降低或失效等。

(1)检查减振器是否缺油。一是就车目检,看是否有漏油的痕迹;二是汽车运行后用手触摸检查减振器筒体,如果筒体发热、烫手,表示减振器工作正常,不缺油。若感觉筒体温度太低,则说明减振器因缺油而失效。

(2)若不缺油,则可使用双手用力按压某侧车体,手放松后,若车身能有 2~3 次跳跃,或车辆在行驶中无上下跳动时直接的金属撞击声响,说明减振器良好。反之,故障发生在减振器内部机件,减振器效能降低或失效,应予以更换。

5. 轮毂轴承间隙检查、调整

轮毂轴承损伤形式:轴承径向和轴向间隙过大、保持架损坏、滚道及滚球损坏。

(1)轮毂轴承间隙检查内容有:轮毂轴承滚珠和滚道不得有伤痕、剥落、严重黑斑或烧损变色缺陷;推拉轮毂有明显松旷感觉,说明轴承径向或轴向间隙过大;轴承保持架不得有缺口、裂纹、铆钉松动或滚珠脱出等现象。如有以上现象应更换。

(2)轮毂轴承调整方法。拧动轮毂轴承调整螺母,边拧动调整螺母边转动轮毂,使轴承正确就位;以规定力矩拧紧调整螺母,再将调整螺母退回一定角度(一般为 1/4~1/8 圈)。以规定力矩拧紧上锁紧螺母,插上调整螺母上的定位销,穿入锁紧垫圈上孔内。调整完毕后,轮毂应能自由旋转,无明显的轴向松动和摆动现象。

6. 行车制动器和驻车制动器检查、调整

1)盘式制动器检查

当汽车行驶一定里程后,制动块磨损会加剧,甚至磨损至极限,此时应更换制动器的制动块,并且同时检查制动盘及其他机件。检查方法如下:

(1)检查制动块的磨损情况。用游标卡尺测量每一个制动块的厚度,如果制动块厚度小于维修极限或磨损不均匀,则应将制动器的制动块成套更换,以保持车轮制动力良好。

(2)制动块表面应清洁、完整、无裂纹。制动块若被油渍污染,则应更换新的制动块,并应查明该制动块被污染的原因,及时消除污染源,以免对新制动块重新污染。

(3)检查内、外制动块的磨损是否均匀。若内侧制动块的磨损比外侧多,则需检修卡钳。若外侧制动块的磨损比内侧多,则总成的滑动元件可能黏附、弯曲或变化,应重点检查这些部位。在任何情况下,制动块的不均匀磨损是制动卡钳需要维修、制动块需要更换的信号。

(4)检查制动盘是否损坏,有无裂纹及磨损变形情况。

(5)彻底将卡钳清洁干净,除去锈迹,检查是否有沟槽和裂纹。

(6)检查活塞的密封圈及防尘罩,出现老化现象或受损,应更换新件;检查制动油缸是否漏油,若有泄漏,则应更换新的密封圈。

2)驻车制动器检查、调整

(1)驻车制动的检查、调整步骤。

①将汽车后部抬起,使后轮悬空。

②检查驻车制动拉索运动是否良好。
③踩几下制动踏板,以便得到制动蹄与鼓之间的正确间隙。
④连续拉紧与松开驻车制动器操纵杆几次,以便确定机械式自动调整间隙装置工作正常。
⑤在驻车制动器操纵杆完全放松状态下,边转动后轮,边缓慢调整驻车制动器操纵杆的调整螺母,直至能感觉到车轮受到轻微阻力而又能自由转动为止。
⑥将驻车制动器操纵杆拉紧,检查后轮棘爪在齿扇的位置。此时后轮应不动,而棘爪应停在齿扇的第 10 齿左右的位置。否则,应重新调整驻车制动器操纵杆的调整螺母。
⑦松开驻车制动器操纵杆,检查两后轮是否能自由转动,能自由转动为合适;若有碰擦阻力感则需重调。

(2)在更换驻车制动拉索,换装新的制动蹄摩擦片或拆修后制动器时,均应调整驻车制动器。

7. 轮胎换位

轮胎在使用过程中,因安装的部位和所承受的载荷不同,造成轮胎的磨损情况不同。汽车转弯时,外轮载荷增大,使所有轮胎的外侧肩部磨损严重。因此,为使轮胎磨损尽可能达到均衡,应结合车辆二级维护定期对轮胎进行换位。按时换位可使轮胎磨损均匀,可延长 20% 的使用寿命。

轮胎换位方法常用的有交叉换位法和循环换位法。装用普通斜交轮胎的六轮两桥汽车,常用交叉换位法,并在换位的同时进行翻面。六轮两桥交叉换位的做法是:左右交叉,主胎(后内)换前胎,前胎换帮胎(后外),帮胎换主胎。这样,通过 3 次换位,每只轮胎就可轮到一次担负内档(主力)胎。

四轮两桥汽车,斜交胎应采用交叉换位法,如图 1-8a)所示。子午线胎应用单边换位法,如图 1-8b)所示。

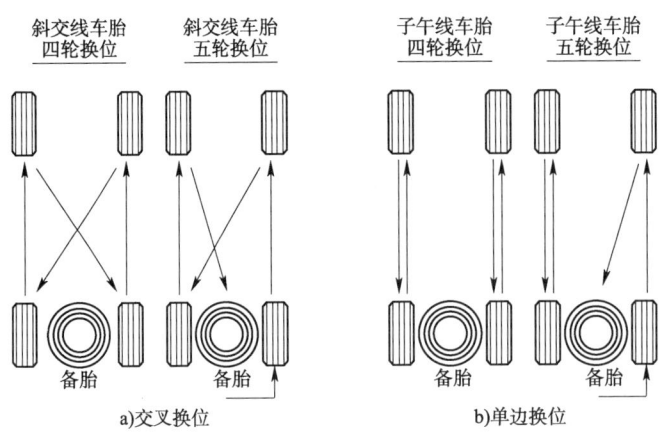

图 1-8 四轮轮胎换位法

子午线轮胎的旋转方向应始终不变。若反向旋转,会因钢丝帘线反向变形而产生振动,汽车平顺性变差。所以一些轿车使用手册推荐用单边换位法。轮胎换位后,应按所换的轮胎要求,重新检查并调整气压。

第三节 电器维护

技能要求

1. 能检查灯光、仪表、信号系统功能(初级要求);
2. 能检查喇叭、刮水器、中控门锁、电动后视镜、电动座椅等辅助电器系统功能(初级要求);
3. 能检查空调系统功能(初级要求);
4. 能检查蓄电池极桩连接状况并清洁(初级要求)。

知识要求

1. 灯光、仪表、信号系统功能检查方法(初级要求);
2. 喇叭、刮水器、中控门锁、电动后视镜、电动座椅等辅助电器系统功能检查方法(初级要求);
3. 空调系统功能检查方法(初级要求);
4. 蓄电池外观及极桩连接、清洁状况检查方法(初级要求)。

一、灯光、仪表、信号系统功能检查

在轿车上面主要用的灯光开关有两种,仪表板式和操纵杆式。灯光的检查顺序依次为:前部示宽灯、近光灯、远光灯、超车灯、左右转向灯、前雾灯、危险报警灯、后部示宽灯及牌照灯、左右转向灯、制动灯、倒车灯、后雾灯、危险报警灯。

下面以凯越车为例,介绍操纵杆式灯光的功能检查:

1. 操纵杆式开关功能介绍

开关前照灯、尾灯和位置灯时,转动组合开关操纵杆末端。

灯光组合开关共有三个挡位(图1-9),分别启动灯的不同功能:

(1) OFF(关闭):所有灯均处于关闭状态。
(2) ☼位置灯、尾灯、牌照灯和仪表板灯点亮。
(3) ≣D近光灯及上述所有灯均点亮。

2. 操纵杆式灯光检查

(1) 根据位置灯指示符号,在操纵杆上打开位置灯(也称示宽或小灯)(图1-10),检查位置灯、尾灯、牌照灯和仪表板灯是否点亮。

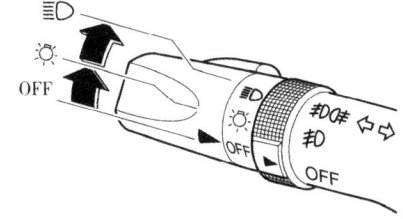

图1-9 灯光总开关

(2) 将灯光开关旋转两挡,检查近光灯是否点亮。

(3) 将组合开关操纵杆朝仪表板的方向推,打开远光灯,如图1-11所示,检查远光指示灯是否点亮。

(4) 将前照灯远光效果切换为近光效果时,将组合开关操纵杆拉向自己,使其回原位,远光指示灯熄灭。

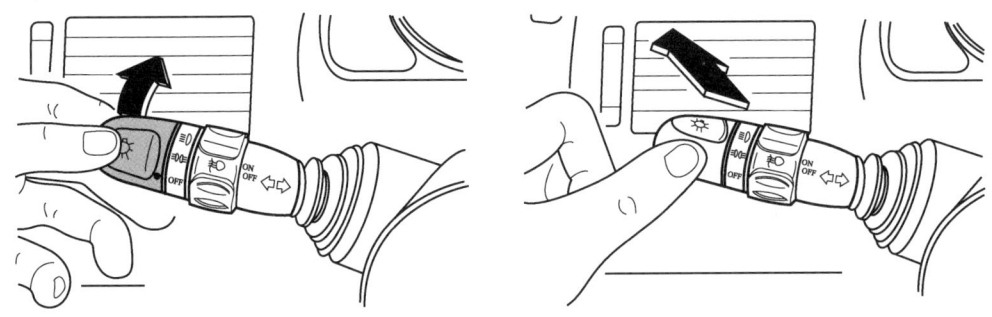

图 1-10　打开位置灯　　　　　　　　图 1-11　打开远光灯

(5) 要让远光灯闪烁,将组合开关操纵杆拉向自己,并松开。在手松开后操纵杆将回复原位(图 1-12)。

(6) 根据转向灯指示符号操作,向上扳:检查右转向灯和指示灯是否点亮。向下扳:检查左转向灯和指示灯是否点亮,如图 1-13 所示。

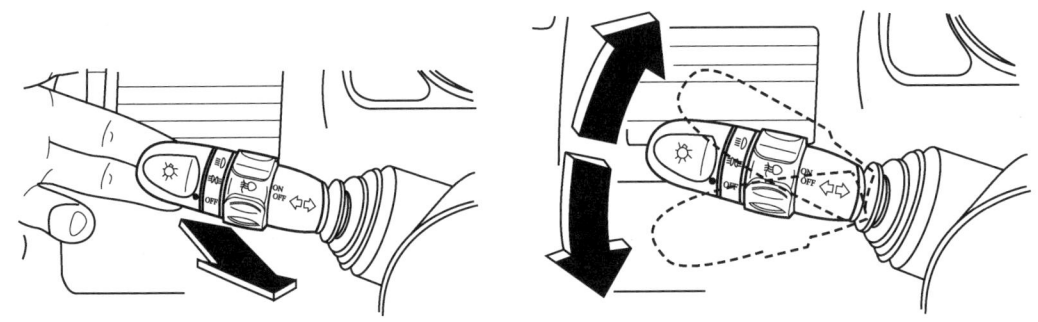

图 1-12　远光灯闪烁　　　　　　　　图 1-13　打开转向灯

大多数车型转向开关有自动回位功能。即打左转向灯时,向左转一定角度转向盘,转向开关会自动回位。

(7) 将组合开关操纵杆中间的环形开关旋转至"ON(开)"的位置,如图 1-14 所示。

检查前雾灯和指示灯是否点亮。

关闭前雾灯时,将环形开关旋转至"OFF(关)"的位置。

(8) 旋转风窗玻璃刮水器/洗涤器操纵杆末端。打开后雾灯时(图 1-15 所示),检查仪表板上的后雾灯指示灯是否点亮。

注意:①打开前雾灯时,确保已打开位置灯。

②打开后雾灯时,确保已打开位置灯及前雾灯。

(9) 按下危险报警闪光灯按钮(图 1-16 所示),检查危险报警闪光灯及指示灯。

注意:关闭时,再次按该按钮。

(10) 将挡位挂入倒挡,检查倒车灯。

注意:检查完倒车灯后,必须马上挂回空挡或驻车挡,以防造成人身伤害。

第一章 汽车维护

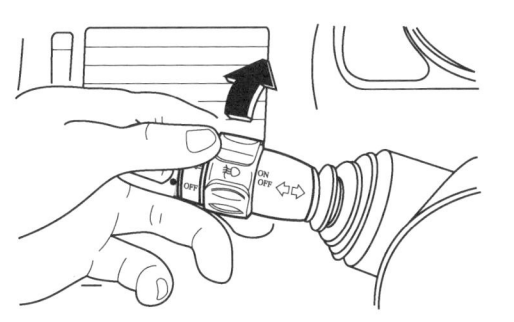
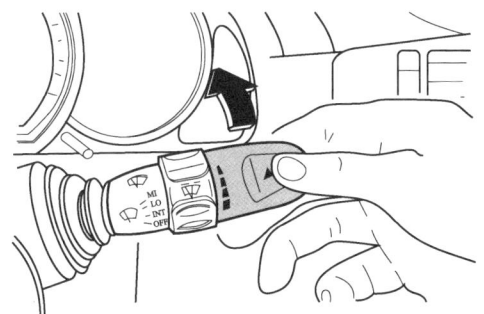

图1-14 打开前雾灯　　　　　　　　　　图1-15 打开后雾灯

（11）踩下制动踏板,检查制动灯(包括高位制动灯)。

注意：①有些车辆制动灯和后位置灯共用一组灯泡,制动灯亮度较强。

②以上灯光如果不能正常点亮或熄灭,则需及时记录并报修。

3. 仪表式灯光开关的检查

仪表式灯光开关指示灯符号(图1-17)与操纵杆式开关的指示符号相同,仪表式开光通常通过推拉或旋转来操作,只需将开关转到相应的指示灯符号即可,灯光点亮顺序及注意事项与操纵杆式开关基本相同。

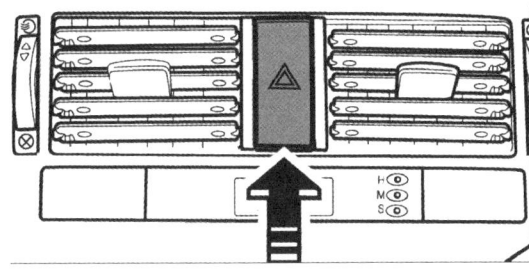
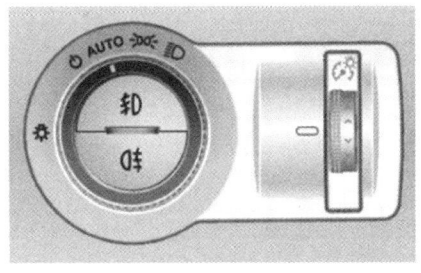

图1-16 打开危险报警闪光灯　　　　　　图1-17 仪表式灯光开关

4. 车内照明设备功能检查

检查仪表指示灯(图1-18)、阅读灯、杂物箱照明灯(图1-19)、上车照明灯、行李舱照明灯等是否正常工作。

注意：如不能正常点亮或熄灭需及时记录并报修。

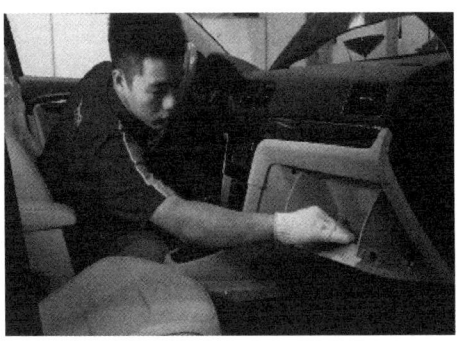

图1-18 检查仪表指示灯　　　　　　　　图1-19 检查杂物箱照明灯

二、喇叭、刮水器、中控门锁、电动后视镜、电动座椅等辅助电器系统功能检查

1. 喇叭功能检查

喇叭功能检查方法如下：

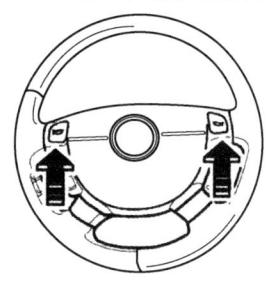

（1）按压喇叭开关（图1-20），检查喇叭是否发声。

（2）检查喇叭是否有杂音或变音。

注意：①有些喇叭开关位于主气囊上，按压整个气囊即可。

②有些车型只装一个喇叭，有些车型装有高低音喇叭。

③喇叭不响、变音或杂音时，需及时记录并报修。

2. 刮水器功能检查

发动机置于 ON 挡，进行下列功能的检查。

图1-20　喇叭的检查

1）检查风窗玻璃喷洗器的功能

打开刮水器清洗（图1-21）开关。

（1）目视检查喷射位置是否正常（图1-22）。

（2）目视检查喷射量是否正常。

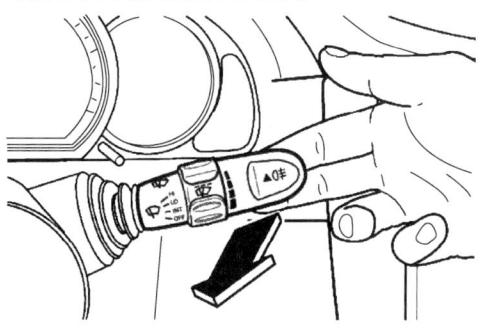

图1-21　玻璃刮水器开关

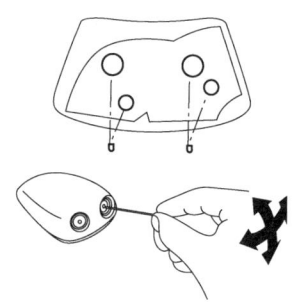

图1-22　刮水器清洗位置调整

注意：①为防止划伤风窗玻璃，在使用刮水器前要喷洒喷洗液。

②喷射位置不正常或喷射量不够时，需及时检查并报修。

2）检查刮水器功能

（1）检查刮水器的动作状态。

①检查刮水器的各挡位能否顺利切换（图1-23）。

②目视检查刮水器在刮刷时的动作范围是否正常。

提示：

OFF（关闭）：关闭。

INT（间歇式）：将操纵杆向上推一下，刮水器臂实现间歇式刮动状态。

LO（低速）：将操纵杆向上推两下，刮水器臂实现低速持续刮动状态。

HI（高速）：将操纵杆向上推三下，刮水器臂实现高速持续刮动状态。

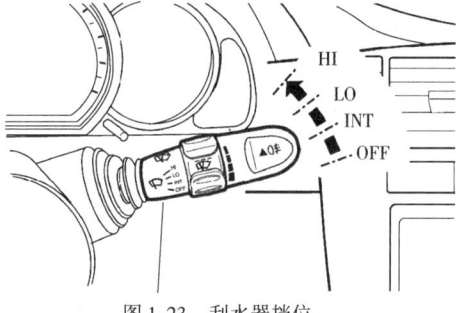

图1-23　刮水器挡位

第一章 汽车维护

注意：刮水器出现挡位不能顺利切换、动作范围不正常、停止位置不正确或某一挡位不能动作等现象时,需及时记录并报修。

(2)检查刮水器刮片的损伤。

①目视检查有无刮水残留,如有残留说明刮水器刮片失效或老化,需更换。

②检查有无"吱吱"的异常响声,如有异响则需检修。

③目视检查刮水器刮片有无开裂、扭曲现象(图1-24),如有开裂或扭曲需更换刮水器刮片。

注意：刮水器刮片失效、老化、异响或变形时,需要及时记录并报修。

3. 中控门锁功能检查

1)检查钥匙开锁/锁闭功能

(1)用钥匙开启驾驶员侧车门时,可以打开所有的车门。

(2)用钥匙闭锁驾驶员侧车门时,可以锁上所有的车门。

注意：钥匙开锁/锁闭功能不正常时,需要及时记录并报修。

2)检查车内车门锁总开关(门锁控制开关)开锁/锁闭功能

车门总开关位置如图1-25所示。

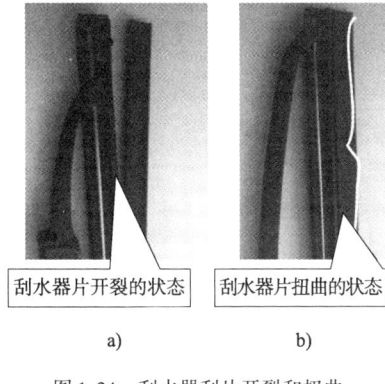

图1-24 刮水器刮片开裂和扭曲　　图1-25 车门锁总开关(门锁控制开关)

(1)手动操控车门锁总开关开锁按钮时,所有车门都能被解锁。

(2)手动操控门锁控制开关上锁按钮时,所有车门都能被锁闭。

注意：车门锁总开关(门锁控制开关)开锁/锁闭功能不正常时,需要及时记录并报修。

3)检查遥控器开锁/锁闭功能

遥控钥匙外形如图1-26所示。

(1)开锁:按下开锁按钮可以打开所有车门的门锁。当按下开锁按钮时,所有的车外转向信号指示灯以及仪表盘上的两盏指示灯会闪亮一次以表明车门的门锁已被打开,安全系统已经取消。

(2)闭锁:按下闭锁按钮一次,可锁上所有车门。当按下闭锁按钮,所有的车外转向信号指示灯和仪表盘上的两盏指示灯将闪烁三次,以表明车门及行李舱已闭锁,安全系统已经启动。

(3)行李舱开启:按下行李舱开启按钮可以打开行李舱盖。

注意：遥控器开锁/锁闭功能不正常时,需要及时记录并报修。

4）检查无钥匙进入系统开锁/锁闭功能

无钥匙进入系统的车辆在左前车门把手内装有感应器（图1-27），感应器通过感知智能遥控钥匙来工作。

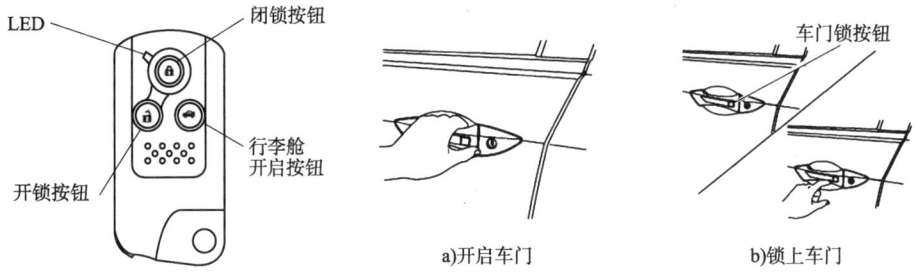

图1-26 遥控钥匙外形　　　　　　图1-27 无钥匙开锁和闭锁

（1）开锁：握住左前车门把手时，可自动开启所有车门门锁以及行李舱。

（2）闭锁：按下左前车门的门锁按钮时，可自动锁上所有车门与行李舱。

注意：无钥匙进入系统开锁/锁闭功能不正常时，需要及时记录并报修。

4. 电动后视镜功能检查

1）检查车外电动后视镜的调节功能

将点火开关切换至 ON 的位置。电动外后视镜的调节开关，如图1-28所示。

（1）将选择开关移至 L（左侧）或 R（右侧）。

（2）按住调节开关的相应边缘，能够上、下、左、右地调节后视镜。

注意：①调节完毕后，将选择开关移至中央（关闭）位置。

②检查后如不能复位，须告知驾驶员进行回调。

③车外后视镜调节功能不正常时，需要及时记录并报修。

2）检查乘员侧车外后视镜倒退倾斜功能（依车型而定）

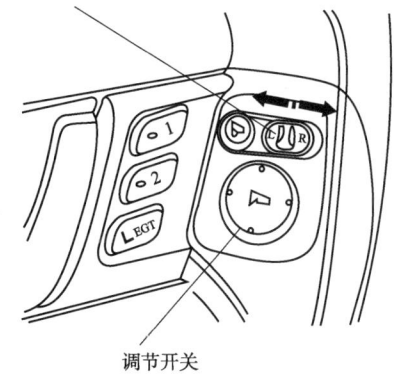

图1-28 电动后视镜调节开关

（1）挂倒挡车辆倒退时，乘员侧后视镜会稍微向下倾斜。

（2）结束倒退时，后视镜会回转到原来的位置。

注意：①车型不同，该功能实现的条件不同。如部分车型要倾斜乘员侧后视镜时，要将后视镜选择开关切换至乘员侧的位置。

②车外后视镜倒退倾斜功能不正常时，需要及时记录并报修。

3）检查车外电动后视镜的加热功能

车外后视镜加热功能可以清除车外后视镜上面的雾气和冰霜，操作按钮如图1-29所示。检查时点火开关位于 ON 的位置。

（1）按下车外后视镜加热按钮，打开加热器，按钮内的指示灯点亮。

（2）再次按下车外后视镜加热按钮，关闭加热器，按钮内的指示灯点亮。

注意:①按压后窗除霜装置/车外后视镜加热按钮会同时打开及关闭后窗除霜装置。
②车外后视镜加热功能不正常时,需要及时记录并报修。

4)检查车外后视镜的折叠功能

点火开关位于 ON 的位置。车外后视镜折叠开关,如图 1-30 所示。

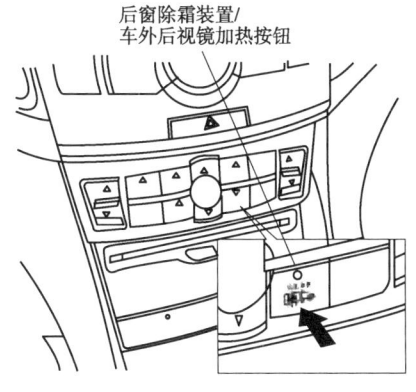

图 1-29　后窗除霜装置/车外后视镜加热按钮

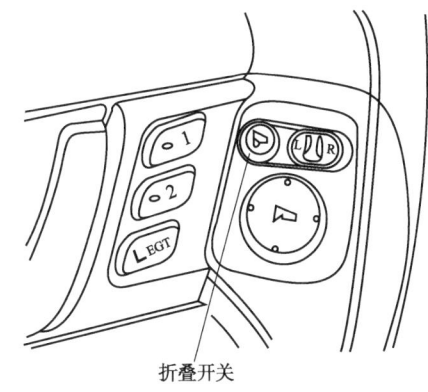

图 1-30　车外后视镜的折叠开关

(1)按下折叠开关可同时折叠起车外的两侧后视镜。

(2)再次按下折叠开关可同时恢复车外的两侧后视镜。

注意:不能折叠/恢复时则需及时记录并报修。

5. 电动座椅功能检查

电动座椅的控制装置位于座椅底部的外侧边缘。无论点火开关处于什么位置,均可调节座椅的位置。应在开车之前,完成座椅的所有调节。电动座椅调节方向,如图 1-31 所示。

1)检查电动座椅各方向的调节功能

(1) 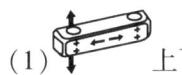 上下移动座椅的前部。

(2) 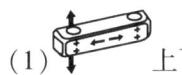 升高或降低座椅。

(3) 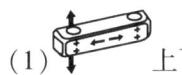 向上、向前或向下、向后移动整个座椅。座椅前部也会同时上下翘动。

(4) 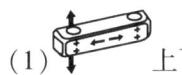 向前或向后调节座椅靠背的角度。

注意:座椅调节过程中出现卡滞、异响、运动轨迹异常等现象,需及时记录并进行检修。

2)检查驾驶员座椅记忆功能

驾驶员座椅具有记忆功能时,可分别储存两个座椅位置。按下相应的记忆按钮即可选择所储存的位置(图 1-32)。驾驶员座椅记忆功能只能在停车以后储存驾驶位置。检查步骤如下:

(1)将点火开关切换至 ON 的位置。只有当点火开关处于 ON 的位置时,才可能将新的驾驶位置储存于记忆装置内。不论点火开关处于什么位置,均可呼出被记忆的位置。

(2)将座椅调节到舒适的位置。

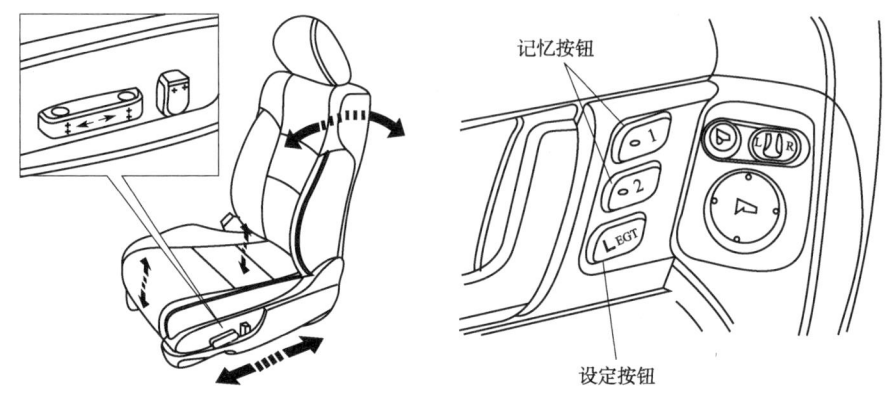

图1-31　电动座椅调节方向　　　　图1-32　驾驶员座椅记忆按钮

(3)点按控制板上的设定(SET)按钮。听到一声蜂鸣音。立刻按住某一记忆按钮(1或2)直至听到两声蜂鸣音。记忆按钮内的指示灯点亮,驾驶员座位的当前位置应被存储,否则进行检修。

(4)重新调节座椅位置,并且确认换挡操作杆位于驻车挡(P)后,按住相应的记忆按钮(1或2),直到听到蜂鸣音,然后松开按钮,系统会将驾驶员座位移至记忆位置。

注意:如不能记忆或复位应进行记录并报修。

3)检查座椅加热功能

点火开关必须处于ON的位置时,启动加热器,加热器的位置和开关如图1-33、图1-34所示。检查方法如下:

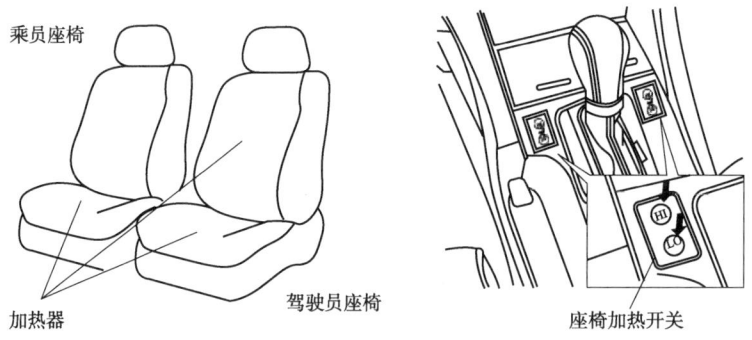

图1-33　座椅加热器的位置　　　　图1-34　座椅加热器开关

(1)座椅加热开关设定在高温(HI)时,当座椅暖和了之后,加热器会自动关闭,而当座椅温度下降后,加热器会再次启动。

(2)座椅加热开关设定在低温(LO)时,加热器会持续加热,不会随温度的变化而循环变化。

注意:加热功能不正常时,需要及时记录并报修。

6.电动车窗/天窗功能检查

点火开关切换至ON的位置。电动车窗总开关位置,如图1-35所示。

1)手动控制车窗升降功能检查

(1)按住任意一个车窗开关,对应车窗应顺畅打开。

(2)在车窗运行到任一位置时松开开关,车窗应立即停住。

(3)向后拉住某一个车窗处于打开状态的车窗开关,车窗应顺畅关闭。

注意:打开或关闭车窗过程中如果出现卡滞、异响等异常现象,均需及时记录并报修。

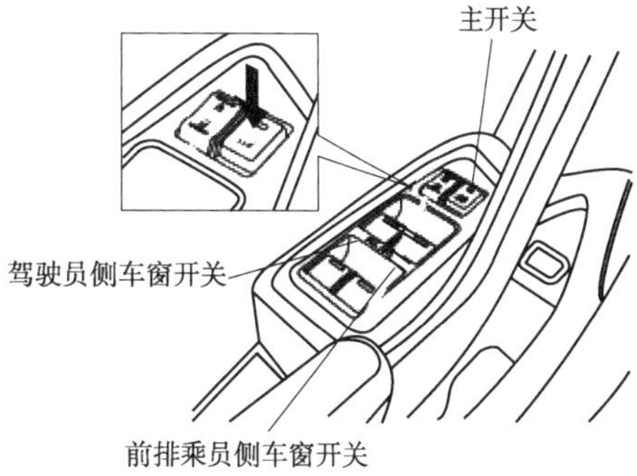

图1-35 电动车窗总开关

2)自动(AUTO)车窗升降功能检查

(1)用力按下车窗开关后松手,车窗会自动降到底部。若短暂地拉起车窗开关可使其中途停住。

(2)用力往后拉车窗开关后松手,车窗会自动升到顶部。若短暂地按下车窗开关可使其中途停住。

注意:如果不能实现自动升降,则需及时记录并报修。

3)自动倒退(防夹功能)检查

将障碍物放置在自动关闭的车窗上部,当车窗上升并挤压障碍物时会停住,然后反转方向。

注意:①在车窗即将完全关闭的时候,自动倒退(防夹功能)会停止感知。

②持续不断地向上提拉开关时,驾驶员侧车窗的自动倒退(防夹功能)将会失灵。

③如不能自动倒退(防夹功能),则需及时记录并报修。

4)电动天窗功能检查

点火开关必须位于ON的位置。电动天窗开关,如图1-36所示。

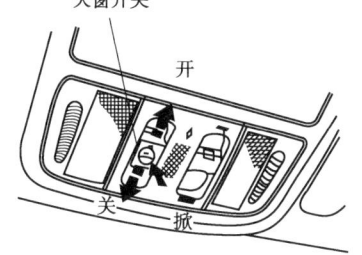

图1-36 电动天窗开关

(1)用力将天窗开关往后拉,天窗会自动完全打开。短暂地按下开关,天窗停住。按下天窗开关的中间,天窗后侧打开。

(2)用力将天窗开关向前推,然后松开,天窗会自动完全关闭。短暂地按压开关,天窗停住。

(3)轻轻将开关往后拉或向前推动并保持住,部分地打开或关闭天窗。松开开关时,天窗停住。

注意:天窗在开关过程中出现卡滞、异响等异常现象,需要及时记录并报修。

三、空调功能检查

1. 制冷剂的检查方法

检查时需要两个人配合,车内人员(A)操作空调,车外人员(B)观察空调制冷剂量观察窗,检查前确认空调滤清器符合要求。

(1)起动发动机,并预热至正常工作温度,打开所有的车窗,有天窗的打开天窗。

(2)打开空调,把温度调至最低、鼓风机风速最高、按下 A/C 开关、空气循环调至外循环、出风口调至吹面部,发动机的转速稳定在 1500r/min。

(3)操作人员 B 通知操作人员 A 开启或者关闭空调,开启空调时必须按下 A/C 开关,操作人员 B 仔细观察观察窗,如图 1-37 所示。

正常情况下,在空调刚刚开启时压缩机开始工作的瞬间观察窗会出现少量的气泡,但是马上消失;在关闭空调时也会出现少量的气泡,同样也是马上消失。如果一直都有气泡或者是一直没有气泡都属于不正常的情况,需要进行报修。

2. 空调效果的检查

(1)起动发动机,并预热至正常工作温度,打开所有的车窗,有天窗的打开天窗。

(2)打开空调,把温度调至最低、鼓风机风速最高、按下 A/C 开关、空气循环调至外循环、出风口调至吹面部,发动机的转速稳定在 2000r/min。

(3)用温度计检查空调的出风口温度(图 1-38),出风口的温度应该符合维修手册对该车型的要求,一般车型要求应该低于 10℃,如果不满足要求,则需要对空调系统进行检修。

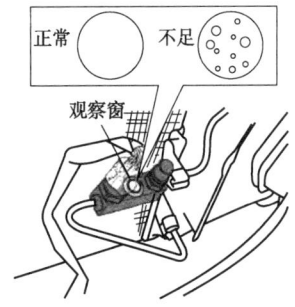

图 1-37 空调制冷剂的检查

图 1-38 检查空调出风口温度

(4)把空调温度开关调至温度最高,用同样的方法检查控制制热效果。

四、蓄电池基本状况检查

1. 检查蓄电池接线柱

发动机熄火的条件下,检查蓄电池电缆的连接状态(图 1-39)。

(1)用手左右摇动蓄电池的电缆,确认有无松动。

(2)目视检查蓄电池端子部位有无发生腐蚀(白色粉末)。

注意:①如有松动则需根据维修手册规定的力矩进行拧紧。

②发现腐蚀时,可用钢丝刷清除。

2. 检查蓄电池外观

发动机停止的条件下,检查蓄电池电缆的外观。

(1)目视检查蓄电池有无裂纹、漏液。

(2)用手左右摇动蓄电池,检查蓄电池固定是否牢固。

注意:①如有裂纹、漏液,则需更换蓄电池。

②如固定不牢固,则需重新固定。

3. 检查蓄电池的液位(针对普通铅酸蓄电池,免维护蓄电池不需要)

发动机熄火的条件下,检查蓄电池的液位(图1-40)。

目视检查蓄电池的液位是否在最高位和最低位的范围内。

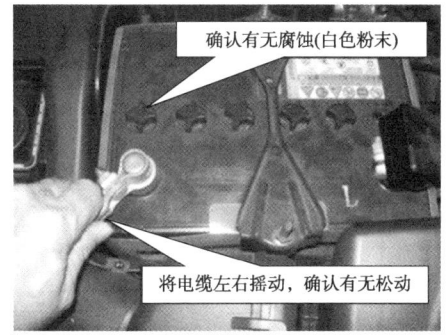

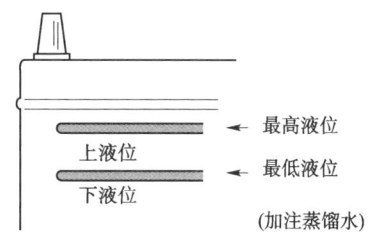

图1-39 检查蓄电池连接端子　　　　图1-40 检查蓄电池液位

注意:如果液位不正常,则需调整。

4. 检查蓄电池的荷电状态(免维护蓄电池)

发动机熄火的条件下,检查蓄电池的荷电状态。

通过蓄电池盖上的观察孔,初步检查蓄电池的状态(图1-41),黑色代表正常,白色代表电池缺少电解液,由于蓄电池为免维护,所以当发现观察孔中显示白色时,则需要更换蓄电池。

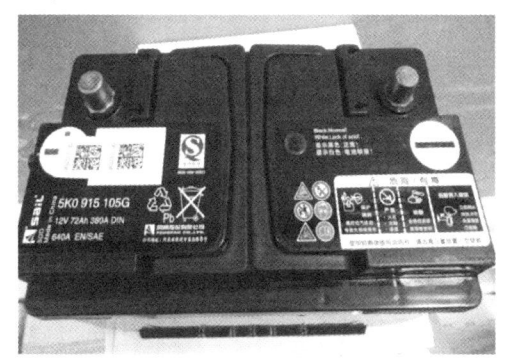

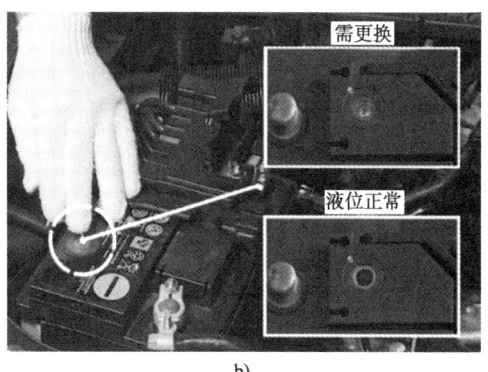

a)　　　　　　　　　　　　　　　　b)

图1-41 检查蓄电池荷电状态

第二章 汽车发动机检修

汽车修理是指为消除故障及其隐患,恢复汽车的工作能力和良好技术状况而进行的技术作业。汽车修理贯彻的原则是"视情修理"。"视情修理"是指按技术文件规定对汽车技术状况进行诊断或检测后,决定修理内容和实施时间。"视情修理"体现了以下基本实质:一是改定性判断为定量判断,确定修理作业的方式由以车辆行驶里程为基础,改变为以车辆实际技术状况为基础;二是使用技术检测手段,送修车辆的检测诊断和技术评定,是实现车辆视情修理的重要保证;三是体现了技术经济原则,避免了拖延修理造成车况恶化,也防止了提前修理造成的浪费。"视情修理"落实的关键,是在维修前使用检测诊断仪器设备对车辆进行检测和技术分析,制订维修计划、确保维修质量。

第一节 发动机拆装和零件清洗要求

技能要求

1. 能拆装发电机总成(初级要求);
2. 能拆装起动机总成(初级要求);
3. 能拆装液压转向助力泵总成(初级要求);
4. 能拆装曲轴前皮带轮(扭转减振器)(初级要求);
5. 能拆装润滑系统、冷却系统外部部件(初级要求);
6. 能拆装进(排)气歧管(初级要求)。

知识要求

1. 发电机总成拆装技术要求(初级要求);
2. 起动机总成拆装技术要求(初级要求);
3. 液压转向助力泵总成拆装技术要求(初级要求);
4. 曲轴前皮带轮(扭转减振器)拆装技术要求(初级要求);
5. 发动机各组件、零部件拆装技术要求(初级要求);
6. 发动机零部件清洗方法和注意事项(初级要求)。

一、发动机各组件、零部件拆装技术要求

1. 发动机总成分解工艺要求

汽车发动机总成分解是指发动机经过诊断与检测,确认必须通过总成分解来修理或更

换部分零部件,以恢复其良好性能的作业。

汽车发动机总成的解体从工作本身来看,并不需要很高的技术,也不需要复杂的设备。但是,发动机总成分解的工作质量,将直接影响发动机总成的修理质量、修理速度和修理成本,所以应充分注意到总成拆卸工作将直接影响到修复后发动机性能。

发动机总成的拆卸质量和工作效率,在很大程度上取决于工艺程序的安排、拆卸机具设备的选用、维修人员的技术和对这项作业的重视程度。

拆卸工艺的一般原则:

汽车发动机总成的拆卸有一定的工艺和技术要求,不能在拆卸过程中为图省事,随便使用手锤、錾子、焊枪等工具猛敲、乱錾,焊、割螺栓、螺母,零件乱扔、乱放,造成一些零件的不必要损坏和浪费。

(1)拆卸前应熟悉被拆总成的结构。必要时,可以查阅一些资料,按拆卸工艺程序进行。严防拆卸工艺程序倒置,造成不应有的零件损伤。

(2)核对装配记号和做好记号。为了保证一些组合件的装配关系,在拆卸时应注意核对原装配记号。有些组合件是经过选配装合的或是组合加工的不可互换的组合件。例如:汽缸体与飞轮壳、主轴承盖、连杆轴颈与轴承等。拆卸后,都应按原位置装好,或做好装配记号。

对于动平衡要求较高的旋转零件,例如:曲轴与飞轮、离合器压板与飞轮等,在拆卸时也应注意其装配记号。否则将破坏它们的平衡。

(3)合理使用拆卸工具和设备。正确使用拆卸工具是保证拆卸质量的重要手段之一。拆卸时所选用的工具要与被拆卸零件相适应,例如:拆卸螺母、螺栓应根据其六角尺寸,选取合适的梅花扳手或套筒扳手,尽可能不用活动扳手。

(4)对于过盈配合零件,例如:衬套、齿轮、皮带轮和轴承等,应尽可能使用专用拉具或压力机。如无专用工具也可用尺寸合适的铳头或铜棒,用手锤敲击,但不能用手锤直接敲打零件接合工作面。

(5)零件分类存放。同一总成或组合件的零件拆开后尽量放在一起。对于精度不同、清洗方法不同的零件应分类存放(如钢铁件、铝质件、橡胶件、皮质件等)。

2. 发动机总成组装工艺要求

发动机装配在整个发动机修理过程中是一项重要工作,它是把组成发动机总成的零件和部件连接在一起的过程,修理时的总成装配与发动机制造时不同,因为修理过程中进入总成装配的零件有三类:具有允许磨损量的旧零件、经修复合格的零件、换用的新零件。这三类零件中,通常前两类零件尺寸公差要比第三类新零件制造公差要大,为使配合副的配合特性达到装配技术条件的要求,在组装时必须按装配技术条件的要求对配合件进行选配,包括按尺寸进行选配和按重量进行选配(如活塞和汽缸的选配、曲轴轴承和曲轴轴颈的选配等)。

维修中发动机装配质量的好坏直接影响修复后的发动机性能。按装配技术要求完成装配后的发动机还需经过磨合、调试和竣工验收,这样才能保证为汽车提供高质量符合技术标准要求的发动机。

1)发动机装配要求

(1)装配前的零部件必须认真清洗并经过检验和试验,质量必须合格。在装配前,应对已经选配的零件和组合件,认真清洗、吹干、擦净,确保清洁。

(2)必须认真清洗工具和整理场地,保持人员、设备和工作场地的清洁。工具应摆放整齐。

(3)准备好必要的专用工具、量具、配件、通用件(全部螺母、螺栓、衬垫、开口销、垫圈、石棉绳等),并准备适量的机油等常用油、材料。

2)发动机装配顺序

发动机装配的步骤随发动机类型和结构不同而有些区别,但其基本原则是以汽缸体为装配的基础,与拆卸步骤相反,由内到外地逐段装配,在装配过程中有些零件是按顺序直接装配到汽缸体上(如飞轮壳等),有些则是组件和总成,需先完成组件和总成装配,再将组件和总成装配到汽缸体上(如活塞连杆组等)。

在具体装配过程中,有些零部件装配工作在不违反工艺顺序的情况下,可组织平行交叉作业,为了保证装配质量,应边安装、边检查、边调整。

3)装配过程中应注意问题

(1)不可互换的零件、组合件(如各活塞连杆组所对应的汽缸孔,曲轴主轴承盖、螺栓等),应按原位安装,不准错乱;对有安装位置要求的零部件(如正时齿轮或正时齿轮皮带轮等),则必须根据记号按方向、部位对准,不得错位。

(2)发动机上重要的螺栓、螺母(如连杆螺栓、主轴承盖螺栓等),必须按规定的拧紧力矩分次拧紧,汽缸盖螺栓、螺母的拧紧需从缸盖中间,按交叉顺序,对称向外分次进行。

(3)重要部位的间隙,必须符合装配标准规定(如活塞与缸壁间隙、曲轴主轴颈与轴承间隙等)。

(4)在装配过程中,应尽量使用专用工具,以防零件受损,在装配过盈配合组件时(如活塞销与连杆和活塞的配合等),则应使用专用压力机和工、夹具。

(5)在装配有相对运动的零件(如曲轴主轴颈与滑动轴承配合处等)时,应涂上清洁的润滑油,防止在装配过程中的转动和磨合初期增加磨损。

二、发动机零部件清洗方法和注意事项

发动机总成拆散以后,应进行清洗。零件表面的污垢有油污、积炭、水垢和锈蚀等。对于不同的零件和不同的污垢,要采用不同的方法清除。所以把零件清洗工作分为清除油污、清除积炭、清除水垢及清除锈蚀等。

1. 清除油污

发动机零部件表面上的油污可以分为两种。一种是动、植物油脂,它与碱作用后便形成肥皂,很容易在水中溶解,从化学性质上称其为可以皂化的。另一种是发动机机油,主要是矿物油,它在碱液中是不可溶的,只能形成乳浊液,它是不可皂化的。

1)钢铁零件清洗

钢铁零件清洗对象主要是矿物油类的油污,属非水溶性的。一般采用碱溶液加入少量乳化剂,加温后清洗零件。油污对金属的附着力很大,当油污接触碱溶液后生成乳浊液,降低了附着能力。当零件加温后,这种乳浊液内分子运动加快,容易在金属表面分解,达到清除油污的目的。溶液的循环流动也会加快除油过程,如采用压力喷射,可增加运动能量,除油效果更佳。

为了防止和减轻碱溶液对金属零件的腐蚀,还需要用加热的清水喷射,冲洗金属表面残留的碱溶液。使用碱溶液的清洗设备一般是采用煮水池和喷洗两种。

钢铁零件还可以用有机溶剂清洗,清洗的效果比碱溶液强,它可以除去零件表面的各种油污。常用的有机溶剂有工业汽油、煤油和柴油等。其优点是使用简便,对金属无蚀损,但清洗成本高且易燃。一般用于较精密零件的清洗,如高压油泵、喷油器、液压挺杆等。

2)铝合金零件清洗

现代汽车为了减轻发动机的自重而广泛采用铝合金零件。油污对铝合金的附着力比钢铁件要小,相对来说,铝合金零件较易清洗。目前,碱溶液的主要成分是苛性钠,它对铝合金有强烈的腐蚀作用。发动机零部件中,如活塞、铝合金汽缸盖等,均不得在碱溶液中清洗。这些零件一般可采用有机溶液,如煤油、柴油、工业汽油或用清洗剂来清洗。

对于修理较多铝合金零件的企业,可专门配制铝合金清洗液。一般可采用硅酸钠或碳酸钠溶液加少量重铬酸钾来配制,清洗时同样也应加温到 60~70℃,以便获得最佳效果。

3)非金属零件清洗

(1)橡胶类零件,如橡胶密封圈等,应用酒精等清洗,不得用汽油、柴油等有机溶剂或碱溶液清洗,以防发胀变形。

(2)离合器摩擦片,不能用碱溶液煮洗,应用少许汽油擦洗后,再用砂纸砂干净。

(3)皮质零件,一般用肥皂水擦洗,再用清水冲洗擦干。亦可用皮件清洁剂清除污物。

2. 清除积炭

发动机的汽缸盖、活塞顶、活塞环、气门头部及火花塞等零件表面,在发动机工作中会牢固地粘着一层积炭。积炭减小了燃烧室的容积,并在燃烧过程中形成许多炽热点,易发生早燃现象,破坏发动机的正常工作。此外,积炭可以黏结活塞环,形成新的磨料,影响润滑作用。

积炭是燃料和机油在高温和氧的作用下形成的产物。在发动机工作时,燃油和窜入燃烧室中的机油,其未燃部分,在氧和高温作用下,形成树脂状胶质黏附在零件表面上,又经过高温的作用,进一步缩聚成沥青质、油焦质和炭青质的复杂混合物,即积炭。

积炭的清除通常用机械方法和化学方法,或两者并用。

1)手工机械清除积炭

根据零件的形状和部位,利用专门的金属丝刷,装在手电钻上进行刷洗,或用刮刀直接刮除。这种方法比较简单,但清除不够彻底,还容易在零件表面留下刷痕,破坏零件表面的粗糙度。这些伤痕将是重新产生积炭的集结中心。这种方法主要在生产量不大的汽车修理厂中采用。

2)化学方法清除积炭

利用化学溶剂与积炭发生化学和物理作用,使积炭层结构逐渐松弛变软。软化后的积炭容易用擦洗或刷洗方法清除掉。清洗用的化学溶液与碱液除油所用溶液和作用原理基本相同。

用化学溶剂清除积炭的过程是,当化学溶剂与积炭接触后,首先在积炭层表面形成吸附层,而后由于分子之间的运动和极性分子的作用,使化学溶剂向积炭层内部渗透,使积炭内组织疏松。但积炭不能自动脱离金属表面,还须配合以机械作用清除积炭。

化学溶剂按其性质分为无机溶剂和有机溶剂两种。

无机溶剂由苛性钠、磷酸三钠、氢氧化胺等组成,其毒性小,来源方便,成本低。但退炭效果较差,须加温使用。使用不当,对某些有色金属零件会产生腐蚀作用。

有机溶剂是以有机物为主配制而成,由醋酸乙酯、丙酮、乙醇、苯、氨水等组成。具有退炭能力强、常温使用、对有色金属无腐蚀的特点,但成本较高、毒性较大。

退炭剂配好以后,在室温条件下将需要退炭的零件浸泡 2~3h,取出后用毛刷蘸汽油将积炭刷掉。

3. 清除水垢

发动机冷却系中如果长期加注硬水,将使发动机水套和散热器壁上积有水垢,造成散热不良,影响发动机的正常工作。由于水质不同,水垢的主要成分分别是碳酸钙、硫酸钙和硅酸盐等。

汽车修理企业大多数都采用酸洗法或碱洗法清除水垢,因为酸或碱性溶液对水垢均有溶解作用。化学除水垢的实质是通过酸或碱的作用,使水垢从不溶于水的物质转化为溶于水的盐类。酸溶液比碱溶液清洗效能高,但对金属腐蚀较大。为减少腐蚀而又不削弱盐酸对水垢的作用,常在酸液中添加一定分量的缓蚀剂。缓蚀剂的作用主要是基于吸附原理。它吸附在金属表面上形成防止金属继续溶解的薄膜,从而减少盐酸对金属的腐蚀;另外,由于它不能吸附在氧化的金属表面上,也可对铁锈进行溶解,起到清除铁锈作用。

对散热器的清洗,可用盐酸清除水垢,浓度以 8%~10% 为宜,盐酸缓蚀剂优洛托平加入量为 3~4g/L。溶液加热至 50~60℃,清洗持续时间为 50~70min。用盐酸溶液处理之后,应该用清水冲洗。

对铝合金汽缸盖或汽缸体,不能用苛性钠溶液清洗,以免生成铝酸钠或氯化铝,使缸盖或缸体遭受腐蚀。可以在 1L 水中注入 100g 磷酸,然后加入 50g 铬酐,并仔细搅拌。将溶液加热到 30℃,让零件浸入溶液 30~60min;从洗槽中取出零件用清水冲洗,然后在 80~100℃含有 0.3% 重铬酸钾的溶液内清洗(除锈);最后用压缩空气吹干。

对于铸铁汽缸体和汽缸盖,可用 8%~10% 的盐酸溶液,添加缓蚀剂六亚甲基四胺 2~3g。将汽缸盖装于汽缸体上,从汽缸盖出水管(拆除节温器)注入清洗溶液(封闭进水口),然后将缸体放入水槽中加热。一般加热温度保持在 60~70℃,浸洗 1h。用盐酸溶液处理后需用清水按与冷却系水流相反方向冲掉脏物,再将 2%~3% 的苛性钠溶液注入水套内,中和残留在水套内的酸液,最后以清水冲洗,直至污水排尽。

热的酸溶液与水垢作用时会产生飞溅,并排出有害气体。操作人员应注意做好防护措施。

三、发动机外部附件拆装

发动机总成拆卸通常分三步进行,首先拆下发动机外部附件,然后拆下发动机本体的各组件,最后对各组件进行分解。

1. 发动机附件拆装

1)多楔传动带拆装

(1)松开发电机总成固定螺栓 A、B 和 C。

(2)然后拆卸多楔带,但不要松开螺栓 D,如图 2-1 所示。
(3)按相反顺序安装传动带、螺栓和螺母。
(4)转动螺栓 C,以调节多楔带传动的张紧度。
检查多楔传动带的张紧度,如图 2-1 所示。
张紧度:新皮带 700~800N;旧皮带 550~750N。
2)发电机总成拆装
(1)拆下螺母并从端子 B 上断开线束。
(2)断开连接器和线束卡夹。
(3)拆下 2 个固定和调节螺栓,以及发电机总成。
(4)拆下螺栓和线束夹支架,如图 2-2 所示。

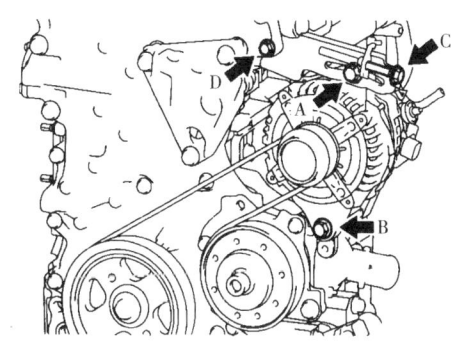

图 2-1 拆装多楔传动带

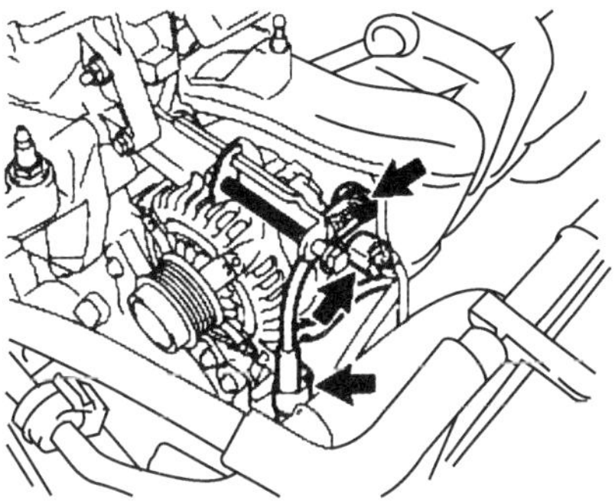

图 2-2 拆装发电机总成

(5)按相反顺序安装发电机和调节传动带张紧度。
3)空调压缩机总成拆装
(1)断开连接器。
(2)拆下 2 个螺栓和 2 个螺母。
(3)用套筒扳手拆下 2 个双头螺栓和带皮带轮的压缩机总成,如图 2-3 所示。
(4)按相反顺序安装空调压缩机总成。
4)液压转向助力泵总成拆装
(1)断开液压油管,将转向助力泵液压油放到废油收集盘。
(2)拆下转向助力泵总成紧固螺栓,拆卸助力泵总成。
(3)按相反顺序安装转向助力泵总成。

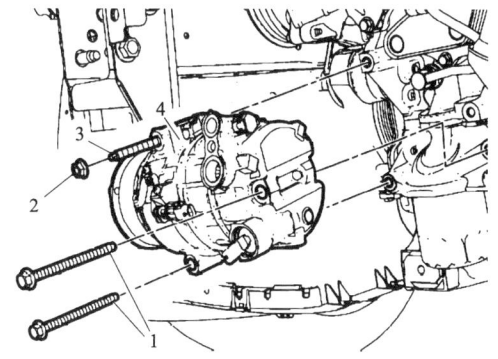

图 2-3 拆装空调压缩机总成
1-螺栓;2-螺母;3-双头螺栓;4-压缩机总成

(4)按规定加注液压油,起动发动机怠速运转,左右反复转动转向盘至极限位置,排放液压动力转向系统中的空气,直至储液罐内无泡沫冒出,表明液压动力转向系统内的空气已基本排净。
5)起动机总成拆装
(1)断开起动机线束插头,拆下起动导线螺母,拆下起动机电缆。

(2)拆下起动机搭铁电缆螺栓。

(3)拆下起动机螺母,取下起动机,如图2-4所示。

(4)安装起动机并将螺栓和螺母紧固至规定值。

(5)安装起动机搭铁电缆5。

(6)安装起动机电缆4,起动机起动导线螺母3。

(7)连接起动机线束插头,如图2-5所示。

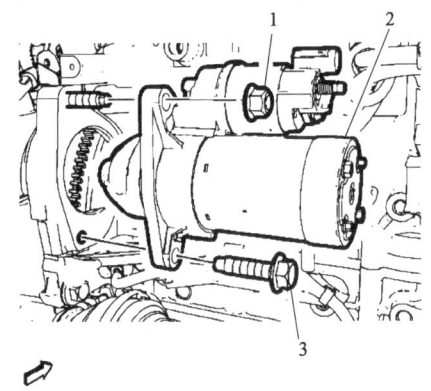
图2-4 拆卸起动机总成
1-起动导线螺母;2-起动机;3-起动机搭铁电缆螺栓

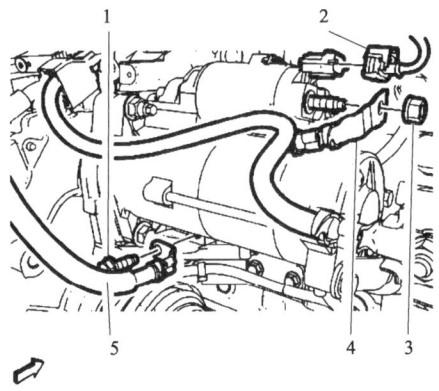
图2-5 安装起动机总成
1-螺栓和螺母;2-起动机线束插头;3-起动机起动导线螺母;4-起动机电缆;5-起动机搭铁电缆

2. 水泵总成拆装

(1)使用套筒、接杆、棘轮扳手按对角的顺序,从正时链条盖上依次拆下紧固螺栓,取下水泵总成和水泵衬垫,如图2-6所示。

(2)更换新水泵衬垫,装上水泵,按与拆卸相反的顺序紧固螺栓至规定力矩,如图2-7所示。

图2-6 拆卸水泵总成

图2-7 安装水泵总成

3. 进(排)气歧管拆装

1)进气歧管总成拆装

(1)断开进气歧管上的通风软管。

(2)拆卸进气歧管紧固螺栓并取下进气歧管总成,如图2-8所示。

(3)拆卸进气歧管衬垫。

(4)按相反顺序安装进气歧管总成,以从中间向两边对称分次拧紧螺栓或螺母。

2）排气歧管总成拆装

（1）拆卸排气歧管隔热罩。

（2）拆卸排气歧管支撑条。

（3）拆卸排气歧管紧固螺栓并取下排气歧管。

（4）拆卸排气歧管衬垫，如图2-9所示。

图2-8　拆装进气歧管总成

图2-9　拆装排气歧管总成

（5）按相反顺序安装排气歧管总成，以从中间向两边对称分次拧紧螺栓或螺母。

第二节　发动机技术参数检测

技能要求

1. 能检测汽缸压力和漏气量（中级要求）；
2. 能检测进气歧管真空度（中级要求）；
3. 能检测汽油机燃油压力（中级要求）；
4. 能检测汽车尾气排放（中级要求）；
5. 能使用汽车故障诊断仪（中级要求）。

知识要求

1. 汽缸压力及漏气量测试方法（中级要求）；
2. 进气歧管真空度测量方法及要求（中级要求）；
3. 燃油压力测量方法及要求（中级要求）；
4. 尾气排放检测方法及要求（中级要求）；
5. 汽车故障诊断仪及故障码知识要求（中级要求）。

一、汽缸压力检测

1. 检测方法

（1）发动机应运转至正常工作温度，发动机机油温度不低于30℃，蓄电池电压不低于12V。

(2)拆下空气滤清器;用压缩空气吹净火花塞周围的脏物,拔下各缸高压点火线,拔下点火线圈插头或拔下曲轴位置传感器线束插头,防止各缸点火;拔下所有喷油器插头。

(3)使用汽油机火花塞专用工具拧下全部火花塞。

(4)将汽缸压力表的橡胶接头插在被测汽缸的火花塞孔内,扶正压紧;或将压力表的螺纹接头拧紧在被测汽缸的火花塞孔螺纹上,如图2-10所示。

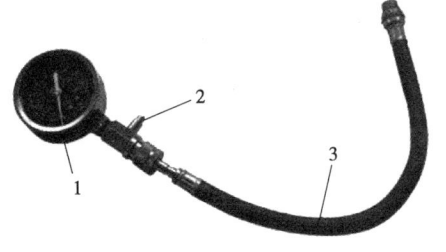

图2-10 带螺纹接头的汽缸压力表
1-压力表;2-放气阀;3-软管

(5)将节气门置于全开位置;用起动机转动曲轴,待压力表头指针指示并保持最大压力后停止转动;取下压力表,记录读数,按下单向放气阀,使指针归零。

依次测量各缸,每缸测量不少于两次,每缸测量结果取最大值。在用车辆发动机的汽缸压力应符合原厂设计规定。按照国家标准《道路运输车辆综合性能要求和检验方法》(GB 18565—2016)的规定:发动机各汽缸压力应不小于原设计规定值的85%;每缸压力与各缸平均压力的差,汽油机不超过8%、柴油机不超过10%。大修竣工发动机的汽缸压力应符合原设计规定。

2.检测分析

汽缸压力如高于原设计值,可能是燃烧室内积炭过多、汽缸衬垫过薄或缸体与缸盖接合平面经修理加工过甚造成的。

汽缸压力如低于原设计值,说明汽缸密封性降低,可向该缸火花塞或喷油器孔内注入少量机油再进行测试(湿式缸压检测),以便区别汽缸密封性差还是气门密封差。若汽缸压力值短时有所提高,则表明汽缸、活塞、活塞环磨损大;若汽缸压力基本不变,则为气门密封性差或汽缸衬垫漏气。

二、汽缸漏气量检测

1.汽缸漏气量检测原理

汽缸漏气量检测的基本原理是利用充入汽缸内的压缩空气,用压力表检测活塞处于压缩终了上止点时汽缸内压力的变化情况,来表征汽缸密封性。它不仅能显示汽缸、活塞和活塞环的密封性,还能显示进排气门、汽缸衬垫、汽缸盖与汽缸之间的密封性。

汽缸漏气量检测仪的外部气源压力应相当于汽缸压缩压力。压缩空气进入汽缸漏气量检测仪(其压力由进气压力表显示),随后经减压阀、橡胶软管、快换管接头、充气嘴进入处于压缩终了上止点的汽缸,汽缸漏气量检测仪如图2-11所示。汽缸内的压力变化情况由测量表显示。该压力变化情况表明了汽缸组的密封状况。

2.汽缸漏气量检测方法

(1)发动机预热到正常工作温度,拆下所有火

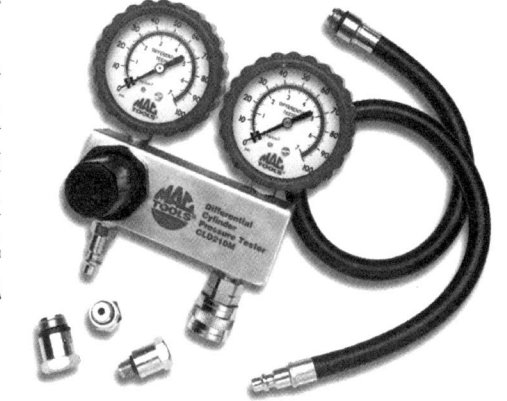

图2-11 汽缸漏气量检测仪

花塞,装上充气嘴。

(2)将仪器接上气源。在仪器出气口完全密封的情况下,通过调节减压阀,使测量表指针指在400kPa位置。

(3)在曲轴前端装上指针和活塞定位盘。摇转曲轴,使第1缸活塞处于压缩终了上止点位置,然后转动活塞定位盘,使刻度"1"对正指针。变速器挂最高挡(因靠驻车制动器作为发动机的制动力矩,若挂低速挡,会因变速器的增矩作用造成驻车制动失败,所以应挂最高挡),拉紧驻车制动器操纵杆。

(4)在第1缸火花塞孔接上管接头,向1缸充气,测量表上的读数,便反映了该缸的密封性。在充气的同时,可察听各密封部位是否有漏气声。

(5)摇转曲轴,使指针对正活塞定位盘下一缸的刻度线,按以上方法检测下一缸漏气量。为使数据可靠,各缸应重复测量一次,每缸测量值取算术平均值。

3.汽缸漏气量检测分析

发动机汽缸漏气量检测诊断标准一般是通过逐渐积累具体车型的测量资料来制定的。可在汽缸漏气量检测的同时采取以下辅助手段诊断故障部位。

(1)在进气管处监听,如听到漏气声,则为该缸进气门与气门座密封不良,应检修或更换进气门和气门座。

(2)在消声器处监听,如听到漏气声,则为该缸排气门与气门座密封不良,应检修或更换排气门和气门座。

(3)如在加机油口处监听到漏气声,摇转曲轴把该缸活塞从压缩上止点移到下止点,根据漏气声的变化,可估计汽缸的磨损情况。若漏气声很大,则应检修或更换汽缸、活塞和活塞环。

汽缸漏气率的检测仪器、检测方法及故障判断的方法与汽缸漏气量的检测是一致的,只不过汽缸漏气量检测仪的测量表标定单位为 kPa 或 MPa,而汽缸漏气率测量表的标定单位为百分数。

汽缸漏气率诊断参数标准可参考经验值:汽缸漏气率为 0~10% 时,密封良好;为 10%~20% 时,密封一般;为 20%~30% 时,密封较差;为 30%~40% 时,如果能确认进排气门、汽缸衬垫、汽缸盖和汽缸等是密封的,则说明汽缸活塞配合副的磨损接近极限,已经到了更换活塞环或镗磨汽缸的程度。

三、进气歧管真空度检测

发动机进气管的真空度也称进气管负压,是进气管内的进气压力与外部大气压力的压力差。进气管真空度随进气管自身密封性和汽缸的密封性变化而变化。因此,在确认进气管自身密封性良好的情况下,可利用真空表检测进气管的真空度,或利用示波器观察进气管真空度波形的变化,来分析、判断影响汽缸密封性的因素,诊断发动机机械系统故障。

1.结构与使用方法

真空表由表头和软管组成。表头与汽缸压力表一样为鲍登管,当真空进入时弯管会更弯曲,表头量程为 0~100kPa;软管连接在节气门后方的进气管专用接头上,如图2-12所示。

图 2-12 真空表表头和软管

(1) 发动机应预热到正常工作温度。

(2) 把真空表软管连接在节气门后方的进气管专用接头上。

(3) 起动发动机并怠速运转,读取真空表读数。考虑到进气管真空度有随海拔高度增加而降低的现象(一般海拔每增加 1000m,真空度将减少 10kPa 左右),因此真空度检测中应根据所在地海拔高度修正真空度诊断参数标准。

2. 检测与诊断故障

真空表指针的位置和动作:白针表示指针稳定,黑针表示指针漂移;表盘刻度单位为 kPa。

(1) 发动机密封性良好。在标准大气压力下,发动机怠速运转时,真空表指针稳定地指在 57~71kPa 范围内;迅速开闭节气门时,真空表在 6~84kPa 摆动,且变化较灵敏,表明汽缸密封性正常。

(2) 气门与气门座不密封。该气门处于关闭时,真空表指针比正常值跌落 3~23kPa,而且指针有规律摆动。

(3) 气门导管磨损。真空表读数较正常值低 10~13kPa,且缓慢地在 47~69kPa 内摆动。

(4) 活塞环磨损。发动机转速提升至 2000r/min 时,突然关闭节气门,真空表指针迅速跌落至 6~16kPa 以下;当节气门关闭时,指针不能恢复到 83kPa。

(5) 汽缸衬垫窜气。真空表读数从正常值突然跌落至 33kPa,当有泄漏的汽缸在工作行程时,指针又恢复正常值。

(6) 混合气过稀、过浓。混合气过稀时,指针不规则跌落;混合气过浓时,真空表指针在 44~57kPa 缓慢摆动。

(7) 排气系统堵塞。发动机转速提升至 2000r/min 时突然关闭节气门,真空表指针从 83kPa 跌落到 0,并迅速回到正常。

进气管真空度是一项综合性很强的诊断参数。若进气管真空度符合要求,不仅表明汽缸密封性符合要求,而且也表明点火正时、配气正时和空燃比等也都符合要求。但是,进气管真空度的检测也有不足之处,它往往不能指出故障的确切部位。例如:真空表不能测出哪一个气门有故障,所以,需要结合汽缸压力检测或结合汽缸漏气量检测。

四、汽油机燃油压力检测

1. 燃油压力表

燃油压力表用以检测燃油供给系统和燃油喷射系统的工作压力。一般电控汽油喷射系统的供油总管上设有专用的油压检测孔,以便检测时和燃油压力表连接。数字式燃油压力表,如图 2-13 所示。

2. 燃油压力检测

油压检测包括燃油供给系统油压检测和熄火后系统残余压力检测,系统油压过高或过低都会使混合气过浓或过稀,熄火后系统残余压力过低可能会造成起动困难或不能起动的问题。

燃油压力表使用及油压检测方法参见本章第五节燃油、电控系统检修中燃油供给系统油压检测部分。

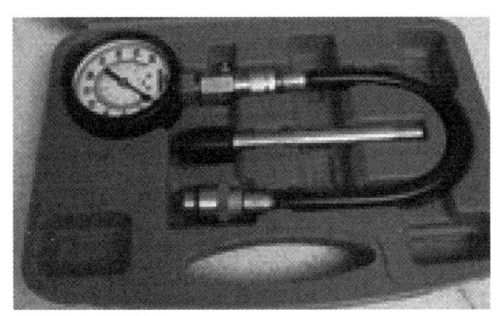

图 2-13　燃油压力表

五、汽车排气污染物检测

近年来,国家有关部门对各项环境保护标准与措施不断加严和细化,2005 年 7 月 1 日起实施点燃式发动机汽车怠速和高怠速工况下排气污染物排放限值和测量方法的标准,标准具有强制执行的效力,适用于装用点燃式发动机的新生产和在用汽车。

1. 双怠速检测法

1)检测前准备

(1)装上 5m 长度的取样软管和长度不小于 600mm 并有插深位置的取样探头,仪器的取样系统不得泄漏。

(2)待检车辆的发动机点火正时应准确,并达到规定的热状态;排气系统不得有漏气现象。

2)检测步骤

(1)发动机由怠速工况加速至 0.7 倍的额定转速,维持 60s 后降至高怠速(0.5 倍的额定转速),必要时在发动机上安装转速计。

(2)将取样探头插入排气管中,深度为 400mm,并固定于排气管上。

(3)在高怠速状态维持 15s 基本稳定后读数,读取 30s 排放的 CO 和 HC 的最高值和最低值,取其平均值即为高怠速排放检验结果。

(4)发动机从高怠速状态降至怠速状态,在怠速状态下维持 15s 后开始读数,读取 30s 内排放的 CO 和 HC 的最高值和最低值,取其平均值即为怠速排放检验结果。若为多排气管时,分别取各排气管高怠速检验结果平均值和怠速排放检验结果的平均值。

2. 排放污染物限值

在用汽车点燃式发动机的排放污染物限值的规定分别以 1995 年 7 月 1 日、2000 年 7 月 1 日、2001 年 10 月 1 日和 2004 年 9 月 1 日为时限,对此期前或此期起生产的轻型、重型汽车分别作了规定,见表 2-1。

标准对在用车辆的排放限值,紧密结合了车辆的新旧程度和技术含量,科学、合理地作了不同规定,差距较大。

在用汽车排气污染物排放限值(体积分数)　　　　　表2-1

项　目	类　别			
	急　速		高 急 速	
	CO(%)	HC($\times 10^{-6}$)	CO(%)	HC($\times 10^{-6}$)
1995年7月1日起生产的轻型汽车	4.8	900	3.0	900
2000年7月1日起生产的第二类轻型汽车	1.0	200	0.5	150
2001年10月1日起生产的重型汽车	4.5	1200	3.0	900
2004年9月1日起生产的重型汽车	1.5	250	0.7	200

六、汽车故障诊断仪及故障码知识

1．汽车故障诊断仪

汽车故障诊断仪又称汽车解码器。诊断仪不仅具有读码、清码功能，而且还具有解码功能，是汽车电控系统检测中不可缺少的检测设备之一。

1)诊断仪功能

诊断仪的功能分为基本测试功能和特殊测试功能。基本测试功能是读取和清除故障码；特殊功能包括动态数据流测试、执行器元件测试、基本设定和控制单元编码等。

(1)读取故障码。诊断仪可以读出存储在电子控制单元中的故障码，并在显示屏上显示出来，故障码的含义也可以通过按键的操作从诊断仪中调出。在未清除故障码之前，可以重新阅读故障码。

(2)清除故障码。车辆的故障被排除后，必须清除存储在电子控制单元中的故障码，以免干扰下一次读取故障存储器。使用诊断仪可以方便、快捷地清除掉存储在电子控制单元中的故障码。

(3)动态数据流测试。车辆各系统运行过程中控制单元的工作状况和各种输入、输出电信号的瞬时数据，以串行方式经故障诊断座传送到诊断仪，并在诊断仪显示屏上显示出来，从而使整个控制系统的工作状况一目了然，供检修人员进行查阅。通常，使用诊断仪是取得汽车诊断参数的唯一方法。有时只用一个数据，就有机会查出间歇性故障。大多数诊断仪都可以在行车时记录数据，这些信息是其他方法很难或根本无法获得的。

(4)执行元件测试。在发动机运转过程中或熄火状态下，通过诊断仪向各执行元件发出强制驱动或强制停止的指令，可以检查执行元件的工作状态，以查找出有故障的执行元件或控制电路。如通过诊断仪可以检查汽油泵继电器、喷油器、怠速控制阀、空调离合器等。

(5)基本设定。当电控系统某些部件进行维修或更换电子控制单元后，由于电控系统中的初始值发生变化，所以必须进行重新设定。这就可以通过诊断仪对汽车上的电控系统进行基本设定。

(6)控制单元编码。控制单元编码无显示或更换了控制单元之后，必须对控制单元进行编码。如果发动机电控单元编码错误，将导致发动机油耗增大，动力下降，甚至无法起动。

2)诊断仪类型

一般来说,带有数据流功能的诊断仪,可分为专用型和通用型两种类型。

专用型诊断仪是汽车制造厂为检测诊断本厂生产的各种车型而设计的,配备于一些大型的国内外汽车制造厂的特约维修站。对于特定车系来讲,专用型诊断仪的功能要强于通用型诊断仪。如对车载电控单元的程序进行改编、车载音响的解码等,许多通用型诊断仪不一定有此功能。

通用型诊断仪一般是检测设备制造厂为适应检测诊断多车型而设计制造的。通常存储有几十种甚至几百种不同厂牌、不同车型汽车电控系统的检测程序、标准数据和诊断代码等资料,并配备标准检测接头,可以检测诊断多种车型,因而适用于综合性维修企业。如国内的431电眼睛、金奔腾汽车电脑诊断仪、金德汽车电脑诊断仪等;美国的OTC诊断仪和MT2500红盒子诊断仪、德国的Bosch FS560诊断仪等。

国内的诊断仪均为中文界面,在检测某一车型时操作方法也类似。因此,会使用其中一个故障诊断仪后,其他的诊断仪也不难掌握。

2. 汽车OBD-Ⅱ随车诊断系统

OBD-Ⅱ是随车诊断系统第二代的缩写,是由美国汽车工程师学会(SAE)制定的,经由美国联邦环保局(EPA)及美国加州空气资源协会(CARB)登记的一套汽车标准。该标准要求各汽车厂家提供统一的诊断模式、统一的诊断座、统一的诊断代码,只要一台诊断仪器就可检测诊断所有车种。

OBD-Ⅱ标准公布后,世界各汽车生产厂家纷纷采用,逐渐形成了国际标准,到了1996年几乎全部厂家都在考虑采用这一标准。为此,了解、掌握和使用OBD-Ⅱ国际标准将大大简化汽车检测诊断、维护修理工作。

1)OBD-Ⅱ随车诊断系统目标

OBD-Ⅱ随车诊断系统要求达到:

(1)统一诊断座为16针(pin)。OBD-Ⅱ诊断座如图2-14所示,各针功能见表2-2。

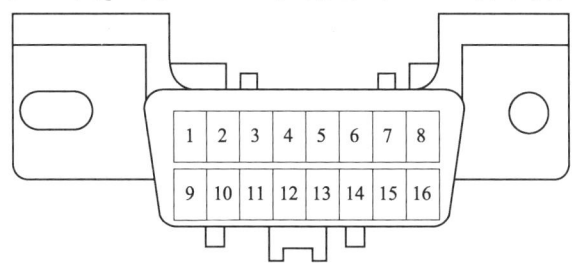

图2-14 OBD-Ⅱ诊断座

(2)统一诊断座位置(车辆仪表下方)。

(3)诊断仪与车辆之间采用标准通信规则。

(4)统一诊断代码含义。

(5)具有行车记录器功能。

(6)监控排放控制系统。

(7)诊断仪能够读码、记录数值、清码等。

(8)标准的技术缩写术语,定义系统的工作元件。

OBD-Ⅱ诊断座各针作用表　　　　　　　　　　　表 2-2

针脚编号	针脚功能	针脚编号	针脚功能
1	汽车生产厂家自行设定	9	汽车生产厂家自行设定
2	BUS+线,SAEJ1850	10	BUS-线,SAEJ1850
3	汽车生产厂家自行设定	11	汽车生产厂家自行设定
4	底盘搭铁	12	汽车生产厂家自行设定
5	信号搭铁	13	汽车生产厂家自行设定
6	汽车生产厂家自行设定	14	汽车生产厂家自行设定
7	K 线,ISO 9141	15	L 线,ISO 9141
8	汽车生产厂家自行设定	16	蓄电池正极

2) OBD-Ⅱ随车诊断系统诊断代码的组成与结构

OBD-Ⅱ随车诊断系统诊断代码由 1 位字母和 4 位数字组成,结构详述如下。

(1) 第 1 位为英文字母,表示诊断代码的系统划分,分配字母有 4 个,划分如下:

P-动力系统;C-底盘系统;B-车身系统;U-未定义。

(2) 第 2 位为数字,表示诊断代码类型,共计 4 个数字,类型如下:

0-美国汽车工程师学会(SAE)定义的(通用)诊断代码。

1-汽车生产厂家定义的(扩展)诊断代码。

2、3-随系统划分 B、C、P、U 的不同而不同。在 P 系统中,2 或 3 由 SAE 留作将来使用;在 B 或 C 系统中,2 为汽车生产厂家保留,3 由 SAE 保留。

(3) 第 3 位为数字,表示故障的系统识别,共计 10 个数字,识别如下:

1-燃油或进气系统故障;2-燃油或进气系统故障;3-点火系统故障;4-排放控制系统故障;5-速度控制系统故障;6-电脑或输出电路故障;7-变速器控制系统故障;8-变速器控制系统故障;9-SAE 未定义;10-SAE 未定义。

(4) 第 4、5 位为数字,两位数字组合在一起使用,表示对具体故障的代码界定。SAE 把不同传感器、执行器和电路分配了不同区段的两位数代码,以便使诊断代码表示的故障更为具体。

OBD-Ⅱ随车诊断系统规定的诊断代码的组成与结构,对于任何厂牌、车型都是适用的,其中动力系统的部分诊断代码见表 2-3。

OBD-Ⅱ随车诊断系统的动力系统部分诊断代码表　　　　　表 2-3

诊断代码	诊断代码含义	诊断代码	诊断代码含义
P0100	空气流量计线路故障	P0500	车速信号始终收不到
P0101	急速时空气流量计电压不良	P0505	急速(步进电机)控制不良
P0102	空气流量计信号太低	P0750	换挡电磁阀 A 不良
P0201	第 1 缸喷油器线路不良	P0751	换挡电磁阀 A 卡在全开位置
P0202	第 2 缸喷油器线路不良	P0753	换挡电磁阀 A 短路或断路
P0301	第 1 缸有间歇性不点火	P0755	换挡电磁阀 B 不良
P0325	前爆震传感器信号	P0756	换挡电磁阀 B 卡在全开位置
P0400	EGR 阀控制系统不良	P0758	换挡电磁阀 B 短路或断路
P0421	三元催化转换器不良	P0770	变矩器离合器电磁阀不良

第三节　曲柄连杆机构检修

技能要求

1. 能拆装、检测汽缸体和汽缸盖(中级要求);
2. 能拆装、检测活塞、活塞环及活塞销(中级要求);
3. 能拆装、检测连杆及轴承(中级要求);
4. 能拆装、检测飞轮、曲轴及轴承(中级要求)。

知识要求

1. 汽缸体及汽缸盖检测技术要求(中级要求);
2. 活塞、活塞环及活塞销检测技术要求(中级要求);
3. 连杆及轴承检测技术要求(中级要求);
4. 飞轮、曲轴及轴承检测技术要求(中级要求)。

一、汽缸体和汽缸盖检修

1. 汽缸体和汽缸盖常见损伤形式及其成因

汽缸体和汽缸盖的主要损伤形式有裂纹、磨损和变形。

1)汽缸体和汽缸盖裂纹部位及原因

汽缸体产生裂纹的部位和原因主要有:曲轴在高速转动时产生的振动使汽缸体的薄弱部位产生裂纹;发动机高温状态时突然加入大量冷水、水垢积聚过多而散热不良或由于穴蚀使水道壁产生裂纹;镶换汽缸套时,过盈量选择过大或压装工艺不当造成汽缸局部裂纹;装配螺栓时拧紧力矩过大产生螺纹孔裂纹等。

汽缸盖的裂纹多发生在进、排气门座之间,这是由于气门座或气门导管配合过盈量过大或镶换工艺不当所产生的装配应力过大而引起的。

2)汽缸体和汽缸盖变形位置及原因

汽缸体和汽缸盖接合平面翘曲变形通常是:汽缸盖工作时受热不均匀(如个别缸不工作);拆装汽缸盖时操作不当,未按汽缸盖螺栓规定的拆装顺序和力矩进行;高温下拆卸汽缸盖和汽缸体所造成的。

汽缸体上、下平面螺纹口周围凸起变形通常有:装配时拧紧力矩过大或螺纹孔未清理干净等。汽缸体和汽缸盖平面发生变形,会造成汽缸密封不严、漏气、漏水,甚至燃气冲坏汽缸垫。

3)汽缸磨损规律及原因

(1)汽缸磨损规律。在正常磨损情况下,汽缸磨损的规律是不均匀磨损。汽缸沿工作表面在活塞环运动区域呈上大下小的不规则锥形磨损。磨损的最大部位是活塞在上止点位置时第一道活塞环相对应的汽缸壁,而活塞环接触不到的上口几乎没有磨损而形成了明显的"缸肩"。汽缸沿圆周方向的磨损也是不均匀的,形成不规则的椭圆形,一般是与活塞销轴线垂直的方向磨损较大。其最大磨损部位往往随汽缸结构、使用条件不同而异。

(2)汽缸磨损原因。汽缸是在润滑不良、高温、高压、交变负荷和腐蚀性物质作用的恶劣环境下工作的,同时由于活塞、活塞环在汽缸内高速往复运动,也会使汽缸工作表面发生磨损。

汽缸的最大磨损位置处在第一道活塞环在上止点的部位,其主要原因如下所述:

①由于活塞和环的运动换向,运动速度几乎为零,环的布油能力最差,油膜不容易建立;而且,此时活塞环的背压最大,使其接触面间的油膜形成更困难。因此,汽缸壁形成了上大下小的机械磨损。

②可燃混合气燃烧产生的酸性物质对汽缸壁起腐蚀作用,当发动机燃用高硫分燃油和发动机长期低温使用,以及在低温状态下频繁起动时,这种腐蚀磨损更为严重。

③燃烧产生的高温、高压,使活塞承受的侧向力加大且冷却不够,汽缸与活塞、活塞环由于干摩擦使两者熔融粘着或剥落,造成粘着磨损。

2.汽缸盖和油底壳拆装

1)汽缸盖和油底壳一般拆卸步骤

(1)从汽缸盖两边到中间,按对角的顺序,用合适的六角套筒、接杆、指针式扭力扳手,分步均匀地松开各个汽缸盖螺栓,并用棘轮扳手拆下螺栓,用磁棒取出垫圈。

(2)使用头部缠有胶带的螺丝刀,撬动汽缸盖和汽缸体之间的合适部位,拆下汽缸盖。

(3)在拆卸油底壳时,用六角套筒、接杆、棘轮扳手,以交叉进行方式拆下螺栓和螺母。

(4)将油底壳密封刮刀插入曲轴箱和油底壳之间,切断密封胶并拆下油底壳。

2)汽缸盖和油底壳一般安装步骤

(1)清洁汽缸体表面,涂抹密封胶,将衬垫放在汽缸体表面,注意安装记号一面朝上。

(2)对准定位销,平稳将汽缸盖安装到汽缸体上平面。

(3)从汽缸盖中间到两边按对角线的顺序,用合适套筒、接杆、棘轮扳手,分步均匀地对各个汽缸盖固定螺栓和垫圈进行预紧。再选用定扭力扳手进行紧固,将螺栓紧固至规定力矩。

(4)若汽缸盖螺栓为塑性螺栓,则应在汽缸盖螺栓前端先做标记;然后将汽缸盖螺栓再用指针式扭力扳手按规定旋转若干角度。

(5)用铲刀清除油底壳接触面上旧填料。在油底壳接触面上涂抹一条连续的密封胶带。

(6)用套筒、接杆、棘轮扳手和扭力扳手,按对称交叉的顺序将螺栓和螺母分次拧紧,完成油底壳安装。

3.汽缸体和汽缸盖检修

1)汽缸体和汽缸盖裂纹检修

清洁汽缸体和汽缸盖各安装平面(清除水垢、积炭等),用染色渗透剂、目视检查或压力检测方法检测裂纹。若有裂纹或螺栓、螺孔的螺纹损伤超过2牙以上,应更换汽缸体和汽缸盖。

2）汽缸体和汽缸盖变形检修

汽缸体上平面发生变形,可将直尺放在平面上,然后用厚薄规测量直尺与平面间的间隙,此间隙即为平面度误差(平面翘曲变形的程度)。

汽缸体上平面的平面度检测,应分别沿着汽缸体上平面的长度、宽度和对角线方向进行,如图2-15所示。并且在螺孔、水道口、油道口及汽缸之间的间隔处,也应检测其平整程度。

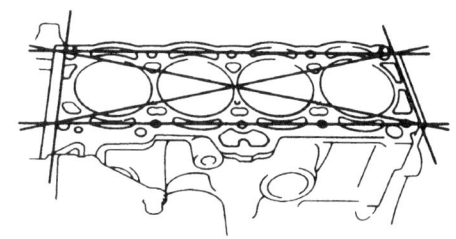

图2-15 汽缸体上平面的平面度检测部位

汽缸体与汽缸盖接合平面的平面度要求,见表2-4。

表2-4 汽缸体上平面的平面度公差(单位:mm)

测量范围	汽缸长度	铸铁汽缸体	铝合金汽缸体
任意50×50	—	0.05	0.05
整个平面	≤600	0.15	0.15
整个平面	>600	0.25	0.35

有些发动机强调要用高度尺检查汽缸两端的高度,以确定汽缸体上、下平面的平行度;检查汽缸下平面至曲轴主轴承孔的距离,以确定主轴承孔与汽缸体下平面的平行度,这些平行度误差应符合原厂技术要求。因为在镗磨汽缸时,这些平面是主要的定位基准,将直接影响到汽缸中心线与主轴承孔中心线的垂直度。

汽缸体平面局部不平,可用铲削的方法修平。平面变形较大时,可采用平面磨床进行磨削加工,但总切削量不宜过大,为0.24～0.50mm,否则将影响汽缸的压缩比。

3）汽缸磨损检修

(1)汽缸磨损检测。首先用观察的方法检查汽缸表面有无明显的刮伤和裂纹;然后用量缸表(内径量表)进行测量,以确定汽缸磨损后的圆度和圆柱度误差,对照技术标准,确定发动机是否需要进行大修,以及确定修理级别。

圆度误差是指同一横截面上磨损的不均匀性。用同一横截面上不同方向测得的最大与最小直径差值的一半作为圆度误差。

圆柱度误差是指沿汽缸轴线的轴向截面上磨损的不均匀性。其数值为被测汽缸表面任意方向所测得的最大与最小直径差值的一半。

对多缸发动机,圆度和圆柱度误差应以误差最大的一个汽缸为准。当汽缸圆度和圆柱度误差中的任何一个或同时达到发动机总成大修标准时(表2-5),发动机应进行大修。

表2-5 汽缸圆度和圆柱度公差(单位:mm)

公差名称	汽油机	柴油机
圆度	0.05	0.065
圆柱度	0.20	0.25

汽缸磨损一般检测步骤:

①选择合适外径千分尺并装入支架,调整千分尺至汽缸标准直径并锁紧。

②根据汽缸标准直径,在外径千分尺上校正量缸表。

根据汽缸标准尺寸,选择合适的固定测量杆,并装入量缸表的下端。接杆装好后与活动伸缩杆的总长度应与被测汽缸尺寸相适应。

将百分表装入量缸表把手上端的孔内,并使其小指针对准零位,然后锁紧。推动并放松量缸表的活动测量杆,每次百分表的指针应能回到同一位置。

在外径千分尺上调整量缸表固定测量杆的长度,使百分表继续压缩1.0~1.5mm(小指针指示1.0~1.5mm)。

在外径千分尺上,上下左右稍微摆动量缸表,使百分表的大指针顺时针摆动到最大位置,然后转百分表表盘,使其零位与大指针对齐。

③将量缸表测杆伸入汽缸测量,测量时应在测杆与汽缸轴线保持垂直位置时,读取测量值。摆动量缸表,使其大指针指示到最小读数时,即表示测杆已垂直于汽缸轴线,如图2-16所示,记录测量读数。

④根据汽缸磨损规律,在汽缸的上部、中部和下部的三个截面上,进行横向($B—B'$)和纵向($A—A'$)的直径测量,如图2-17所示。上截面指距离汽缸体上平面10mm左右处。中截面指整个活塞行程的中间位置,下截面指距离下平面10mm左右处。

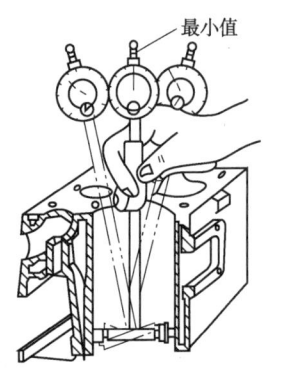
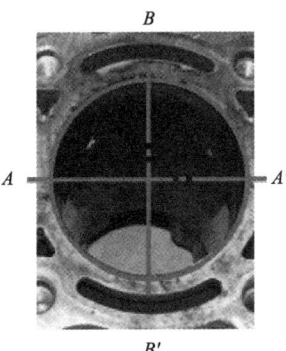

图2-16 量缸表检测方法　　　　　图2-17 汽缸测量部位

(2)汽缸修复方法。汽缸磨损,其圆度或圆柱度误差超过公差限度时,对磨损的汽缸应进行机械加工,使其通过尺寸的改变,恢复汽缸正确的几何形状和配合性质,这种方法称为修理尺寸法。扩大后的尺寸叫修理尺寸。

汽缸经多次修理,当直径超过最大修理尺寸,或汽缸壁上有特殊损伤时,可对汽缸做圆整加工,用过盈配合的方式镶上新的汽缸套,使汽缸直径恢复到原来的基本尺寸,这种方法称为镶套修复法。

当汽缸磨损超过允许的限度时,应选择确定汽缸的修理尺寸,并选配与汽缸修理尺寸相对应的活塞和活塞环。

(3)汽缸修理尺寸确定。汽缸的修理尺寸应按修理级别选择。修理级别一般分为4~6级(小型发动机一般为4级,大型发动机为6级,或按原厂技术规定),汽缸直径每加大0.25mm为一级,最大不超过1.00mm或1.50mm。由于汽缸可能产生偏磨损,因而采用定位镗缸时,每次修理的修理级差通常要超过0.25mm,故常用+0.50mm、+1.00mm、+1.50mm三级修理尺寸,其余则为辅助级。

汽缸的修理尺寸 = 汽缸最大直径 + 镗磨余量

镗磨余量一般取 0.10~0.20mm，在保证加工精度和粗糙度的前提下尽可能小些。

计算出的修理尺寸应与修理级别相对照。如与修理级别不相符，应圆整到下一个修理级别。同一台发动机的各汽缸应采用同一级修理尺寸。

二、活塞、活塞环及活塞销检修

1. 活塞、活塞环及活塞销常见损伤形式及其成因

活塞连杆组件活塞、活塞环及活塞销等组成，是发动机的重要组合件，其技术状况好坏，对发动机工作的影响特别明显。在发动机修理作业中，活塞连杆组件的检修是一个重要的项目。

活塞连杆组件的检修，主要包括活塞、活塞环和活塞销的选配。

1) 活塞常见损伤及原因

活塞的常见损伤形式主要是活塞环槽的磨损、活塞裙部的磨损、活塞销座孔的磨损等。

活塞环槽的磨损较大，以第一道环槽的磨损最为严重，各环槽由上而下逐渐减轻。其原因是燃烧室高压燃气的作用和活塞高速往复运动，使活塞环对环槽的冲击增大。环槽的磨损将引起活塞环与环槽侧隙的增大，使活塞与汽缸壁之间易产生漏气和机油上窜现象，密封性降低。

活塞裙部虽与汽缸壁直接接触，但接触面积较大，润滑条件较好，所以磨损也较轻。通常只在侧压力较大的一侧发生轻微的磨损和擦伤。此外，由于活塞的塑性较好，减振性和磨合性得到显著的改善。当活塞与汽缸的配合间隙过大时，会造成发动机窜机油，发动机工作时甚至会出现异响。

活塞销座孔的磨损是活塞在工作时受气体压力和往复惯性力的作用，使活塞销座孔产生上下方向的椭圆形磨损。若磨损使活塞销座孔与活塞销的配合松旷，在工作中也会出现异响。

活塞的异常损坏主要有活塞裙部刮伤和顶部烧蚀等。

活塞刮伤主要是由于活塞与汽缸壁的配合间隙过小而使润滑条件变差，以及汽缸内壁严重不清洁，有较多和较大的机械杂质进入摩擦表面而引起的。活塞顶部的烧蚀则是发动机长期超负荷或在爆燃条件下工作的结果。

2) 活塞环常见损伤及原因

活塞环常见损伤形式主要是活塞环的磨损、弹性减弱和折断等。

活塞环磨损主要是活塞环受高温高压燃气的作用，活塞环往复运动的冲击和润滑不良所致。

在使用中受高温燃气的影响，活塞环的弹性逐渐减弱，造成活塞环对汽缸壁的压力降低，汽缸的密封性变差，出现漏气和窜机油现象，使发动机的动力性下降，经济性变坏。由于活塞环的安装不当或端隙过小，发动机在高温、大负荷条件下工作时，端隙抵死而卡滞在汽缸内，在活塞的冲击负荷作用下而断裂。

在维修中更换活塞环时，应将缸壁上磨出的缸肩刮去，避免撞断第一道活塞环。

3）活塞销常见损伤及原因

发动机工作时，活塞销要承受燃气的压力和活塞连杆组件惯性力的作用，其负荷的大小和方向是周期性变化的，对活塞销产生较大的冲击作用。活塞销与活塞销座孔和连杆衬套的配合精度很高，在发动机正常工作(达到工作温度)时，全浮式活塞销与活塞销座和连杆衬套存在微小的间隙。因此，活塞销可以在销座孔和连杆衬套内自由转动，使得活塞销的径向磨损比较均匀，磨损速率也较低。

由于活塞销在发动机工作时，承受较大的冲击载荷，当活塞销与活塞销座和连杆衬套的配合间隙超过一定数值时，就会由于配合的松旷而发生异响。

2．活塞、活塞环及活塞销检修

在发动机大修过程中，活塞、活塞环和活塞销等是作为易损件更换的，这些零件的选配是一项重要的工艺技术措施。所谓选配，即不完全互换性，就是以较大的公差加工零件，通过分组选用来得到较高配合精度的工艺。

1）活塞选配

当汽缸的磨损超过规定值及活塞发生异常损坏时，必须对汽缸进行修复，并且要根据汽缸的修理尺寸选配活塞。选配活塞时要注意以下几点：

(1)选用同一修理尺寸和同一分组尺寸的活塞。汽车发动机活塞与汽缸的配合现都采用选配法，在汽缸的技术要求确定的前提下，重点是选配相应的活塞。

我国活塞修理尺寸的级差为0.25mm，共分六级，最大为1.50mm；国外有些车型只有1~4个级别。在每一个修理尺寸级别中又分为若干组，通常分为3~6组不等，相邻两组的直径差为0.010~0.015mm。有的发动机为薄型汽缸套，活塞不设置修理尺寸，只区分标准系列活塞和维修系列活塞，每一系列活塞中也有若干供选配。活塞的修理尺寸级别代号、分组代号常打印在活塞顶部，有的分组标记以涂色法标记在活塞销座处，要注意区分。

选配活塞时，要根据汽缸修理级别选用同一级别和同一分组尺寸的活塞，以得到正确的配合间隙。

活塞的分组适用于标准直径的活塞，也适用于修理尺寸的活塞。在维修过程中，若活塞与汽缸套都更换新件，必须进行分组；若汽缸的磨损较小只需更换活塞时，则应选用同一级别中活塞直径最大的一组。

(2)同一发动机必须选用同一厂牌活塞。活塞应成套选配，以保证其材料和性能的一致性。

(3)在选配的成套活塞中，尺寸差和质量差应符合要求。成套活塞中，其尺寸差一般为0.02~0.025mm，质量差一般为4~8g，销座孔的涂色标记应相同。

2）活塞环选配

活塞环与汽缸和活塞具有相同的修理级别，只是没有修理尺寸分组。

活塞环选配时，以汽缸的修理级别为依据，同一台发动机应选用与汽缸和活塞修理级别相同的活塞环。当发动机汽缸磨损后仅需更换活塞环时，应选配与汽缸同一级别的活塞环，严禁选择加大一级的活塞环经过锉削端隙来使用。

对活塞环的要求是：与汽缸、活塞的修理级别一致；具有规定的弹力，以保证汽缸的密封性；环的漏光度、端隙、侧隙和背隙应符合原厂规定。

(1) 活塞环的弹力检验。活塞环的弹力是指使活塞环端隙为零时,作用在活塞环上的径向力。活塞环的弹力是建立背压的首要条件,也是保证汽缸密封性的必要条件。活塞环的弹力可在专用的活塞环弹力检验仪上检测,也可用新旧环对比法检查。

(2) 活塞环的漏光度检验。活塞环的漏光度检验旨在检测环的外圆表面与汽缸壁的接触和密封程度,其目的是避免漏光度过大使活塞环与汽缸的接触面积减小,造成漏气和窜机油的隐患。

常用的活塞环漏光度的简易检查方法是:活塞环置于汽缸内,用倒置的活塞将其推平,用一直径略小于活塞环外径的圆形板盖在环的上侧,在汽缸下部放置灯光,从汽缸上部观察活塞与汽缸壁的缝隙,确定其漏光情况。

对活塞环漏光度的技术要求是:在活塞环端口左右30°范围内,不应有漏光点;在同一根活塞环上的漏光不得多于两处,每处漏光弧长所对应的圆心角不得超过25°,同一环上漏光弧长所对应的圆心角之和不得超过45°;漏光处的缝隙,应不大于0.03mm。

(3) 活塞环"三隙"的检验。活塞环的三隙是指端隙、侧隙和背隙。一般来说,活塞环的三隙是上环大于下环、柴油机大于汽油机、汽缸直径大的大于直径小的、发动机压缩比高的大于压缩比小的。

①端隙检验。端隙是将活塞环置入汽缸内,活塞环平面垂直于汽缸轴线时,活塞环两个端口之间的间隙。端隙是为了防止活塞环受热膨胀卡死在汽缸内而设置的。若端隙大于规定值,则应重新选配活塞环。

②侧隙检验。侧隙是将环放在槽内,环在高度方向上与活塞环槽之间的间隙,可用厚薄规测量。侧隙可使环在活塞环内能自由转动,保证机件可靠工作。若侧隙过大将会使活塞环的泵油作用加剧,造成机油窜入燃烧室;若侧隙过小会使活塞环卡死在环槽内。

③背隙检验。背隙是将环装入活塞环槽内,以环槽深度与活塞环径向厚度的差值来衡量,可用游标卡尺测量。背隙是为了建立背压,减少积炭和防止活塞工作时膨胀过大挤断活塞环而设置的。

3) 活塞销选配

选配活塞销的原则是:同一台发动机应选用同一厂牌、同一修理尺寸和分组的活塞销;活塞销表面应无任何锈蚀和斑点;质量差在10g的范围内。

全浮式活塞销与活塞销座的配合,对于汽油机,在常温下应有微量的过盈(即活塞销不能在座孔内转动);当活塞处于75~80℃时,又有微量的间隙,使活塞销能在座孔内转动,但无间隙感觉。

三、连杆和轴承检修

1. 连杆和轴承常见损伤形式及其成因

连杆组件由连杆和轴承等组成,常见损伤形式有:连杆的变形、连杆轴承和小端衬套的磨损、连杆螺栓损伤等。

发动机工作中,在交变载荷作用下由于超负荷等原因而产生复杂的作用力,连杆杆身将会发生弯曲和扭曲等变形。

连杆的弯曲是指连杆小端轴线与连杆大端轴线在轴线平面内的平行度误差;连杆的扭

曲是指连杆小端轴线与连杆大端轴线在轴线平面法向上的平面度误差。

连杆变形后,使活塞在汽缸中歪斜,引起活塞与汽缸、连杆轴承与连杆轴颈偏磨,将对曲柄连杆机构的工作产生很大的影响。因此,在发动机修理过程中应对连杆的弯、扭变形进行检验和校正。

连杆轴承的主要损伤形式是磨损、合金疲劳剥落及粘着咬死等。当连杆轴承与轴颈的径向间隙过大后,轴承对润滑油流动阻尼能力减弱,润滑油压下降,从而使连杆轴承与轴颈之间的油膜不易建立,破坏了轴承的正常润滑;加之冲击载荷,又造成轴承疲劳应力剧增,使轴承疲劳而导致粘着咬死,发动机将丧失工作能力。因此,行车中应注意发动机机油压力变化,察听异响,发现异常应立即停车检修。

工作中,有时也会出现连杆小端衬套磨损,造成与活塞销配合松旷而产生异响。

连杆螺栓与螺母在工作中,由于受很大的交变载荷作用,会发生螺栓拉长变形、裂纹、螺纹损坏等损伤,严重时甚至断裂,造成严重事故。

2.连杆和轴承检修

连杆和轴承检修主要有:连杆小端衬套与活塞销的间隙检查、连杆变形的检验、连杆轴承的选配等。

1)连杆衬套检查

在更换活塞销的同时,必须检查或更换连杆衬套,以恢复配合间隙。活塞销与连杆衬套的配合,在常温下应有 0.005~0.010mm 的微量间隙,这样高的配合要求是难以测量的,在检修中只能凭感觉去判断。

活塞销与连杆衬套配合的经验方法是:将活塞销涂以机油,装入衬套内,然后将活塞销夹在台钳上。先沿活塞销轴线方向扳动连杆,应无间隙感觉;转动连杆时,连杆应随手圆滑转动。

2)连杆变形检验

连杆变形检验在连杆校验仪上进行,连杆校验仪能检验连杆的弯曲、扭曲、双重弯曲等。

检测时,首先将连杆大端的轴承盖装好,不装连杆轴承,并按规定的拧紧力矩将连杆螺栓拧紧,同时将标准心轴装入小端衬套的承孔中。然后将连杆大端套装在支承轴上,通过调整定位螺钉使支承轴扩张,将连杆固定在校验仪上。测量工具是一个带有V形槽的三点规。三点规上的三点构成的平面与V形槽的对称平面垂直,两下测点的距离为100mm,上测点与两下测点连线的距离也是100mm。

测量时,将三点规的V形槽靠在心轴上并推向检验平板。如三点规的三个测点都与检验仪的平板接触,说明连杆不变形。

若上测点与平板接触,两下测点不接触且与平板的间隙一致,或下两测点与平板接触,而上测点不接触,表明连杆弯曲。可用厚薄规测出测点与平板之间的间隙,即为连杆在100mm 长度上的弯曲度,如图 2-18 所示。

若只有一个下测点与平板接触,另一下测点与平板不接触,且间隙为上测点与平板间隙的两倍,这时下测点与平板的间隙,即为连杆在 100mm 长度上的扭曲度,如图 2-19 所示。

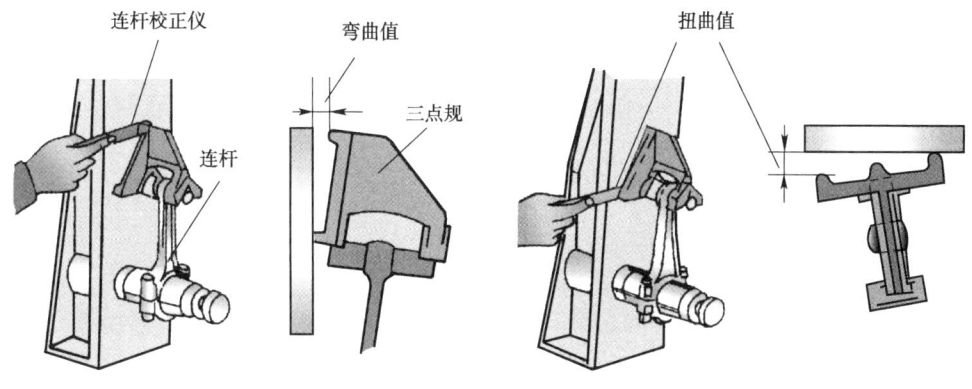

图 2-18 连杆弯曲检验　　　　　　　图 2-19 连杆扭曲检验

有时在测量连杆变形时,会遇到下面两种情况:一是连杆同时存在弯曲和扭曲,反映在一个下测点与平板接触,但另一个下测点的间隙不等于上测点间隙的两倍。这时,下测点与平板的间隙为连杆扭曲度,而上测点间隙与下测点间隙差值的一半为连杆弯曲度;二是连杆存在如图 2-20 所示的双重弯曲,检验时先测量出连杆小端端面与平板距离,再将连杆翻转 180°后,按同样方法测出此距离。若两次测出的距离数值不等,即说明连杆有双重弯曲,两次测量数值之差为连杆双重弯曲度。

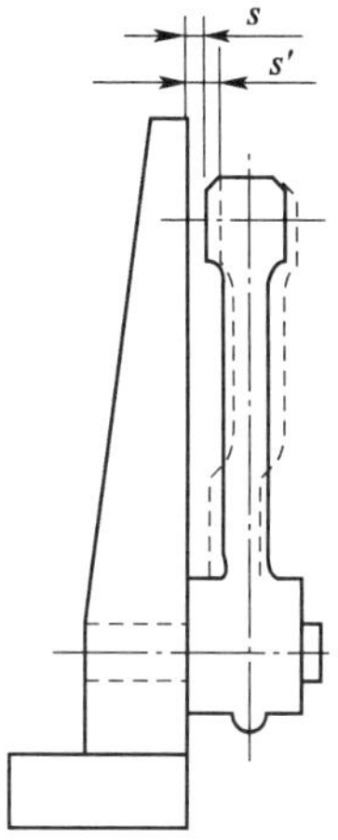

在汽车维修技术标准中,对连杆的变形作了如下规定:连杆小端轴线与大端应在同一平面,在该平面上的平行度公差为 100:0.03,该平面的法向平面上的平行度公差为 100:0.06。若连杆的弯曲度或扭曲度超过公差值时,应进行校正。连杆的双重弯曲,通常不予校正,因为连杆大、小端对称平面偏移的双重弯曲极难校正,而双重弯曲对曲柄连杆机构的工作极为有害,因此应更换连杆。连杆发生弯扭变形时,首先要记下连杆弯曲与扭曲的方向和数值,用连杆校正器进行校正。通常是先校正扭曲,再校正弯曲。校正时,应避免反复的过校正。

图 2-20 连杆双重弯曲检验

3) 连杆轴承选配

连杆轴承的选配包括选择合适内径的轴承,以及检验轴承的高出量、自由弹开量、定位凸榫和轴承钢背表面质量等内容。

根据连杆轴颈直径和规定的径向间隙选择合适内径的连杆轴承。现代发动机连杆轴承制造时,根据选配的需要,其内径直径已制成一个尺寸系列。

连杆轴承要求定位凸榫完整,轴承钢背光整无损。轴承在自由状态下的曲率半径大于座孔的曲率半径,保证轴承压入座孔后,可借轴承自身的弹力作用与轴承座贴合紧密,如图 2-21 所示。轴承装入座孔内,上、下两片的每端均应高出轴承座平面 0.03 ~ 0.05mm,称为高出量。轴承高出座孔,以保证轴承与座孔紧密贴合,提高散热效果。

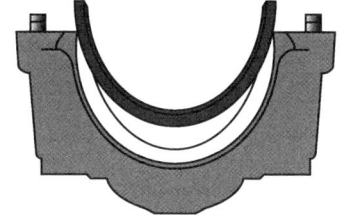

图 2-21 连杆轴承弹开量

3. 活塞连杆组件组装

活塞连杆组的零件经修复、检验合格后,方可进行组装。组装前,应对待装零件进行清洗,并用压缩空气吹干。

对于全浮式活塞,应采用热装合方法。将活塞放入水中加热至353~373K,取出后迅速擦净,将活塞销涂以机油,插入活塞销座和连杆衬套,然后装入锁环。两锁环应与活塞销端面留有0.10~0.25mm的间隙,以避免销受热膨胀时把锁环顶出。锁环嵌入环槽中的深度,应不少于锁环直径的2/3。

对于半浮式活塞,应采用压入法。可用专用夹具将活塞销压入活塞销座孔和连杆小头承孔。

活塞与连杆组装时,要注意两者的缸序和安装方向,不得错乱。活塞与连杆一般都标有装配标记,如图2-22所示。如两者的装配标记不清或不能确认时,可结合活塞和连杆的结构加以识别。例如:活塞顶部的箭头或边缘缺口应朝前;活塞裙部的膨胀槽应开在做功行程侧压力较小的一面;连杆杆身的圆形凸点应朝前。此外,连杆与连杆轴承盖的配对记号应一致并对正,或杆身与连杆轴承盖承孔的凸榫槽安装时应在同一侧,以避免装配时的配对错误。

最后,安装活塞环。安装时,应采用专用工具(活塞环拆装钳),以免将环折断。由于各道活塞环的结构差异,所以在安装活塞环时,要特别注意各道活塞环的类型和规格、顺序及其安装方向。

安装气环时,有镀铬的活塞环一般装在第一道;扭曲环应装在第二或第三道,其安装方向视该环的具体作用而定;用作刮油的正扭曲环,其内缺口或内倒角朝上,外缺口或外倒角朝下,否则活塞环的泵油作用将得到加强,从而使机油大量窜入燃烧室而引起积炭。各种环的组合方式和安装方向要按该型号发动机维修手册进行,不得随意改变。

为了提高汽缸的密封性,避免高压气体的泄漏,要求活塞环的开口应交错布置。

一般是以第一道活塞环的开口位置为始点,其他各环的开口布置成迷宫状走向。第一道环应布置在做功行程侧压力较小的一侧,其他环(包括油环)依次间隔90°~180°。例如:三道环的活塞,每道环间隔120°;四道环的活塞,第二环与第一环间隔180°,第三环与第二环间隔90°,第三环与第四环间隔180°,如图2-23所示。

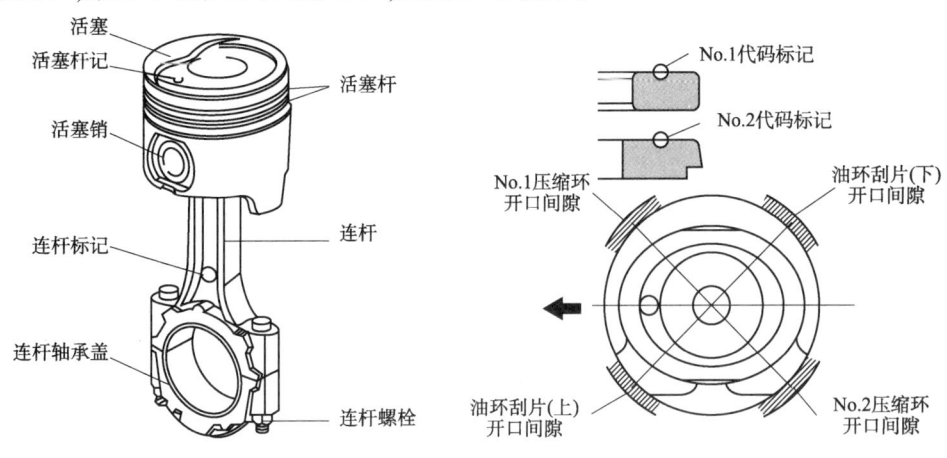

图2-22 活塞连杆组件组装记号　　图2-23 活塞环安装方向

安装组合油环的上、下刮片,也要交错排列,两道刮片间隔180°。各环的开口布置都应避开活塞销座和膨胀槽位置。

四、飞轮、曲轴及轴承检修

1. 飞轮、曲轴及轴承常见损伤形式及成因

曲轴飞轮组由飞轮、曲轴及轴承等组成，主要损伤形式是：曲轴磨损、弯扭变形和裂纹等；飞轮工作平面有严重烧灼或磨损沟槽，飞轮齿圈有断齿或齿端冲击耗损等。

1) 曲轴磨损特点及原因

由于曲轴的高速旋转运动，轴颈表面承受较大交变载荷的冲击作用，而且有很高的滑动速度，散热条件差，很容易造成磨损。主轴颈和连杆轴颈的磨损是不均匀的，且磨损部位具有一定规律。主轴颈和连杆轴颈向最大磨损部位相互对应，即各主轴颈的最大磨损部位靠近连杆轴颈一侧；连杆轴颈的最大磨损部位在主轴颈一侧。

2) 主轴颈磨损特点及原因

主轴颈径向的不均匀磨损主要是受连杆、连杆轴颈及曲柄壁离心力的影响，使靠近连杆轴颈一侧的轴颈与轴承间发生的相对磨损较大。实践证明，在直列式发动机中，连杆轴颈的磨损比主轴颈的磨损严重，这主要是由于连杆轴颈的负荷较大、润滑较差等原因所造成的；在V形发动机中，主轴颈的磨损比连杆轴颈的磨损严重。

在发动机使用中，主轴颈的不均匀磨损后果也相当严重，各轴颈不同方向的磨损，导致主轴颈同轴度的破坏，这往往是某些曲轴断裂的原因。

3) 曲轴弯曲与扭曲变形及原因

曲轴产生弯曲变形，是由于使用不当和维修、装配不当造成的。例如：发动机在爆震和超负荷等条件下工作，个别汽缸不工作或不均衡，各道主轴承松紧度不一致，主轴承承孔同轴度偏差增大等，都会造成曲轴的弯曲变形。当变形逾限后，将加剧活塞连杆组件和汽缸的磨损，以及曲轴和轴承的磨损，严重时，会使曲轴疲劳折断。

曲轴扭曲变形主要是轴承烧蚀或个别汽缸的活塞卡在汽缸里造成的。当个别汽缸壁间隙过小或活塞热膨胀过大，活塞运动阻力将增大，曲轴运转不均匀。发展到活塞卡缸未及时发现以及超速、超载等，都会引起曲轴的扭曲变形及其他耗损。曲轴产生扭曲变形后，将使连杆轴颈分配角改变，可能产生发动机振动。

4) 曲轴裂纹损伤及原因

曲轴的裂纹多发生在曲柄与轴颈之间的过渡圆角处，以及油孔处。前者是横向裂纹，危害极大，严重时造成曲轴断裂。后者多为轴向裂纹，沿斜置油孔的锐边轴向发展。

曲轴的横向、轴向裂纹主要是由应力集中引起，曲轴变形和修磨不慎也会使过渡区的应力陡增，加剧曲轴的疲劳断裂。

曲轴轴颈表面还可能出现擦伤和烧伤。擦伤主要是机油不清洁，其中较大的机械杂质在轴颈表面刮成沟痕。烧瓦后，轴颈表面会出现严重的擦伤刮痕，轴颈表面烧灼变成蓝色。

2. 飞轮、曲轴及轴承检修

1) 曲轴裂纹检验

曲轴清洗后，首先应检查有无裂纹。检查方法有磁力探伤、超声波探伤、着色探伤（渗透法）等，也可用浸油敲击法检验。用浸油敲击法检查时，可将曲轴置于煤油中浸一会儿，取出后擦净表面并撒上白粉，然后用手锤分段敲击每个曲柄臂，裂缝内的煤油受振动会从裂纹中

渗出,使裂纹处的白粉上显出油迹。如有明显油迹出现,则表明该处有裂纹。

2)曲轴轴颈磨损检测

(1)首先检视轴颈有无磨痕,然后用外径千分尺测量曲轴轴颈和连杆轴颈的圆度和圆柱度。在每个轴颈靠近曲柄臂的两个截面内多次测量,找出同一个截面内轴颈直径的最大值和最小值,如图2-24所示。

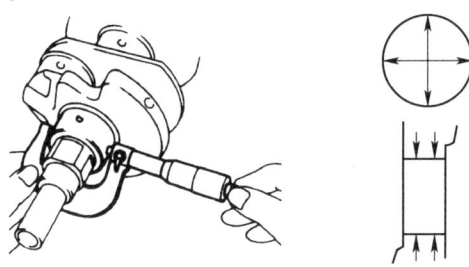

图2-24 曲轴轴颈磨损检测

(2)计算曲轴轴颈和连杆轴颈的圆度、圆柱度、最大磨损量以及与轴承的配合间隙。同一个截面内轴颈直径的最大值和最小值差值的一半即为该截面的圆度误差。两个截面中轴颈最大值和最小值差值的一半即为该轴颈的圆柱度误差。取两个截面圆度误差最大者作为该轴颈的圆度误差。取所有曲轴轴颈和连杆轴颈圆度和圆柱度中的最大值作为该曲轴的圆度和圆柱度。

(3)曲轴轴颈的圆度、圆柱度的标准值为0.01mm,磨损极限值为0.02mm。超过标准要求时,可用曲轴磨床按修理尺寸法对轴颈进行修磨。

(4)曲轴的连杆轴颈和主轴颈,应分别磨削成同一级别的修理尺寸,以便选配轴承,保证合理的配合间隙。在磨削主轴颈时,一般选择曲轴前端螺孔的内倒角和曲轴后端中心轴承座孔为定位基准。在磨削连杆轴颈时,可选择曲轴前端正时齿轮轴颈和曲轴后端飞轮凸缘的外圆柱面为定位基准。磨削曲轴时应先磨削主轴颈,然后磨削连杆轴颈。

3)曲轴变形检测

(1)曲轴弯曲检测。曲轴弯曲是指曲轴中心线中部的偏移程度,用中部径向圆跳动来表示。检验曲轴弯曲变形时,应以两端主轴颈的公共轴线为基准,检查中间主轴颈的径向圆跳动。测得的径向圆跳动应不大于0.05mm。若为0.05~0.10mm可以结合轴颈磨削予以修正;若大于0.10mm,应进行压力校正。

(2)曲轴扭曲检测。曲轴扭曲通常用扭曲角表示。可将曲轴的第一道和最后一道连杆轴颈转到水平位置,测量两连杆轴颈的高度差,然后按下式计算曲轴扭曲角。

$$\theta = \frac{360° \Delta A}{2\pi R}$$

式中:θ——扭曲角(°);

ΔA——高度差(mm);

R——曲柄半径(mm)。

曲轴扭曲角应不大于0°30′,轻微扭曲可直接在曲轴磨床上结合对连杆轴颈的磨削予以修正,严重扭曲应更换曲轴。

曲轴轴承的选配方法与连杆轴承相同,不再赘述。

4) 飞轮检修

检查飞轮工作表面是否有明显的划伤沟槽。用直尺、厚薄规或百分表检查飞轮的平面度,应不大于 0.20mm,否则应采用车削或磨削的方法修平或更换飞轮。

飞轮齿圈轮齿磨损严重或出现裂纹时,可将齿圈均匀加热至 50~200℃,然后轻轻敲下,再将新齿圈加热到 200℃,趁热压装到飞轮上。更换齿圈后,必须对飞轮进行静平衡试验,不平衡量不得超过 10g·cm。

在更换飞轮或齿圈、离合器压盘或总成及修整飞轮工作平面之后,都应重新进行组件的动平衡试验,应加上动平衡量要求。

第四节 配气机构检修

1. 能拆装、检测凸轮轴(中级要求);
2. 能拆装、检测气门组件(中级要求)。

1. 配气机构检查方法(中级要求);
2. 凸轮轴及衬套、座孔检测技术要求(中级要求);
3. 气门组件检测技术要求(中级要求)。

在配气机构中,由于其传动路线长、零件多,旋转、往复运动频繁,运动规律特殊,润滑条件相对较差,工作中由于磨损使各配合副的间隙增大等,都会导致配气机构技术状况变差。

一、气门传动组件的检修

1. 气门传动组件常见损伤形式及成因

凸轮轴的主要损伤形式是凸轮、支承轴颈表面和正时齿轮轴颈键槽的磨损,以及凸轮轴的弯曲变形等。这些磨损和变形将使气门的最大开度和充气效率降低、配气相位失准,从而影响发动机的动力性、经济性,增大发动机的噪声。

气门挺柱的主要损伤有:气门挺柱底部出现剥落、裂纹、擦伤划痕、挺柱与导孔配合松旷等。气门挺柱较多为冷激铸铁材料制成的筒式挺柱。因其缺点是底面的冷激层极易产生疲劳磨损;此外,因挺柱运动的特殊性,加之润滑条件较差或其他原因使挺柱运动阻滞,造成底部的不均匀磨损,导致挺柱底部对凸轮的反磨效应加剧,在不长的行驶里程内使凸轮早期磨损而报废。

液压挺柱除外圆产生磨损外,其内部柱塞与挺柱体之间也有磨损,影响其密封性,致使气门升程减小。

摇臂的损伤主要是摇臂头的磨损。检查时,摇臂头部应光洁无损。修理后的凹陷应不大于 0.50mm。如超过规定,应堆焊后修磨。摇臂与摇臂轴的配合间隙如超过规定应更换衬套,并按轴的尺寸进行铰削或镗削修理。镶套时,要使衬套油孔与摇臂上的油孔重合,以免影响润滑。

2. 凸轮轴拆装

1）凸轮轴一般拆卸步骤

（1）拆卸凸轮轴轴承盖。选用适当尺寸的套筒、接杆、棘轮扳手工具按从两边到中间的顺序，拧松并拆下轴承盖螺栓，如图 2-25 所示。

（2）拆下各个轴承盖，注意轴承盖编号并按正确顺序摆放拆下轴承盖。取下进、排气凸轮轴，如图 2-26 所示。

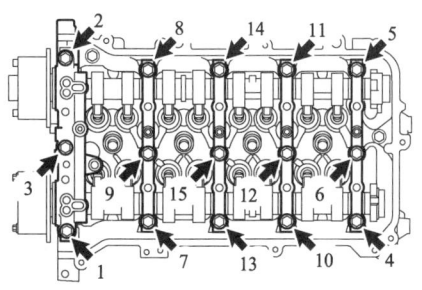

图 2-25　凸轮轴轴承盖螺栓拆卸

2）凸轮轴一般安装步骤

（1）使用压缩空气吹净凸轮轴及轴承盖接触面，安装进、排气凸轮轴，并确保凸轮轴的锁销位置正确。按编号依次安装各个凸轮轴轴承盖，并确保凸轮轴轴承盖的标记和位置正确，如图 2-27 所示。

图 2-26　凸轮轴拆卸

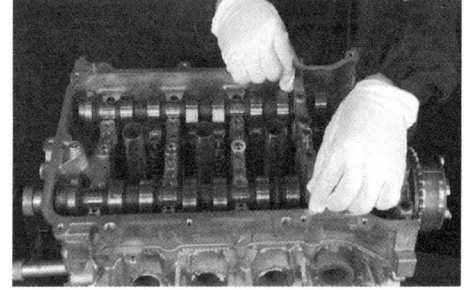

图 2-27　凸轮轴及轴承盖安装

（2）安装各个凸轮轴轴承盖螺栓，使用合适套筒、接杆、定扭力扳手按照从中间到两边的顺序分次将螺栓紧固至规定力矩。

3. 气门传动组件检修

1）凸轮轴检修

（1）凸轮磨损的检测。凸轮的磨损会使气门的升程规律改变和最大升程减小，因此凸轮的最大升程减小值是凸轮检验分类的主要依据。当凸轮最大升程减小值大于 0.40mm 时，则更换凸轮轴。

（2）凸轮轴轴颈检测。凸轮轴轴颈的圆度误差大于 0.015mm，各轴颈的同轴度误差超过 0.05mm 时，应更换或在专用凸轮轴磨床上进行磨削修复，若误差过大时应先进行校正再磨修。

（3）凸轮轴弯曲变形检验。检验凸轮轴弯曲时，通常将凸轮轴两端轴颈支承在平板上的 V 形块上，用百分表测量中间轴颈的径向圆跳动量。当径向圆跳动量大于 0.10mm 时，应予以校正。对于只有三个轴颈的凸轮轴，应检测中间轴颈；有四道轴颈时，则检验中间两道轴颈，并以其中最大者为准。

2）凸轮轴径向间隙和轴向间隙检测

（1）凸轮轴径向间隙检测。分别测量凸轮轴各轴颈和轴承孔的直径，轴承孔的直径减去与对应轴颈直径的差值的一半即为径向间隙，若超过 0.15mm，则需更换凸轮轴。

（2）凸轮轴轴向间隙检测。测量凸轮轴轴向间隙时，顶置式凸轮轴应先拆去液压挺杆，装好1号和5号轴承盖。

凸轮轴轴向间隙的检测有两种方式：一种是增减固定在汽缸体的前端面上位于凸轮轴第一道轴颈端面与正时齿轮（或链轮）之间的止推凸缘的厚度来调整。检查时，用厚薄规塞入止推凸缘与正时齿轮端面之间，轴向间隙的使用极限一般为0.25mm，轴向间隙过大，易引起凸轮与挺杆底部的异常磨损，应更换加厚的止推凸缘。安装时，止推凸缘有止推凸台的一侧应面向正时齿轮（链轮）。另一种是由轴承定位，凸轮轴轴向限位由第一轴和第五道轴承台肩完成，如轴向间隙大于使用限度0.15mm时，则更换台肩的凸轮轴轴承。

3）气门挺柱检修

（1）普通挺柱检修。普通挺柱多为由冷激铸铁材料制成的筒式挺柱。检修普通挺柱时，当挺柱底部出现疲劳剥落时；底部出现环形光环，显示磨损不均匀；底部出现擦伤划痕时，应立即更换。还有，挺柱的圆柱面部分与导孔的配合间隙一般为0.03~0.10mm。如果超过0.12mm时，应视情更换挺柱或导孔支架。装有衬套的结构可更换衬套。

（2）液压挺柱检修。液压挺柱与承孔的配合间隙一般为0.01~0.04mm，使用极限为0.10mm。逾期后应更换液压挺住。发动机总成修理时，可按照原厂规定在液压试验台将规定的压力施加于液压挺柱上方的球座上，检查液压挺柱的柱塞向下滑移规定距离所需的时间。此时间过短，即表示挺柱内部有泄漏，应予报废。

检查液压挺柱时，起动发动机并运转至热机状态（发动机冷机起动时挺柱有轻微异响是正常表现），提高发动机转速，使其在2500r/min的转速下运转2min，如果挺柱仍有异响，应拆下汽缸盖，旋转曲轴使被检查的凸轮挺柱向上，用木棒或塑料棒下压挺柱。如果在气门打开前自由行程超过0.1mm，应更换挺柱（液压挺柱不可调整及修理）。在安装新挺柱时，发动机在30min内不得运转，否则气门可能撞击活塞而损坏。

4）推杆检修

推杆不得有弯曲、锈蚀和裂纹。要求挺杆直线度误差应不大于0.30mm。上端凹球端面和下端凸球面半径磨损应控制在+0.03~-0.01mm。推杆弯曲过大，应进行校直或更换。

5）摇臂和摇臂轴检修

摇臂的损伤主要是摇臂头部的磨损。检查时，摇臂头部应光洁无损。凹陷应不大于0.50mm，如超过规定应修理，其修理方法为堆焊后修磨。

摇臂与摇臂轴的配合间隙如超过规定，应更换衬套，并按轴的尺寸进行铰削或镗削修理。镶套时，要使衬套油孔重合，以免影响润滑。摇臂上调整螺钉的螺纹孔损坏时，一般应更换。

二、气门组件检修

1. 气门组件常见损伤形式及成因

气门常见损伤有：气门杆部的磨损、气门工作面磨损与烧蚀以及气门杆的弯曲变形等。

气门座的磨损主要是磨料磨损和由于冲击载荷造成的硬化层脱落，以及受高温燃气的腐蚀和烧蚀。气门座的磨损，使密封带变宽，气门与气门座关闭不严，汽缸密封性降低。

气门弹簧经长期使用后会出现下列损耗：断裂、歪斜、弹力减弱。气门弹簧的歪斜将影响气门关闭时的对中性,使气门关闭不严,容易烧蚀密封带,并破坏气门旋转机构的正常工作。

2. 气门组件拆装

1)气门组件一般拆卸步骤

(1)拆卸气门弹簧和锁片。将汽缸盖平放在垫木上,用气门拆装钳逐渐压紧气门弹簧使气门锁片露出。使用磁力吸棒依次取出每个气门杆上的两个气门锁片(禁止用手),如图2-28所示。拆除气门拆装钳,依次取下气门弹簧座和气门弹簧。

(2)拆卸气门和油封。将汽缸盖侧立放置在垫木上,依次取下进、排气门并按序摆放。选择油封拆卸专用尖嘴钳拆下气门油封并更换新件。

2)气门组件一般安装步骤

(1)安装气门油封和气门。先用压缩空气清洁新气门油封和导管,在油封上涂抹一薄层机油,然后将油封压紧在各气门导管上。将汽缸盖侧立在垫木上,依次在进、排气门杆端处涂抹一薄层发动机机油,并按顺序装入,如图2-29所示。

图2-28 气门弹簧和锁片拆卸

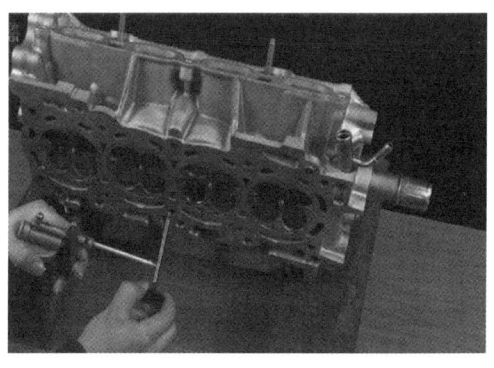

图2-29 气门和气门油封安装

(2)安装气门弹簧和气门锁片。将汽缸盖平放在垫木上,依次安装气门弹簧及弹簧座。使用气门拆装钳压紧气门弹簧,使气门端部环槽露出。安装气门锁片,缓慢松开气门拆装钳,使两个气门锁片可靠落座,取下气门拆装钳,如图2-30所示。使用塑料锤轻敲气门杆顶部,以确保气门锁片、气门弹簧等安装到位。

图2-30 气门弹簧和气门锁片安装

3. 气门组件检修

气门与气门座圈的配合是配气机构的重要环节,它影响到汽缸的密封性,对发动机的动力性和经济性影响极大。

1)气门与气门座配合要求

(1)气门与座圈的工作锥面角度应一致。为改善气门与气门座圈的磨合性能,磨削气门的工作锥面时,其锥面角度比座圈小0.5°~1°。

(2)气门与座圈的密封带位置在中部靠内侧。过于靠外,使气门的强度降低;过于靠内,会造成与座圈接触不良。一般为气门的工作锥面的1/2位置偏下。

(3)气门与座圈的密封带宽度应符合原设计规定,一般为 1.2~2.5mm,且排气门的宽度大于进气门;柴油机的宽度大于汽油机的宽度。密封带宽度过小,将使气门磨损加剧;环的宽度过大,容易造成气门烧蚀。

(4)气门工作锥面与杆部的同轴度应不大于 0.05mm。

(5)气门杆与导管的配合间隙应符合原厂规定。

2)气门损伤与检测

气门常见损伤形式:气门杆部的磨损、气门工作面磨损与烧蚀和气门杆的弯曲变形等。当气门出现下列损伤形式之一时,应予更换。

(1)载货汽车的气门杆磨损量大于 0.10mm,轿车的气门杆磨损大于 0.05mm,或出现明显的台阶形磨损。

(2)气门头圆柱面的厚度小于 1.0mm。气门头圆柱部分厚度过小会增大燃烧室容积,使气门头的强度降低。

(3)气门尾端的磨损大于 0.5mm。

(4)当气门杆的直线度误差大于 0.05mm 时,应予更换。气门杆的直线度误差检验方法,如图 2-31 所示。

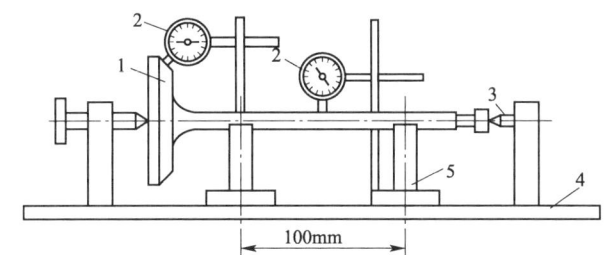

图 2-31 气门杆弯曲量检测
1-气门;2-百分表;3-顶尖;4-平板;5-V 形块

3)气门工作锥面和气门座检修

当气门工作锥面上出现偏磨、烧蚀、斑点、沟槽等损伤时,可视情在气门光磨机上修磨其工作锥面。但光磨后气门头部圆柱面的高度应符合原厂技术要求,否则应予报废。

当气门座圈有裂纹、松动、严重斑点或烧蚀应更换;气门座圈有轻微磨损和烧蚀,可铰削气门座。铰削后装入新气门,若气门大端平面低于气门座顶面 0.5mm,应镶换新的气门座圈。

4)气门导管检查

将气门置于气门导管内,使气门顶面高出气门座约 15mm,同时将百分表固定在缸体或缸盖的适当位置,其测量头抵住气门头的边缘,沿百分表触头方向反复推动气门头,百分表摆差的一半即为气门杆与气门导管的间隙(近似值)。

进、排气门杆与气门导管的配合间隙应参照制造厂的相关技术参数。如果在维修工作中更换了气门,则应再次对新气门杆与气门导管配合间隙进行测量。

气门杆与导管间隙的经验检查方法为:将气门杆和导管擦净,在气门杆上涂上一层薄机油,将气门放置在导管上后,上下拉动数次后,气门在自重下能徐徐下落,表示气门杆与导管的配合间隙适当。

5) 气门弹簧检测

气门弹簧损伤形式除断裂外,还有歪斜、弹力减退。气门弹簧的歪斜将影响气门关闭时的对中性,使气门关闭不严,容易烧蚀密封带,影响发动机的正常工作。

(1) 气门弹簧的弹力应在弹簧检验仪上进行。当弹簧力低于原厂规定 90% 时,应予更换。气门弹簧弹力降低,将使气门关闭时回弹振抖,不但影响汽缸的密封性,也容易烧蚀气门。在无弹簧原厂数据时,一般多采用测量弹簧自由长度减少值来判断,当其自由长度减小值超过 2mm 时,应予更换。

(2) 检查气门弹簧端面与中心线的同轴度。要求不超过 2°,各道弹簧圈外径应在同一平面上,其误差不超过 1mm,否则应更换。

6) 气门密封性检验

气门与气门座的密封性试验有以下三种方法:

(1) 印痕检验法。将气门与相配气门座轻轻敲击几次,查看接触带,如有明亮连续光环,即为合格。或在气门工作面上涂抹一层轴承蓝或红丹,用橡皮捻子吸住气门在气门座上旋转 1/4 圈,再将气门提起,若轴承蓝或红丹布满气门座工作表面且无间断,又十分整齐,即表示密封良好。

(2) 煤油检验法。将组装好气门组的汽缸盖侧置,从气道向气门内侧倒入煤油至接触环带上缘,在 5min 内不得有渗漏现象发生。

(3) 气压检验法。将气门与气门座密封性试验仪压在气门与气门座的缸盖平面上,如图 2-32 所示,用橡皮球向储气筒打入 58.8～68.6kPa 的压缩空气,在 30s 内压力降低值应不大于 20%。

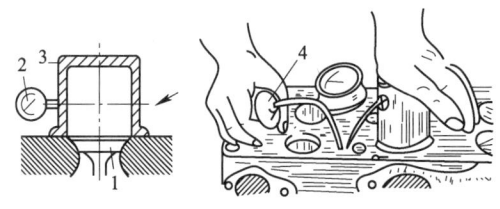

图 2-32 气门密封性的检验
1-气门;2-气压表;3-空气容桶;4-橡皮球

第五节 燃油、电控系统检修

1. 能检测燃油供给系统密封性能(中级要求);
2. 能检测各传感器技术状况(中级要求);
3. 能检测各执行器技术状况(中级要求);
4. 能检测点火系统电路(中级要求);
5. 能检查和校正点火正时(中级要求)。

第二章 汽车发动机检修

> **知识要求**
>
> 1.燃油供给系统检测方法、技术要求(中级要求);
> 2.传感器、执行器检测方法(中级要求);
> 3.传感器、执行器清洗及更换(中级要求);
> 4.喷油器检测设备使用方法(中级要求);
> 5.点火系统电路检测方法及技术要求(中级要求)。

了解电控汽油喷射系统主要部件的常见故障以及这些故障对电喷发动机工作的影响,是准确、迅速地诊断故障的基础。因此,电控汽油喷射系统主要部件及控制电路的检查是电喷发动机故障诊断及排除的重要内容之一。

一、电控系统主要传感器技术状况检测

1.空气计量传感器检测

空气计量传感器故障对发动机工作的影响:发动机起动困难、发动机动力不足、怠速不稳、加速不良、油耗增大及有害排放物增加等。

1)热线、热膜式空气质量计检测

热线、热膜式空气质量传感器常见故障有:电源或信号电路短路或断路、传感器损坏、进气道内有杂物堵塞或有油污、线束插头是否连接良好等。

热线、热膜式空气质量传感器电路检测方法:

(1)关闭点火开关,拔下空气质量计线束插头。

(2)打开点火开关,使用万用表分别测量空气质量计电源电路线束插头各端子,如图 2-33 所示。

①测量空气质量计电源端,应为 12V 蓄电池电压。如电压值不符,应进一步检测电源线路。

②测量进气温度传感器信号端电压,应为 5V 供电电压。如有异常,应检测该端子与 ECM 之间的连接线路是否正常,ECM 有无故障。

③测量空气质量计搭铁端和进气温度传感器搭铁端,其与蓄电池负极间的电压应为 0V。如有异常,应检修搭铁线路。

(3)关闭点火开关后插上线束插头,测量空气质量计信号电路线束插头各端子。

①打开点火开关并起动发动机,用万用表检测质量计信号电压,应为 2~4V。若不符合技术要求,说明空气质量计有故障,应更换。

②测量进气温度传感器信号电压,应在规定值区间。如有异常,应检测该端子与传感器之间连接线路是否正常,进气温度传感器有无故障。

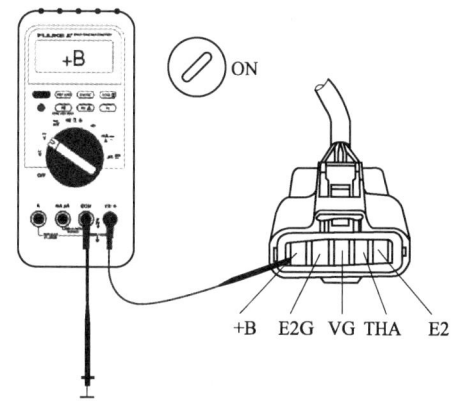

图 2-33 空气质量传感器检测

2)进气支管绝对压力传感器检测

进气支管绝对压力传感器常见故障有:电源或信号电路短路或断路、传感器损坏、真空

软管连接不当或破裂等。

进气支管绝对压力传感器电路检测方法：

（1）打开点火开关，测量传感器连接器 VCC 端子与 E2 端子之间的电源电压，应为 5.0V，如图 2-34 所示。

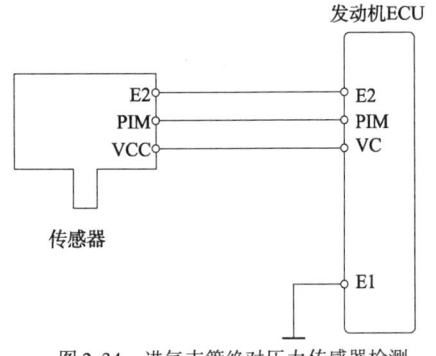

图 2-34　进气支管绝对压力传感器检测

（2）此时，PIM 与 E2 端子之间的信号电压应为 3.3～3.9V。如果没有电压，则应检查 ECU 上相应端子。若 ECU 端子电压正常，则为 ECU 至传感器之间线路故障，无电压则为 ECU 故障。

（3）当发动机怠速运转时（负荷小），进气支管绝对压力低，传感器向 ECU 输出 1.5～2.1V 的低电压。随着节气门开度的增大，传感器输出的信号电压应升高。当发动机处于大负荷时，进气支管绝对压力高，传感器向 ECU 输出 3.3～3.9V 的较高的电压信号。

2. 节气门位置传感器和加速踏板位置传感器检测

节气门位置传感器和加速踏板位置传感器故障对发动机工作的影响：发动机怠速不稳或无怠速、始终处于高怠速、加速性能变差或无法加速等。

1）节气门位置传感器和加速踏板位置传感器电路检测

节气门位置传感器和加速踏板位置传感器常见故障有：电源或信号电路短路或断路、电位计阻值不准确、电位计活动触点接触不良等。

节气门位置传感器和加速踏板位置传感器检测方法：

（1）关闭点火开关，拔下传感器线束插头。

（2）打开点火开关，用万用表分别测量传感器线束插头各端子。

①测量传感器电源端电压，应为 5V。如电压值不符，说明电源线路或 ECM 有故障，应进一步检测。

②测量传感器搭铁端与蓄电池负极间的电压应为 0V。如有异常，应检修搭铁线路。

③有怠速开关的节气门位置传感器，应测量传感器怠速开关端子的电压，其电压应为 5～12V。如电压值不符，说明电源线路或 ECM 有故障，应进一步检测。

2）节气门位置传感器和加速踏板位置传感器工作性能检测

（1）打开点火开关，但不要起动发动机。

（2）节气门（或加速踏板）处于不同的开度，使用万用表在传感器信号输出端测量其信号电压的变化，该电压值应能随开度的增大而增加（或减小）。将不同开度下测得的信号电压值与标准值比较，如不相符，则说明传感器有故障。

（3）节气门位置传感器和加速踏板位置传感器电阻检测。

①关闭点火开关，拔下传感器连接器。

②用万用表在传感器端测量其电位器的总电阻。如断路、短路或阻值不符合标准，说明该电位器有故障。

③测量传感器信号端的电阻变化值，该电阻值应能随节气门（加速踏板）的开启或关闭而平滑地变化，且符合原厂技术要求，否则说明该传感器有故障。

3. 曲轴转速传感器和凸轮轴位置传感器检测

曲轴转速传感器和凸轮轴位置传感器故障对发动机工作的影响：发动机起动困难、加速性能变差、曲轴转速传感器故障甚至无法起动等。

(1) 电磁脉冲式曲轴转速传感器常见故障有：传感器电路短路或断路、转子磁盘与磁头传感器之间的气隙不当造成信号失真、传感器损坏等。

电磁脉冲式曲轴转速传感器检测方法：

电磁脉冲式曲轴位置传感器是否良好，应检查线圈阻值与交流信号电压。

① 拔下传感器接插件，测量传感器线圈电阻值，应符合原厂技术标准。

② 交流信号电压检测，是将万用表置于交流电压20V挡，拔下电磁脉冲式传感器的连接器，用万用表测量传感器两个端子，转动发动机，观察交流信号电压变化，交流信号电压应随转速的增加而升高。

(2) 霍尔效应式曲轴(凸轮轴)位置传感器常见故障有：内部集成块烧坏或线路断路等。不能产生点火电压信号或信号太弱，从而使电控喷油和电子点火系统不能正常工作。

霍尔效应式曲轴(凸轮轴)位置传感器信号是频率调制信号，其波形是方波，可以用万用表的直流电压挡检测平均电压，以判断霍尔传感器有无信号输出。

① 拔下曲轴(凸轮轴)位置传感器的连接器，打开点火开关，检测传感器电源电压，应该为5V或12V，如果电压不正常或无电压，故障则可能是连接导线或ECU，应进一步检查，如图2-35所示。

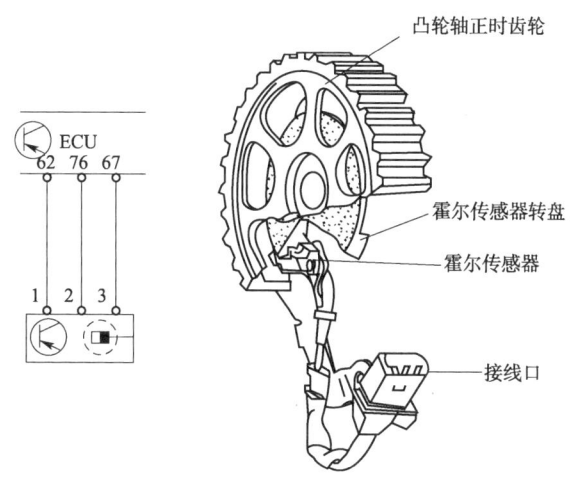

图2-35 霍尔效应式曲轴(凸轮轴)位置传感器检测

② 插上连接器，起动并运转发动机，用万用表检测信号电压，若信号电压不符合原厂技术要求或无信号电压，则为传感器故障。

4. 温度传感器检测

温度传感器常见故障有：电路断路、温度传感器损坏等。温度传感器及其线路故障对发动机的影响有：怠速不稳、无怠速、燃烧不良和油耗增大等。

水温传感器和进气温度传感器与ECU的连接电路如图2-36所示，两者检测方法相同。

(1) 拆下传感器，测量传感器THW、THA端子与E2端子之间，在不同温度下的电阻值，应符合其特性曲线,如图 2-37 所示。

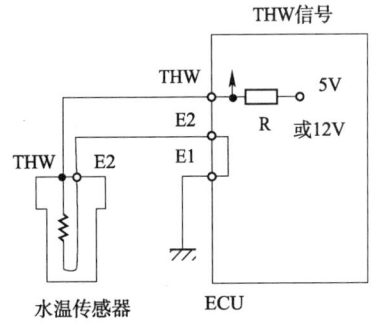

图 2-36 温度传感器检测

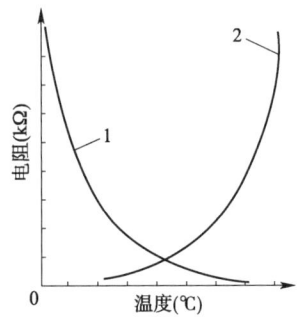

图 2-37 温度传感器特性曲线
1-NTC(负特性温度曲线);2-PTC(正特性温度曲线)

(2)拔下传感器连接器,打开点火开关,测量连接器上 THW(或 THA)端子与 E2 之间的电压,应为 5V。若无电压,则应检查 ECU 连接器上 THW(或 THA)端子电压,若为 5V,则为 ECU 与传感器之间线路故障;若无电压,则为 ECU 故障。

(3)接上连接器,起动发动机,测量传感器 THW(或 THA)端子与 E2 之间在不同温度下的信号电压,应为 4~0.5V,否则更换传感器。

5.氧传感器检测

氧传感器常见故障有:使用含铅汽油或汽油和机油中含有硅化物,造成氧传感器中毒使氧传感器灵敏度下降,最终导致氧传感器完全失效。氧传感器失效将导致三元催化转换器效率下降,发动机排放性能变差。

(1)氧传感器电阻值检测。关闭点火开关,拔下氧传感器连接器,用万用表电阻挡检测 1 号与 2 号端子之间的电阻,如图 2-38 所示,其阻值应在 0.5~20Ω(与温度有关)。

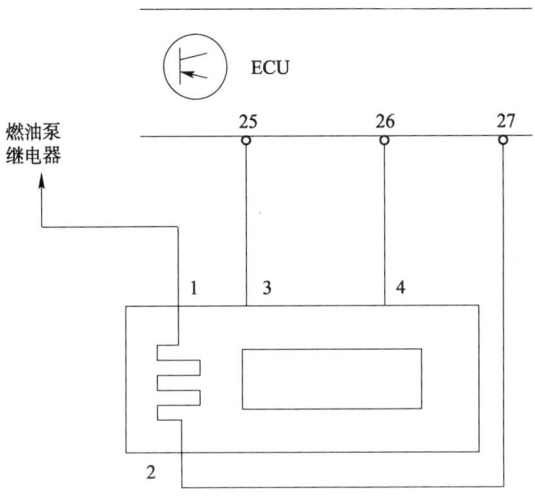

图 2-38 加热型氧传感器检测

(2)氧传感器加热器工作电压检测。当点火开关打开时,蓄电池向氧传感器的 1 号端子供给 12V 加热器工作电压,2 号端子经 ECU 的 27 号端子搭铁。当发动机排气温度达到氧传感器能正常工作的温度时,ECU 断开氧传感器中加热器供电电路。

(3)氧传感器信号电压检测。发动机正常运转时,在ECU的25号与26号端子之间,可测得在0.1~0.9V变化的信号电压值。氧传感器信号电路断路,发动机ECU一定设置故障码。但是,氧传感器信号电压一直小于0.45V,或一直大于0.45V,发动机ECU不一定设置故障码。所以,当发动机运行不良、怠速不稳、排气管冒黑烟时,应检测或更换氧传感器。

二、电控系统主要执行器技术状况检测

1. 汽油泵及控制电路检测

汽油泵本身最常见的故障是泵内的阀泄漏和电机故障,出现供油压力偏低、供油量不足、熄火后油管内不能建立残压,甚至无燃油供应等现象。

汽油泵出现的故障直接影响供喷射的燃油压力,故通常采用检查油压的方法来判断故障。

用一跨接导线连接汽油泵继电器的电源端(30)和输出端(87)接线柱,使汽油泵工作,测量输油管中的静态油压,一般静态油压比动态油压略高。若油压正常,说明汽油泵、压力调节器均良好;若油压偏高,则一般为油压调节器不良;若油压偏低,则可将油压调节器回油管堵住,所测油压能达到正常值说明油压调节器不良,如果油压仍然偏低,则为汽油泵故障。如果测量出油压为零,则为汽油泵电机不工作或油路堵塞。用万用表检测汽油泵电机电阻,一般为0.5~3Ω,若电阻很大,则说明电动机内部接触不良或断路。

汽油泵不工作是造成发动机不能起动或起动后随即熄火的故障原因之一。汽油泵不工作的原因除了汽油泵本身故障外,还有汽油泵控制电路等原因,如电源主继电器、汽油泵继电器故障,空气流量传感器汽油泵开关接触不良等。

检查汽油泵控制电路,首先必须了解该车型的油泵控制电路,不同车型油泵控制电路各有差异,因此检查的方法、步骤不尽相同,但检查的基本方法和思路是相同的。

汽油泵控制电路,如图2-39所示。汽油泵继电器85号端子为搭铁端子,该端子由发动机ECU所控制。当点火开关打开时,85号端子通过ECU的4号端子搭铁,继电器动作,从而使继电器的30号与87号端子接通,汽油泵工作。如果发动机未起动,ECU没有收到发动机转速信号时会自动切断继电器85端子的搭铁,继电器线圈失电使30号与87号端子断开,汽油泵停止工作。当熔断丝S5正常时,断开点火开关,应能听到继电器、汽油泵和燃油分配管中的工作声音,时间约2s。当发动机运转时,应能听到汽油泵的工作声。如果汽油泵继电器不工作,可拆下继电器,用万用表测量继电器的连接器上4/86端子对搭铁电压,应是12V左右的电源电压。若电压正常,则为继电器故障;若电压不正常,则应检查点火开关至继电器的连接器之间的导线及接插连接器。

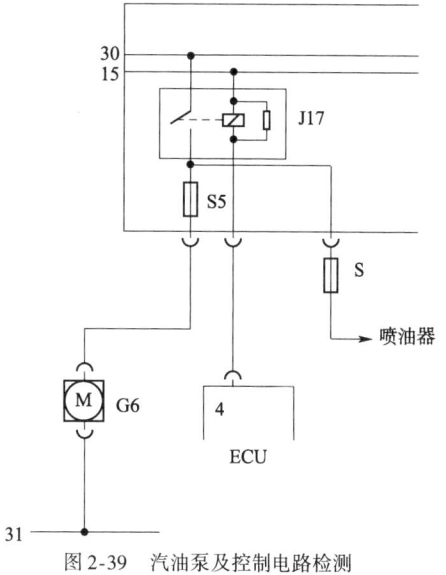

图2-39 汽油泵及控制电路检测

2. 喷油器及控制电路检测

喷油器是汽油喷射系统中的重要组成部件,其性能好坏及其控制电路对发动机工作性能影响很大,是发动机不能起动或运转不正常故障的常见原因之一。

喷油器常见故障有电磁线圈不良或断路、导线和连接器接触不良和控制电路故障。

喷油器及其控制电路的检修内容主要有:

1) 喷油器性能检测

在发动机运转时,可用手触摸喷油器来判断其是否工作。拔下喷油器导线连接器,测量喷油器电磁线圈的电阻值,低阻线圈阻值为 $2\sim3\Omega$;高阻线圈阻值为 $13\sim16\Omega$。如超出标准电阻值范围,则应更换喷油器。

2) 喷油器控制电路检测

喷油器控制电路一般由点火开关或主继电器供电,由 ECU 控制喷油器的搭铁回路,如图 2-40 所示。喷油器控制电路的检测:拔下喷油器的连接器,打开点火开关但不要起动发动机。测量喷油器控制线路连接器上的电源电压,应为 12V。若无电压,则应检查点火开关、熔断丝、主继电器及线路。将专用试灯(LED 灯)接到喷油器连接器上,起动发动机,试灯应闪烁。若试灯不闪烁,则为控制电路或 ECU 故障。

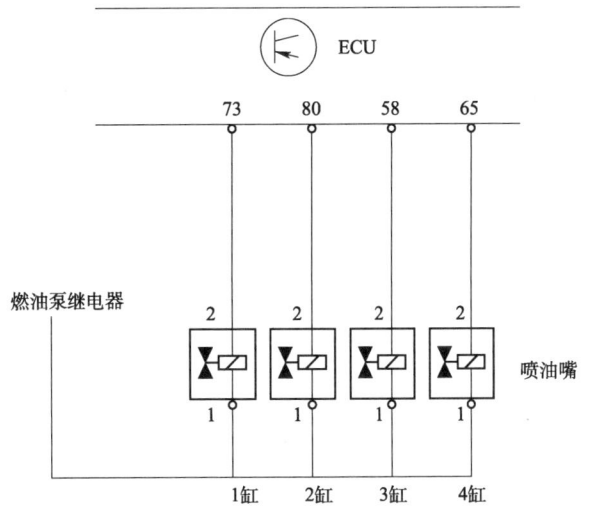

图 2-40 喷油器及控制电路检测

三、燃油供给系统检测方法及技术要求

燃油供给系统的检测主要内容有:燃油箱泄漏检测、燃油供给系统油压检测、喷油器检查及控制电路检测等。

1. 燃油箱泄漏检测

燃油箱是由镀铅锡合金钢板或高密度模制聚乙烯制成。当燃油箱有泄漏哪怕是渗漏也非常危险,当怀疑燃油箱有泄漏必须仔细检查。在检查燃油箱是否泄漏前,必须在工作区准备好干粉灭火器。

检测方法及步骤如下:

(1)释放燃油系统压力。
(2)拆卸燃油箱。
(3)堵住燃油箱上所有出口。
(4)在燃油箱通风口安装一个短的油管。
(5)通过通风管给燃油箱加入压缩空气,使压力达到7~10kPa,夹紧通风管。
(6)用肥皂水或浸入法检查怀疑泄漏的部位,若观察到泄漏,更换燃油箱。

2. 燃油供给系统油压检测

油压检测包括系统油压检测和熄火后系统残余压力检测,系统油压如果过高或过低都会使混合气浓或稀,熄火后系统残余压力可能会造成起动困难或不能起动的问题。

1)系统油压检测

可将油压表直接接在油压检测孔上(不同油压检测孔应采用不同的油压检测接头),或断开进油管,将三通油压表串接在系统管路中。接油压表前,首先应释放燃油箱内的压力和系统管路中的油压。

常见系统油压故障有油压过高和油压过低,油压过高将使混合气过浓,油压过低将使混合气过稀。

(1)油压过高的原因是油压调节器故障或回油管堵塞。

检测步骤如下:首先将燃油箱和燃油管路泄压,然后拆下油压调节器上的回油管,将合适的容器套在油压调节器回油管端,然后起动发动机(3s内)观察油压调节器回油管端的回油量;若回油量多,则表明回油管堵,从油箱上拆下回油管,用气泵吹空气检查回油管;若回油量少或没有,则表明油压调节器故障。

(2)油压过低的原因是油箱中燃油少、油泵滤网堵、油泵故障、油泵出油管安装不好导致泄漏、汽油滤清器堵或油压调节器故障。

检查步骤如下:首先起动发动机息速运行,堵住回油管观察系统油压变化;若油压上升至400kPa以上,则表明油压调节器故障;若油压仍低,检查汽油滤清器是否堵塞,若堵塞则更换汽油滤清器,否则将燃油箱和燃油管路泄压,拆下燃油泵总成,观察油箱中燃油量,检查燃油是否脏污、燃油泵滤清器是否堵塞、油管是否泄漏以及燃油泵是否工作正常,并视情况进行维修或更换。

2)多点喷射系统残余压力检测

发动机停熄后,多点喷射系统管路中应保持一定的残余油压,便于再次起动,如果发动机停熄后,残余油压很低或等于零,将造成难起动或不能起动的故障。系统残余压力较低的可能原因是燃油泵单向阀关不住、油压调节器膜片关不住回油口、喷油器漏油或燃油系统管路漏油。

3. 喷油器检查

喷油器的检查一般主要检查喷油器线圈电阻是否正常和电磁阀是否动作等。

(1)检查喷油器线圈电阻。断开点火开关,拔下喷油器的插头,用万用表电阻挡测量喷油器线圈的电阻值。喷油器按阻值可分为低阻和高阻两种,低阻2~3Ω,高阻13~18Ω。

(2)检查喷油器电磁阀是否动作。发动机息速运行时,用手接触喷油器,应有振动感,如图2-41所示;或用一把螺丝刀搭在喷油器上,然后耳朵抵在螺丝刀另一端,应听到清脆的

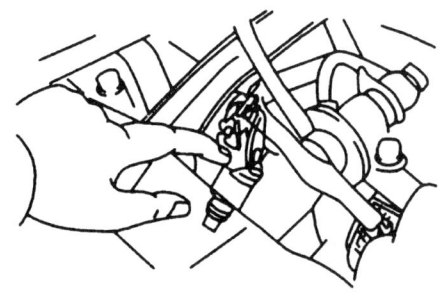

图 2-41 用手指感觉喷油器动作检查

"嗒嗒"声(电磁阀开、关声)。如用手摸无振动感或听不到电磁阀动作声音,说明该喷油器不工作,但如果手摸有振动感或听到电磁动作声音,并不能确定喷油雾化是否良好或是否漏油,还需将喷油器拆下做进一步检查。

4. 控制电路检测

燃油供给系统控制电路的检测主要是指电动汽油泵控制电路检测,参见本节第二部分内容。

四、点火系统电路检测方法及技术要求

影响发动机点火性能的原因很多,仅考虑点火系统的故障:

一种是由于点火控制系统的点火模块、点火线圈、高压导线、火花塞等元件存在故障,而影响发动机的正常点火。

另一种是因为曲轴转速及位置、凸轮轴位置等传感器故障,或防盗系统及发动机 ECU 自身故障,导致点火控制信号失常,致使发动机点火性能不良。

下面就微机控制点火系统的电路进行检测分析。

点火系统主要故障有:高压不跳火故障和点火能量不足。

点火系统高压不跳火分为所有缸都不跳火和个别汽缸高压线不跳火两种情况。所有缸都不跳火将导致发动机不能起动或运转中熄火;个别汽缸高压线不跳火表现为发动机会运转不均匀,尾气过浓或有黑烟排出,并发出有规律的"突突"的声音或放炮等现象。造成这种故障应考虑下面三方面的原因:低压电路的故障、高压电路的故障、电子控制电路故障等。

点火系统必须提供足够的点火能量点燃可燃混合气,当点火能量不足时,会使发动机起动困难、发动机的动力性下降、油耗和排污增加,甚至发动机不能工作。当点火能量不足时,应检查点火线圈、火花塞等部件。

1. 低压电路检测

点火低压电路常见故障有:蓄电池电量不足、电源继电器不良或损坏、供电线路接触不良或错乱、搭铁线路接触不良或错乱、点火开关损坏或接触不良、点火线圈初级绕组或附加电阻不良或损坏、分电器或触发信号传感器损坏、控制晶体管或点火模块损坏、ECU 故障等。

检查点火控制系统低压电路故障时,应遵循电控系统检修原则及其注意事项,依照从外到内、从易到难、从常见故障到疑难故障的思路,大多采用万用表等来逐点、逐线地排查故障。

2. 高压电路检测

点火高压电路常见故障有:高压线老化损坏或脱落、火花塞工作不良或损坏、点火线圈不良或损坏等。

检查点火控制系统高压电路故障时,也应遵循电控系统检修原则及其注意事项,采用高压试火法时,不要采用直接试火方式,而应利用火花测试仪、点火正时仪等仪表来判断有无高压火。

3. 点火线圈测试

汽车点火线圈常见故障有：线圈短路、断路、绝缘不良、跳火能力低及线圈易发热、性能不稳定等。对于一般的点火线圈，测试对象是其初级绕组、次级绕组和附加电阻的阻值，以及初级与次级绕和搭铁间的绝缘性能。

用万用表检测时，所测得的阻值比原车标准小很多，则说明有内部短路故障；若所测得的阻值比原车标准大很多或无穷大时，则说明内部接触不良或有断路故障。

跳火能力（发火强度）是点火线圈主要性能指标，在测试点火线圈性能时，要重点检验其火花强度（跳火间隙）及连续性。跳火间隙越大则点火线圈发火强度越好，火花强则火花长且越接近于蓝色，火花弱则火花红而短。

检测独立点火式高压线圈时，基本检查要求和步骤与分组点火式是一样的，主要差异在于各缸皆单独使用一个高压线圈，具体检测方法和参数有所区别，如图 2-42 所示。

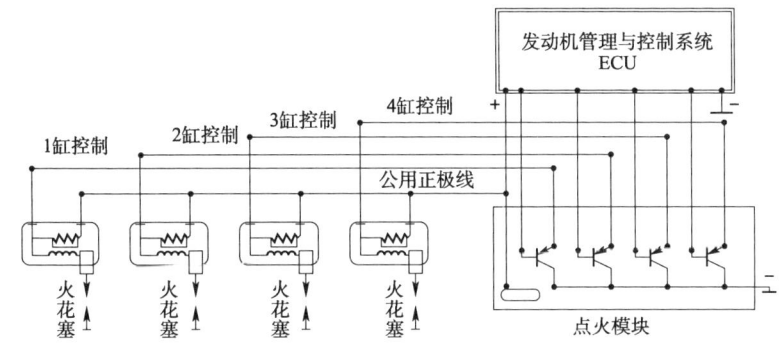

直接(独立)点火系统控制线路原理

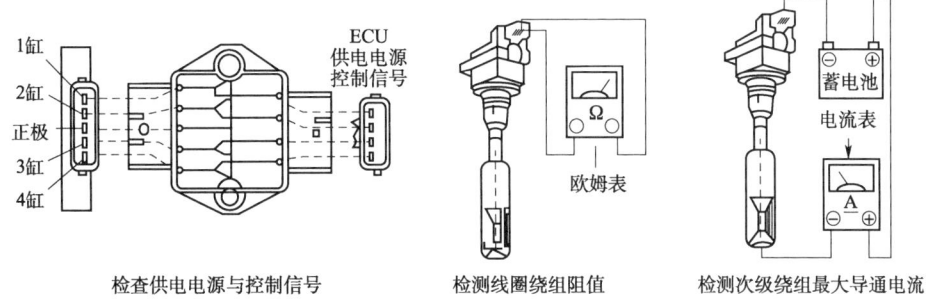

图 2-42　直接(独立)点火式高压线圈测试

4. 火花塞测试

（1）检查火花塞时，可对其电极磨损、积炭、绝缘体损坏等状态进行直观检查，如发现不正常，需清洁电极、调整间隙，再用火花塞测试仪检测其性能。

（2）需更换新火花塞时，要依据发动机的压缩比、转速和空燃比等参数，选择热值型号与规格适用的火花塞。

（3）在用火花塞测试仪检测火花塞发火性能时，一要注意观察是否所有火花塞都能正常发火；二要注意观察火花的能量特征、持续时间及连续性。

5. 点火控制模块测试

微机(ECU)直接控制的点火模块，实际就是个执行器，其内部主体是大功率晶体管控制电路,如图 2-43 所示,由 ECU 输出 IGT 信号去触发其导通或截止,控制点火线圈初级绕组负极与搭铁间的通断,进而控制流过点火线圈初级绕组的电流大小与持续时间。只要准确模拟 ECU 的 IGT 控制信号,正确连接线路,当模拟触发信号输入点火模块后,其点火线圈负极控制脚应与搭铁导通。

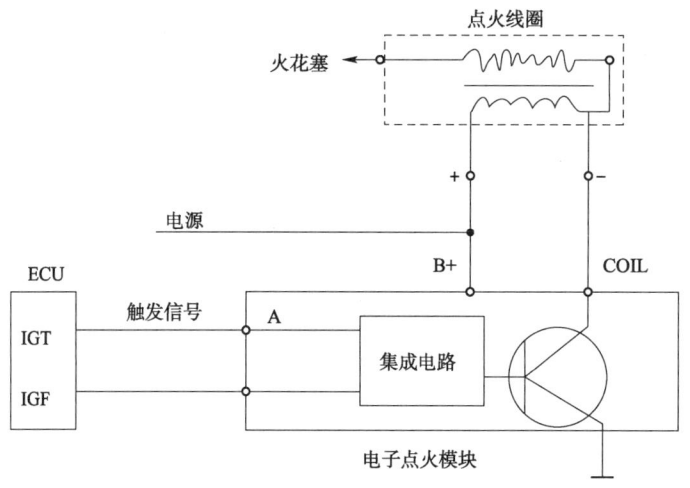

图 2-43 微机控制的点火模块测试

微机(ECU)直接控制的点火模块,也可用电磁感应信号或霍尔信号触发的单功能点火模块检查方法,可以采用 3V 干电池电压或信号模拟器来输入触发信号,然后用万用表或 LED 试灯,测试其点火线圈负极控制脚的导通状态来大致判断电子点火模块的好坏,当模拟触发信号终止时,点火线圈负极控制脚要与搭铁开路,则说明电子点火模块正常,否则,为电子点火模块有故障。

第六节 润滑和冷却系统检修

技能要求

1. 能检测机油压力(中级要求);
2. 能检测节温器工作状况(中级要求);
3. 能检测冷却风扇工作状况(中级要求)。

知识要求

1. 机油压力检查技术要求(中级要求);
2. 节温器检测技术要求(中级要求);
3. 冷却风扇检测技术要求(中级要求)。

一、机油压力检测

发动机工作时,其润滑系统内必须保持正常的机油压力。如果机油压力过低,各机械件表面会因得不到足够的润滑油而加剧磨损。如果机油压力过高,会过多地消耗发动机动力,也容易出现各轴颈或机油滤清器油封漏油,产生机油泄漏。因此,在检修发动机时,经常要对润滑系统机油压力进行检测,以确定发动机在任何工况下的机油压力是否符合技术要求。

发动机上一般设有专门的机油压力测量孔,检测机油压力是通过发动机缸体上的主油道机油压力测量孔,如图2-44所示。其检测方法如下:

(1)在发动机熄火状态下,将机油压力测量孔螺栓拆下。

(2)将专用的转换接头旋入机油压力测量孔的螺孔内,接上机油压力表。

(3)运转发动机并使之达到正常工作温度,分别在怠速、中速和高转速下读取机油压力表读数。

一般发动机的机油压力应保持在0.2~0.5MPa,怠速时最低的机油压力应不小于0.15MPa,高速时最高油压应不大于0.60MPa。

如果机油压力不正常,应进一步检修润滑系统或发动机其他系统的配合间隙。

机油压力过低主要原因主要有:机油泵磨损、机油黏度太低、曲轴主轴承和连杆轴承磨损间隙过大等。

机油压力过高主要原因主要有:机油黏度过大、主油道堵塞、安全阀或限压阀失效等。

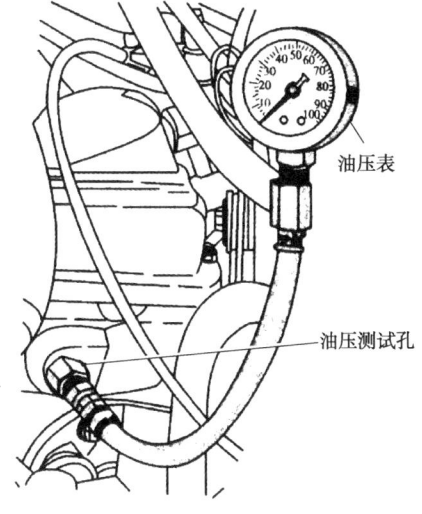

图2-44 机油压力检测

二、节温器检测

1. 节温器故障分析

节温器常见故障形式为:节气门主阀门开启和全开的温度过高,甚至不能开启;节温器主阀门关闭不严等。前者将造成冷却液不能有效地进行大循环,致使发动机过热;后者将造成发动机升温缓慢,发动机过冷。此外,随着节温器性能逐渐衰退,主阀门的开度将逐渐减小,造成进入大循环的冷却液量减小,冷却系统将逐渐过热。

2. 节温器检测方法

检查时,把节温器放在盛有水的器皿中,如图2-45所示。然后逐渐加热,检查主阀门开始开启和完全开启时的温度,以及全开时主阀门的升程。现代汽车发动机为提高热效率,发动机的工作温度有很大的提高。节温器主阀门开启温度为358K(85℃);全开温度为378K(105℃)左右,节温器主阀门在全开时最大升程为8.0~10.0mm,使用限度为6mm。如升程减小到上述限度时,冷却液的循环量将减少1/10左右,这将影响发动机的散热效果。节温器的性能检测若不符合上述要求时,一般应予更换。

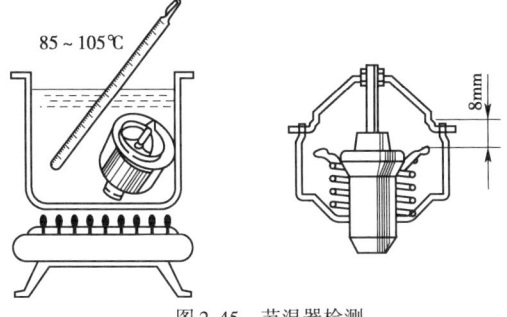

图2-45 节温器检测

三、冷却风扇检测

目前,轿车发动机由于大多采用电动风扇,风扇不与水泵同轴。电动风扇由电动机驱动,受冷却液温度控制的温控开关控制风扇的转动,不受发动机转速的影响。这样,既能保证发动机在汽车低速时的冷却,又可减少消耗发动机的功率。

风扇叶片出现破损、弯曲、变形后,应及时更换。由于风扇连接板强度不足或其他原因使风扇叶片弯曲或扭曲变形,破坏了风扇叶片原设计的角度,使其丧失平衡性能,不但影响通过散热器的空气流速和质量,降低散热器的冷却能力,甚至会打坏散热器,加速水泵轴承、水封的损坏,大幅度地增加风扇的噪声。有条件时,风扇带轮组件应进行静平衡试验,静不平衡值不得大于 20g·cm。

电动风扇一般采用双速直流电机驱动散热风扇。散热风扇电机的通、断电和变速,是由装在散热器一侧的温控(热敏)开关来控制的。当冷却液温度高于 368K(95℃)时,温控开关的低温触点闭合,风扇电机以 1600r/min 的转速低速转动;当冷却液温度升高到 378K(105℃)时,温控开关的高温触点合上,风扇电机便以 2400r/min 的转速高速转动。

风扇低速挡的切断温度为 357～366K(84～93℃)。在发动机熄火后,如散热器的温度仍高于 357～366K(84～93℃),风扇还继续运转是正常的;如果温度低于 357K(84℃),风扇还在运转是不正常的,应先检查温控开关。

风扇高速挡的切断温度为 366～371K(93～98℃)。另外,当冷却液温度超过 397K(124℃)或液面低于规定值时,装在膨胀水箱内的报警开关接通,位于水温表上的报警灯点亮,以示报警。此时,应立即停车检查,冷却液液面是否过低、散热风扇是否停转。如需要,应补加冷却液,或检查散热风扇的电路及其元件。通过直接连接温控开关接插件内的 12V 电源线和电机两接线,可判断出温控开关的好坏。若这两线头连接后风扇开始运转,而在高温时接上温控开关接插件后风扇却不转,则为温控开关损坏,应换新件。若这两线头连接后风扇仍不转,应检查散热风扇电机及其熔断丝等。

汽车空调的冷凝器也是靠冷却系统的散热风扇冷却的,当接通空调开关时,空调继电器接通电源和风扇电机,散热风扇应常转。若接通空调开关后散热风扇不转,可按上述电路原理,用跨线法逐个短路电路中的串联元件,查找故障原因。

第七节　进(排)气系统检修

1. 能拆装增压器(中级要求);
2. 能检查增压器工作性能(中级要求);
3. 能检测进气系统密封性(中级要求);
4. 能检测排气背压(中级要求)。

> **知识要求**

1. 增压器拆装、检测技术要求(中级要求);
2. 进气系统密封性检测方法(中级要求);
3. 排气背压的检测方法(中级要求)。

一、增压器拆装、检测技术要求

增压器实际上是一种空气压缩机,通过压缩空气来增加进气量,主要有机械增压器和涡轮增压器两种类型。废气涡轮增压器是利用发动机排出的废气惯性冲力来推动涡轮室内的涡轮,涡轮增压器是由涡轮室和增压器组成的机器,涡轮室进气口与排气歧管相连,排气口接在排气管上;增压器进气口与空气滤清器管道相连,排气口接在进气歧管上。涡轮和叶轮分别装在涡轮室和增压器内,二者同轴刚性连接。

废气涡轮增压器主要由泵轮和涡轮组成,如图2-46所示,当然还有其他一些控制元件。泵轮和涡轮由一根轴相连,也就是转子,发动机排出的废气带动泵轮,泵轮带动涡轮旋转,涡轮转动后给进气系统增压。增压器安装在发动机的排气一侧,所以增压器的工作温度很高,而且增压器在工作时转子的转速非常高,可达到100000r/min以上,如此高的转速和温度使得常见的机械滚针或滚珠轴承无法为转子工作,因此涡轮增压器普遍采用全浮动轴承,由机油来进行润滑,还有冷却液为增压器进行冷却。以前,涡轮增压器大都用在柴油发动机上,现在一些汽油发动机也采用涡轮增压器。因为汽油和柴油的燃烧方式不一样,因此发动机采用的涡轮增压器的形式也有所区别。

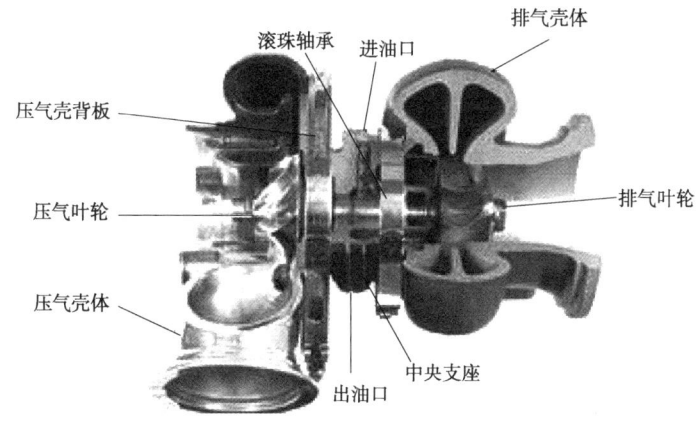

图2-46 废气涡轮增压器

1. 增压器故障现象及分析

1)增压器失效后故障现象

(1)发动机动力不足,提速缓慢。

(2)发动机噪声增加。

(3)排气管冒黑烟或蓝烟。

(4)增压器转动部件咬死。

(5)叶轮和壳体碰擦异响。

(6)涡轮或叶轮碰坏卡死或异响。

(7)压气机端或涡轮端漏油。

2)增压器失效原因

供油滞后;缺油;脏物进入;过热;劣质润滑油或机油过滤器;异物打坏;动平衡失效、旁通阀失效等引起。

3)增压器故障分析

发动机出现故障后,应根据故障现象辨别问题是发动机本身故障还是增压器故障。可以通过以下简易方法检查增压器是否有故障,如符合下列之一则拆下增压器检查分析。

(1)用手转动转子轴几圈,转动应灵活,无阻滞现象;叶轮和壳体应无碰擦;涡轮或叶轮完好无破坏;压气机端或涡轮端无漏油现象,如果有上述现象,则可初步判断有故障。

(2)从压气机口查看增压叶轮损坏或摩擦发亮现象。

2. 增压器拆装与维护技术要求

(1)拆卸增压器时,要保持清洁,各接头一定要用清洁的布堵塞好,防止污物、金属铁屑、铁环掉入腔内。重新装复完毕,取出堵塞物。

(2)增压器的叶轮、主轴等高速旋转件的动平衡要求很高,有些涡轮通过打磨主轴螺母进行动平衡,一旦取下螺母后,动平衡就破坏了,因此需谨慎。

(3)涡轮增压器各摩擦副机油膜的形成对它正常工作非常重要。安装一个新的或修复的涡轮增压器时,要对它预润滑:只需用一小杯与发动机同一级别的机油,从增压器上端的机油入口缓缓倒入,随之用手拨转增压器转子,机油就能逐渐进入各润滑部位。

(4)密封环开口必须朝进油方向,挡圈开口必须朝回油方向。

(5)装配时必须将涡轮轴、油封、定位止推套和压叶轮上的动平衡线对齐。

(6)按规定力矩拧紧涡轮轴上的锁紧螺母、蜗轮壳与中间壳连接螺栓和压壳板螺栓。

(7)严禁调整旁通阀,将旁通阀拉杆喷弯。

(8)增压器的维修必须到指定的维修点进行,增压器转子总成中压气机叶轮、涡轮必须成组更换,以免破坏运动组件的平衡。

3. 废气涡轮增压器检测技术要求

(1)检查涡轮转子总成间隙。在增压器的空气压缩器进气口一端,检查静态时涡轮转子总成的轴向、径向摆动间隙。标准值:轴向间隙值为0.026~0.076mm、径向间隙值为0.30~0.46mm。

(2)检查涡轮轴与轴承配合的轴径磨损值。磨损限度为ϕ10.97mm。

(3)涡轮轴、压缩机叶轮是精密铸造成形零件,叶片的曲线形状都是精心设计并加工成特殊形状的,拆装寸不允许磕碰,不得改变曲线形状,以免影响修复后的性能。

(4)发动机工作时,有一部分机油供给涡轮增压器转子轴承润滑和用于冷却。正在运行的发动机停机后,机油的输出停止,机油压力迅速下降为零,增压器涡轮部分的高温传到中间,轴承支承壳内的热量不能迅速带走,因此,发动机热机状态下立即停机会引起涡轮增压器内滞留的机油过热,从而损坏轴承和轴。发动机大负荷、长时间运行后,停机之前要低速运行3~5min。

(5)发动机装用废气涡轮增压器,其有效转速范围在发动机1600r/min至额定转速范围内,也就是说发动机只有在这个工作转速区域内才能发挥最佳效能。

二、排气背压检测

发动机排气背压就是指排气的阻力,在国家标准中是指排气歧管与排气管后端的压力之差,即排气歧管的绝对压力与当时的大气压力差值,测量位置一般是在排气歧管与排气管连接凸缘后的 50mm 处。排气背压过高基本上属于机械性故障,所以电控系统不记录故障代码。

1. 发动机排气背压过高一般表现

（1）发动机有油、有火,但是无法起动。

（2）加速不良,没有高速;有时即使将加速踏板踩到底,最高车速也只能达到 60~80km/h。

（3）高速时进气管"回火",急加速熄火。

（4）进气管向外冒白烟。

（5）没有超速挡（排气背压过高会造成发动机加速不良,好像没有超速挡,所以有时会误认为是自动变速器的故障）。

（6）用故障诊断仪检测电控系统,一般没有故障代码。若读取数据流,往往有多项数据不正常。

2. 排气背压过高对发动机工作影响

（1）由于发动机排气背压过高,汽缸内混合气燃烧后生成的废气难以排出,废气只能返流,导致真空管路堵塞,使怠速空气阀及节气门等被污染和运动件卡滞,并使怠速时节气门开启角度过大,引起混合气过稀。

（2）由于废气排放不充分,废气回流到进气歧管,使进气管真空度降低,因而导致进气管"回火"。这还会使燃油压力调节器里的真空度不正常,造成燃油压力过高。

（3）进气管真空度降低造成新鲜混合气不能被顺利吸入,影响汽缸的充气量。同时,由于废气的稀释作用使混合气相对稀薄,造成发动机功率下降。

（4）对于废气涡轮增压发动机,其工作原理是基于汽缸内的废气在排出前具有相当大的压力能,从排气门排出后再进入涡轮增压器,压力能转化为动能,驱动涡轮增压器高速旋转。废气的流速越快,其驱动能力就越强。如果废气在排气管内积聚,排气背压升高,汽缸内外的废气压力差减小,气流速度就会降低,涡轮增压能力必然下降。

3. 引起排气背压过高的主要原因

（1）三元催化转换器堵塞。凡是行驶了 10 万 km 以上的汽车,其三元催化转换器就会有不同程度的堵塞。引起三元催化转换器堵塞的原因是多方面的,其中一个重要原因是燃油和机油的品质较差。

（2）排气热空气门卡住。

（3）排气管受撞击而凹瘪。

4. 排气背压检测方法

在检测排气背压之前,应当首先确认点火正时、配气相位正确、气门间隙正确、进气系统无泄漏和堵塞信息。

发动机排气背压检测的三种方法:使用气压表检测、使用废气分析仪检测和检测进气歧管真空度。

1)使用气压表检测

(1)拆下氧传感器。

(2)在氧传感器安装孔处接上气压表,该表的度量范围为 0~30kPa。

(3)起动发动机,并使发动机温度达到85℃以上。

(4)使发动机转速保持在 2500r/min。

(5)读取气压表读数,排气管背压应在 9~13kPa 以下,否则说明排气系统有堵塞。

2)使用废气分析仪检测

将废气分析仪探头插入排气管口,读取废气中的 HC 值;然后将发动机加速到 2500r/min,再读取 HC 值,若 HC 值升高,则表示排气阻力过大。

3)检测进气歧管真空度

在正常情况下,发动机怠速运转时,若拔下进气管上一根真空管,应该感到吸力很大;若吸力感觉变小,则排气系统可能有堵塞。这是因为,若排气管时通时堵,则排气时的反压力增大,会使进气管的真空度降低。为了准确测量,可以用真空表软管连接到进气歧管检测口,起动发动机,待转速稳定后,观察真空表读数,怠速时的真空度一般为 57~71kPa。然后缓慢加速,若转速达到 2000~2500r/min 时真空度数值很低,甚至下降为零,说明排气系统有阻流现象。可以拆下排气管再试,若真空度恢复正常,即可确定排气管堵塞。

三、进气系统密封性检测

参阅第二章第二节的检测方法和要求。

第八节 发动机大修

技能要求

1. 能进行发动机总成大修(高级要求);
2. 能进行发动机竣工检验(高级要求)。

知识要求

1. 发动机总成大修工艺规程及技术要求(高级要求);
2. 发动机竣工检验标准及条件(高级要求)。

一、发动机总成大修工艺规程及技术要求

1. 发动机总成大修送修标志

(1)发动机动力性能显著变差,最大功率或汽缸压缩压力比标准值降低25%以上,是发动机总成需大修的主要标志。

(2)汽缸磨损量过大或异常磨损,圆柱度误差达到 0.175~0.250mm 或圆度误差已达到

0.050~0.065mm(以其中磨损量最大的一个汽缸为准),同时发动机噪声增大,甚至出现异响。

(3)发动机燃料和机油消耗显著增加、排放变差,排气管或曲轴通气管排出黑烟或蓝烟。

2. 发动机总成大修工艺规程

1)发动机装配前准备工作

把零件(新件、修复件)、符合技术要求的组合件和总成按照一定的工艺顺序和原则安装成为完整的发动机,称作发动机的总装或装配。发动机装配不仅是将各个零部件及总成装配成发动机,还要对加工或新换零部件的质量进行最后的检查。装配质量的好坏,直接影响到发动机的修理质量。

发动机的装配精度要求很高,装配前必须认真清洗零件,不应有毛刺、擦伤、积炭和污垢。必须认真清洗工具,保持人员、设备、工作场地的清洁,特别应仔细检查和彻底清洗汽缸体、曲轴上各润滑油道,并用压缩空气吹干净。

准备必要的专用工具、量具,所有配件、通用件(各种紧固件、锁止件、垫片等)摩擦面涂用的新机油、石棉绳等用料。

2)发动机装配工艺过程及要求

发动机的装配过程一般都分为两步,即总成装配和整机装配。把修理合格、选配合适的一组零部件,装配成总成的工艺叫总成装配;把各总成和零部件组装成一台完整发动机的工艺,叫作整机装配。

总成装配和整机装配虽然是两个装配阶段,但在实际操作中往往是相互连续和相互交叉,并不是截然分开的,有些还是重复进行,如曲轴主轴承和连杆轴颈的修理与装配等。

发动机的结构形式很多,导致整机装配程序不完全一致,有些总成、部件(例如:起动机、发电机、空压机和滤清器等)的装配前后顺序并不十分关键。

发动机装配的一般工艺步骤:

(1)曲轴飞轮组安装。将汽缸体倒置在工作台上,将选配好并擦拭洁净的主轴承,按标记对号入座,安装在轴承座和轴承盖里(轴承油孔与轴承油道孔对正),在轴瓦表面涂上薄机油。

擦净曲轴主轴颈,然后抬起曲轴,对准轴承座并以主轴颈两侧的凸肩定位,平稳放置在轴承座内。将各道主轴承盖按原位装到各道主轴颈上且按从中间往两端对称交叉顺序,按规定力矩拧紧主轴承螺栓。螺栓拧紧分2~3次完成。

检查曲轴轴向间隙应符合原厂规定。将飞轮安装在曲轴后端凸缘盘上,螺栓紧固时应对角交叉进行,注意拧紧力矩。

(2)活塞连杆组安装。汽缸体侧置并擦净汽缸。将活塞销、连杆小头孔内涂上薄机油,将活塞放入90℃以上热水中加热后取出,迅速将活塞销铳入销座、连杆小头孔内,以连接活塞与连杆,在销座两端环槽内用尖嘴钳装上活塞销锁环(安装时注意活塞顶部、连杆杆身、连杆轴承盖等记号同侧,即发动机前方)。

用活塞环拆装钳依次装上气环、油环,安装时注意扭曲环不可装反(内切扭曲环一般装于第一道环槽,边缘槽口向上;外切扭曲环一般装于第二、三道环槽,边缘槽口向下)。将各道环槽端隙按一定角度错开(三道气环按120°错开,第一道环端隙应避开活塞销座及侧压力较大一侧;四道气环则按180°、90°、180°错开)。

用活塞环箍箍紧活塞环,用手锤木柄轻敲活塞顶部,使活塞进入汽缸至连杆大头与曲轴连杆轴颈连接,装上连杆轴承盖,按规定力矩分次拧紧连杆螺栓螺母。

(3)机油泵和油底壳安装。倒置汽缸体,安装机油泵并使传动齿轮与曲轴上的驱动齿轮链接准确。装上油底壳衬垫和油底壳,拧紧油底壳螺栓时,应从中间向两侧交叉进行。

(4)汽缸盖和配气机构安装。翻转汽缸体,将汽缸盖定位销敲入汽缸体的定位销孔中,将汽缸垫放在汽缸体上平面上,衬垫光滑的一面朝向汽缸体。汽缸盖安装到汽缸体上并对准定位销,汽缸盖螺栓装到汽缸体上,按规定力矩从中间向两端分次均匀拧紧缸盖螺母。安装液压挺柱、摇臂及轴,安装进、排气凸轮轴。安装凸轮轴轴承盖和螺栓,从中间向两端按对称顺序紧固所有螺栓。

(5)安装正时链条及盖。安装正时链条和正时链条张紧器导板,再次检查进排气凸轮轴、曲轴的正时标记应准确。安装正时链条盖,使用专用工具安装曲轴皮带轮和曲轴螺栓。

(6)冷却系安装。安装汽缸盖出水管、节温器和水温感应塞,更换密封圈后安装水泵。

(7)进、排气歧管安装。清理进、排气歧管内部,检查其接合面的平面度,装上衬垫和进、排气歧管。安装固定螺栓,由中间向两端分次均匀拧紧。

二、发动机总成大修竣工检验标准及条件

汽车发动机总成经过大修后,应进行竣工验收。发动机竣工验收应在热状态下进行,并达到竣工验收的技术要求。

1. 一般技术要求

(1)发动机外观整洁,无油污;各部分密封良好,不得有漏油、漏水、漏气现象;电器部分应安装正确、绝缘良好。

(2)发动机在各种工况下运转稳定,不得有过热现象;不得有异响;突然改变工况时,应过渡圆滑;不得有突爆、回火、放炮等现象。

(3)在规定转速下,发动机润滑系统工作正常,机油压力和机油温度应符合原制造厂维修技术要求,警告装置可靠有效。发动机冷却系统工作温度符合原厂规定。

(4)汽缸压力符合原厂规定,各缸压力差,汽油机应不超过各缸平均压力的8%,柴油机不超过10%。

(5)四冲程汽油机怠速时,以海平面为准,进气歧管真空度应为57~71kPa;其波动范围,六缸机不超过3kPa,四缸机不超过5kPa。

2. 主要使用性能

(1)发动机在正常工作温度下,5s内能起动。柴油机在5℃、汽油机在-5℃环境下,起动顺利。

(2)加速灵敏,过渡圆滑,怠速稳定,各工况工作平稳。

(3)在标准状态下,发动机额定功率和最大转矩不得低于原设计规定值的90%。

(4)最低燃料消耗率不得大于原设计标定值的105%;机油消耗量应符合原设计规定。

(5)发动机排放装置应齐全有效,排放污染物限值应符合国家有关标准的规定。

(6)电子控制系统的设置应正确无误。自检警告灯应显示系统正常,或通过系统自诊断功能读取的是无故障信息。

第三章 汽车底盘检修

第一节 传动系统检修

技能要求

1. 能拆装、检修离合器总成(中、高级要求);
2. 能拆装、检修手动变速器总成(中、高级要求);
3. 能拆装、检修万向传动装置(中、高级要求);
4. 能拆装、检修主减速器及差速器总成(中、高级要求);
5. 能更换自动变速器油、滤芯、检查技术状况(中、高级要求)。

知识要求

1. 离合器总成拆装、检修技术要求(中、高级要求);
2. 手动变速器总成拆装、检修技术要求(中、高级要求);
3. 万向传动装置拆装、检修技术要求(中、高级要求);
4. 主减速器和差速器总成拆装、检修技术要求(中、高级要求);
5. 自动变速器技术状况的测试方法(高级要求)。

一、离合器总成拆装、检修

1. 离合器总成拆装

1)离合器总成拆卸

(1)从飞轮上拆卸离合器总成时,应首先检查有无拆装标记,无拆装标记时应补做后再进行拆装,以免组装后破坏系统的平衡。

(2)离合器总成解体时,为防止离合器盖的变形和零件弹出,必须用专用拆装工具,并按对角线交替、均匀地拆下紧固螺栓。

2)离合器总成装配与调整

离合器的装配与调整是离合器修复后的重要工序,它直接影响离合器的正常工作。其装配顺序是,先装配离合器盖及压板总成,然后将总成及从动盘安装到飞轮上。

(1)从动盘的装配。装配时用专用修理工具或变速器输入轴插入离合器从动盘键槽,使离合器从动盘键槽中心对正,如图3-1所示,将离合器从动盘安装在飞轮上。

装配时,应仔细观察离合器从动盘的设计和制造品质,表面是否有油污,并注意从动盘安装方向。离合器装配时,要在各活动部位涂以润滑脂。

(2)离合器盖的装配。首先对正离合器盖和飞轮上的装配记号,再均匀地以规定的拧紧力矩分几次拧紧各螺栓。

(3)膜片弹簧的检查。膜片弹簧在使用中易出现弯曲,因此有必要进行检查,具体方法是在膜片弹簧装复后用一个测规和专用工具测量弹簧尖端和工具之间的间隙,如图3-2所示,最大允许间隙一般为0.50mm。

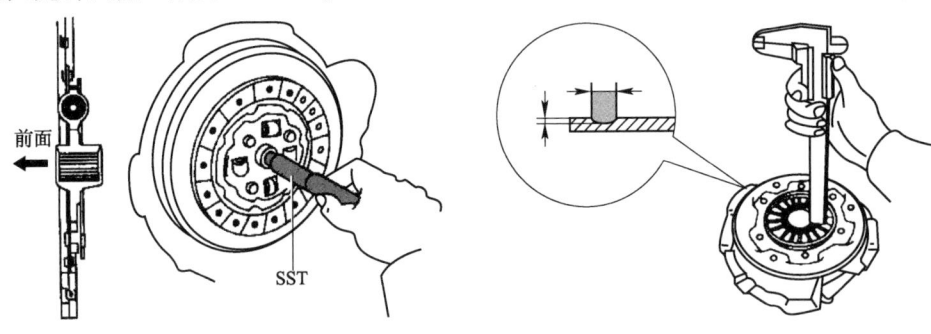

图3-1　从动盘的安装　　　　　图3-2　膜片弹簧的深度和宽度测量

3)螺旋弹簧式离合器分离杠杆高度检查与调整

螺旋弹簧式离合器分离杠杆高度距离不当,将影响离合器的分离状况,其调整部位及要求与车型有关。

北京BJ2020型汽车离合器,调整部位为分离杠杆内端的调整螺钉(为力点调整),要求分离杠杆内端的后端面至飞轮工作面的距离为(48.5±0.75)mm。

东风EQ1090型汽车离合器,调整部位为分离杠杆中部支承螺栓的调整螺母(为支点调整),要求分离杠杆内端的后端面至飞轮工作面的距离为(56±0.50)mm。

解放CA1091型汽车离合器,调整部位为分离杠杆外端的调整螺母(为重点调整),要求分离杠杆内端的后端面至飞轮工作面的距离为(71±0.50)mm。

2.离合器总成检修

1)从动盘的检修

离合器从动盘的常见损伤形式:摩擦片的磨损、烧蚀、表面龟裂、油污、铆钉外露或松动等。此外,还易出现盘毂花键孔的磨损、钢片翘曲与破裂、钢片与花键毂铆钉松动和减振器弹簧折断等。

在检修中,如摩擦片有轻微烧蚀、硬化,可用锉刀或粗砂布光磨后使用;摩擦片表面有严重油污、烧焦,或开裂,以及严重磨损,即铆钉头埋入深度小于0.5mm,应更换新片。

2)压盘与离合器盖的检修

压盘的主要损伤形式:工作表面磨损、擦伤、破裂,压盘的翘曲变形。

(1)压盘工作表面的轻微磨损,可用油石磨平。若平面度误差超过0.12mm或擦伤沟槽深度超过0.50mm时,可在磨床上磨削平面,但磨削后压盘的极限减薄量不得超过1mm,平面度误差不大于0.10mm,修整加工后的压盘应进行静平衡试验。

(2)压盘工作表面有严重磨损或变形,或磨削后的厚度小于极限值,应更换新件。

(3)离合器盖与飞轮的接合平面的平面误差为0.50mm。如有翘曲、裂纹、变形,应更换新件。

3)压紧弹簧的检修

膜片弹簧因长久承受负荷而疲劳,造成弯曲、折断或弹力减弱而影响动力的传递。用卡尺测量膜片弹簧的深度和宽度。一般车辆的深度和宽度极限值为:深度0.60mm、宽度0.50mm,超过极限应予以更换。

螺旋压紧弹簧自由长度减小值大于2mm,或在全长上偏斜超过1mm时,应予以更换。

4)分离轴承的检修

分离轴承应转动灵活,无异响或阻滞现象,其轴向间隙不应超过0.60mm,内座孔磨损不得超过0.30mm,否则应更换新件。密封式分离轴承在装车前,应将轴承放在熔化的润滑油(采用润滑脂和润滑油各50%的混合物)中浸煮,待冷凝后,取出擦干才能装用。

5)飞轮的检修

飞轮端面出现磨损、沟槽、翘曲、裂纹等,按压盘的检修要求进行修理或更换。

二、手动变速器拆装、检修

1. 手动变速器拆装

1)手动变速器拆卸

(1)拆卸换挡控制壳体,拆卸变速器后盖,拆卸变速器壳体。

(2)在变速器专用夹具上,拆卸输入轴和输出轴后端的五挡换挡拨叉、五挡同步器、五挡从动齿轮和五挡输入齿轮。

(3)两轴式手动变速器,先拆卸倒挡轴,一起拆下输入轴和输出轴组件。然后拆卸输入轴齿轮组各齿轮、同步器等机件;拆卸输出轴齿轮组各齿轮、同步器等机件。清洗各机件并妥善保管。

(4)三轴式手动变速器的拆卸顺序一般是先拆前和后盖,然后拆第一轴、第二轴,倒挡轴,最后拆中间轴。

2)变速器的装配与调整

变速器装配品质的好坏,对变速器的工作品质影响很大。在变速器装配时,应注意以下方面:

(1)三轴式变速器的装配顺序一般是先装中间轴、倒挡轴,再装第一轴、第二轴,最后装变速器前、后盖和上盖。

(2)两轴式手动变速器组装,一般是先装倒挡轴,然后再装输入轴和输出轴组件,更换所有垫片及密封圈。

(3)装配前,必须对所有零件进行认真的清洗,除去污物、毛刺和铁屑等。尤其要注意齿轮径向机油孔应保持畅通。

(4)装配各部轴承及键槽时,应涂以质量优良的齿轮机油,进行预润滑。在总成修理时,应更换所有的滚针轴承。

(5)装配时,对零件的工作表面不得用榔头直接锤击,若必须进行锤击时,应采用铜棒抵靠进行操作。

(6)注意同步器锁环或锥环的装配位置。装配过程中,如有旧件时需原位装复,以保证两元件的接触面积。因此,变速器解体时,应对同步器各元件做好装配记号,以免装错。

(7)在组装输入轴(第一轴)和输出轴(第二轴)时,应注意各挡齿轮、同步器花键毂与接合套、止推垫圈的方向及位置,以保证齿轮的正确啮合位置。

(8)装入油封前,需在油封的刃口上涂少量润滑脂,要垂直压入,并注意安装方向。

(9)变速器装配后,要检查各齿轮的轴向间隙和各齿轮副的啮合间隙。常啮合齿轮的啮合间隙为 0.15~0.40mm;滑动齿轮的啮合间隙为 0.15~0.50mm;第一轴的轴向间隙≤0.15mm;其他各轴的轴向间隙≤0.30mm;各齿轮的轴向间隙≤0.40mm。

(10)在安装锁止装置的钢球和弹簧时,应采用专用的导向轴。利用导向轴的斜面,将钢球压入定位孔内。

(11)装配密封衬垫时,应在密封衬垫两侧涂以密封胶,以防漏油。

(12)安装变速器盖时,应使各挡齿轮和拨叉均处于空挡位置。必要时,可分别检查各挡的齿轮副是否处于全齿长啮合。

(13)按规定的力矩拧紧各部螺栓。注意:调整垫片不要漏装。

(14)装配后,对变速器的要求是:各挡转动自如,无碰撞现象;变速杆移动自如,齿轮(接合套)啮合顺利;啮合时,无不正常的声响。

2. 手动变速器检修

1)变速器壳体检修

变速器壳体主要损伤形式:壳体裂纹、壳体变形、壳体轴承承孔磨损和螺纹孔损伤等。

(1)变速器壳体的裂纹。变速器壳体与盖不得有裂纹,对受力不大的部位的裂纹,可用环氧树脂黏结修复。重要和受力较大部位的裂纹,可进行焊修。对于轴承承孔处的裂纹和安装固定孔处的裂纹不能修理,应更换变速器壳体。

(2)变速器壳体的变形。壳体是保证齿轮传动副精度的基础体。变速器齿轮副能否可靠地传动,除了取决于齿轮的技术状况外,还与变速器壳体质量与技术状况有关。

三轴式变速器壳体检查内容有:各轴承承孔轴线间的平行度及轴心距;轴承承孔轴线与壳体上平面间的平行度及距离;轴承承孔轴线与壳体侧平面间的垂直度;变速器盖与壳体接合平面的平面度。

二轴式变速器壳体由前、后两部分组成,其变形主要是检查输入轴与输出轴的平行度及前、后接合面的平面度。

(3)壳体螺孔的损伤。壳体上所有连接螺孔的螺纹损伤不得多于 2 牙。螺纹的损伤可采取换用加粗螺栓,或焊补后重新钻孔的加工方法修复。

2)齿轮与花键的检修

齿轮与花键的主要损伤形式:啮合齿面的磨损、疲劳剥落、腐蚀斑点等。

(1)齿轮的啮合面上出现明显的疲劳麻点、麻面、斑疤或阶梯形磨损时,必须更换。齿面仅有轻微斑点或边缘略有破损时,可用油石修磨后继续使用。

(2)齿轮齿面的啮合面中线应在齿高的中部,接触面积不得小于工作面的60%。

(3)固定齿轮或相配合的滑动齿轮的端面损伤超过齿长的15%时,应予更换。

(4)齿轮与齿轮、齿轮与轴及花键的啮合间隙、径向间隙和轴向间隙应符合原厂规定。

3)支承轴的检修

支承轴的主要损伤形式:弯曲、轴颈的磨损和花键轴键齿磨损。

(1)变速器主要支承轴以两端轴颈的公共轴线为基准,中部的径向圆跳动公差应小于0.05mm,否则应更换新轴。

(2)支承轴各轴颈磨损超过0.04mm时,或超过原厂规定,应予以更换。

(3)花键轴的键齿宽减小0.20mm以上,且配合间隙超过0.40mm时,应予以更换。

4)同步器

锁环式同步器主要损伤形式是锁环内锥面螺纹槽磨损和锁环接合齿磨秃。

锁销式同步器主要损伤形式是摩擦锥环螺纹槽的磨损。

锁环内锥面螺纹槽磨损造成摩擦力矩降低,导致换挡困难。锁环内锥面和待啮合的齿圈接合后的间隙与螺纹磨损程度有关,间隙的标准值为0.80～1.80mm。锁环内锥面的磨损该间隙变小,当此间隙小于0.50mm时,应更换锁环。锁环的接合齿磨秃,使锁环力矩减弱或消失。当接合齿磨秃时,应更换锁环。

三、万向传动装置拆装、检修

1. 万向传动装置拆装

1)万向传动装置拆卸

拆卸传动轴时,要防止汽车的移动。同时按图3-3所示的方法,在每个万向节叉的凸缘上做好标记,以确保作业后原位装复,否则极易破坏万向传动装置的平衡性,造成运转噪声和强烈振动。

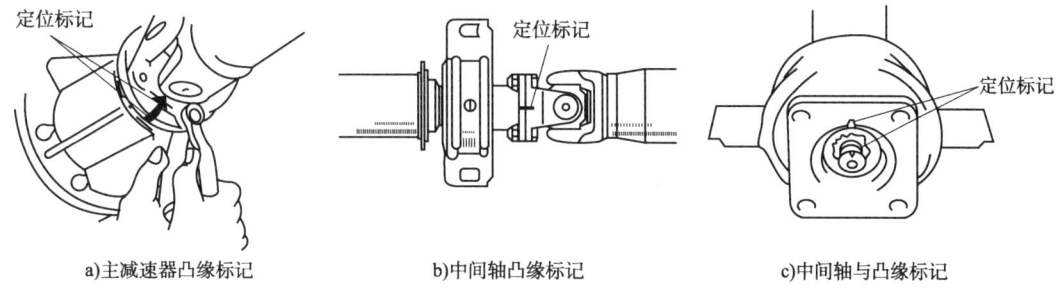

a)主减速器凸缘标记　　b)中间轴凸缘标记　　c)中间轴与凸缘标记

图3-3　传动轴拆卸前标注标记

拆卸传动轴时,应从传动轴后端与驱动桥连接处开始,先把与后桥凸缘连接的螺栓拧松取下,然后将与中间传动轴凸缘连接的螺栓拧下,拆下传动轴总成。接着,松开中间支撑支架与车架的连接螺栓,最后松开前端凸缘盘,拆下中间传动轴。

2)万向传动装置装配

万向传动装置装配时,应注意装配位置对其传动的速度还原特性的影响,装配时还应注意以下事项:

(1)待装零件应彻底清洗干净。特别是十字轴的油道、轴颈和滚针轴承,最好用清洁的煤油清洗后,再用压缩空气吹干。

(2)装配时,应保证万向传动装置的平衡。传动轴两端万向节十字轴上的油嘴应间隔180°,传动轴滑动花键橡胶防尘套的夹箍开口应相隔180°,某些传动轴在凸缘处装有平衡垫片,装合时应不得漏装或随意改变位置。

(3)应认真核对零件的装配标记。装配时,应按原标记装回。若没有标记时,应在分解时在相配合件上做好标记,以保证装复时的平衡。将传动轴装回车上,特别要保证传动轴两端万向节叉应在同一平面。

(4)传动轴伸缩滑动叉安装时,其方向应朝向汽车前部(靠变速器一侧),否则会加剧滑动叉花键的磨损和增大传动轴的抖振。

(5)中间支承安装时,应找正旋转中心。将中间支承轴承对正后,压入中间传动轴的花键凸缘内。在紧固中间支承的前、后轴承盖的紧固螺栓时,应先支起后轮,再转动驱动轮使其带动传动轴转动,在自动找正旋转中心后,再紧固螺栓。也可先不拧紧至规定力矩,待运转少许后,自动找正旋转中心,再按规定力矩拧紧。

(6)适量加注润滑脂。十字轴上的油嘴在安装时应朝向传动轴,以便加注。润滑脂的规格应采用通用型的锂基2号或二硫化钼锂基脂,也可按原厂规定选用。加注润滑脂时,既要充分又要不过量,以从油封刃口处或中间支承的气孔能看到有少量新润滑脂被挤出为宜。

2. 万向传动装置检修

1)传动轴检修

传动轴主要损伤形式:轴管的变形、裂纹、传动轴花键轴头及轴套的磨损等。

(1)传动轴轴管不得有裂纹及严重的凹瘪,否则应更换。

(2)传动轴轴管全长上的径向全跳动公差应符合规定:轴长≤600mm 的为0.60mm;轴长600~1000mm 的为0.80mm;轴长>1000mm 的为1.0mm;轿车传动轴的径向全跳动应比上述规定相应减小0.20mm;中间传动轴支承轴颈的圆跳动为0.10mm。当传动轴管的径向全跳动误差超标时,应进行校正或更换。

(3)传动轴花键轴头与花键轴套的配合间隙为:轿车应不大于0.15mm,其他类型的汽车应不大于0.30mm,装配后应能滑动自如。

(4)传动轴轴管校正后,或平衡片脱落,应重新进行动平衡试验。传动轴两端任一端的动不平衡量:轿车应不大于10g·cm。其他车型的不平衡量为:轴管外径≤58mm 的应不大于30g·cm;轴管外径为58~80mm 的应不大于50g·cm;轴管外径>90mm 的应不大于100g·cm。动平衡时,可在轴管两端加焊平衡片,但每端最多不得多于3片。

2)万向节检修

十字轴万向节主要损伤形式:十字轴轴颈疲劳剥落和磨损、滚针轴承的损坏等。

(1)万向节叉和十字轴上不得有裂纹,否则应更换。

(2)十字轴轴颈表面有疲劳剥落、磨损沟槽或滚针压痕深度超过0.10mm 时,应更换。

(3)滚针轴承油封失效、滚针断裂、套筒内圈疲劳剥落时,应更换。

(4)十字轴轴颈与轴承的配合间隙应符合规定:轴颈直径≤18mm 的为0.06mm;轴颈直径18~23mm 的为0.10mm;轴颈直径>23mm 的为0.14mm。若配合间隙超标应更换。

(5)等速万向节常见损伤形式是球形壳、球笼、星形套及钢球的凹陷、磨损、裂纹、麻点等,如有则更换。检查防护罩是否有刺破、撕裂等损坏现象,如有则更换。

3)中间支承检修

中间支承主要损伤形式:轴承损坏、橡胶垫开裂或老化、油封失效。

(1)传动轴中间支承的橡胶垫开裂或老化、油封磨损过甚失效,均应更换新件。

(2)中间支承的轴承磨损松旷,应更换新件。

四、主减速器及差速器总成拆装、检修

1. 主减速器及差速器总成拆装

驱动桥装配调整包括:主、从动圆锥齿轮轴承预紧度的调整(含差速器轴承预紧度);主、从动圆锥齿轮啮合印痕和啮合间隙的调整;差速器轴承的调整(双级主减速器的从动圆柱齿轮);轮毂轴承的调整。

1)主减速器装配与调整

主减速器的调整品质是决定主减速器圆锥齿轮副使用寿命的关键。因此,在进行调整作业时,必须遵守主减速器的调整规则。

(1)首先调整轴承预紧度,其次调整啮合印痕,最后调整啮合间隙。

(2)主、从动锥齿轮轴承的预紧度必须按原厂规定的数值和方法进行检调,在主减速器其他调整过程中,轴承的预紧度不得改变。

(3)在保证啮合印痕合格的前提下,调整啮合间隙。啮合印痕和啮合间隙的变量都应符合技术标准,否则应成对更换齿轮副。

(4)双曲线圆锥齿轮、奥利康圆锥齿轮(等高齿)和格利森圆锥齿轮(非等高齿)啮合印痕的技术标准各不相同,其调整方法亦有差异。前两种齿轮往往通过移动主动圆锥轮来调整啮合印痕,通过移动从动圆锥齿轮来调整啮合间隙。后一种格利森齿轮的调整则无特殊的要求。

2)轴承预紧度调整

主减速器主、从动圆锥齿轮通过轴承支承在壳体上,轴承能否支承可靠,对锥齿轮副的正常工作和使用寿命至关重要。

(1)主动圆锥齿轮轴承预紧度调整。

主动圆锥齿轮轴承预紧度调整方法为增减两轴承之间的调整垫片。增加垫片,轴承预紧度减小;减少垫片,轴承预紧度增大。

在不装前轴承油封的状态下,按规定的力矩拧紧凸缘盘紧固螺母。用弹簧秤测量转动凸缘盘的力矩,若力矩大于标准值,说明轴承预紧度过大,应增加垫片厚度,反之则减少。若无弹簧秤时,经验做法是:推拉凸缘盘,无轴向间隙感觉;用手转动凸缘盘,灵活自如,即合适。

轿车及小型车主动圆锥齿轮轴承预紧度的调整,是用一个弹性隔套来调整轴承的预紧度的。装配时,在前、后轴承内圈之间放置一个可压缩的弹性薄壁隔套,按规定力矩拧紧凸缘盘紧固螺母时,弹性隔套产生弹性变形,其张力自动适应对轴承预紧度的要求。

(2)从动圆锥齿轮轴承预紧度调整。

单级主减速器,从动圆锥齿轮固定在差速器壳上,调整从动圆锥齿轮轴承预紧度就是调整差速器轴承的预紧度。单级主减速器从动圆锥齿轮轴承预紧度是通过差速器壳两侧的调整螺母来调整的。

正确的轴承预紧度可用转动差速器总成的力矩来衡量。预紧度调整后,应将调整螺母用锁止板锁住,以防松动。

双级主减速器,从动圆锥齿轮与第二级减速器的主动圆柱齿轮固定在同一根轴上,两端用轴承支承在主减速器壳上。调整从动锥齿轮轴承的预紧度,是通过增减轴承盖与轴承之间的垫片来调整的。通过转动从动圆锥齿轮的力矩来衡量轴承预紧度是否合适;如所需力矩过大,说明预紧度过大,应增加垫片的厚度,反之则减少。

(3)差速器轴承预紧度调整。

单级主减速器,差速器轴承预紧度就是从动锥齿轮轴承预紧度。双级主减速器,差速器轴承预紧度的调整,与单级主减速器差速器轴承的预紧度调整相同,都是转动差速器两侧调整螺母来实现的。经验做法是:将调整螺母旋紧,使差速器壳不能转动,然后再退回 1/10~1/16 圈,使最近的一个开口与锁止板重合,用锁止板固定。调整后,轴向推拉差速器壳无间隙感觉,转动灵活自如,无卡住现象。

3)主、从动圆锥齿轮啮合印痕与啮合间隙调整

主、从动圆锥齿轮应沿齿长方向接触,其位置控制在轮齿的中部偏向小端,离小端端部 2~7mm,接触印痕的长度不小于齿长的 50%,齿高方向的接触印痕应不小于齿高的 50%,一般应距齿顶 0.80~1.60mm,齿侧间隙为 0.15~0.50mm,但每一对锥齿副轮啮合间隙的变动量不得大于 0.15mm。

检查啮合印痕的方法是:将轴承预紧度调整好的主动齿轮轴总成装在主减速器壳上,从动锥齿轮也装于主减速器壳内。在从动锥齿轮相邻 120°三处,每处取 2~3 个轮齿涂以红丹,对主动齿轮略施压力,然后转动从动齿轮,观察轮齿上的啮合印痕的部位和形状。

螺旋锥齿轮正确啮合印痕的要求是:沿齿长方向接触,其啮合部位应在轮齿的中部偏向小端,距小端边缘 2~7mm,距齿顶 0.80~1.60mm,接触印痕的长度不小于齿长的 50%;齿轮正、反面的印痕应一致,若有矛盾,则以正面印痕为主,否则要修磨或成对更换。

对于不正确的啮合印痕,可通过移动主、从动圆锥齿轮的轴线来达到正确的啮合印痕。在调整从动圆锥齿轮的轴向移动时,应遵循两侧的调整垫片(调整螺母)需等量增减原则,以保证轴承预紧度不变。

即对单级主减速器,从动圆锥齿轮轴承就是差速器的轴承,将轴承两侧的调整螺母按左进右退或左退右进的原则转动相等的圈数,就可以在不改变轴承预紧度的前提之下,改变从动圆锥齿轮的转向位置。

对于双级主减速器,在保持两侧轴承盖下垫片总厚度不变的前提下,将左右轴承盖下垫片数目重新分配,便可以在不改变轴承预紧度的前提下移动从动圆锥齿轮的位置。

啮合印痕调整概括为如下的口诀:大进从,小出从,顶进主,根出主。具体调整方法如图 3-4 所示。

啮合印痕在轮齿的大端时,将从动齿轮向主动齿轮移进,若这时齿隙过小,则将主动齿轮向外移出。

啮合印痕在轮齿的小端时,将从动齿轮自主动齿轮移出,若这时齿隙过大,则将主动齿轮向内移进。

啮合印痕在轮齿的齿顶时,将主动齿轮向从动齿轮移进,若这时齿隙过小,则将从动齿轮向外移出。

啮合印痕在轮齿的齿根时,将主动齿轮自从动齿轮移出,若这时齿隙过大,则将从动齿

轮向内移进。

从动齿轮面接触区		调 整 方 法	齿轮移动方向
 前驶	 倒车		
		将从动齿轮向主动齿轮移近,若这时齿隙过小,则将主动齿轮向外移开	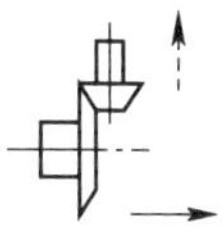
		将从动齿轮自主动齿轮移开,若这时齿隙过大,则将主动齿轮移近	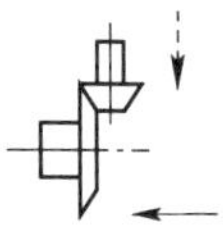
		将主动齿轮向从动齿轮移近,若这时齿隙过小,则将从动齿轮移开	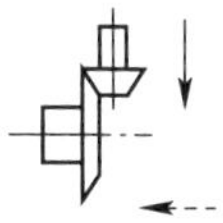
		将主动齿轮自从动齿轮移开,若这时齿隙过大,则将从动齿轮移近	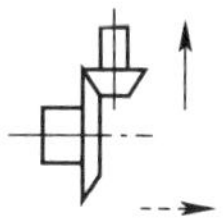

图 3-4 圆锥齿轮副啮合印痕调整方法

当啮合印痕正常时,应检查啮合间隙。方法是:固定主动轴,将千分表针抵住从动圆锥齿轮大端,并转动从动圆锥齿轮,便可在千分表上读出间隙。

经验方法是:将塑料线规(或软铅)夹在主、从动圆锥齿轮中,转动齿轮,测量塑料线规(或软铅)被挤压后的厚度,便可知啮合间隙。正确的啮合间隙为 0.15～0.50mm,其啮合间隙的变动量不得超过 0.15mm。若啮合间隙不符合要求,也可通过移动主、从动齿轮轴的方法来调整。两齿轮靠近,间隙减小,反之则间隙增大。

主、从动圆锥齿轮的啮合印痕和啮合间隙,它们既是相互联系又是相互矛盾的。因为啮合印痕是衡量齿面接触面积和受力位置的重要依据,因此当啮合印痕和啮合间隙两者之间出现矛盾时,啮合印痕是主要方面。通常,应通过改变啮合间隙的方法来保证啮合印痕的正确,此时,啮合间隙可稍大一些,但最大啮合间隙应不超过 0.30～0.65mm。

4) 轮毂轴承调整

边拧动调整螺母边转动轮毂,使轴承正确就位。以规定力矩拧紧调整螺母,再将调整螺母退回一定角度(一般为 1/8～1/4 圈)。然后装上油封和锁紧垫圈,并使调整螺母上的定位销穿入锁紧垫圈上最近的孔内。最后将锁紧螺母以规定力矩拧紧(或插上锁止开口销)。调整完毕后,轮毂应能自由旋转,无明显的轴向松动和摆动现象。

2. 主减速器及差速器总成检修

1) 主减速器壳检修

主减速器壳主要损伤形式:壳体变形、壳体裂纹、壳体各接合平面配合的超标等。

(1)壳体应无裂损,各部螺纹的损伤不得多于2牙,否则应换新。

(2)差速器左、右轴承承孔同轴度公差为0.10mm。

(3)圆柱主动齿轮轴承(或侧盖)承孔轴线及差速器轴承承孔轴线对减速器壳前端面的平行公差应符合要求:当轴线长度在200mm以上时,其值为0.12mm;当轴线长度小于或等于200mm时,其值为0.10mm。

(4)主减速器壳纵轴线对横轴线的垂直度公差应符合要求:当纵轴线长度在300mm以上时,其值为0.16mm;当纵轴线长度小于或等于300mm时,其值为0.12mm;纵、横轴线应位于同一平面(双曲线齿轮结构除外),其位置度公差为0.08mm。

(5)主减速器壳与侧盖的配合及圆柱主动齿轮轴承与减速器壳(或侧盖)的配合应符合原厂规定。

2)主减速器锥齿轮副检修

主减速器锥齿轮副的主要损伤形式:齿轮工作表面的磨损和轮齿端部的缺损。

(1)齿轮工作表面不得有明显的斑点、剥落和缺损等。

(2)齿轮工作表面若出现阶梯形磨损痕迹,经修磨后,在不影响正常啮合间隙下允许使用。

(3)齿轮齿端部的缺损,沿齿长方向不超过1/10、齿高方向不超过1/5,允许使用,不得有锐角和毛刺。

(4)主动圆锥齿轮,轮齿锥面的径向圆跳动公差为0.05mm;前、后轴承与轴颈、承孔的配合应符合原厂规定;从动锥齿轮的铆钉应牢固可靠;螺栓连接的,螺栓紧固应符合原厂规定,紧固螺栓锁止可靠。

(5)损坏超过规定的齿轮,应更换,若是主从动锥齿轮应成对更换。

3)差速器检修

差速器主要损伤形式:壳体裂纹、行星齿轮和半轴齿轮工作表面的磨损、止推垫片的磨损等。

(1)差速器壳体不应有裂纹,否则应予以更换。

(2)差速器壳与行星齿轮、半轴齿轮之间的垫片,接触面应光滑无沟槽。若有浅的沟槽,可用砂纸打磨;若有较深的沟槽,应更换垫片。

(3)行星齿轮和半轴齿轮的工作表面,不允许有明显斑点和疲劳性剥落;齿面环形探伤宽度超过1/3时,应修磨。

(4)差速器壳与行星齿轮轴及轴承的配合应符合原厂规定。

4)轮毂和轴承检修

轮毂和轴承主要损伤形式:轮毂裂纹和轮毂轴承承孔的磨损、轴承径向和轴向间隙过大、保持架损坏、滚道或滚球损坏等。

(1)轮毂应无裂纹,轮毂各部螺纹的损伤不多于2牙,否则应更换。

(2)轮毂轴承与承孔配合符合原厂规定,磨损逾限可电刷镀修复或更换。

(3)轮毂与半轴凸缘及制动鼓的接合端面对轴承承孔公共轴线的端面跳动公差均为0.15mm,超值可车削修复。

(4)轴承滚珠和滚道不得有伤痕、剥落、严重黑斑或烧损变色缺陷;轴承保持架不得有缺口、裂纹、铆钉松动或滚珠脱出等现象。

五、自动变速器油检查与更换

自动变速器对液力传动液的要求极其严格,它要求润滑油不仅具有润滑、清洗、冷却的作用,还应具有传递变矩器转矩和传递液压,以控制自动变速器内离合器和制动器工作的作用,所以自动变速器所用的润滑油是一种特殊的高级润滑油,这种润滑油被称为 ATF,即自动变速器专用油。

ATF 所具有的特殊性能保证自动变速器能充分发挥其作用。为使自动变速器能正常工作,需使用指定的 ATF,不能错用或混用,并保持正确的液面高度。ATF 型号不同,其摩擦系数不一样,错用或混用会使自动变速器发生换挡冲击,自动变速器内的离合器和制动器打滑,应加以注意。

因此,应严格遵守并认真执行自动变速器的用油规格、加油方法、油量、换油里程间隔等规定。否则,不但容易发生故障,而且会影响自动变速器性能发挥和使用寿命。

1. 自动变速器油油量检查

自动变速器油的添加原则是:当自动变速器换挡执行元件各操纵油缸都充满之后,变速器油底壳里的液面高度应低于行星齿轮组等变速器中旋转件的最低位,以免在使用中剧烈地搅油产生泡沫;但必须高于阀体与变速器壳体安装的接合面,以免阀体在工作中渗入空气,影响液压操纵系统各阀件的正常工作。

自动变速器液面高度的检查方法:

(1)把汽车停在水平路面上,并拉紧驻车制动器手柄。

(2)运转发动机使其和自动变速器达到正常工作温度,然后保持在怠速运转状态。

(3)踩住制动踏板,将选挡手柄分别拨至于各前进挡位和倒车挡位并停留数秒,以便将油液充满液力变矩器和所有换挡执行元件的操纵油缸,最后置于停车挡(P)。

(4)从自动变速器的加油管中抽出油尺,将油尺擦干净后插回加油管,再次拔出油尺并检查油尺上的液面高度。

自动变速器液面高度的标准是:如果油温低(室温或低于 25℃时),液面高度应在油尺刻线的下限附近(或油尺的"COOL"记号附近);如果在自动变速器正常工作温度(油温已达 80℃)时,则油底壳液面高度应达到油尺刻线的上限附近(或油尺的"HOT"记号附近)。

现代汽车中有些自动变速器没有油尺,此时应查阅原厂维修资料,按厂家技术规定检查液面高度。

2. 自动变速器润滑油品质检查

判断自动变速器油的品质,可以从颜色、气味和是否含有杂质等方面入手。自动变速器的颜色应当是鲜红色。但是某些 Dexron-Ⅱ 型自动变速器油在使用初期颜色会变暗,这是正常现象。如果呈棕色或黑色,说明油液中含有烧蚀的摩擦材料等大量杂质。若油液呈红色或白色,表明发动机散热器的油冷却器出现冷却液泄漏的故障。

合格的自动变速器油应该有类似新机油的气味。烧焦的味道意味着执行元件打滑或自动变速器过热。如果有清漆味则说明油液氧化或变质。若油液带有泡沫,可能是由于油泵进油道渗入空气而造成的。

一旦自动变速器油出现上述现象中的任何一种,就应该立即更换。

自动变速器每行驶20000km或6个月后,应检查一次液面高度和液压油的品质,通过检查液压油可以判断自动变速器的工作是否正常。此外,自动变速器到原厂规定的行驶里程后,必须换油。

第二节　行驶系统检修

技能要求

1. 能进行车轮拆装及换位(初级要求);
2. 能更换减振器总成(初级要求);
3. 能更换轮毂轴承(中级要求);
4. 能进行车轮定位检查(中级要求);
5. 能进行车轮动平衡检查(中级要求);
6. 能更换轮胎(中级要求)。

知识要求

1. 车轮拆装及换位技术要求(初级要求);
2. 减振器总成更换技术要求(初级要求);
3. 四轮定位仪操作规程(中级要求);
4. 车轮定位技术要求(中级要求);
5. 车轮动平衡机操作规程(中级要求);
6. 拆胎机操作规程(中级要求)。

一、轮胎拆装及车轮动平衡检查

1. 轮胎拆装

(1)拆装轮胎须在清洁、干燥、无油污的地面上支顶牢靠后进行。

(2)拆装轮胎要用专用工具,不允许用大锤敲击或其他尖锐的用具拆胎。

(3)外胎、内胎、垫带、轮辋必须符合规格要求,才能组装。要特别注意子午线胎圈部分的完好。

(4)内胎装入外胎前,须紧固气门嘴,以防漏气,并在外胎内部和垫带上涂上滑石粉。

(5)气门嘴的位置应装在轮辋气门嘴孔中。胎侧有平衡标记(彩色胶片)的,标记应在与气门嘴相对的位置上,以便于平衡。轮辋上有平衡块的,应用动平衡机进行平衡调整。

(6)安装有向花纹的轮胎,应注意滚动方向的标记。拆装子午线胎应做记号,使安装后的子午线胎滚动方向保持不变。

(7)双胎并装时,应注意将两轮通风洞对准,两气门嘴应互隔180°,并与制动鼓上的蹄鼓间隙孔呈90°。

（8）拆装无内胎轮胎时，每次均需换上新的、完好的O形圈，并经植物油浸泡。

（9）无内胎轮胎胎冠有钢带时，应先把轮胎装在轮辋内，并充入150kPa的气压，再小心地把钢带剪断取下。

（10）新装配好的无内胎轮胎，充气时应用皂水检查轮辋与胎圈O形圈、气门嘴垫、气门芯等处是否有漏气。

2.车轮动平衡检查

1）车轮动不平衡原因及其危害

车轮与轮胎是高速旋转组件，如果不平衡，汽车在超过某一速度行驶时，就会产生共振。特别是高速公路上行驶的车辆，可能造成轮胎爆破。就车轮本身而言，由于装有气门嘴，同时还与轮胎和传动轴等传动系的旋转部件组装在一起，因此必须进行平衡，否则，不平衡在所难免。如果检查轮胎有不均匀或不规则磨损，车轮定位失准，车轮平衡维护就是必须要做的工作。平衡车轮时，沿轮辋分配配重，使它平稳滚动而无振动。

2）车轮动平衡检验

离车式车轮动平衡机主要由驱动装置、转轴与支承装置、显示与控制装置、制动装置及防护罩组成，如图3-5所示。

车轮动平衡检测方法：

（1）将被测车轮从车上拆下，进行清洁，去掉泥土、沙石，拆掉旧平衡块。

（2）将轮胎充气至规定气压值。

（3）将车轮安装于平衡机上。

（4）打开电源开关，检查指示装置是否指示正确。

（5）键入用专用卡尺测出的轮辋直径、宽度（或读取轮胎侧面标示的技术参数），测出轮辋边缘到机箱之间的距离并键入。

（6）放下防护罩，按下起动键开始测量。

（7）当车轮自动停转后，从指示装置读出车轮内、外动不平衡量和位置。

（8）用手慢慢旋转车轮，当动平衡机指示装置发出信号时，停止转动车轮；显示装置显示出应该加于轮辋边缘的不平衡量和相位。

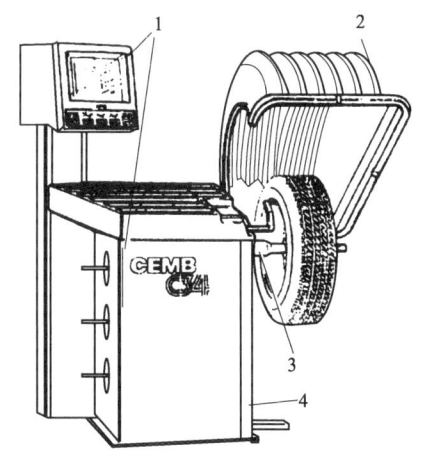

图3-5 从动盘的安装
1-显示与控制装置；2-车轮护罩；3-转轴；
4-机箱

（9）将动平衡机显示的动不平衡量按内、外位置，置于车轮12点位置的轮辋边缘并装卡牢固。

（10）重新起动动平衡机，进行动平衡试验，直至动不平衡量<5g，机器显示合格时为止。

（11）取下车轮，关闭电源，测试结束。

二、车轮定位检测与调整

汽车在使用过程中，如果出现轮胎磨损不均匀、转向不稳定或者由于发生事故对悬架进行修理时,就必须使用四轮定位仪对车轮定位进行检查和校正,如图 3-6 所示。

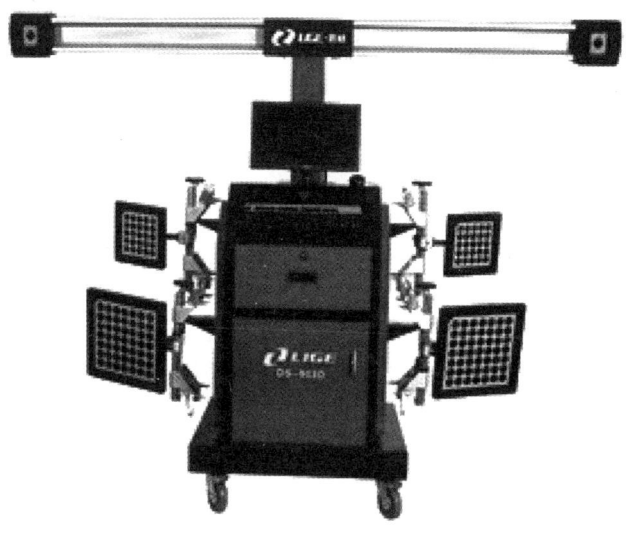

图 3-6　四轮定位仪

1. 四轮定位仪使用方法

1) 检测前准备工作

下面以百事巴特四轮定位仪为例进行介绍,在被测车辆开上举升机之前,需要检查四个车轮的胎压是否符合标准胎压、轮胎花纹是否严重磨损。车辆在举升机上应处于正前方向,不要使车身歪斜。车辆的两前轮要落在两转角盘的中心上,同时转角盘的圆盘要均匀分布在轮胎的两侧。车辆熄火后,拉上驻车制动器手柄,摇下左前侧车窗玻璃,驾驶员离开车辆。操作员需要分别用力按压车身的前部和后部,以使车辆的悬架复位。

2) 安装卡具

根据所测车辆的车轮尺寸对卡具进行调整。首先调整下方两个尼龙爪到合适的尺寸位置,然后调节两个卡臂的伸出长度。先将下方的两个尼龙爪顶在钢圈的凸起的外沿,然后再松开上方尼龙爪的旋钮,调整它的位置,使之也顶在钢圈的凸起的外沿,然后再拧紧旋钮。下一步是用两手同时推动卡具上的活动杆,使卡臂能够卡在轮纹内,然后挂上安全钩,检查卡具是否安装牢固。

3) 安装定位仪

将四个传感器按照对应车轮的位置安装到卡具上。连接通信电缆和转角盘电缆。把电缆插头上的箭头和插座上的箭头标记对好之后,就可以直接插入。每个传感器上有 3 个插座,上面两个是完全一样的,最下面的一个是用来连接转角盘。电缆连接好之后,拔掉转角盘和后滑板上的固定销。将车辆举升后落到举升机最低一格的安全锁止位置,以保证举升平台处在水平状态。定位仪开机,传感器上的电源指示灯亮,按 R 键或相应的位置键激活各个传感器,把传感器上放水平后拧紧固定旋钮,水平气泡处在大致中央的位置。

4) 操作定位仪

开机之后,批处理程序会自动进入测量程序的初始状态,等待用户进行下一步的操作。

按 F3 键可前进到下一步。屏幕上出现"TEST",表示系统正在刷新所记忆的上次测量的信息。然后程序开始测量步骤。

测量主要分四步,首先是测量前的准备工作,包括输入登记表格、选择车型和偏位补偿。输入登记表格,包含了各项客户信息,一般可以车辆牌照号或维修单编号来输入相应条目,以便将来调取。填完表格之后,按 F3 进入车型选择界面。选择出对应于所测车辆的车型之后,如果需要做偏位补偿,则按 F3 前进,否则按 F4 停止。

偏位补偿,如果所使用的卡具是快速卡具,则只有在钢圈损坏程度较严重时,才需要做偏位补偿。如果所使用的是自定心卡具,则对所有车辆必须做偏位补偿。做偏位补偿的要点,轮胎转动方向应为车辆正常行驶时的转动方向。

调整前检测,安装好定位仪设备附带的制动锁。进入调整前检测步骤,屏幕上会出现转向盘对中提示图案。在绿色区域内,表示可以接受的范围,但是在绿色范围的左右两侧的测量结果,会相差 5′ 左右。

因此,最好是将箭头对中绿色区域的中间黑线处。打转向盘的顺序为:先对中,然后向右 20°,再向左 20°,接着对中。此时屏幕上出现测量得到的前轮前束时。按 F3 键进入到测量最大总转角的步骤,使用电子转角盘的定位仪可以通过这个步骤自动测量出最大总转角。先对中转向盘,然后按照屏幕提示,取下两个前部传感器。待屏幕上显示出测量等待画面后,连续向右打转向盘直到打不动为止,然后稳定住不松手。等到测量结束后,再连续向右打转向盘直到打不动为止,然后稳定住不松手。等到测量结束后,屏幕自动显示出所有的测量数据。再装上两个前部传感器,如果测量出的数据中,可调数据有超出允许范围的,则可进入到定位调整的步骤。

2. 定位检测与调整方法

做定位调整前,先用转向盘锁将转向盘固定成水平状,再升起举升机到合适调整的高度,将举升机锁止在水平安全位置。将四个传感器调整为水平状态,再操作定位仪进入定位调整操作。调整程序会先显示车辆后轴各参数的测量值,如果车辆后轴参数是可调的(多数车辆的后轴定位参数是不能调整的),则可参照屏幕上显示的数据进行调整,屏幕显示的数据会随时显示当前调整后的参数数据。后轴定位参数调整完后,按 F3 可进入前轴调整步骤。前轴外倾角的调整按照车辆底盘的结构可分为两种,一种是需要举升前轴使前轴车轮悬空才能调整外倾角,另一种是不需要举升前轴就可调整外倾角。

对于需要举升前轴调整外倾角的车辆,其定位调整的步骤如下:

(1)按 F3 键直到屏幕上出现前轴调整画面。此时,屏幕上同时显示出前轴的五个定位参数的数据值,分别是左、右轮外倾角,左、右轮前束,前轮总前束。然后按 F7 键,屏幕上出现提示语句,此时可以用二次举升机将车辆的前轴举起。用二次举升机将车辆前轴举起后,再按 F3 键前进,此时屏幕显示左、右轮外倾角的数据。现在就可以按照屏幕显示的数据进行外倾角的调整了。

(2)调整完左、右轮的外倾角后,按 F3 键前进,则屏幕上出现"现在可以将二次举升机放下"的提示,此时可以放下二次举升机,当车辆前轮在举升机平台上落稳之后,拽住车辆前轴的悬架部分,下拉几次,以使车辆前轴的悬架复位。车辆放好之后,再按 F3 键,此时屏幕显示又重新回到前轴调整画面。

(3) 现在可以在前轴调整画面下,按照显示的左、右轮前束值调整左右轮前束。当左、右轮前束和总前束都调整好后,按 F4 键结束定位调整过程。

(4) 对于不需要举升前轴调整外倾角的车辆,则可在前轴调整画面下,按照先调外倾角,再调前束的顺序,参照屏幕上实时显示的各参数值,分别调整左右外倾角、左右前束值。调整好之后,按 F4 结束定位调整过程。

调整后检测,将举升机降回到调整前测量时的高度,将举升机锁止在水平安全位置。进入调整后测量步骤,此时屏幕上显示出当前的两前轮的单独前束值。按 F3 键前进,其余步骤与调整前检测的步骤相同。

如果在此步骤中显示的两前轮的单独前束值与定位调整过程中调整好的前束值有较大差别,原因可能是因为在调整结束后,将车辆落下来的过程中,转向盘位置发生了改变,导致两前轮的位置改变。因此,每个车轮的单独前束值会与定位调整时的值不同,但前轮总前束不会改变。由于进入调整后检测时所显示的前轮单独前束值会被记录,并在最后的测量结果中显示出来,从而使得调整结果报告中的前轮单独前束值有可能为不合格。而实际情况是前轮总前束是合格的,只是因为转向盘没有对中而导致单独前束值处在允许范围之外。为防止这种情况出现,在调整后测量步骤中,如果发现所显示的每个车轮的单独前束值与定位调整时的值有较大不同时,按 F3 键前进,直到屏幕上出现对中转向盘的图示后,依图示对中转向盘。然后按 F4 键退出调整后检测步骤,再重新进入调整后检测步骤。此时,因为有了前一步的转向盘对中,所以屏幕上显示的应为转向盘对中情况下的前束值,即为所需要的值。如果这时的前束值在允许范围之内,则表明定位调整合格,如果此时前束值仍不合格,则表明上一步的定位调整没有做好,还需要再回到定位调整步骤中再进行一遍调整。

最后所显示的测量调整结果报表给出了调整前测量值、标准值以及调整后测量值,以调整后测量值为最终结果。因此,如果在调整后测量值中存在可以调整的参数的数据不合格,则还需要返回到定位调整步骤重新进行调整。将光标移动到测量调整结果报表中的打印机图标位置,然后按回车键确认,就可打印出完整的测量调整结果报表。经过打印,测量结果就被保存下来,以便日后可以调档查询。如果不打印,则测量结果数据就会丢失。

3. 车轮定位调整方法

测量车轮定位参数后,将它们与该车型的标准定位参数值进行对比。如果测量值偏离标准值,则需要加以调整。如果所测参数有相应的调整机构,则应利用这些机构加以调整。如果所测参数没有调整机构(如主销内倾角),则应找出故障部件,进行修理或更换。

1) 车轮前束调整

车轮前束的调整是通过改变连接左、右轮转向节臂的转向横拉杆的长度来实现的。

(1) 在横拉杆位于主销轴后面的车型中,增加横拉杆长度就是增加前束,如图 3-7 所示。而在横拉杆位于主销轴前面的车型中,增加横拉杆长度则是减小前束。

(2) 双横拉杆车型中,前束调整时必须保持左、右两根横拉杆的长度相等,如图 3-8 所示。如果左、右两根横拉杆长度不同,即使车轮前束调整准确,也会使转向盘和转向轮不在直线行驶状态,而产生汽车行驶跑偏现象。

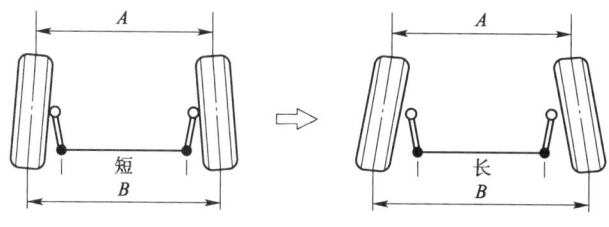

图 3-7 横拉杆长度与前束调整的关系

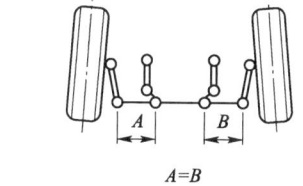

图 3-8 双横拉杆车型的调整

2）车轮外侧和主销后倾调整

车轮外倾和主销后倾的调整方法要视车型而定，根据悬架结构不同，可分开进行，也可同时进行。车轮外倾和/或主销后倾调整后，前束都会发生变化。所以，车轮外倾和/或主销后倾调整后，必须对前束进行检查，必要时进行调整，具体请参考维修手册。

（1）车轮外倾单独调整。对于某些车型，转向节螺栓可以用车轮外倾调节螺栓更换。车轮外倾螺栓有一个较小的无螺纹直径供车轮外倾调整。这种类型的调整通常在麦弗逊滑柱式悬架上使用，如图 3-9 所示。

（2）主销后倾单独调整。通过用支撑杆的螺母或垫圈，改变下臂与支撑杆之间的距离 L 来调节主销后倾。这种类型的调整通常在柱式悬架上或者在双摇臂悬架上使用。支撑杆位于下臂的前面或后面，如图 3-10 所示。

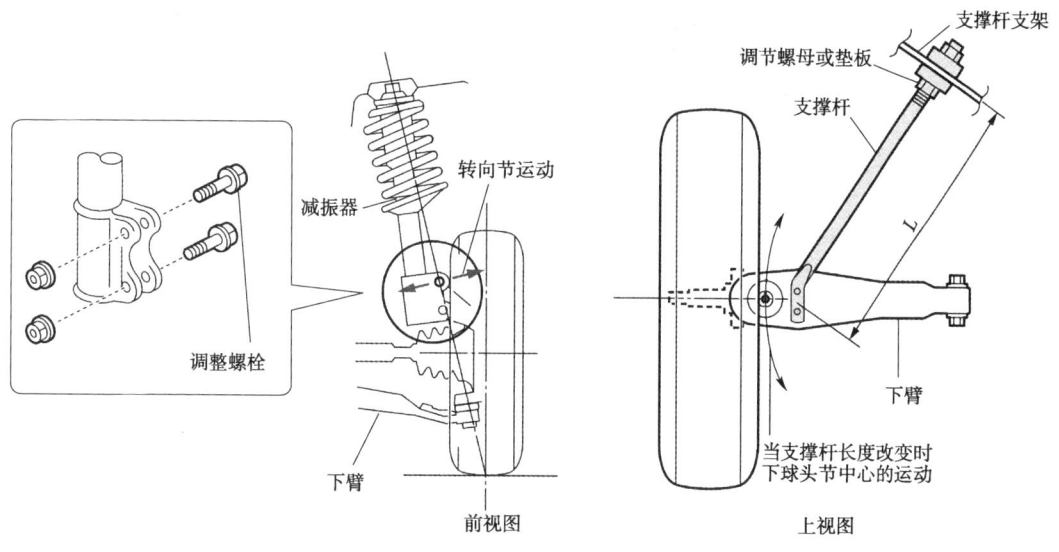

图 3-9 车轮外倾单独调整　　　　　　图 3-10 主销后倾单独调整

（3）同时调整车轮外倾和主销后倾角。

①偏心凸轮式安装螺栓位于下臂的内侧接头上。旋转该螺栓，便可将下臂的中点向左或向右移动，使其倾斜可调节车轮外倾和主销后倾。这种调整方法通常在麦弗逊滑柱式悬架上或双横臂式悬架上使用，如图 3-11a）所示。

②前后下臂上的安装螺栓改变下臂安装角并且能改变下球节的位置。这种调整方法通常在双横臂式悬架上使用，如图 3-11b）所示。

③用增加或减少垫片数量和/或厚度来改变上臂安装角，也就是上球节位置。这种调整

方法通常在双横臂式悬架上使用,如图 3-11c)所示。

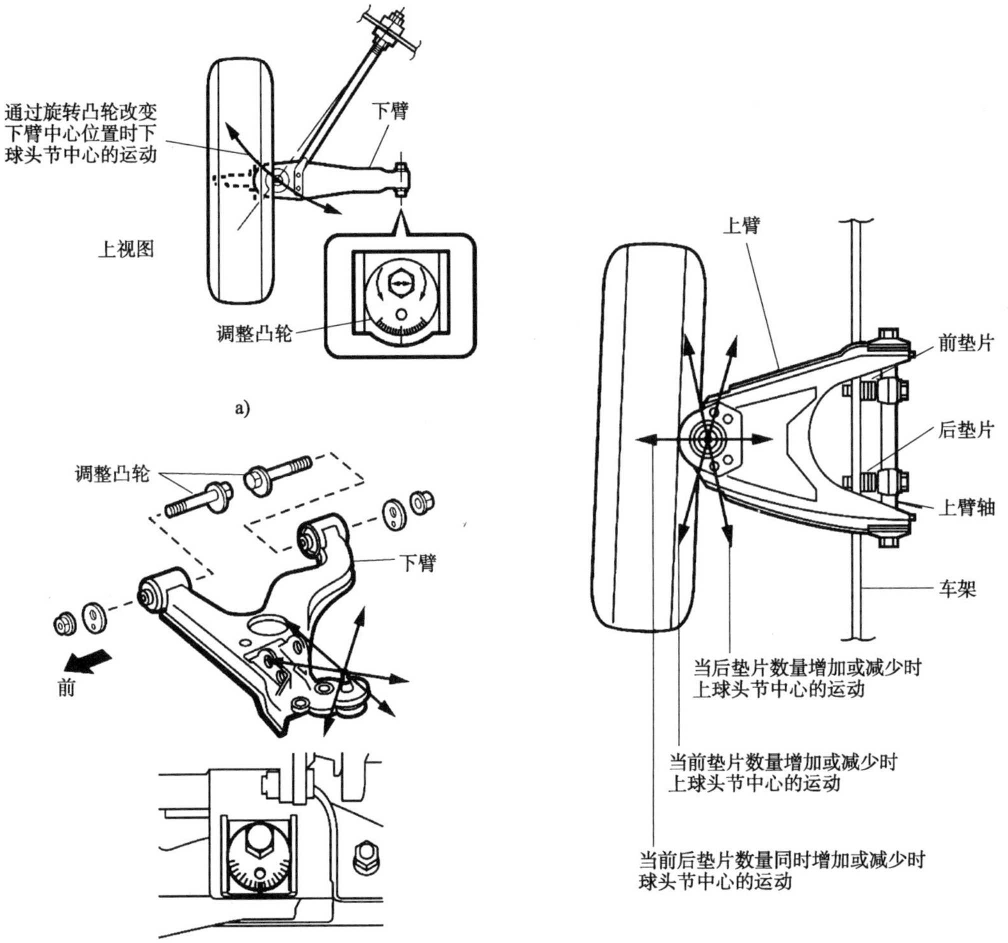

图 3-11 车轮外倾和主销后倾角同时调整

三、轮胎拆装机操作规程

轮胎拆装机(也称拆胎机)使得汽车维修过程中能更方便顺利地拆卸轮胎,目前拆胎机种类众多,有气动式和液压式两种。最常用的是气动式拆胎机。

轮胎拆装机主要结构组成,如图 3-12 所示。

(1)主机工作台:轮胎主要是在这个台上被拆卸的,主要起到放置轮胎、旋转等作用。

(2)分离臂:在拆轮胎机的一侧,主要是用来将轮胎与轮辋分离,使拆胎顺利进行。

(3)充放气装置:可将轮胎的气放掉,以利于充气或拆装,另外还有测量气压的气压表。

(4)脚踏板:在拆胎机的下面有 3 个脚踏板开关,其作用分别为,顺时针与逆时针旋转开关、分离加紧开关、分离轮辋和轮胎开关。

(5)润滑液:利于轮胎的拆装,减少轮胎拆装过程中的损害,使轮胎拆装工作更好地完成。

1. 开启胎唇与卸胎操作

1)准备工作

(1)将轮胎气压释放干净。

(2)去掉车轮上的平衡块,以免发生危险。

2)开启胎唇

(1)把车轮放在地上,竖起,靠近胎唇拆卸;压住胎唇后,踩下踏板。

(2)慢慢转动车轮,重复上述动作,直到把胎唇全部撬开。

(3)使用胎唇拆卸臂时,注意不要把手臂伸进车轮与拆卸器中间。

3)卸胎

(1)向上扳动锁杆,放松开垂直立杆。

(2)踩下开启踏板,使卡爪张开,以便锁住轮圈外沿(如果是内锁式车轮,则不必使卡爪张开)。

(3)把车轮平放在自动定心卡盘上,轻轻按着轮子,踩下闭合踏板,锁住轮圈。

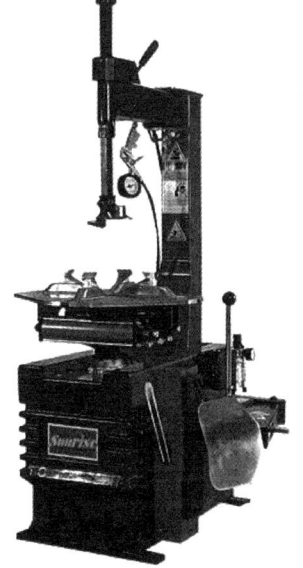

图 3-12　轮胎拆装机

(4)用专用油刷(配件箱内)在胎唇上涂抹润滑膏。

(5)移动端头,接近轮圈,以使弯头与轮圈边缘表面接触。

(6)调整悬臂,确定端头与车轮的垂直距离,然后锁住悬臂,舌形弯头间隔通过手轮调节器节(理想距离是 3min)。

(7)用专用撬杆撬开胎唇,把舌形弯头放入撬缝。

(8)踩下踏板,使卡盘转动,直到胎唇完全脱离轮圈。

注意:卡盘转动时,不要把手指伸进轮胎与轮圈中间。

(9)把悬臂转向旁边,取出内胎。

(10)车轮换面。取下另一侧胎唇。

2. 装胎与充气操作

1)装胎操作

(1)先给胎唇涂上润滑膏,然后把轮胎套在轮圈上,把立杆端头移到工作位置。

(2)把胎唇移到端头边缘,然后压下舌形弯头。

(3)踩下踏板,使卡盘旋转,注意要把胎唇压进轮圈槽的中间,以减少胎唇磨损。(进行这一步骤时,要用双手压在轮胎上协助操作)

(4)把悬臂移开(留出下一步操作的空间)。

(5)装入内胎,要使内胎气阀与轮圈呈 90°。

(6)重复以上步骤,装好另一面胎唇。如果出现胎唇卡住端头不易取下的情况,需上提踏板,使卡盘沿逆时针方向旋转。

(7)移开悬臂,踩下踏板,松开轮圈。

2)充气操作安全要求

(1)充气过程有潜在危险,操作者必须采取一切必要措施,以保证安全的工作环境。

（2）为保护操作者免受在卡盘上充气过程中可能发生的危险，轮胎拆装机配备了一个设定压力为 3.5bar❶ 的压力限制阀和一个设定压力为 4bar 的最大压力阀。

四、减振器总成更换技术要求

1. 前减振器总成拆卸

（1）从减振器支架上拆下制动软管固定螺栓、制动软管和 ABS 轮速传感器线束夹箍，如图 3-13 所示。

（2）拆下带螺旋弹簧的前减振器。

①拆卸固定螺母和螺栓，将减振器从转向节上拆下，如图 3-14 所示。

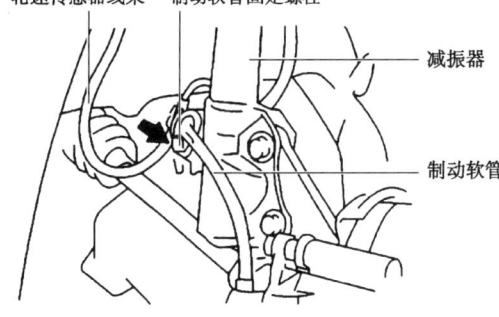

图 3-13　制动软管拆卸　　　　　图 3-14　转向节拆卸

②拆下带螺旋弹簧的前减振器，拆下安装悬架支架的 3 个螺栓，如图 3-15 所示。

（3）固定带螺旋弹簧的前减振器。

①在减振器下侧的支架上安装 2 个螺母和 1 个螺栓，并将其固定在台钳上。

②用专用工具压紧螺栓弹簧，如图 3-16 所示。

注意：不能用冲击扳手，否则会损伤专用工具。

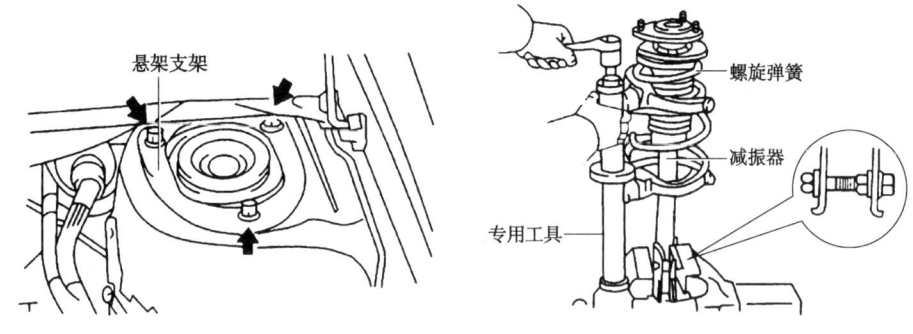

图 3-15　悬架上支架螺栓拆卸　　　图 3-16　使用专用工具压紧螺旋弹簧

（4）拆卸前悬架支架防尘罩。

（5）拆卸前减振器螺母后，拆下前支架。用 2 个螺母和 1 把起子夹持，然后拆下中央螺母，如图 3-17 所示。有的车型必须用专用工具阻止活塞杆转动，使用开口扳手松开螺母，如图 3-18 所示。

---

❶　1bar = 10^5Pa。

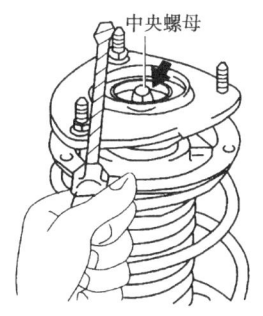
图 3-17　减振器中央螺母拆卸

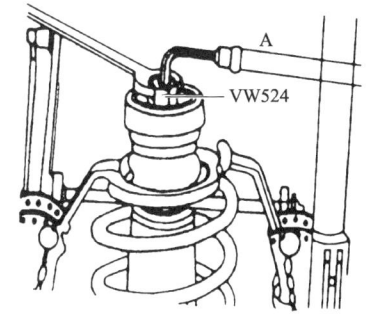
图 3-18　使用开口扳手拆卸螺母

（6）拆卸前悬架支架总成和前悬架支架防尘罩油封；拆卸上前螺旋弹簧座和上前螺旋弹簧座；拆卸前螺旋弹簧，拆卸前弹簧缓冲和前减振器总成垫。

（7）检查前减振器总成。将减振器直立，并把下端连接环夹于台钳上，用力拉动压减振器杆数次，应有稳定的阻力，往上拉的阻力应大于向下压时，如图 3-19 所示。如果在操作过程中有不正常响声、阻力不稳定或无阻力等现象，则说明该减振器已损坏，应该更换。

2. 前减振器总成安装

（1）安装前减振器总成和前弹簧缓冲垫。

（2）安装前螺旋弹簧。

①使用专用工具，压紧螺旋弹簧，如图 3-20 所示。

注意：不能使用冲击扳手，否则会损伤专用工具。

②把前螺旋弹簧装入前减振器。

注意：把螺旋弹簧下端紧固到弹簧支座缺口内；安装上部隔垫，带有"▲"记号的朝向车辆外侧；安装弹簧上支座，带有"OUT"记号的朝向车辆内侧，如图 3-21 所示。

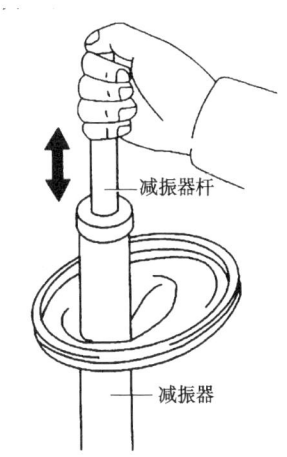
图 3-19　减振器总成检查

（3）安装前悬架支架防尘油封和前悬架总成。

（4）把前支架安装到前减振器螺母上。用 2 个螺母和 1 把起子夹持，安装中央螺母。有的车型必须使用专用工具阻止活塞杆转动，用开口扳手拧紧螺母。安装后拆卸专用工具，并在悬架支架上涂抹多用途润滑脂，见图 3-17、图 3-18。

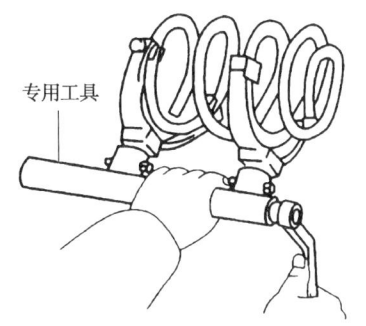
图 3-20　压紧前螺旋弹簧

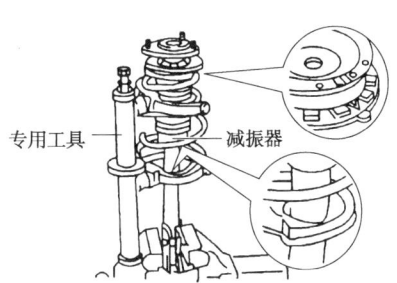
图 3-21　螺旋弹簧装入减振器

（5）安装悬架支架防尘罩。

(6)安装带螺旋弹簧的前减振器。

①安装总成支撑。

②用3个螺母安装带螺母弹簧的前减振器,见图3-15。

③把减振器安装到转向节上。

④用机油涂抹紧固螺母,然后紧固安装2个螺栓和螺母,见图3-14。

(7)安装制动软管,按规定力矩拧紧制动软管固定螺栓、制动软管和 ABS 轮速传感器线束夹箍,见图3-13。

第三节 转向系统检修

技能要求

1. 能拆装转向拉杆和球头(初级要求);
2. 能拆装横向稳定杆(初级要求);
3. 能更换、检修转向器总成(中、高级要求);
4. 能更换转向传动机构(中级要求)。

知识要求

1. 转向拉杆和球头拆装技术要求(初级要求);
2. 横向稳定杆拆装技术要求(初级要求);
3. 机械转向器更换、检修技术要求(中、高级要求);
4. 液压助力转向系统更换技术要求(中级要求);
5. 电动助力转向系统更换技术要求(中级要求);
6. 转向传动机构更换技术要求(中级要求)。

一、机械转向器总成拆装、检修

齿轮齿条式机械转向器结构简单,可靠性好,转向结构几乎完全封闭,维修工作量少,也便于独立悬架的布置;转向齿条和转向齿轮直接啮合,无需中间传动。因此,操纵的灵敏性很好;同时转向齿条的节距由齿条端头起至齿条中心逐渐由小变大,转向齿轮与转向齿条的啮合深度逐渐变大,在转向盘转向量相同的条件下,齿条的移动距离在靠近齿条端头要比靠近齿条中心部位稍短些,从而使转向力变化微小,使转向器转矩传递性能良好,而且转向非常轻便,转向器的这种传动比被称为可变传动比。轿车已经广泛采用可变传动比的齿轮齿条式转向器,如图3-22所示。

1. 拆卸

拆卸分解中,应先在转向齿条端头与横拉杆连接处打上安装标记;然后,拆卸转向齿条端头,但不能碰伤转向齿条的外表面。拆下转向齿条导块组件后,拉住转向齿条,使齿对准转向车轮,再拆卸转向车轮;最后拉出转向齿条。抽出时,注意不能让转向齿条转动,防止碰伤齿面。

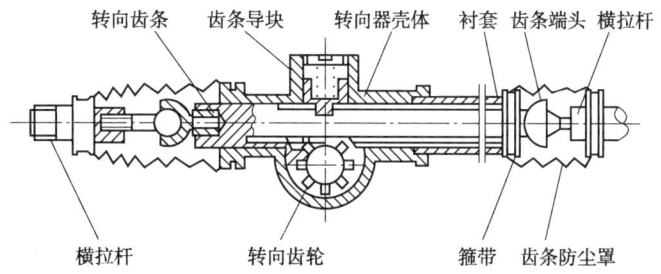

图 3-22　齿轮齿条式机械转向器

2. 主要零部件检修

(1) 零件出现裂纹应更换,横拉杆、齿条在总成修理时应进行隐伤检验。

(2) 转向齿条的直线度误差不得大于 0.30mm。

(3) 齿面上无疲劳剥离、腐蚀及严重磨损,若出现左右大转角时转向沉重,且又无法调整时应更换。

(4) 更换转向齿轮轴承。

3. 齿轮齿条式机械转向器装配与调整

(1) 转向齿轮安装。

①将上轴承和下轴承压在转向齿轮轴颈上,轴承内座圈与齿端之间应装好隔圈。

②把油封压入调整螺塞。

③将转向齿轮及轴承一起压入壳体。

④装上调整螺塞及油封,并调整转向齿轮轴承松紧度。手感应无轴向窜动,转动自如,转向齿轮的转动力矩符合原厂规定,一般约为 0.5N·m。

⑤按原厂规定力矩紧固锁紧螺母,并装好防尘罩。

(2) 装上转向齿条。

(3) 安装齿条衬套,转向齿条与衬套的配合间隙不得大于 0.15mm。

(4) 装入转向齿条导块、隔套、导块压紧弹簧。调整螺塞(弹簧帽)及锁紧螺母。

(5) 调整转向齿条与转向齿轮的啮合间隙,也称为转向齿条的预紧力,其调整机构如图 3-23 所示。因结构的差异,调整方法也有所不同。但常见的有两类:一是改变转向齿条导块与盖之间的垫片厚度来调整转向齿条与转向齿轮轮齿的啮合深度,完成预紧力的调整;另一种方法是用盖上的调整螺塞改变转向齿条导块与弹簧座之间的间隙值,完成啮合深度,即预紧力的调整。

如图 3-23 所示的结构形式,其预紧力的调整步骤是:先不装弹簧以及壳体与盖之间的垫片,进行间隙值 X 的调整,使转向齿轮轴上的转动力矩为 1~2N·m;然后用厚薄规测量 X 值;然后在 X 值上加 0.05~0.13mm,此值就是应加垫片的总厚度,也就是合格的转向齿条和转向齿轮啮合间隙所要求的垫片总厚度。

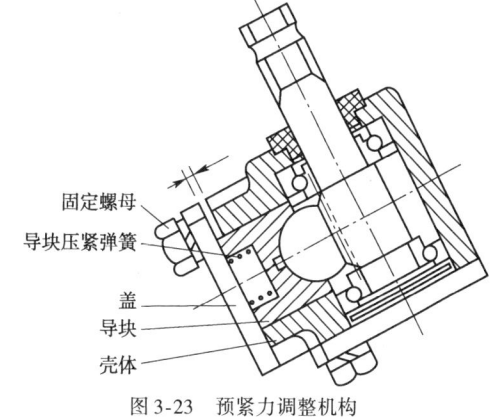

图 3-23　预紧力调整机构

结构有弹簧座时,先旋转盖上的调整螺塞,使弹簧座与导块接触,再将调整螺塞旋出30°~60°之后,检查转向齿轮轴的旋转力矩,如此重复操作,直至转向齿轮的转动力矩符合原厂规定,最后紧固锁紧螺母。

(6)安装垫圈和转向齿条端头时,应特别注意转向齿条端头和齿条的连接必须紧固、锁止可靠。

(7)安装横拉杆和横拉杆端头,并按原厂规定检查调整左、右横拉杆的长度,以保证转向轮前束正确;另外,横拉杆端头球销的夹角应符合原厂规定;调整合格后,必须按原厂规定的力矩紧固并锁止横拉杆夹子。

二、液压助力转向系统更换技术要求

液压助力转向系统是兼用驾驶员体力和发动机动力为能源的转向系统,广泛采用机械转向器、转向动力缸和转向控制阀三者合成一体的整体式转向器。这种动力转向器的结构紧凑、质量小、传动效率高、操作轻便、反应灵敏、寿命长且易于调整,能满足在高速公路上高速行驶的需要。但是结构复杂,制造精度高。典型循环球转阀整体式动力转向器,如图3-24所示。

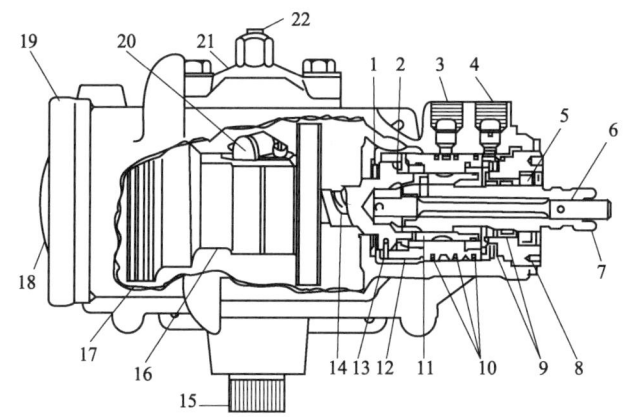

图3-24 循环球转阀整体式动力转向器

1-止推轴承;2-密封圈;3-进油口;4-出油口;5-油封;6-扭杆;7-枢轴;8-调整螺塞;9-轴承;10-密封圈;11-滑阀;12-阀体;13-定位销;14-转向螺杆;15-摇臂轴;16-转向齿条活塞;17-齿条活塞密封圈;18-端盖;19-壳体;20-钢球导管;21-侧盖;22-调整螺栓

1.动力转向器拆卸注意事项

在拆卸分解之前,应先放掉机油,检查转向器的转动力矩,若转动力矩不符合原厂规定又无法调整时,应考虑更换转向器总成。在360°位置时,将枢轴分别向左、右从头至尾地转动数次,在360°处的转动力矩一般应为0.7~1.2N·m。然后在正中位置测量转动力矩,所谓正中位置就是枢轴从闭锁状态转过一圈再加上360°,正中位置的转动力矩应比360°处的转动力矩大0.1~0.4N·m。否则,调整转向器传动副的啮合间隙,当转动力矩已无法调整到规定的范围时,可以考虑更换转向器总成或解体进行检修。解体时,先将壳体可靠地夹持在台钳上,拆卸顺序如下:

(1)拆卸摇臂轴。将摇臂轴上的扇形齿置于中间位置,先拆下摇臂轴油封;接着拆下侧盖固定螺栓,将摇臂轴压出约20mm,然后给摇臂轴支撑轴颈端套上约0.1mm厚的塑料筒,用手抓住侧盖抽出摇臂轴,同时用另一只手从另一端压入塑料筒,防止轴承滚柱散落到壳体内,引起拆卸不便。若是滑动轴承(衬套),就不需加塑料筒了。

(2)拆前端盖。用冲头冲击前端盖的弹簧挡圈,然后逆时针转动控制阀阀芯的枢轴,取下前盖。

(3)拆卸转向齿条活塞。把有外花键的专有心轴从前端插入转向齿条活塞的中心孔,直至顶住转向螺杆的端部。然后逆时针转动控制阀阀芯枢轴,将专用心轴、齿条活塞、钢球作为一个组件整体取出。

(4)拆卸调整螺母(上端盖)。应先在螺塞和壳体上做对位标记,以便装配时易于保证滑阀的轴向间隙。然后用专用扳手插入螺塞端面上的拆卸孔内,拆下调整螺塞,拆下时应防止损坏调整螺塞。

(5)拆下阀体。滑阀与阀体都是紧密零件,其公差为 0.0025mm,并且经过严格的平衡,在拆卸中不得磕碰,以防止损伤零件表面,拆下后应合理地堆放在清洁处。

(6)拆下所有的橡胶类密封元件。

2. 动力转向器零件检验

(1)滑阀与阀体的定位孔出现裂纹、明显的磨损,滑阀在阀体内发卡,应更换阀体组件,如图 3-24 所示。

(2)输入轴配合表面不得有明显的磨痕、划伤和毛刺,否则,应更换。

(3)修理时,必须更换所有的橡胶类密封元件。

(4)壳体上的球堵、堵盖之类的密封件不得有渗漏现象。

3. 动力转向器装配

(1)装配前,应将各零件清洗干净,并用压缩空气吹干,不得用其他织物擦拭。

(2)组装转向螺杆、齿条活塞组件。

将转向螺杆装入齿条活塞中,然后将黑色间隔钢球和白色承载钢球间隔从齿条活塞背上的两个钢球导孔装入滚道;然后将钢球装满钢球导管,再将导管插入导孔,按规定力矩用导管夹固定好导管;最后将专用心轴从齿条活塞前端装入齿条活塞,直至顶住转向螺杆。

(3)安装阀体与螺杆,阀体上的凹槽与螺杆的定位销必须对准。

(4)安装阀芯、输入轴,并装好止推轴承及所有的橡胶密封圈和聚四氟乙烯密封圈。

(5)把阀体推入转向器壳体中,把专用心轴与齿条活塞一并装入壳体,待与螺杆啮合后,顺时针转动输入轴,将齿条活塞拉入壳体后,再取出专用心轴。

(6)安装调整螺塞,并调整好调整螺塞的预紧度。

(7)安装摇臂轴组件,注意对正安装记号和按规定力矩紧固侧盖。并注意用适当厚度的垫片调整 T 形销与销槽之间的间隙,达到控制摇臂轴轴向窜动量的目的。

(8)调整摇臂轴扇形齿与齿条活塞的啮合间隙,检验输入轴的转动力矩应符合原厂规定。

三、电动助力转向系统更换技术要求

电动助力转向系统(EPS)是一种直接依靠电动机提供辅助转矩的电动助力式转向系统。EPS 能根据不同的情况产生适合各种车速的动力转向,不受发动机停止运转的影响,在停车时,驾驶员也可获得最大的转向动力;汽车在行驶过程中,电子控制装置可调整电动机

的助力以改善路感。

　　EPS 的基本组成主要包括转矩传感器、电动机、离合器、减速机构、车速传感器和 EPS ECU 等,如图 3-25 所示。

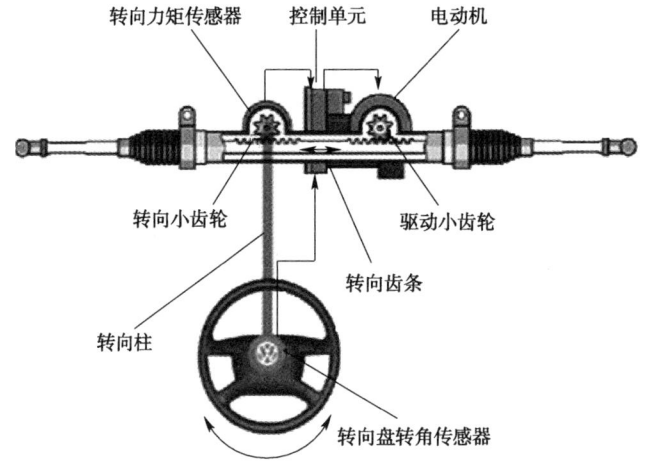

图 3-25　EPS 的基本组成

　　EPS 的基本原理是根据汽车行驶速度(车速传感器信号)、转矩及转角信号,由 ECU 控制电动机及减速机构产生助力转矩,使汽车行驶在低、中和高速下都能获得最佳的转向效果。

1. 电动助力转向系统拆卸

(1)转动前轮至正前方位置,并固定转向盘防止移动。

(2)拆下中间转向轴螺栓,将转向中间轴从转向机上拆下。

(3)举升和妥善支撑车辆。

(4)拆下车轮和轮胎,拆下转向横拉杆和稳定杆,视情拆卸挡板等其他附件。

(5)将 2 个线束插头 3 从转向机上断开。拆下 2 个线束托架螺栓 4,卸下托架 2,将线束护圈 1 从转向机拆下,如图 3-26 所示。

(6)从前副车架上拆下转向机螺栓 4 和螺母 1、3。将转向机 2 从右侧拆下,如图 3-27 所示。

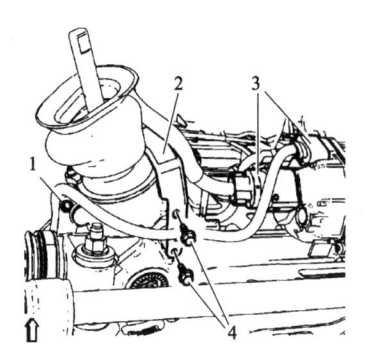
图 3-26　拆卸转向机线束
1-线束护圈;2-托架;3-线束插头;4-托架螺栓

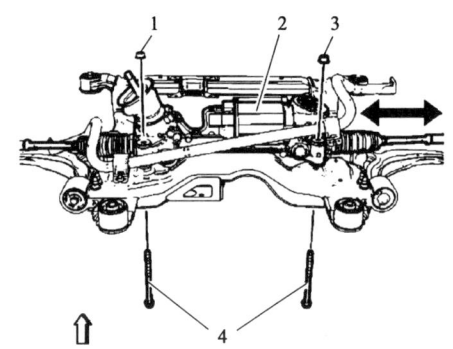
图 3-27　拆卸转向机
1、3-螺母;2-转向机;4-转向机螺栓

　　必要时更换这些零件:转向内、外横拉杆和转向机护套。

(7)拆卸动力转向辅助电动机固定螺栓,取下辅助电动机、驱动护套和O形圈,如图3-28所示。

2. 电动助力转向系统安装

(1)更换驱动护套和O形圈,用动力转向辅助电动机紧固螺栓,将辅助电动机固定在转向机上,按规定力矩拧紧,见图3-28。

(2)将转向机安装至前副车架上,按规定力矩拧紧,见图3-27。

(3)将2个线束接插件插至转向机上,紧固线束托架螺栓,见图3-26。

(4)安装转向横拉杆和稳定杆、挡板等其他附件,安装车轮和轮胎,放下车辆。

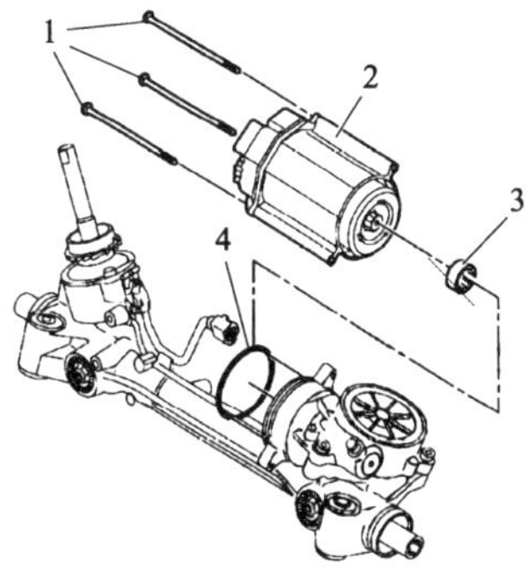

图3-28 拆卸动力转向辅助电动机
1-辅助电动机紧固螺栓;2-辅助电动机;3-电动机驱动护套;4-电动机壳体O形圈

(5)将中间轴装至转向机上,按规定力矩拧紧中间转向轴紧固螺栓。

(6)转向盘转角传感器对中重置。

①将故障诊断仪连接至车辆OBD-Ⅱ诊断接口。

②将点火开关置于ON位置,发动机处于熄火状况。

③在"转向盘转角传感器模块配置/重新设置功能"列表中,选择"转向盘转角传感器重置"。

④重置自适应数据控制。

⑤通过转向盘使前轮对准向前,并且确认转向盘和前轮处于正前方位置。

⑥遵循屏幕显示的指示,选择转向盘转角传感器数据读取,完成数据读取程序后清除EPS ECU中存储的记忆故障信息。

第四节 制动系统检修

技能要求

1. 能拆装盘式制动器(初级要求);
2. 能拆装鼓式制动器(初级要求);
3. 能更换制动轮缸(初级要求);
4. 能更换制动主缸或制动控制阀(中级要求);
5. 能更换制动助力器总成(中级要求);
6. 能更换盘(鼓)式制动器总成(中级要求);
7. 能拆装驻车制动装置(中级要求)。

知识要求

1. 盘式制动器拆装技术要求(初级要求);
2. 鼓式制动器拆装技术要求(初级要求);
3. 制动轮缸更换技术要求(初级要求);

4. 制动主缸和制动助力器检修技术要求(中级要求);

5. 制动控制阀检修技术要求(中级要求);

6. 盘(鼓)式制动器检修技术要求(中级要求);

7. 驻车制动装置检修技术要求(中级要求)

一、盘式制动器拆装技术要求

1. 盘式制动器拆卸

(1)举升并妥善支承车辆。

(2)拆卸车轮与轮胎。

(3)将制动软管至制动钳的螺栓从制动钳上拆下,拆下制动软管。

(4)堵塞制动钳和制动软管开口,以免制动液流失和污染。

(5)将制动钳从制动钳托架上拆下。

(6)检查制动钳导销是否自由移动,并检查导销护套的状况。在支架孔内,里外移动导销,但不能使滑动脱离护套,并查看是否有以下状况:导销移动受限、安装托架松动、导销卡滞、护套破损等,否则应予以更换。

(7)拆卸制动片,如图3-29所示。

(8)将制动片固定弹簧从制动钳托架上拆下。

(9)拆下制动钳托架螺栓,将制动钳托架从转向节上拆下。检查制动钳托架,如果出现弯曲、裂纹或损坏,予以更换。

(10)拆下制动盘螺栓,将制动盘从轮毂上拆下,如图3-30所示。

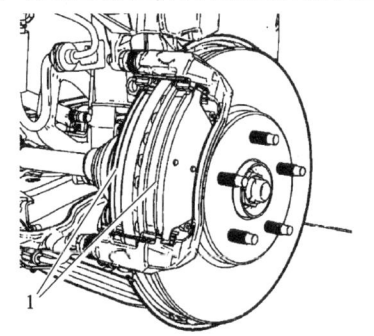
图3-29 拆卸制动片
1-制动片

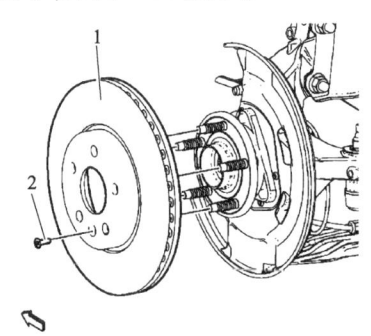
图3-30 拆卸制动盘
1-制动盘;2-制动盘固定螺钉

2. 盘式制动器安装

(1)检查并清理轮毂及制动盘接合表面的锈蚀或腐蚀物,安装制动盘并按规定力矩拧紧,应测量制动盘装配后的横向跳动量。若超出规定,则应校正制动盘的横向跳动量。

(2)安装制动钳托架,按规定力矩拧紧。将制动块固定弹簧装至制动钳托架上,如图3-31所示,清洁制动片并装至制动钳托架上。

(3)将制动钳安装到制动钳托架上。

(4)在制动钳导销护套上涂抹薄薄一层高温硅润滑剂。将制动钳导销护套2安装至制动钳安装托架,如图3-32所示。切勿用锤子将制动钳导销护套敲入托架。确保制动钳导销护套完全就位在托架内。

(5)在制动钳导销上,涂抹一薄层高温润滑剂。将制动钳导销3安装至制动钳安装托架上,如图3-32所示,紧固制动钳导销固定螺栓。

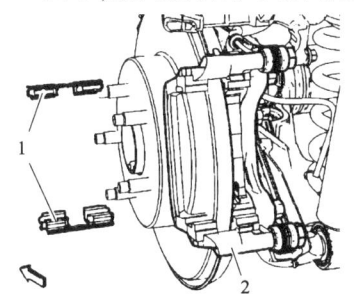
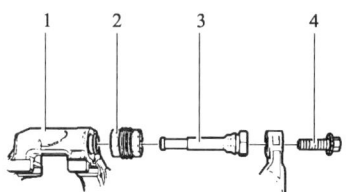

图3-31 安装制动片固定弹簧
1-制动片固定弹簧;2-制动钳托架

图3-32 安装制动钳导销及护套
1-制动钳;2-护套;3-导销;4-固定螺栓

(6)更换新的垫片,用螺栓将制动软管安装到制动钳上。
(7)将制动液加入储液罐,排放制动钳轮缸制动液中的空气。
(8)安装车轮与轮胎。
(9)放下举升的车辆。

二、鼓式制动器拆装技术要求

1. 鼓式制动器拆卸
(1)举升并妥善支承车辆。
(2)拆卸车轮与轮胎。
(3)卸下轮毂盖,取下开口销,旋下车轮轴承上的螺母,取出止推垫圈。
(4)拆卸制动鼓和车轮轮毂。
(5)用螺丝刀拆下制动蹄拉簧,用尖嘴钳拆下摩擦片压簧座圈,取下压簧。
(6)取下前、后制动蹄,如图3-33所示。

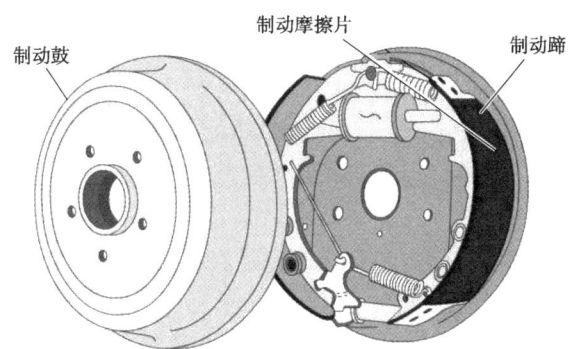

图3-33 鼓式制动器

(7)若有需要,拆下制动轮缸并解体检修。

2. 鼓式制动器安装
(1)装上压簧和座圈,将制动蹄压在制动底板上。

(2)用螺丝刀安装制动蹄复位弹簧。

(3)安装轮毂、轴承和制动鼓。

(4)装上止推垫圈,旋上并调整车轮轴承上的螺母松紧度,插上开口销,装上轮毂盖。

(5)调整制动蹄与制动鼓之间的间隙。

(6)在储液罐中加满制动液,排放制动轮缸夹杂在制动液中的空气。

(7)踩踏制动踏板多次,使制动蹄摩擦片在制动鼓内正确就位,再次检查并调整制动蹄与鼓的间隙。

(8)安装车轮与轮胎。

(9)放下举升的车辆。

三、制动主缸拆装技术要求

1. 制动主缸总成拆卸

(1)断开储液罐电气连接器。

(2)在装备防抱死制动系统(ABS)的车辆上,拆卸制动主缸与ABS制动压力调节器的连接油管。

(3)在装备手动变速器的车辆上,断开离合器主缸与制动主缸储液罐之间的油管,并堵住油管,以免制动液流失或污染。

(4)从制动主缸上拆卸离合器软管。

(5)堵塞制动油管开口,以免制动液流失或污染。

(6)从制动助力器上拆卸连接螺母,如图3-34所示。

(7)拆卸制动主缸。

(8)放出制动液,拆下储液罐。

2. 制动主缸总成分解

(1)使用合适的螺丝刀从制动主缸体上拆下主缸活塞锁止卡环。

(2)从主缸油缸中拆卸制动主缸前活塞。

(3)从主缸油缸中拆卸制动主缸后活塞和复位弹簧等。

图3-34 拆卸制动主缸与助力器连接螺母
1-连接螺母

3. 制动主缸总成组装

(1)更换全部制动主缸皮碗、皮圈等橡胶件,并放入清洁制动液或工业酒精中清洁。

(2)用清洁制动液清洗主缸筒内部并检查是否有损伤,否则应更换。

(3)将制动皮碗装到前、后活塞上。

(4)将活塞和皮碗从清洁制动液中取出,依次装入制动主缸筒内,装上活塞卡环。

(5)装上储液罐,加注少量制动液。用螺丝刀轻推活塞数次,主缸出液口应有制动液流出、活塞应能灵活复位。

4. 制动主缸总成安装

(1)将制动主缸安装到制动助力器上,按规定力矩拧紧连接螺母。

注意:有些车型规定应使用新的紧固螺母。

(2)安装 ABS 的制动压力调节器与制动主缸的连接油管,按规定力矩拧紧接头,如图 3-35 所示。

(3)在装备手动变速器的车辆上,连接离合器软管至制动主缸的油管。

(4)添加制动液,检查是否有泄漏,检查储液罐液面。

(5)排出制动系统中的空气。

(6)连接制动液储存罐液面高度传感器电气连接器。

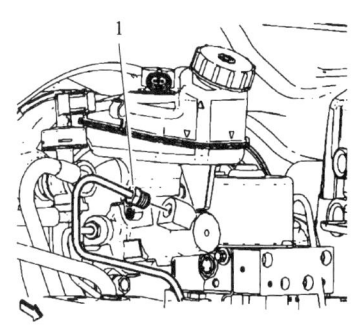

图 3-35　连接制动主缸上连接油管
1-接头

四、制动助力器拆装技术要求

1. 制动助力器总成拆卸

(1)拆卸制动主缸总成。

(2)拆卸助力器真空软管的卡箍,拔下真空软管。

(3)将制动踏板推杆从制动踏板上断开(在车内驾驶员侧),如图 3-36 所示。

(4)拆下制动助力器螺栓,如图 3-37 所示,将助力器从车辆上拆下。

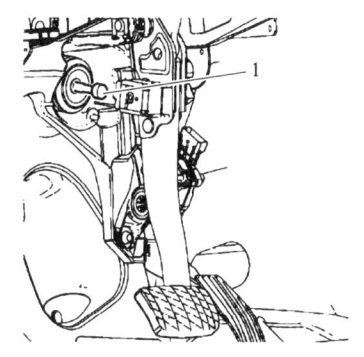 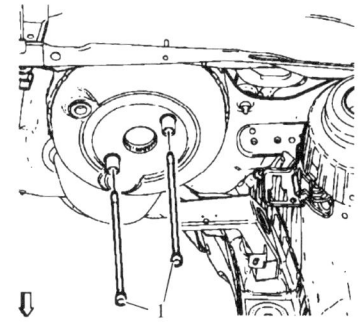

图 3-36　拆卸制动踏板推杆　　　　图 3-37　拆下制动助力器螺栓和助力器
1-制动踏板推杆　　　　　　　　　　　1-助力器螺栓

2. 制动助力器总成安装

(1)安装制动助力器,按规定力矩拧紧助力器紧固螺栓,如图 3-37 所示。

(2)将制动踏板推杆连接至制动踏板上(在车内驾驶员侧),如图 3-36 所示。

(3)安装助力器真空软管,装妥卡箍,如图 3-38 所示。

(4)安装制动主缸总成,按规定力矩拧紧固定螺钉,如图 3-34 所示。

(5)连接制动油管,按规定力矩拧紧油缸连接螺栓,如图 3-35 所示。

(6)检查并适量加注制动液,排放制动管路中的空气。

五、驻车制动装置拆装技术要求

1. 驻车制动装置拆卸

(1)举升并妥善支承车辆。

(2)拆卸车轮与轮胎。

(3)将后驻车制动器拉索 1 从固定件 3 拆下。将后驻车制动器拉索护环 2 从后底板拆下,如图 3-39 所示。

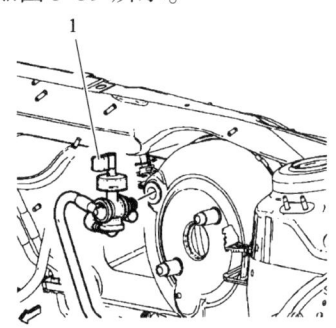
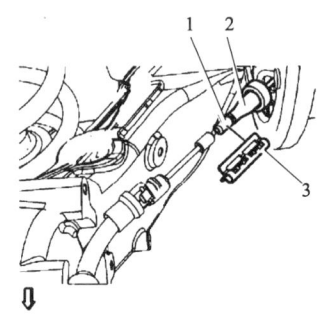

图 3-38　安装制动助力器真空软管
1-助力器真空管

图 3-39　拆卸驻车制动器拉线和护环
1-后驻车制动器拉索;2-后驻车制动器拉索护环;3-固定件

(4)拆卸制动鼓。

(5)用一字螺丝刀,按压驻车制动器拉索接头上可见的固定凸舌 1,然后将拉索末端松开的一侧向后倾斜至底板,如图 3-40 所示。

(6)转动驻车制动器拉索,以露出其他固定凸舌。

(7)使用合适工具,将驻车制动器拉索 1 从驻车制动器操纵杆 2 上松开。通过制动底板上的开口,拆下驻车制动器拉索 1,如图 3-41 所示。

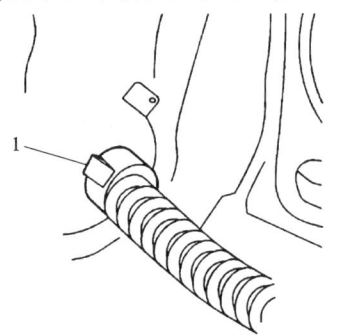
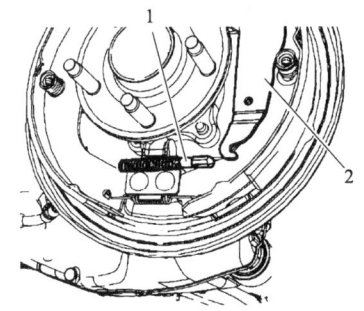

图 3-40　按压驻车制动器拉索固定凸舌
1-固定凸舌

图 3-41　拆卸驻车制动器拉索
1-驻车制动器拉索;2-驻车制动器操纵杆

2. 驻车制动装置安装

(1)通过制动底板上的开口插入驻车制动器拉索,仅将拉索复位弹簧安装至底板上的弹簧定位凸舌后部。

(2)将驻车制动器拉索 1 沿纵向制动器外侧推向车辆后端,直至拉索末端刚好越过驻车制动器操纵杆 2 上的槽,如图 3-41 所示。

(3)从前往后固定住驻车制动器拉索 1 的同时,将拉索的末端移至驻车制动器操纵杆 2 后部,如图 3-41 所示。

(4)将驻车制动器拉索 1 按压至驻车制动器操纵杆 2 上的槽孔,然后向车辆前方拉动拉索,以将拉索末端固定至槽内,见图 3-41。

(5)继续将拉索从驻车制动器操纵杆拉开的同时,将一字螺丝刀插入拉杆上的开口,防止拉索从操纵杆上的槽孔中脱落出来。

(6)通过底板上的开口移动拉索复位弹簧。

(7)将拉索接头固定到底板。尝试拉动驻车制动器拉索使其脱开底板,以确保接头处的固定凸舌1正确固定,见图3-40。

(8)将驻车制动器拉索1安装至固定件3上,见图3-39。

(9)将驻车制动器拉索护环安装至制动底板上。

(10)安装制动鼓。

(11)调节驻车制动器。

(12)安装车轮和轮胎,降下车辆。

3. 驻车制动器调整

车辆如果使用一个自动张紧或自动调节的驻车制动器拉索系统,驻车制动器系统在正常工作条件下不需要调整。

(1)拉起并完全释放驻车制动器操纵杆几次,确认驻车制动器操纵杆已完全释放。

(2)将点火开关置于ON位置,确认制动系统警告灯未点亮。

(3)如果制动系统警告灯点亮,则确认以下操作:驻车制动器操纵杆处于完全释放的位置并顶住止动位置;驻车制动器拉索不松弛。

(4)举升和顶起车辆。

(5)驻车制动器操纵杆处于完全释放的位置,检查后制动钳上的驻车制动器操纵杆。操纵杆应顶住制动钳壳体的止动装置。如果操纵杆没有顶住止动装置,则可能出现卡滞。

(6)充分拉起并释放驻车制动器操纵杆3~5次,以使驻车制动器拉索松弛。

(7)充分拉起驻车制动器操纵杆,拉起操纵杆不到一个完整行程便可以使操纵杆固定。

(8)尝试转动后轮和车轮总成,不存在向前或向后旋转。

(9)完全释放驻车制动器操纵杆。

(10)释放驻车制动器操纵杆时,后车轮应自由转动,不存在任何的制动器拖滞。

(11)降下车辆。

第四章　汽车电器检修

第一节　蓄电池检修

技能要求

1. 能更换蓄电池(初级要求);
2. 能检测蓄电池技术状况(中级要求);
3. 能对蓄电池进行充电(中级要求)。

知识要求

1. 蓄电池更换技术要求(初级要求);
2. 蓄电池结构与工作原理(中级要求);
3. 蓄电池技术状况检查方法(中级要求);
4. 蓄电池充电方法及注意事项(中级要求)。

一、蓄电池的更换

1. 断开蓄电池接线

注意:①通过断开蓄电池搭铁线(断电),便可以在电气设备上安全地进行操作。
②断开蓄电池正极导线只是在拆卸蓄电池时才需要。
断开蓄电池接线步骤如下:
(1)关闭点火开关和所有用电器。
(2)首先从蓄电池负极上旋下搭铁线1上的蓄电池接线柱(图4-1)。

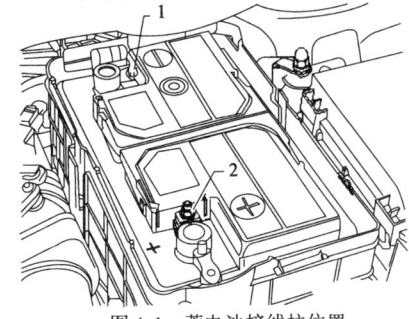

图4-1　蓄电池接线柱位置
1、2-接线柱位置

(3)然后从蓄电池负极上旋下正极接导线2上的蓄电池接线柱(图4-1)。

2. 拆卸和安装蓄电池

(1)拧下紧固螺栓1,并拆下固定卡箍2,如图4-2所示。
(2)将手柄沿箭头方向向上翻起,并拆下蓄电池,如图4-3所示。
(3)安装以倒序进行,并以规定的拧紧力矩拧紧螺栓,安装完毕后检查蓄电池是否牢固。

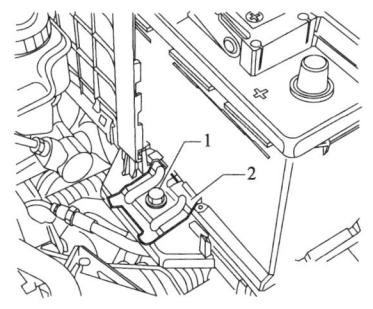
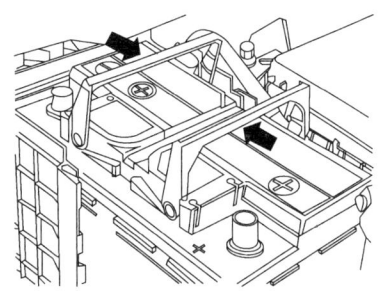

图 4-2　蓄电池的紧固螺栓和固定卡箍　　　　　图 4-3　拆下蓄电池
1-紧固螺栓;2-固定卡箍

3. 连接蓄电池接线

(1) 将正极导线 2 的接线柱插到蓄电池正极上,并以规定的拧紧力矩拧紧固定螺栓。

(2) 将负极导线 1 的接线柱插到蓄电池正极上,并以规定的拧紧力矩拧紧固定螺栓。

(3) 连接蓄电池后的工作步骤:

① 接通并再次断开点火开关。

② 用诊断仪读取故障码,并清除。

③ 检查时钟设置,必要时重新设置。

④ 将所有车窗完全打开并重新关闭。

⑤ 检查所有用电器的功能。

4. 蓄电池电极螺栓连接注意事项

(1) 蓄电池电极接线柱(图 4-4)只能用手插上,不能过度施力。

(2) 蓄电池电极上不能涂抹油脂。

(3) 安装蓄电池电极接线柱时,蓄电池电极必须与端子齐平地闭合或者从端子中突出。

(4) 依规定的拧紧力矩拧紧蓄电池接线柱后,不能再继续拧紧螺栓。

二、蓄电池的技术状况检查

1. 使用密度计检查蓄电池

(1) 先吸入电解液,使密度计浮子浮起。

(2) 如图 4-5 所示,读取密度计数值,温度在 20℃时密度是否在 $1.240 \sim 1.280 \text{g/cm}^3$。密度与充电状态对应表,见表 4-1。

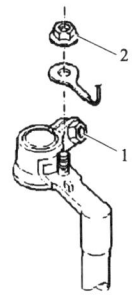
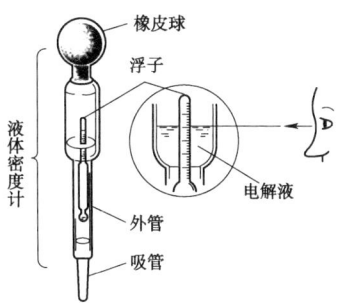

图 4-4　蓄电池接线柱　　　　　图 4-5　使用密度计检查蓄电池
1-蓄电池电极接线柱;2-附加接线柱

蓄电池密度与充电状态对应表　　　　　　　　　　表4-1

电解液密度(g/cm³)	充电状态(%)	电压(V)
1.28	100	12.7
1.21	60	12.3
1.18	40	12.1
1.10	0	11.7

注意：①在测量密度时,应同时测量电解液温度,并将测得的电解液相对密度值转换到25℃进行修正。

②蒸馏水加注之后直接对电解液密度进行检测会导致错误的测量结果,蓄电池充完电之后才可对电解液密度进行检测。

2.检测蓄电池静态电压

对静态电压进行测量是为了测定蓄电池的电量。在测量前至少2h内不允许对蓄电池进行放电或充电,在这个时间段里进行放电或充电会使测量结果不正确。蓄电池静态电压、充电状态及蓄电池状态之间的关系见表4-2。

蓄电池静态电压、充电状态及蓄电池状态之间的关系　　　　表4-2

静态电压(V)	充电状态(%)	蓄电池状态
11.70	0	放电,用尽所有电量。过度放电
12.20	50	逐渐形成固体状的硫酸盐晶体,硫酸盐晶体只能通过较多的能量供给再次溶解。同时活化的块状物迅速膨胀,产生裂纹,并由此导致正极栅格腐蚀加剧
12.35	65	(1)对于带电解液指示器的蓄电池,显示会从绿色变换成黑色； (2)对于新车/库存汽车,应给蓄电池充电
12.70	100	全电量

蓄电池静态电压测量步骤及要求：

(1)关闭点火开关并断开所有用电器,拔出点火钥匙。

(2)断开蓄电池负极接线端。

(3)至少等待2h,在此期间对蓄电池既不能充电也不能放电。

(4)使用万用表测量蓄电池静态电压。

测量结果与要采取的措施见表4-3。

测量结果与要采取的措施　　　　　　表4-3

测量值	要采取的措施
静态电压≥12.5V	静态电压正常,进行蓄电池负荷检测
静态电压≤12.5V	蓄电池充电

3.使用蓄电池检测仪对蓄电池检测

本部分内容以Micro460(图4-6)为例,介绍利用蓄电池检测仪对蓄电池进行检测的方法。

1)测试之前

如果在车外测试,应确保蓄电池接线柱的清洁,否则可能导致错误的测试结果。如果在车内测试,测试开始时,务必确保所有的车辆附加载荷均已关闭,并且点火开关处于关闭位置。

2)连接测试仪

把红色夹钳接到正极(+)接线柱上,把黑色夹钳接到负极(-)接线柱上。

3)语言选择

按住向上或向下的箭头键选择需要的语言。

4)充电之前和之后的测试

测试时确认蓄电池是否刚充满电。按上下箭头按钮滚动至适用的选项,然后按 ENTER 按钮选择。对充满电的蓄电池要求达到额定值。当测试刚驾驶过的车辆内的蓄电池时,应使用 BEFORE CHARGE(充电前)测试。

图 4-6 Micro460 蓄电池检测仪

5)车内和车外测试

蓄电池是否连接在车内,或者蓄电池是否已经取出放在车外。按上下箭头按钮至适用的选项,然后按 ENTER 按钮选择。

6)蓄电池额定系统

根据蓄电池采用标准的不同,测试仪提示选择蓄电池的额定系统。蓄池车额定系统对应表,如表4-4 所示。

蓄电池额定系统对应表　　　　　　　　　　　　表 4-4

额定系统	对应额定系统的含义
CCA	冷起动电流安培值,规格由 SAE&BCI 制定,是在 0°F(-18℃)时起动蓄电池最常用的额定值
JIS	日本工业标准,在蓄电池上显示为数字和字母的组合。例如:80D26
DIN	德国工业标准
IEC	国际电工委员会标准
EN	欧洲标准

7)蓄电池测试结果

蓄电池检测仪的测试结果,见表 4-5。

蓄电池测试结果对照片　　　　　　　　　　　　表 4-5

GOOD BATTERY	好蓄电池可继续使用
GOOD-RECHARGE	好蓄电池,但需要给蓄电池充满电,然后继续使用
CHARGE&RETEST	给蓄电池充满电,然后重新测试。注意:如果在重新测试之前没有给蓄电池充满电,可能导致错误的读数
REPLACE BATTERY	更换蓄电池,然后重新测试以进行一次完整的充电系统分析
BAD CELL - REPLACE	蓄电池坏格,更换蓄电池,然后重新测试以进行一次完整的系统分析

说明:如果测试结果是 REPLACE BATTERY(更换蓄电池),有可能是汽车的电缆与蓄电池之间连接不良。在拆掉汽车蓄电池电缆与蓄电池的连接之后,使用车外测试方法重新测试蓄电池,然后决定是否需要更换蓄电池。

注意：蓄电池状态的判定以上面的显示为准。测试仪显示的容量值代表的是当前能够提供的能量。如果需要测量蓄电池的剩余容量，必须充满蓄电池后测试。

8）充电系统测试

选择车内测试，测试蓄电池之后，测试仪将提示按 ENTER 按钮开始充电系统测试。

在测试过程中不要关闭发动机。所有的电气设备均处于 OFF（关闭）位置。如果在测试过程中开关任何电气设备，将会影响测试结果的准确性（如发动机冷却风扇或预热塞）。

测试仪将提示起动发动机，然后显示有效充电系统电压以及充电系统测试结果。

充电电压：正常。

充电系统显示交流发电机的正常输出。没有检测到任何问题。

充电电压：过低。

充电系统没有为蓄电池提供充分的充电电流。

充电电压：过高。

交流发电机至蓄电池的电压输出超过一个正常工作调压器的标准极限。由于大多数交流发电机使用内置调压器，在这种情况下需要更换交流发电机。（较老式的汽车使用外部调压器。如果遇到这类情况，可能只需要更换调压器）

9）查看和打印测试结果

从蓄电池上取下测试仪之后，按住 PRINT/VIEW 按钮启动选项单。使用上下箭头按钮滚动至 VIEW RESULTS（查看结果）选项，然后按 ENTER 按钮选择查看测试结果。打开打印机，并把 IR 输出端对准打印机的接收器，然后按住 PRINT/VIEW 按钮。按上下箭头按钮，从选项单选择 PRINT RESULTS（打印结果），然后按 ENTER 按钮选择即可打印测试结果。

4. 用高率放电计测量放电电压

高率放电计是模拟接入起动机负荷，测量蓄电池在大电流（接近起动机起动电流）放电时的端电压。用以判断蓄电池的放电程度和起动能力。

高率放电计有固定负载型或可变负载型。操作程序因放电计品牌而有所不同，因此必须遵守使用说明。

(1) 确保蓄电池至少充电 65%，断开蓄电池负极端子。

(2) 将高率放电计连接到蓄电池端子，确保极性正确（图4-7）。

固定负载放电计：

(1) 施加负载约 10s 以清除表面电荷。

(2) 等待 15s，使蓄电池恢复。

可变负载放电计：

(1) 施加 30A 电流负载约 5s，以便清除任何表面电荷。

(2) 等待 15s，使蓄电池恢复。

(3) 进行负载测试 10s 并记录蓄电池电压。如果某格蓄电池有故障，则会过度释放气体或过热。这样就可判断有故障的蓄电池。

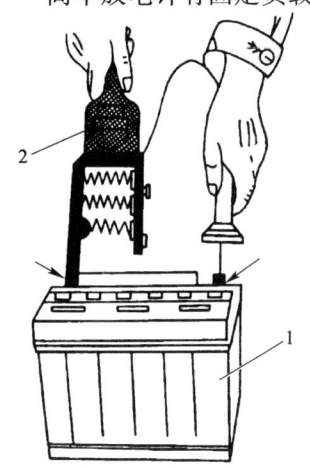

图 4-7　高率放电计测量电压
1-蓄电池；2-高率放电计

如果电压低于高率放电计制造商规定的最低电压或蓄电池充电后再次测试仍低于最低电压,则需更换电池。

5. 用负载测试替代方法测试放电电压

如果没有高率放电计,可按以下步骤测试蓄电池:

(1)确保蓄电池至少处于65%充电状态。

(2)在蓄电池端子间连接电压表(图4-8)。

(3)接通前照灯远光约10s,以清除蓄电池表面电荷。

(4)从发动机舱熔断丝和继电器盒中拆卸点火和燃油喷射熔断丝,这样可在起动发动机时防止车辆点火和燃油喷射。

(5)起动发动机并读取电压表。温度高于5℃时,充足电的蓄电池的电压不得低于9.6V。

(6)如果单格电池过度释放气体或过热或电压下降过快,则需更换蓄电池。

注意:如果蓄电池和发动机温度低于5℃,电压可降至9V。

6. 蓄电池充电

用蓄电池充电机给蓄电池充电,本部分以全自动充电机为例介绍充电方法(图4-9)。

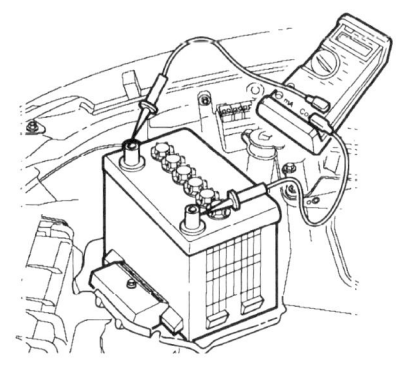

图4-8 负载测试替代方法

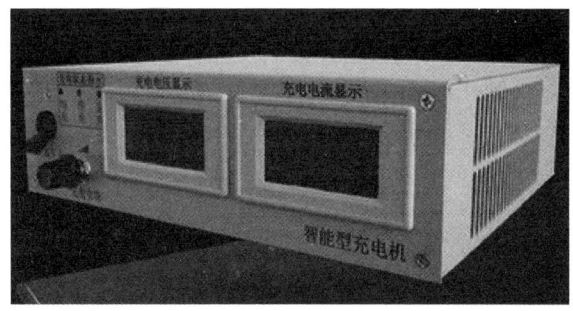

图4-9 全自动充电机外形

(1)关闭点火开关和所有用电器。

(2)接线:在断开充电机电源开关情况下,把充电器红色充电接线端"+"连接到蓄电池正极上。把充电器黑色充电接线端"-"连接到蓄电池负极上。确认连接无误,并检查接线柱连接牢固,以避免流过大电流时发热过大。

(3)选择充电电流:一般按照10h充电率选择充电电流,即充电电流(A)=蓄电池额定容量(A·h)÷10(h)。

例如:充200A·h的蓄电池,充电电流(A)=200A·h÷10h=20A,可将"电流选择"开关旋至23A挡;如需加快充电,则可将充电电流适当调大。

(4)接通"电源开关",即开始充电。

(5)充电机面板可以通过数字表分别显示充电电压和充电电流;同时可通过指示灯显示蓄电池的充电状态,当进行均充时"充电"的指示灯亮,当进入浮充状态时"充满"的指示灯亮表示蓄电池已充满电,此时即可拆下蓄电池结束充电。

第二节 起动系检修

技能要求

1. 能检测起动机技术状况(中级要求);
2. 能检修起动机总成(中级要求);
3. 能检修起动机控制线路(中级要求);
4. 能诊断与排除起动系统故障(高级要求)。

知识要求

1. 起动系统组成与工作原理(中级要求);
2. 起动机检查方法(中级要求);
3. 起动系统电路相关知识(中级要求);
4. 起动系统故障诊断方法(高级要求)。

一、起动机的拆装

1. 起动机的分解

起动机解体前应清洁外部的油污和灰尘,然后按下列步骤进行解体。

(1)旋出防尘盖固定螺钉,取下防尘盖,用专用钢丝钩取出电刷;拆下电枢轴上止推圈处的卡簧,如图4-10所示。

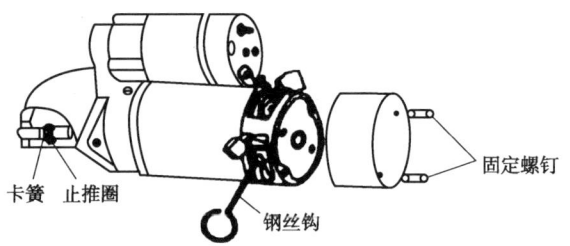

图4-10 拆卸电刷

(2)用扳手旋出两紧固穿心螺栓,取下前端盖,抽出电枢(图4-11)。

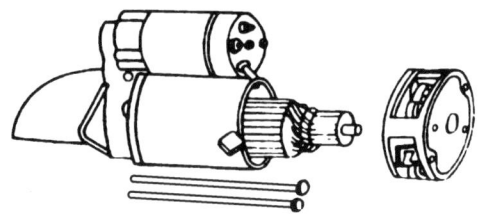

图4-11 拆卸前端盖和电枢

(3)拆下电磁开关主接线柱与电动机接线柱间的导电片;旋出后端盖上的电磁开关紧固螺钉,使电磁开关后端盖与中间壳体分离(图4-12)。

(4)从后端盖上旋下中间支承板紧固螺钉,取下中间支承板,旋出拨叉轴销螺钉,抽出拨叉,取出离合器(图4-13)。

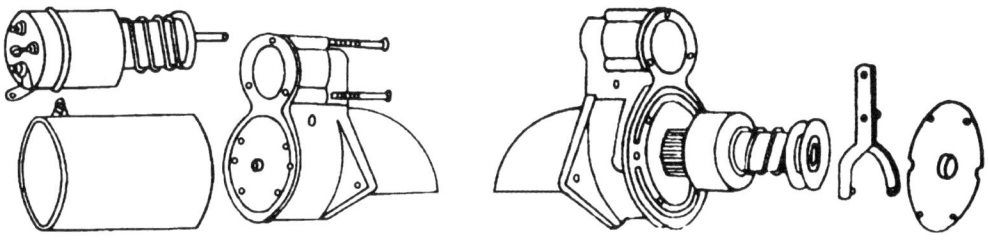

图4-12　拆卸电磁开关　　　　　　　　　图4-13　拆下离合器

(5)将已解体的机械部分浸入清洗液中清洗,电气部分用棉纱醮少量汽油擦拭干净。
有必要时,可分解电磁开关,其步骤是:
①拆下电磁开关前端固定螺钉,取下前端盖。
②取下独盘锁片、触盘、弹簧、抽出引铁。
③取下固定铁芯卡簧及固定铁芯,抽出铜套及吸引和保持线圈。

2. 起动机的装复

起动机的形式不同,具体装复的步骤不可能完全相同,但基本原则是按分解时的相反步骤进行。

装复的一般步骤是:先将离合器和移动叉装入后端盖内,再装中间轴承支撑板,将电枢轴装入后端盖内,装上电动机外壳和前端盖,并用长螺栓连接紧,然后装电刷和防尘罩,装起动机开关可早可晚。

二、起动机的检测

起动机的检测分为解体检测和不解体检测两种,解体测试随解体过程一同进行。不解体测试可以在拆卸之前或装复以后进行。

1. 起动机的不解体检测

在进行起动机的解体之前,最好进行不解体检测,通过不解体的性能检测大致可以找出故障。起动机组装完毕之后也应进行性能检测,以保证起动机正常运行。在进行以下检测的过程中,应尽快完成,以免烧坏电动机中的线圈。

1)吸引线圈性能测试
(1)先把励磁线圈的引线断开。
(2)按照图4-14所示的方法连接蓄电池与电磁起动开关。
注意:驱动齿轮应能伸出,否则表明其功能不正常。
2)保持线圈性能测试
接线方法如图4-15所示,在驱动齿轮移出之后从端子C上拆下导线。
注意:驱动齿轮仍能保留在伸出位置,否则表明保持线圈损坏或搭铁不正确。
3)驱动齿轮复位测试
接线方法如图4-16所示。
说明:拆下蓄电池负极接外壳的接线夹后,驱动齿轮能迅速返回原始位置即为正常。

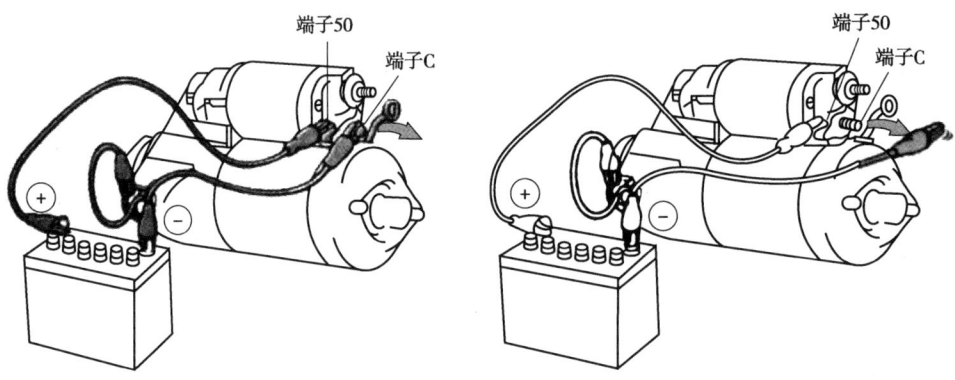

图4-14 电磁开关吸引线圈功能试验　　　图4-15 电磁线圈和保持线圈功能试验

4)驱动齿轮间隙的检查

按照图4-17连接蓄电池和电磁开关,按照图4-18进行驱动齿轮间隙的测量。

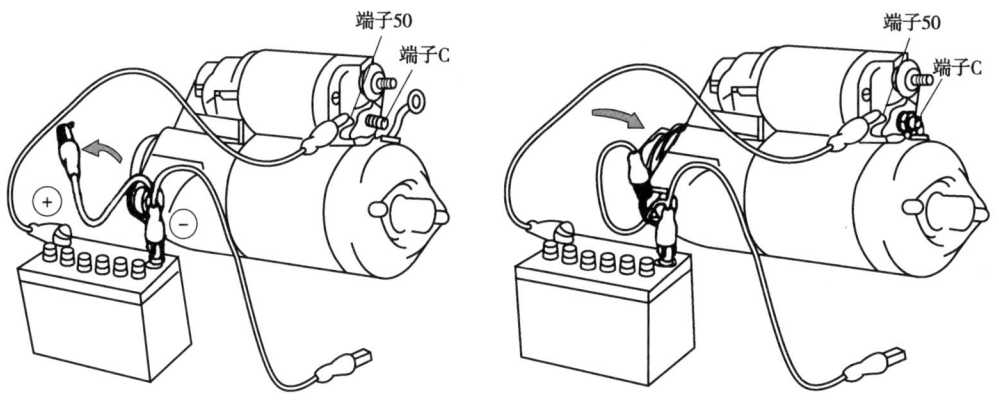

图4-16 驱动齿轮复位试验　　　　　　图4-17 驱动齿轮间隙检查时的接线

注意:测量时先把驱动齿轮推向电枢方向,消除间隙后测驱动齿轮端和止动套圈间的间隙,并和标准值进行比较。

5)空载测试

接线方法,如图4-19所示。

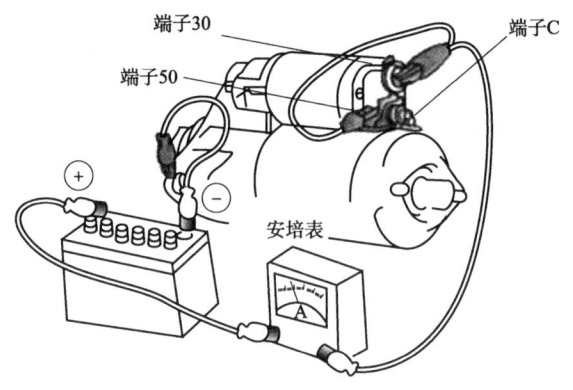

图4-18 驱动齿轮间隙的测量　　　　　图4-19 起动机的空载测试

(1)固定起动机。
(2)按照图示的方法连接导线。
(3)检查起动机运转是否平稳,同时应移出驱动齿轮。
(4)读取安培表的数值,应符合标准值。
(5)断开端子 50 后,起动机应立即停止转动,同时驱动齿轮缩回。

2. 起动机的解体检测

1)直流电动机的检修

(1)磁场绕组的检查,如图 4-20 所示。

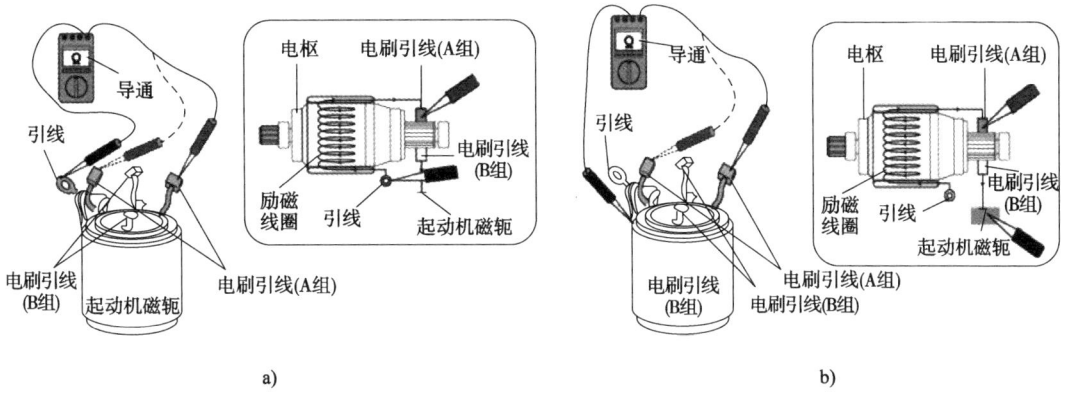

图 4-20　磁场绕组及其外壳的检查

注意:用欧姆表检查励磁绕组两电刷之间时,应导通。用欧姆表检查励磁绕组和定子外壳时,不应导通。

(2)电枢的检查,如图 4-21 ~ 图 4-25 所示。

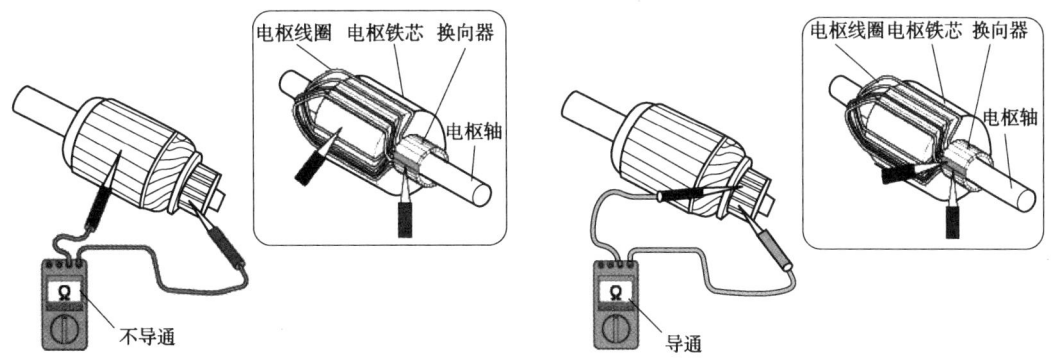

图 4-21　换向器的检查　　　　　图 4-22　电枢绕组(即换向片与换向片间)的检查

注意:①换向器和电枢线圈铁芯之间不应导通。
②换向器片之间应导通。
③首先换向片应洁净,无异物。凹槽深度为 0.5 ~ 0.8mm,太高应使用锉刀进行修整。
④检查时应和标准值进行比较,若测得的直径小于最小值应更换电枢。
⑤其跳动量不应大于 0.08mm,否则应进行校正或更换电枢。

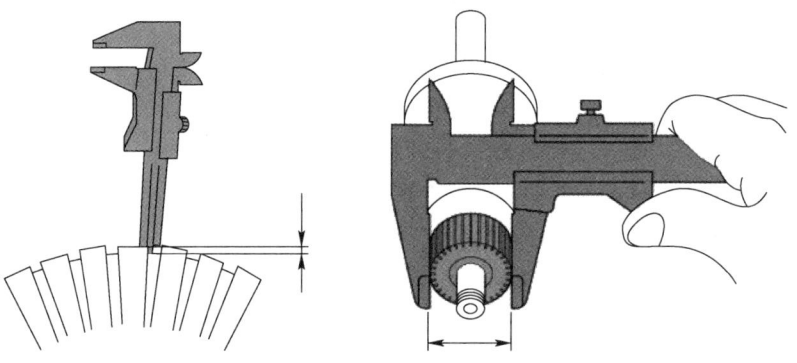

图 4-23　换向器凹槽深度检查　　　　图 4-24　换向器最小直径的检查

（3）电刷、电刷架及电刷弹簧的检查,如图 4-26 所示。

注意：测量电刷的长度时要结合具体的标准,不小于最小长度标准即可。

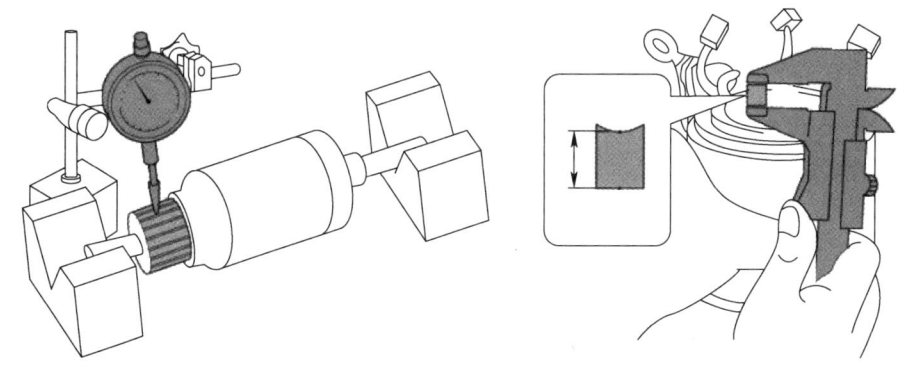

图 4-25　电枢轴跳动检查　　　　图 4-26　电刷的检查

2）传动机构的检修

单向离合器检查,如图 4-27 所示。

　　检查小齿轮和花键及飞轮齿圈有无磨损或损坏,在确保驱动齿轮无损坏的情况下,握住外座圈,转动驱动齿轮,应能自由转动;反转时应锁住,否则应更换单向离合器。

3）电磁开关的检修

　　电磁开关在解体情况下检查的项目和方法,如图 4-28～图 4-30 所示。

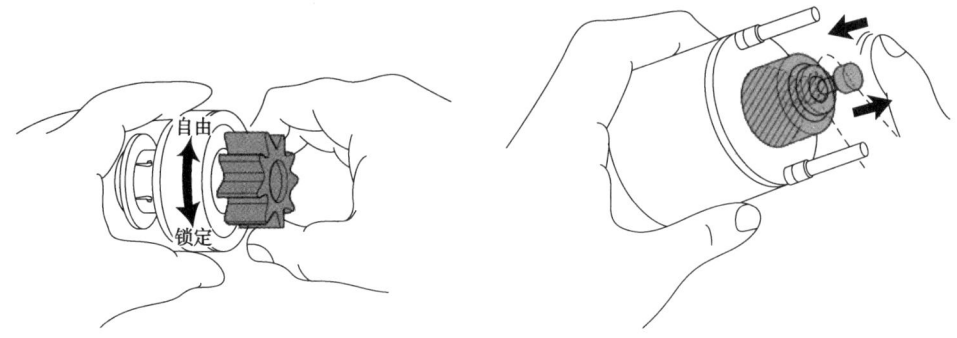

图 4-27　单向离合器与检查　　　　图 4-28　可动铁芯的检查

注意：①推入可动铁芯,然后松开,可动铁芯应能迅速复位。

②用欧姆表连接端子50和端子C,应导通,并且电阻的阻值应在标准范围内。可以进行不解体检查。

③用欧姆表连接端子50和搭铁,应导通,并且电阻的阻值在标准范围内。可以进行不解体检查。

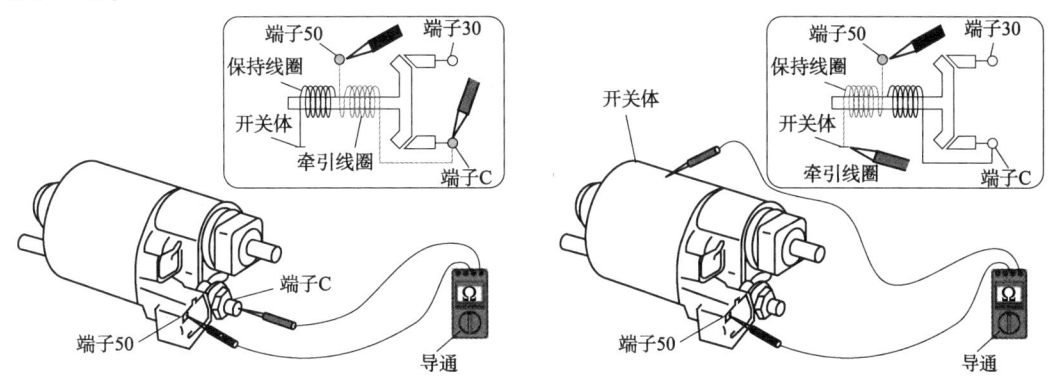

图4-29 吸引线圈的开路检查　　　　　图4-30 保持线圈的开路检查

解体检查结束之后,按照起动机装复的步骤进行装复,在装复之后应进行性能测试。

第三节　充电系统检修

技能要求

1. 能检测发电机技术状况(中级要求);
2. 能检修发电机总成(中级要求);
3. 能检修充电系统线路(中级要求)。

知识要求

1. 充电系统组成与工作原理(中级要求);
2. 发电机检查方法(中级要求);
3. 充电系统电路相关知识(中级要求)。

一、发电机检修

交流发电机的检修可从五方面完成,即拆卸、分解、检查、组装、安装,如图4-31所示。

1. 拆卸

(1)脱开蓄电池负极(-)端子电缆,如图4-32所示。

断开蓄电池负极(-)电缆之前,对ECU等元件内保存的信息做一个记录,这些信息包括:

①DTC(故障诊断码)。

②选择的收音机频道。

③座椅位置(带有记忆系统)。

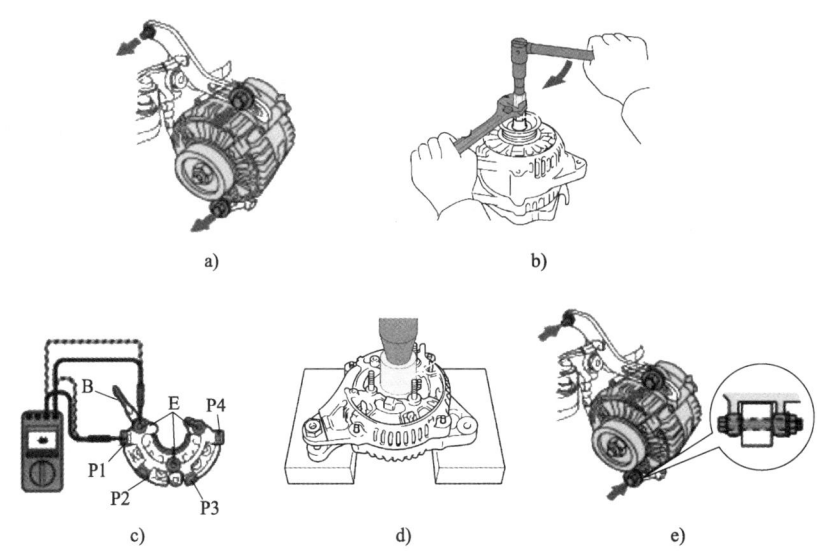

图 4-31 交流发电机的维护五步法

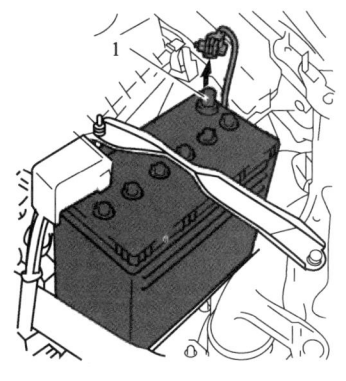

图 4-32 脱开蓄电池负极
1-负极(-)端子

④向盘位置(带有记忆系统)等。

(2)脱开发电机电缆和连接器,如图 4-33 所示。

①拆卸发电机电缆定位螺母。

②断开发电机电缆。

注意:发电机电缆是直接从蓄电池引出的,在端子上有一个防短路罩壳。

断开连接器的卡爪,握住连接器,再断开连接器。

(3)拆卸发电机,如图 4-34 所示。

①传动皮带。

②发电机。

③支架。

2. 分解(图 4-35)

(1)拆卸发电机皮带轮。

(2)拆卸发电机电刷座总成,如图 4-36 所示。

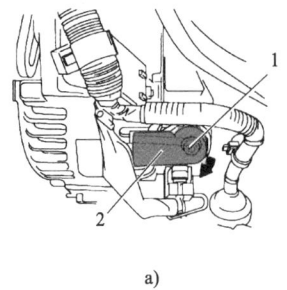
a)

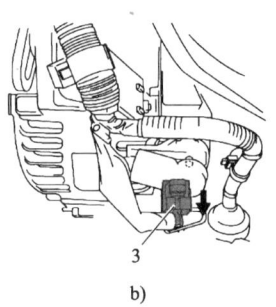
b)

图 4-33 脱开发电机电缆和连接器
1-定位螺母;2-防断路罩壳;3-连接器

①发电机端子绝缘体。

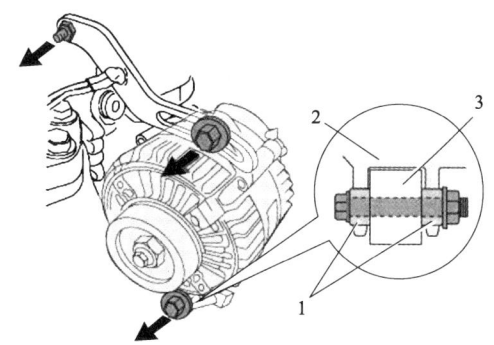

图4-34　拆卸发电机
1-轴套;2-发电机;3-托架(发动机一侧)

②电刷座。
③后端盖。

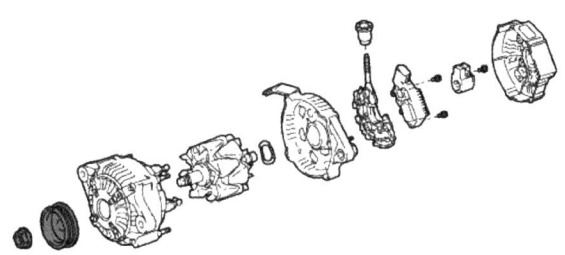

图4-35　拆卸发电机皮带轮

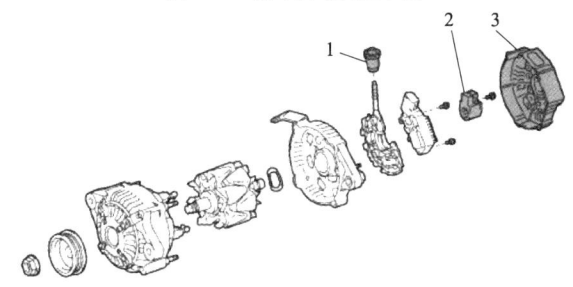

图4-36　拆卸发电机电刷座总成
1-发电机端子绝缘体;2-电刷座;3-后端盖

(3)拆卸发电机调节器总成,如图4-37所示。

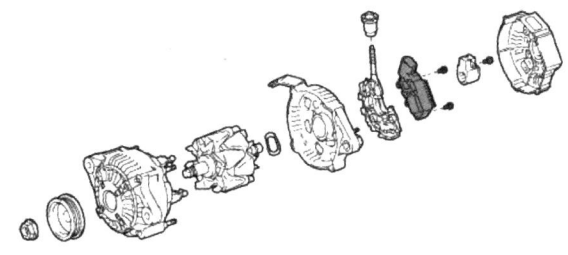

图4-37　拆卸发电机调节器总成

(4)拆卸整流器,如图4-38所示。
(5)拆卸发电机转子总成,如图4-39所示。

①驱动端盖。
②转子。
③整流器端盖。

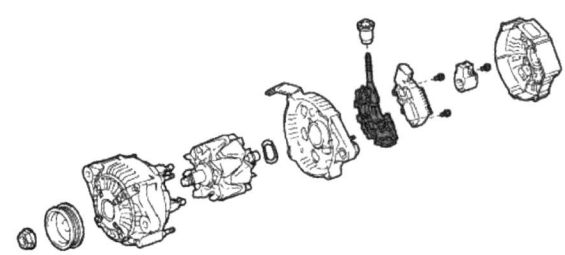

图4-38 拆卸整流器

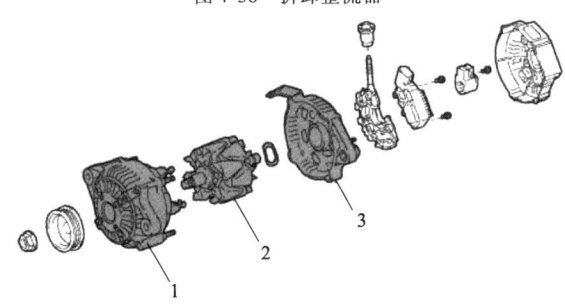

图4-39 拆卸发电机转子总成
1-驱动端盖;2-转子;3-整流器端盖

3. 检查(图4-40)

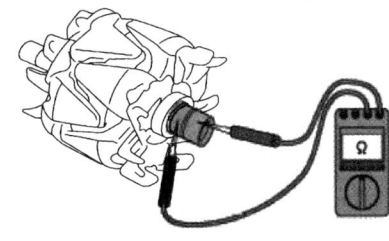 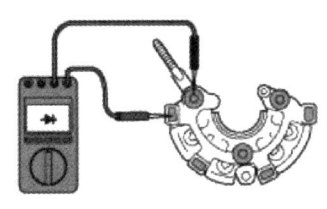 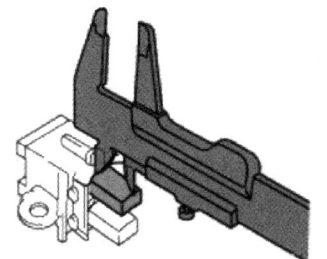

a)检查发电机转子总成　　b)检查带整流器的发电机座　　c)检查发电机电刷座

图4-40 检查发电机

(1)检查发电机转子总成。

目视检查,如图4-41所示。

①检查滑环变脏或烧蚀的程度。

注意:①旋转时滑环和电刷接触,使电流产生。

②电流产生的火花会产生脏污和烧蚀。

③脏污和烧蚀会影响电流,使发电机的性能降低。

②冲洗。用布料和毛刷,清洁滑环和转子。如果脏污和烧蚀明显,更换转子总成。

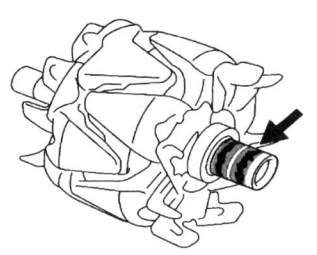

图4-41 检查发电机转子总成

③检查滑环之间是否导通。使用万用表,检查滑环之间是

否导通,如图4-42所示。

注意:①转子是一个旋转的电磁体,内部有一个线圈。线圈的两端都连接到滑环上。

②检查滑环之间是否导通可以用于探测线圈内部是否有开路。

③如果发现在绝缘和/或者导通方面存在问题,应更换转子。

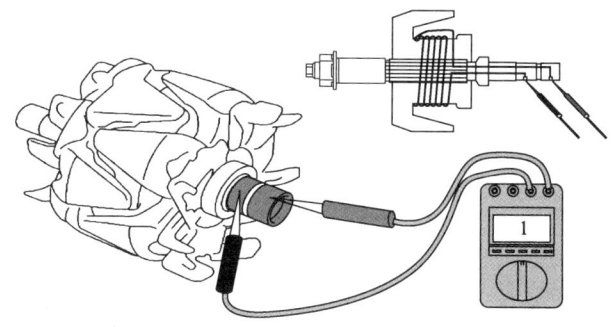

图4-42 检查滑环之间是否导通

④检查滑环和转子之间的绝缘。用万用表检查滑环和转子之间的绝缘,如图4-43所示。

注意:①在滑环和转子之间存在一个切断电流的绝缘状态。

②如果转子线圈短路,电流会在线圈和转子之间流动。

③检查滑环和转子之间的绝缘可以用来检测线圈内是否存在短路。

④如果发现在绝缘和/或者导通方面存在问题,应更换转子。

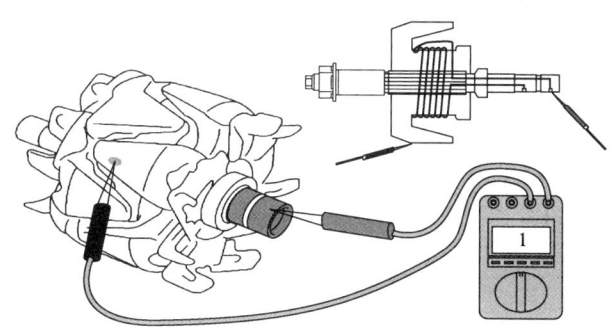

图4-43 检查滑环和转子之间的绝缘

⑤测量滑环。用游标卡尺测量滑环的外径,如图4-44所示。

注意:①如果测量值超过规定的磨损极限,应更换转子。

②旋转时滑环和电刷接触,使电流产生流动。

因此,当滑环的外径小于规定值时,滑环和电刷之间的接触不足,有可能影响电流流的平稳,可能导致降低发电机的发电能力。

(2)检查带整流器的发电机座,如图4-45所示。

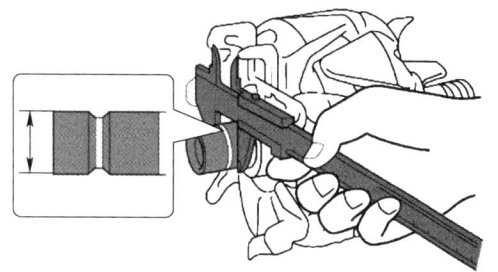

图4-44 测量滑环的外径

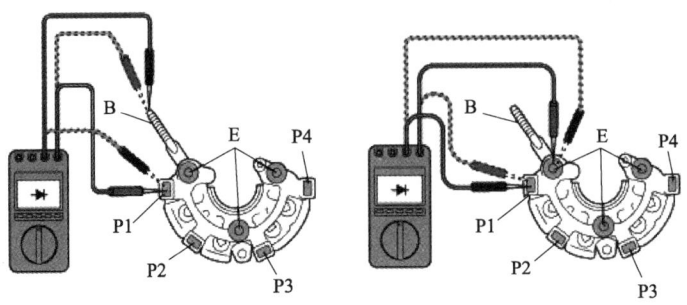

图 4-45 检查带整流器的发电机座

检查整流器的二极管。

①使用万用表的二极管测试模式。

②在整流器的端子 B 和端子 P1 到 P4 之间测量,交换测试导线时,检查是否只能单向导通。

③改变端子 B 至端子 E 的连接方式,测量过程同上。

注意:①发电机产生交流电,但是由于汽车使用直流电,交流电必须转换成直流电。转换电流的装置就是整流器。

整流器使用二极管将交流电转换成直流电。

②二极管单向导通电流。因此,用万用表或电路测试仪检查时,使电流通过测试仪的内部电池到达二极管,根据流过二极管的电流来检查二极管是否好坏。

(3)检查发电机电刷座。用游标卡尺,测量电刷的长度,如图 4-46 所示。

4. 组装

(1)安装发电机转子总成,如图 4-47 所示。

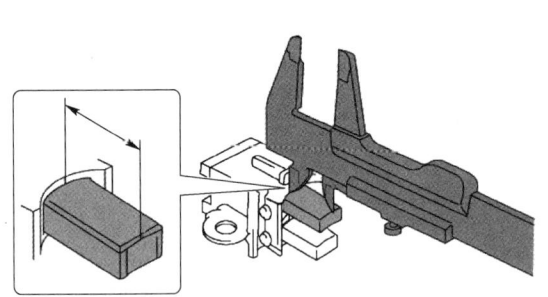

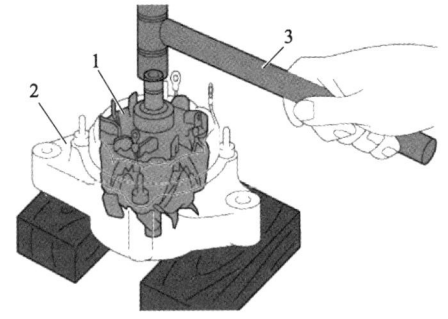

图 4-46 测量电刷的长度

图 4-47 安装发电机转子总成
1-转子;2-驱动端盖;3-锤

(2)安装整流器端盖,如图 4-48 所示。用压机将整流器端盖压到驱动端盖内。

注意:①将 29mm 套筒扳手放在端机座的中心,这样压机不会压到转子轴。

②套筒扳手的尺寸可能会随着发电机的类型不同而不同。

(3)安装发电机电刷座总成,如图 4-49 所示。

①安装发电机电刷座。尽可能使用最小的一字螺丝刀,将电刷压入电刷座,将电刷座安装到端机座内。

②目视检查。拉出螺丝刀,目视检查电刷是否碰撞到滑环。

注意:由于电刷比螺丝刀柔软,因此容易被损坏。为防止损坏,在螺丝刀的末端包一些聚氯乙烯绝缘带。

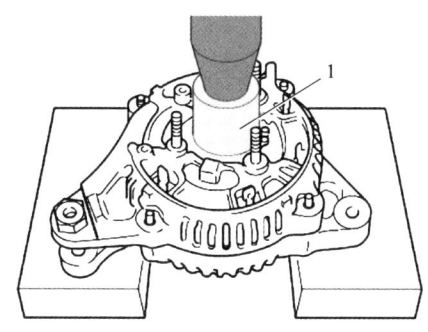
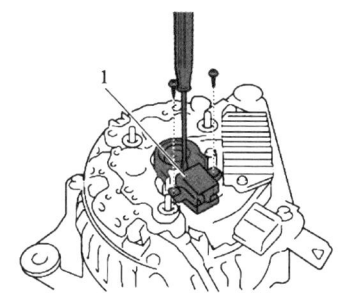

图 4-48　安装整流器端盖　　　　　　　图 4-49　安装发电机电刷座总成
1-套筒扳手　　　　　　　　　　　　　　1-电刷座

(4) 安装发电机皮带轮,如图 4-50 所示。

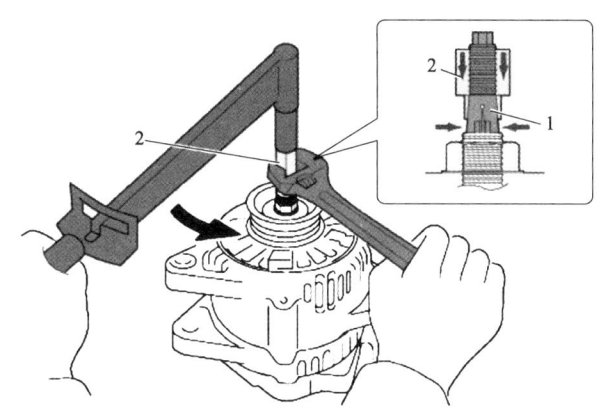

图 4-50　安装发电机皮带轮
1-SST1 – A(发动机转子轴扳手 – A);2-SST1 – B(发动机转子轴扳手 – B)

当皮带轮锁止螺母拧紧后,它随轴一起旋转。拧紧螺母时,使用 SST(专用工具),螺母保持不动,转动轴。

安装发电机皮带轮,暂时安装皮带轮锁止螺母。

然后,在皮带轮轴的末端安装 SST1 – A(发电机转子轴扳手 – A)和 SST1 – B(发电机转子轴扳手 – B)。

使用 SST1 – A 在皮带轮轴一端,将 SST1 – A 和 SST1 – B 拧紧到指定的力矩。

力矩:39.2N·m(400kgf·cm)。

将 SST2(发动机皮带轮定位螺母扳手)卡到台钳上,然后在 SST1 – A 和 SST1 – B 安装到发电机上的情况下,将皮带轮锁止螺母装入 SST 的六角部分,如图 4-51 所示。

逆时针旋转 SST1 – A 来紧固皮带轮锁止螺母(图 4-52),然后从 SST2 上拆卸发电机。

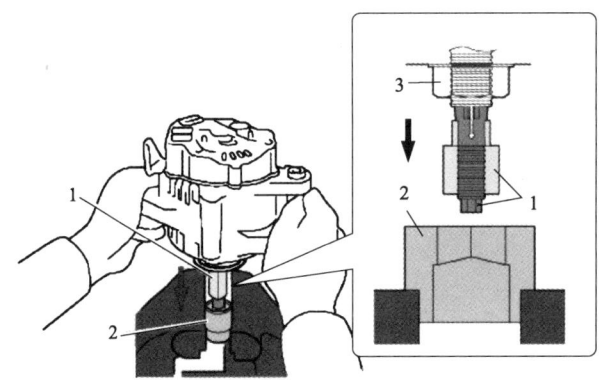

图 4-51 将皮带轮锁止螺母装入 SST 的六角部分
1-SST1(发动机转子轴扳手);2-SST2(发动机皮带轮定位螺母扳手);3-皮带轮锁止螺母

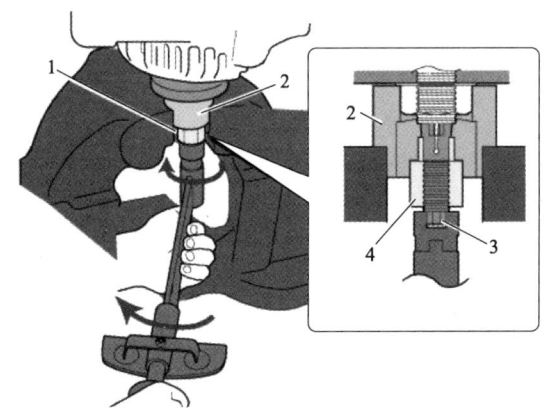

图 4-52 紧固皮带轮锁止螺母
1-SST1(发动机转子轴扳手);2-SST2(发动机皮带轮定后螺母扳手);3-SST1 – A(发动机转子轴扳手 – A);4-SST1 – B(发动机转子轴扳手 – B)

使用 SST1 – B 保持不动的同时,顺时针旋转 SST1 – A 来旋松它,然后从发电机上拆卸 SST1 – A 和 SST1 – B(图 4-53),确认皮带轮旋转平稳。

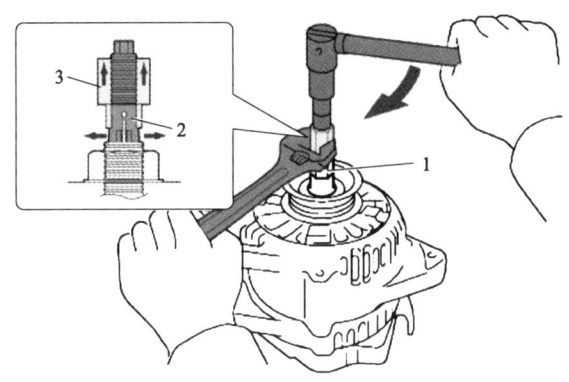

图 4-53 发电机上拆卸 SST1 – A 和 SST1 – B
1 – SST1(发动机转子轴扳手);2-SST1 – A(发动机转子轴扳手 – A);3-SST1 – B(发动机转子轴扳手 – B)

5. 安装

(1) 安装发电机,如图4-54所示。

①滑动轴套直到表面和托架平齐(管接头一端)。

注意:用锤子和铜棒将发电机安装部分的轴套向外滑动,以便安装发电机。

②初步安装发电机,使它通过贯穿安装螺栓(A)。

③初步安装螺栓(B)。

④安装传动皮带。

⑤通过用锤子的手柄等物移动发电机来调整皮带的张紧度。

⑥拧紧安装螺栓(A)和螺栓(B)以牢固地安装发电机。

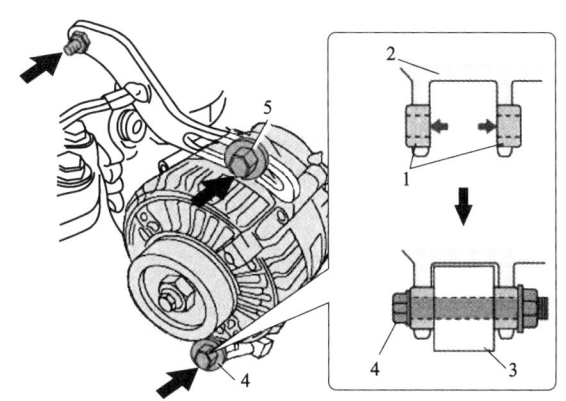

图4-54 安装发电机
1-轴套;2-发电机;3-托架(发动机一侧);4-贯穿螺栓(A);5-螺栓(B)

(2) 连接发电机电缆和连接器。

(3) 连接蓄电池负极。

二、充电系统电路检修

1. 充电系统电路

汽车充电系统电路由蓄电池、交流发电机、调节器、电流表、放电警告灯、继电器及放电警告灯等组成。

现代汽车大部分都用放电警告灯来表示电源系统的工作情况。但也有用电流表指示蓄电池充、放电的。控制放电警告灯的方法常用有三种:第一种,利用交流发电机中性点电压,通过继电器或电子控制器进行控制;第二种,利用交流发电机输出端电压,通过电子控制器进行控制;第三种,利用九管交流发电机进行控制。

用来自动接通和断开蓄电池放电警告灯电路的继电器,称为放电指示继电器。由于放电指示继电器一般都与电压调节器制作在一起,因此称为带放电指示继电器的调节器。

带有集成电路调节器的整体式交流发电机与外部(蓄电池、线束)连接端子通常用"B+"(或"+B"、"BATT")、"IG"、"L"、"S"(或"R")和"E"(或"-")等符号表示,这些符号通常在发电机端盖上标出,其代表的含义如下:

"B+"(或"+B"、"BATT")为发电机输出端子,用一根粗导线连接至蓄电池正极或起动机上。

"IG"通过线束连接至点火开关,在有的发电机上无此端子。

"L"为放电警告灯连接端子,通过线束接放电警告灯或放电指示继电器。

"S"(或"R")为调节器的电压检测端子,通过导线直接连接蓄电池的正极。

"E"为发电机和调节器的搭铁端子。

2. 电源系统故障诊断的基本方法

1) 放电警告灯诊断

在装备有放电警告灯的汽车上,可利用放电警告灯来诊断充电系统有无故障,方法如下:

(1) 首先预热发动机,起动发动机后,使其怠速或将发电机转速控制在 1200r/min 左右运转 10min,然后断开点火开关,使发动机停止运转。

(2) 再接通点火开关(将点火开关转到 ON 位,并不起动发动机),观察放电警告灯是否点亮。此时,放电警告灯应当点亮,如果不亮,说明放电警告灯线路或充电指示控制器有故障。

(3) 再次起动发动机,并逐渐提高发动机转速(即逐渐踩下加速踏板),当发动机转速升高到 600~800r/min(即发电机转速升高到 1200~2000r/min)时,放电警告灯自动熄灭,说明放电警告灯线路正常,发电机能够发电。此时,调节器工作是否正常,还需用电压表或万用表进行检测诊断。

2) 用电压表诊断

(1) 将直流电压表(万用表拨到直流电压 DC 挡)的正极接发电机输出端子("B"),负极搭铁。

(2) 记下此时电压表指示的电压,该电压即为蓄电池的空载电压,正常值为 12.0~12.6V。

(3) 起动发动机,并逐渐踩下加速踏板使其转速升高,当发动机转速升到高于怠速转速(600~800r/min)时,电压表指示的电压应高于蓄电池的空载电压,并随转速升高而稳定在某一调节电压值不变。

若电压表指示的电压高于调节器的调节电压,且随发电机转速升高而升高,则说明发电机能发电,调节器有故障;若电压表指示的电压随发电机转速升高而保持蓄电池空载电压值不变或低于蓄电池空载电压值,则说明发电机或调节器有故障,此时可将发电机和调节器从车上拆下分别进行检测,也可继续进行以下检测。

① 另取一根导线将调节器中大功率三极管的集电极与发射极短接。方法是:对外搭铁型调节器,导线的一端接发电机的磁场 F 端,另一端接发电机的搭铁端子("E");对内搭铁型调节器,导线的一端接发电机的磁场端子("F"),另一端接发电机的输出端子("B"),这样便可将发电机磁场绕组的电路直接接通。

② 起动发动机,并将其转速升到比怠速稍高,观察电压表指示的电压,若仍等于或低于蓄电池空载电压,则说明发电机有故障(发电机不发电);若此时电压表电压随转速升高而升高,则说明发电机能发电,而故障出在调节器。

第四节 照明、信号及仪表系统检修

技能要求

1. 能更换灯泡(初级要求);
2. 能更换熔断丝及继电器(初级要求);
3. 能检修照明线路及元件(中级要求);
4. 能检修信号系统线路及元件(中级要求);
5. 能检修仪表线路(中级要求)。

知识要求

1. 照明指示灯泡更换技术要求(初级要求);
2. 熔断丝及继电器更换技术要求(初级要求);
3. 照明系统组成与工作原理(中级要求);
4. 照明系统电路图知识(中级要求);
5. 照明系统元件的检测方法(中级要求);
6. 信号系统组成与工作原理(中级要求);
7. 信号系统电路图知识(中级要求);
8. 信号系统元件的检测方法(中级要求);
9. 仪表系统组成与工作原理(中级要求);
10. 仪表系统电路图知识(中级要求);
11. 仪表系统元件的检测方法(中级要求)。

一、照明系统检修

1. 灯泡的更换

1)更换灯泡操作流程

现代汽车多使用半封闭式前照灯,绝大多数原装前照灯灯泡均为普通卤素灯泡,相关结构如图 4-55 所示。

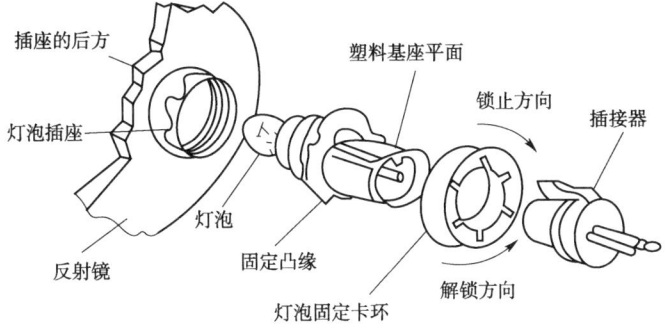

图 4-55 半封闭式前照灯结构示意图

下面介绍半封闭式前照灯更换灯泡的操作流程:
(1)用防护罩对车辆进行防护。
(2)关闭点火开关。
(3)断开前照灯灯泡连接器,如图4-56所示。
(4)取下密封罩,将灯泡卡簧旋转1/8圈,拆下灯泡卡簧,如图4-57所示。某些车型的灯泡还带有塑料底座;从基座上拔出卡环后,慢慢地从灯泡插座中垂直拔出灯泡。为了防止弄坏灯泡和定位凸舌,拉拔时切勿转动。

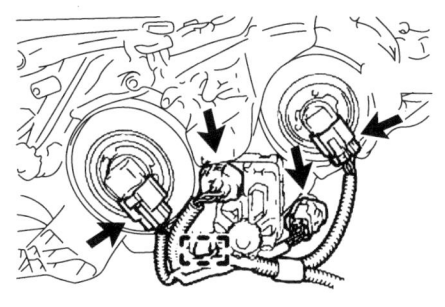
图4-56 断开前照灯泡连接器

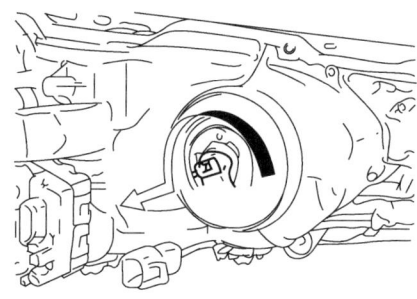
图4-57 拆下灯泡卡簧

(5)检查线束插接器有无腐蚀或其他异物,并且按要求清洁插接器。将介电润滑脂涂在插接器端子和新前照灯的插脚上,以防止腐蚀。
(6)将新灯泡放入反射罩,对准灯泡的固定卡位,捏住两边的钢丝卡簧往里推,将新灯泡固定在反射罩内。盖上密封罩,连接前照灯连接器。
(7)检查远、近光灯是否能够正常工作;根据需要调整前照灯的对光(调整光束的角度)。
(8)复位,撤除防护用品。
2)注意事项
(1)必须关闭点火开关或所有电气设备开关处于关闭状态,需待发动机熄火5min后才能进行。
(2)如果拆下灯泡后长时间放置,则灯罩上可能会堆积异物或水分。要防止这一现象的出现,必须快速更换灯泡。
(3)由于石英卤素灯泡比普通灯泡使用时更易发热,如果有机油等油脂沾在其表面,灯泡寿命会缩短。另外,人体汗液内所含盐分也会污染石英。因此,更换灯泡时,要握住其凸缘,避免手指接触石英。
(4)用力抓住灯泡的玻璃表面会使灯泡破碎引起人身伤害。
(5)更换新的灯泡时,确认所使用的新灯泡与原灯泡具有相同的瓦数。
(6)安装好灯泡后,要插紧插座,否则,玻璃会产生模糊或者有水蒸气泄漏。
2.更换熔断丝及继电器
1)更换熔断丝和继电器的操作流程
照明系统电路和汽车其他系统电路对熔断丝和继电器的更换操作流程基本一致。

(1)用防护罩对车辆进行防护。

(2)关闭点火开关。

(3)根据车辆的维修手册,找到熔断器位置,常见安装位置如图4-58、图4-59所示。

图4-58　发动机舱内熔断器位置

图4-59　车内熔断器位置

(4)查看熔断器盒盖内的说明,找到照明系统熔断丝和继电器具体的安装位置,如图4-60、图4-61所示。

(5)利用汽车配备的专用工具拔出损坏的熔断丝,之后换上备用的新熔断丝,并确定安装牢固,车辆使用的插片式熔断丝没有正负极之分,如图4-62所示。

(6)打开点火开关。

(7)检查照明系统是否能够正常工作。

(8)复位,撤除防护用品。

图4-60　熔断器盒盖

2)注意事项

(1)拆卸熔断丝和继电器的前后,都应用万用表检测其好坏,确定是否损坏。

(2)在更换新的熔断丝和继电器之前,检查线路是否存在故障,应查找超负荷的原因,排除线路故障。

(3)熔断丝和继电器安装和拆卸时,切记要在电路断电的情况下操作。

(4)更换新的熔断丝和继电器时,确认更换的新熔断丝和继电器与之前的是相同型号。

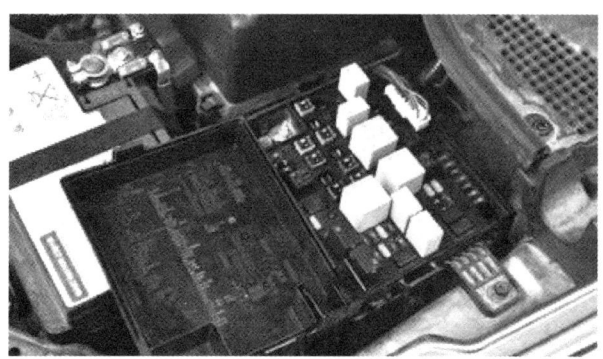

将熔断器盒盖和熔断器盒并排放在一起就很容易找到相应熔断丝的位置

图 4-61　对应熔断丝安装位置

安装熔断丝专用夹子的位置并不固定，可能会在内熔断器也可能在外熔断器里

图 4-62　更换熔断丝

3. 检修照明线路及元件

汽车的前照灯控制电路主要由灯光开关、变光开关、熔断丝、前照灯继电器及前照灯组成。

1）灯泡的检修

（1）检查灯泡，确定灯泡是否损坏需要更换。

①直观检查：灯泡灯丝断裂、灯光衰弱、玻璃壳黑化等。

②仪表检查：将拆卸的灯泡用万用表测量两端的阻值，如图 4-63 所示。

（2）更换灯泡，方法参见前述更换灯泡的相关内容。

2）前照灯熔断丝的检修

（1）检查熔断丝，确定熔断丝是否损坏需要更换。

①直观检查：熔断丝外壳是否有烧灼、熔断丝是否熔断。

②仪表检查：用万用表测量熔断丝两端的电压，若接电源正极端有电压，而另一端无电压，则熔断丝已熔断，如图 4-64 所示；将熔断丝用专用工具拔下，用万用表测量其两端的阻值，若为无穷大，则熔断丝已熔断。

（2）更换熔断丝，方法参见前述更换熔断丝的相关内容。

3）前照灯继电器的检修

（1）检查前照灯继电器，确定前照灯继电器是否损坏或需要更换。

①从发动机舱继电器盒上拆下前照灯远光继电器。

②用万用表测量继电器线圈电阻。汽车用继电器线圈电阻通常小于200Ω,如果电阻无穷大,则线圈开路。如图4-65所示,继电器85号脚和86号脚线圈的电阻应为60~140Ω;如果电阻符合要求,再检查前照灯远光继电器导通性。给继电器线圈的85号脚和86号脚加载12V电压,检查触点的工作情况,正常情况下87号脚和30号脚应导通。线圈通电后,常开触点之间电阻应该很小,约0Ω,若电阻很大,则触点接触不良。

图4-63　万用表测量灯泡阻值　　　　图4-64　用万用表测量熔断丝两端的电压

(2)更换前照灯继电器,方法参见前述更换前照灯继电器的相关内容。

4)灯光开关、变光开关的检修

灯光控制开关是否有故障,一般是通过测量其各栏位相应接线柱或线路连接器的连接端子的通断情况来判断。通常可用万用表(电阻挡)或直流试灯来检查。若与要求不符,应分解检修或更换。由于灯光控制开关的种类很多,其各挡位的接线柱或连接器的连接端子上的通断情况,应根据具体车型的使用说明书进行检查。

(1)用万用表电阻挡检查开关各挡位的通断情况,操作方法如图4-66、图4-67所示。

 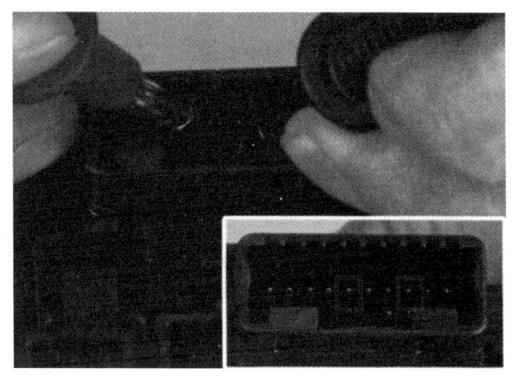

图4-65　远光继电器　　　　图4-66　用万用表检查开关端子

(2)若与要求不符,应更换开关。

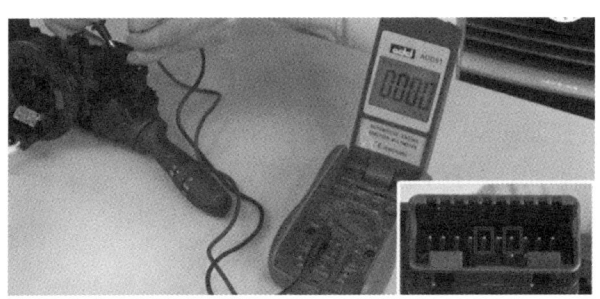

图 4-67　检查开关各挡位的通断

5）照明线路的检修

(1) 汽车照明线路主要的故障是线路的短路、断路和接触不良。

检查的方法主要有：

①直观诊断法。汽车线路发生故障时，有时会出现冒烟、火花、异响、焦臭、发热等异常现象。这些现象可直接观察到，从而可以判断出故障所在部位。

②断路法。将熔断丝所接各灯的接线从灯座拔掉，用万用表电阻挡测接灯端与搭铁之间的电阻，若电阻较小或为0，则可断定线路中有搭铁故障。将怀疑有搭铁故障的电路段断开后，观察电器设备中搭铁故障是否还存在，以此来判断电路搭铁的部位和原因。

③短路法。汽车电路中出现断路故障，还可以用短路法判断，即用螺丝刀或导线将怀疑有断路故障的电路短接，观察仪表指针变化或电器设备工作状况，从而判断出该电路中是否存在断路故障。

④试灯法。试灯法就是用一只汽车用灯泡作为试灯，检查电路中有无断路故障。将试灯的一端夹在发动机或车架上，接通开关，把试灯另一端依次与蓄电池到该灯之间连线上的各测试点相接触，如灯亮，再与下一个测试点接触，直至试灯不亮为止。试灯在亮与不亮的两个测试点之间有断路故障，如图4-68所示。

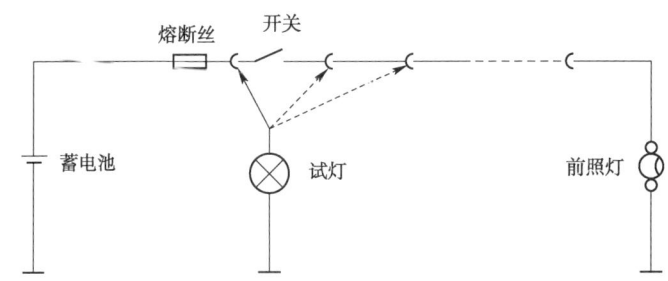

图 4-68　前照灯的断路故障试灯检查示意图

⑤仪表法。观察汽车组合仪表板上的灯系相关故障的指示情况，判断电路中有无故障。

(2) 前照灯线路的检修流程。

汽车灯系线路故障应按系统的线路逐级检查，认真查明出现故障的原因及可能存在的隐患，正确地加以排除。具体的诊断流程为：

①用防护罩对车辆进行防护。
②关闭点火开关。
③检查灯泡本身的故障。
④若灯泡本身的不存在故障,就应按照明系统的线路逐级检查。
⑤对照明线路的电路图,采用常见的线路检查方法,重点检查线路是否有短路、接线柱接触不良或者断路;开关是否接触不良或断路、熔断器是否熔断、继电器是否损坏,线路具体检测流程如图4-69所示。

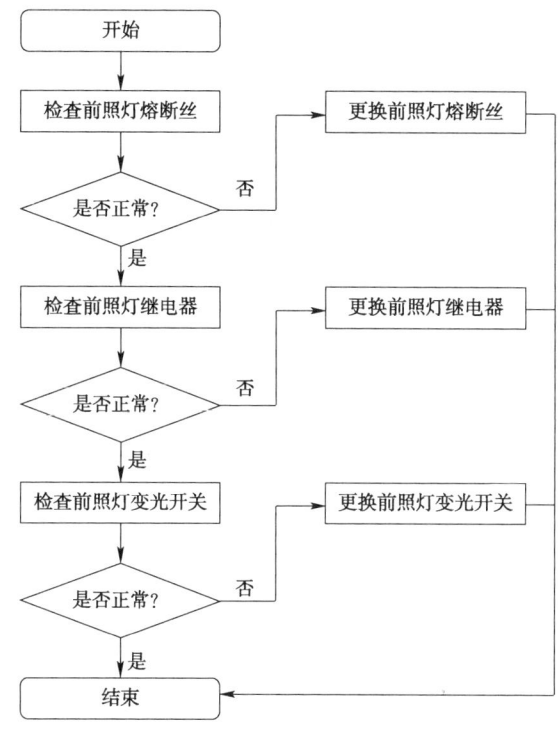

图4-69 前照灯线路具体检测流程图

⑥打开点火开关,检查照明系统是否能够正常工作。
⑦复位,撤除防护用品。
(3)照明线路的检修注意事项。
①拆卸和安装电器元件时,应切断电源。
②正确拆卸导线插接器(插头与插座)。要拆开插接器时,首先要解除闭锁,不允许在未解除闭锁的情况下用力拉导线,否则会损坏闭锁或连接导线。
(4)下面以丰田卡罗拉近光灯不亮故障为例,进行线路检测。
①分析丰田卡罗拉前照灯电路图,如图4-70所示。
②找到前照灯熔断丝的具体位置,如图4-71所示。
③将灯光开关置于前照灯位置,变光开光置于近光灯位置,检查熔断丝10A H – LP LH – LO 和10A H – LP RH – LO,两端应该均有12V以上的电压。如果不正常,则应更换熔断丝;如果正常,则继续检查前照灯继电器。

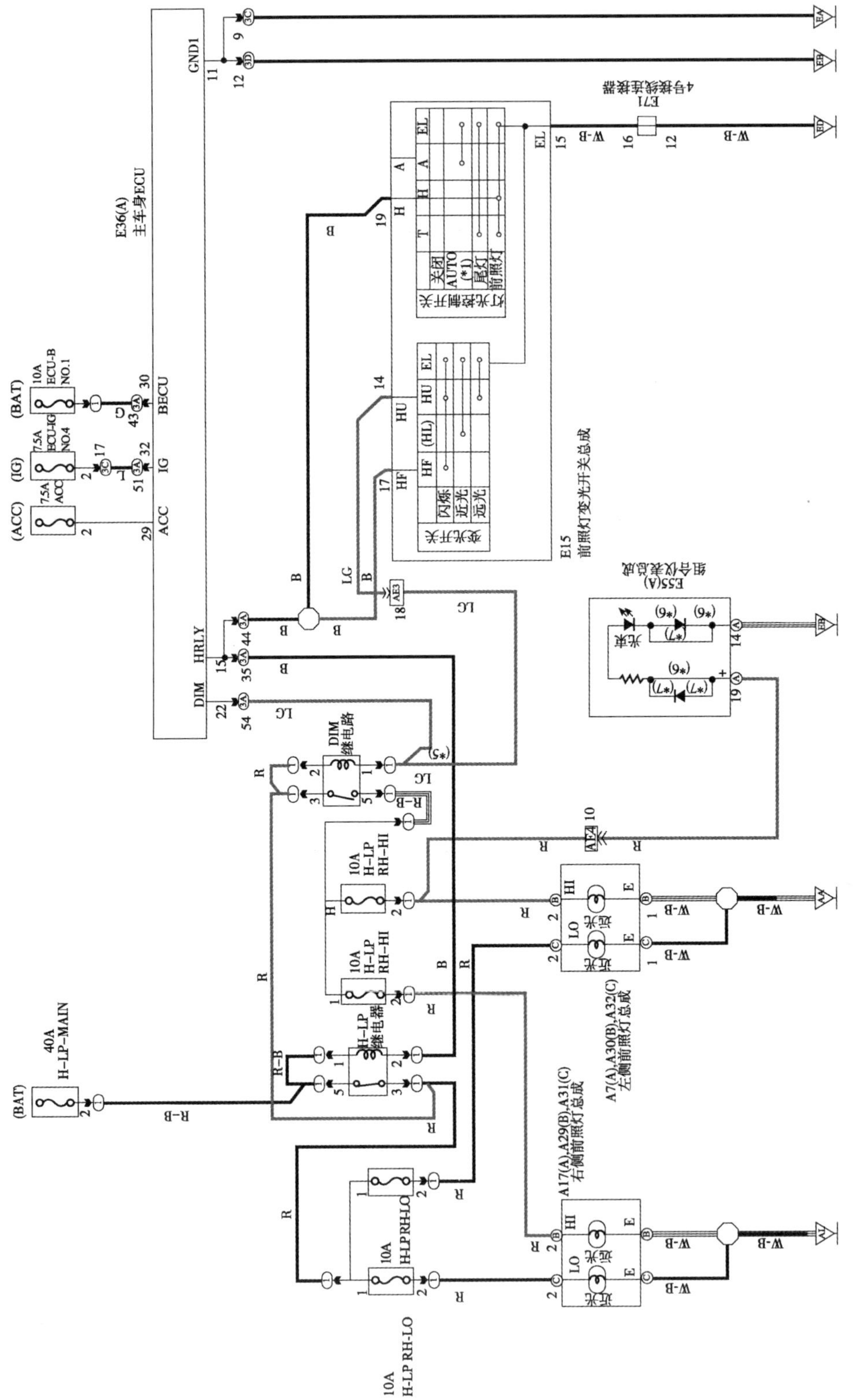

图 4-70 丰田卡罗拉前照灯电路图

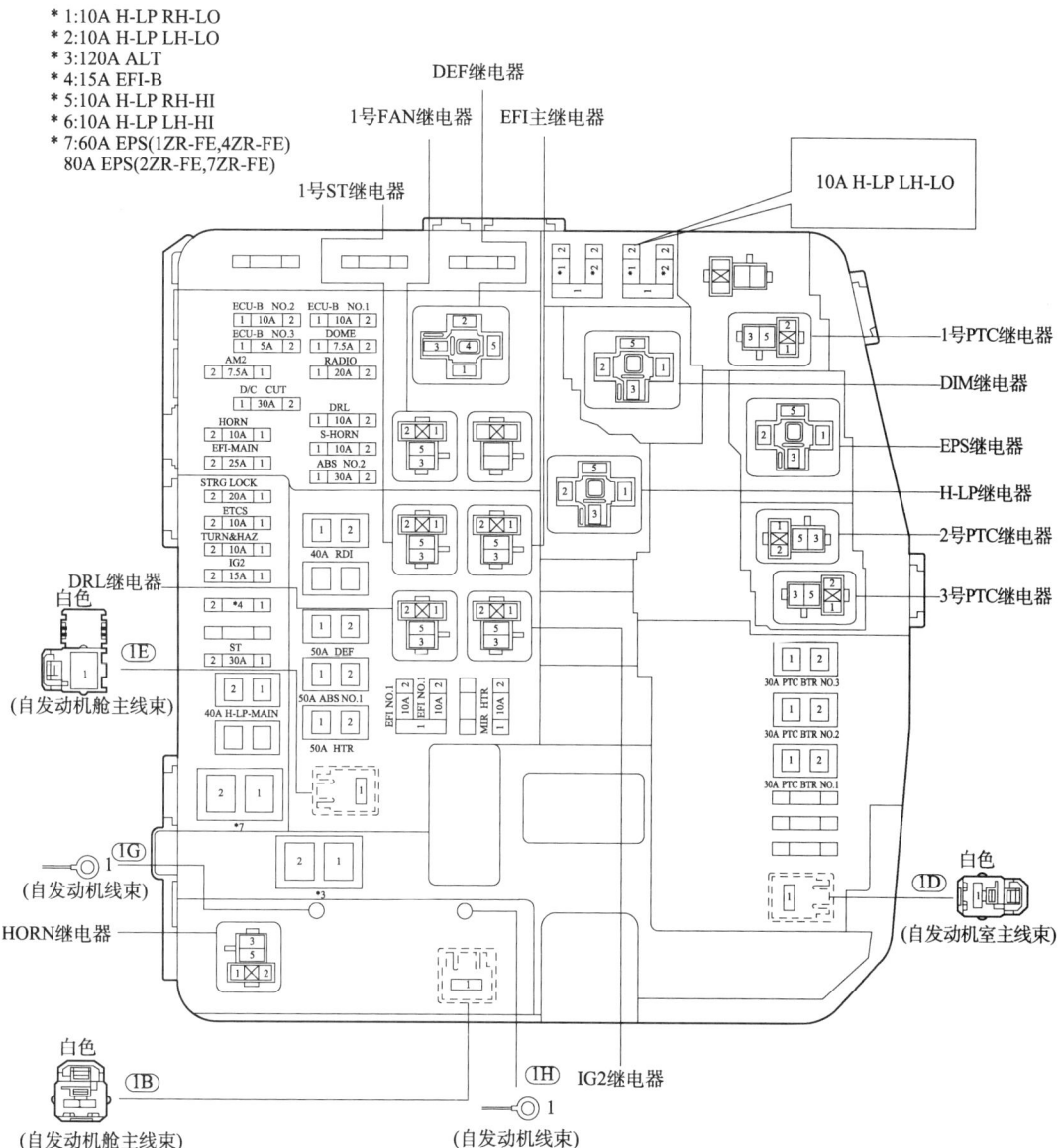

图 4-71 前照灯熔断丝的具体位置

④找到前照灯继电器的具体位置,如图 4-72 所示。

⑤使用万用表检查 DIM 继电器和 H－LP 继电器线圈的电阻及检查继电器触点的工作情况,继电器的检测方法如前所述。如果继电器不正常,则需要更换继电器,如果正常则继续进行开关的检测。

⑥使用万用表检查前照灯开关各端子间的导通性,具体参见表 4-6、表 4-7;开关连接器插头如图 4-73 所示,检测方法如图 4-74 所示。

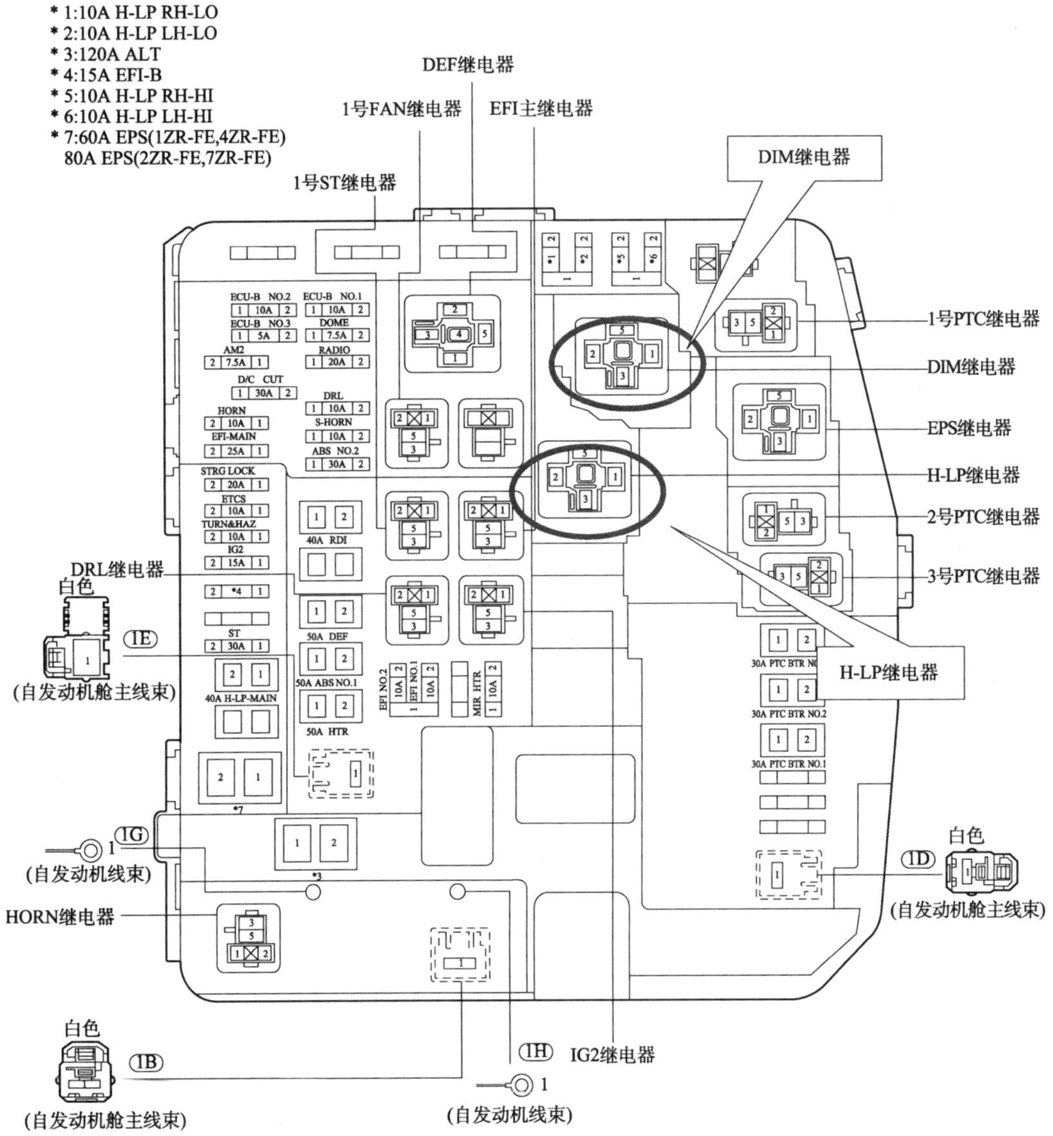
* 1:10A H-LP RH-LO
* 2:10A H-LP LH-LO
* 3:120A ALT
* 4:15A EFI-B
* 5:10A H-LP RH-HI
* 6:10A H-LP LH-HI
* 7:60A EPS(1ZR-FE,4ZR-FE)
80A EPS(2ZR-FE,7ZR-FE)
DEF继电器
1号FAN继电器
EFI主继电器
DIM继电器
1号ST继电器
1号PTC继电器
DIM继电器
EPS继电器
H-LP继电器
2号PTC继电器
3号PTC继电器
H-LP继电器
DRL继电器
白色
IE
(自发动机舱主线束)
IG
(自发动机线束)
HORN继电器
白色
ID
(自发动机舱主线束)
白色
IB
(自发动机舱主线束)
IH
IG2继电器
(自发动机线束)

图 4-72　前照灯继电器的具体位置

前照灯灯光控制开关各端子间的导通性　　表 4-6

开关位置		万用表连接	规定条件
灯光控制开关	关闭		不导通
	AUTO	20、15 号针脚	导通
	示宽灯	18、15 号针脚	导通
	前照灯	19、18 和 15 号针脚	导通

前照灯变光开关各端子间的导通性　　表 4-7

开关位置		万用表连接	规定条件
变光开关	闪烁	17、14 和 15 号针脚	导通
	近光	19、18 和 15 号针脚	导通
	远光	14、15 号针脚	导通

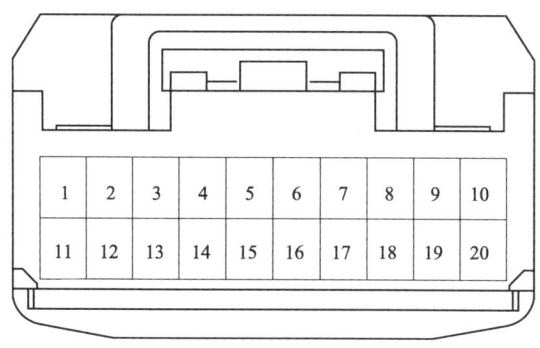
图4-73 前照灯开关插头示意图

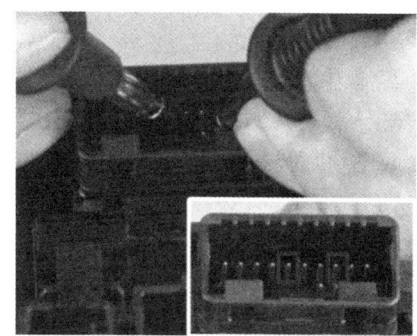
图4-74 前照灯开关插头检测

⑦如果不正常,则应更换开关。
⑧排除故障后,打开点火开关,检查照明系统是否能够正常工作。
⑨复位,撤除防护用品。

二、信号系统检修

1. 信号系统元件检修

汽车信号系统主要包括转向信号灯及危险报警闪光灯、制动灯、倒车灯等其他灯光信号系统和电喇叭信号系统。

1) 转向信号灯及危险报警闪光灯信号系统检修

转向信号灯及危险报警闪光灯信号系统主要元件包括转向灯、转向灯开关、危险报警闪光灯开关和闪光继电器等,电路原理如图4-75所示。开关和灯泡的检测与照明系统电路灯泡及开关检测方法类似。

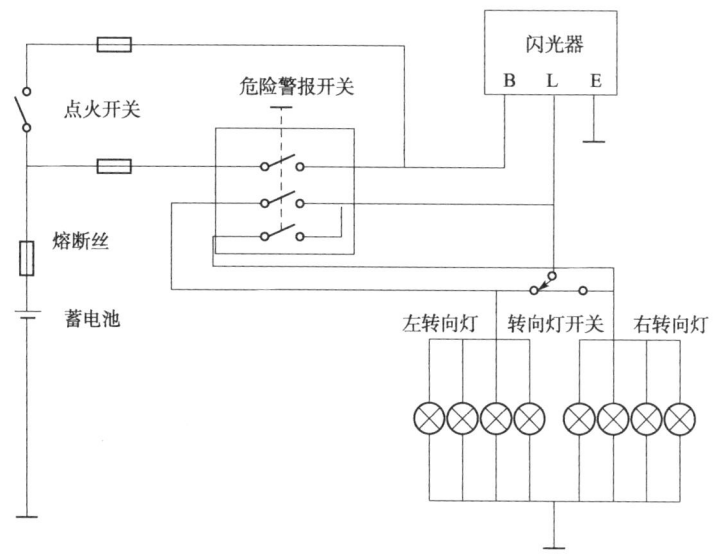

图4-75 转向信号灯及危险报警闪光灯信号系统电路原理图

图4-76 闪光继电器

闪光继电器实物如图4-76所示,其检测方法如下:

(1)就车检查。在点火开关置于ON位时,将转向灯开关打开,观察转向灯的闪烁情况:若相应转向灯及转向指示灯按65~120次/min的频率闪烁,则闪光继电器正常。

低于或超出规定值应进行调整。调整电热式闪光继电器,可打开闪光继电器外壳,用尖嘴钳拨动调节片改变触点间隙进行调整。在触点间隙增大时,由于电热丝需经过较长受热伸长后,才能使触点闭合,因此闪光频率降低;反之,频率升高。

如果转向灯不闪烁(常亮或不亮),则为闪光继电器自身或线路故障。用万用表检测闪光继电器电源接柱B与搭铁之间的电压,正常值为蓄电池电压。如果无电压或电压过小,则为闪光继电器电源线路故障;用万用表R×1挡测闪光继电器搭铁线柱E的搭铁情况,正常时电阻为0,否则为闪光继电器搭铁线路故障。

(2)闪光继电器的独立检测。将蓄电池、闪光继电器、试灯按照如图4-77所示接入试验电路,检测闪光继电器工作情况。接通蓄电池与试验电路,观察灯泡闪烁情况。如果灯泡能够正常闪烁,则闪光继电器完好;如果灯泡不亮,则表明闪光继电器损坏。

检测时需要注意,闪光继电器的接线必须正确。标有"L"或"信号灯"的接线柱应与转向开关相接;标有"B"或"电源"的接线柱应与电源正极相接;标有"P"或"指示灯"的接线柱应与仪表板的指示灯相接。对于电容式和电子式闪光继电器,还应注意其正、负极性。

2)制动灯系统检修

制动灯系统主要元件包括制动信号灯和制动信号灯开关,电路原理如图4-78所示。制动灯灯泡的检修和前面所述的照明灯灯泡的检修方法类似。

常见的制动信号灯开关有踏板控制式、液压式和气压式三种。在进行制动时,制动信号灯电路才接通。

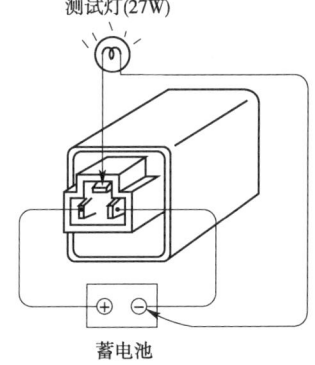

图4-77 闪光继电器的独立检测试验电路

(1)踏板控制式开关的检测。踏板控制式外形如图4-79所示。其检测方法与一般机械式开关相同,可用万用表(电阻挡)或直流试灯来检查开关的通断。压下活动触点,开关导通;松开活动触点,开关断开。

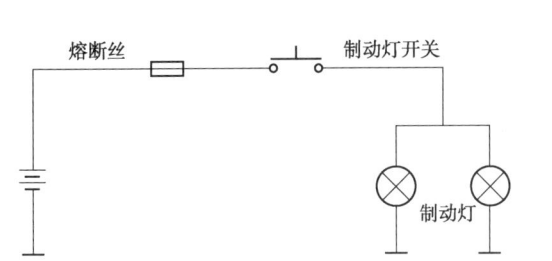

图4-78 制动灯系统电路原理

图4-79 踏板控制式制动信号灯开关

(2)液压式和气压式开关的检测。液压式制动信号灯开关结构如图 4-80 所示,气压式制动信号灯开关结构如图 4-81 所示。常见的故障是膜片损坏、接触桥与接线柱接触不良、复位弹簧折断或弹性过弱等。膜片损坏后,必须更换;接触桥或触点接触不良、电流不通,可拆下清理、打磨干净后装复即可消除;弹簧折断应换新件或按原尺寸重绕;弹性减弱可加适当厚度垫片,装复后使用。

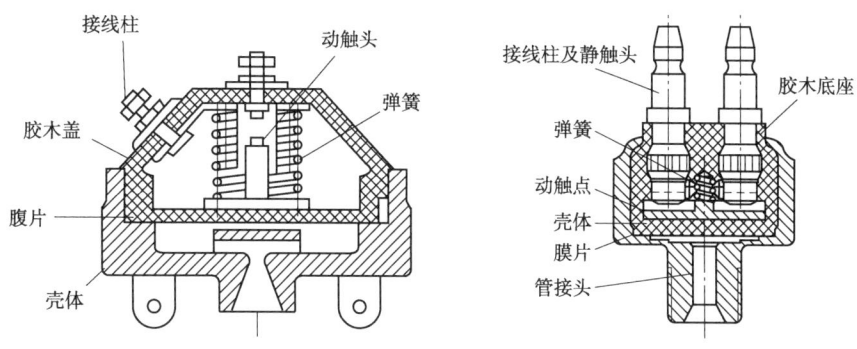

图 4-80　液压式制动信号灯开关结构图　　　图 4-81　气压式制动信号灯开关结构图

拆开制动信号灯开关时须小心仔细,防止损坏壳体与底座,装复时应保证外壳与底座接合紧密。

3)倒车信号系统的检修

倒车信号系统主要元件包括倒车信号灯、倒车灯开关。倒车信号灯开关外形如图 4-82 所示。其检测方法与一般机械式开关相同,可用万用表(电阻挡)或直流试灯来检查开关的通断。压下活动触点,开关导通;松开活动触点,开关断开。倒车信号灯的检测和照明系统电路灯泡的检测方法类似。

4)喇叭信号系统的检修

喇叭信号系统主要元件包括主要由喇叭、喇叭按钮开关、喇叭继电器、熔断丝等,电路原理如图 4-83 所示。

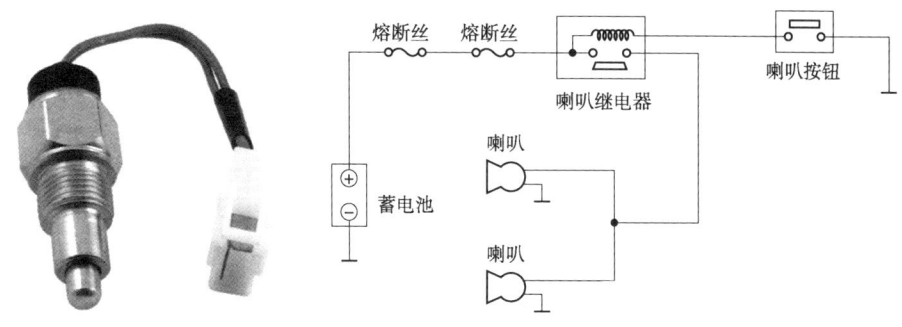

图 4-82　倒车信号灯开关　　　图 4-83　喇叭信号系统电路原理图

(1)喇叭继电器、按钮开关和熔断丝等元件的检测方法及线路故障的检测方法与前述类似。

(2)汽车电喇叭的检测。

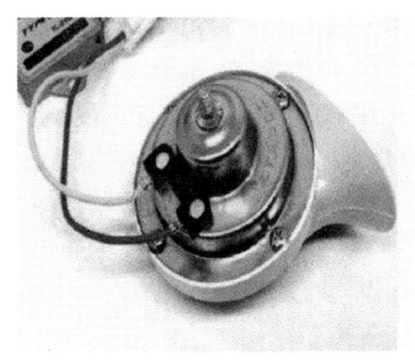

图 4-84　汽车电喇叭实物图

电喇叭的实物,如图 4-84 所示。

①电喇叭的检查要点:确认音质是否良好;确认喇叭按钮的动作状态,当转动转向盘时,检查转向盘处于各种位置时按钮是否能正常动作;确认喇叭的配线连接点是否因车辆振动而脱落;确认喇叭内是否渗水。

②电喇叭故障诊断方法。

A. 喇叭不响。检查电源部分,可开前照灯,通过前照灯发光状态判定电源情况,应确认蓄电池电量充足并且电源线路正常。

检查喇叭,使用螺丝刀将喇叭继电器的"电池"与"喇叭"两接线柱短接。如喇叭响,说明喇叭正常;如喇叭不响,说明喇叭有故障。此时,可拆检喇叭,确认线圈或衔铁气隙是否正常。

B. 音质不佳。检查喇叭安装状态:喇叭的固定支架螺钉松动、喇叭筒固定螺钉松动可引起音响不佳,因此应检查喇叭的安装状态,排除不良部位。

检查蓄电池电量:开启前照灯,以灯光亮度判断蓄电池电量是否充足。

检查继电器:用螺丝刀搭接继电器的蓄电池与喇叭接线柱。此时,如喇叭音响正常,应拆检继电器触点。

检查喇叭:拆下喇叭盖罩,检查和调整衔铁气隙。如音调尖锐刺耳时,应增大气隙;如音调低哑时,应减小气隙。然后,拆检振动膜。

C. 音量不当。音量过小时,第一步检查电池容量;第二步检查喇叭线路。在喇叭鸣响时,测量喇叭线路各接点处电压值,对电压明显下降处的接点与配线进行修整;第三步调整线圈电流,可旋松螺母,并以顺时针方向转动调整螺母,使触点压力降低,从而使触点闭合时间缩短,流过线圈电流减小。

当音量过大时,可按第三步的调整方法,逆时针方向转动调整螺母,使流过线圈的电流增大。

2. 信号系统线路检修

汽车信号系统线路故障与其他系统电路出现的故障情况基本类似,主要是线路的短路、断路和接触不良。检查的方法也类似,主要有:直观诊断法、断路法、短路法和试灯法、仪表法。

应先检查灯泡本身的故障,如没有,应按各系统的线路逐级检查,认真查明出现故障的原因及可能存在的隐患,正确地加以排除。

1)信号系统线路诊断步骤

(1)用防护罩对车辆进行防护。

(2)关闭点火开关。

(3)检查灯泡本身的故障。

(4)若灯泡本身不存在故障,就应按信号系统的线路逐级检查。根据信号线路的电路图,采用常见的线路检查方法,重点检查线路是否有短路、接线柱接触不良或者断路;开关是否接触不良或断路,熔断器是否熔断,继电器是否损坏。下面以转向灯不亮故障为例,介绍线路检测的具体流程,如图 4-85 所示。

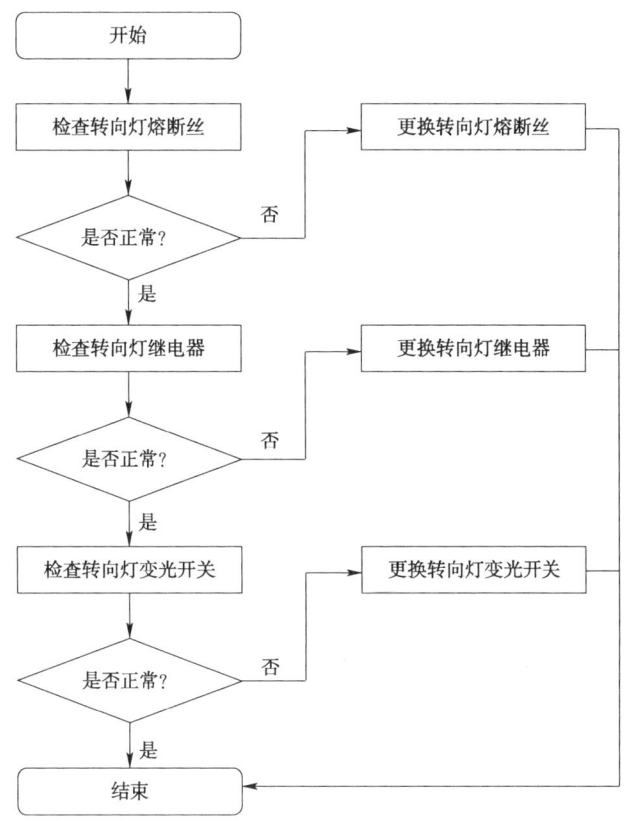

图 4-85　转向灯信号系统线路检测的流程图

(5) 打开点火开关,检查信号系统是否能够正常工作。

(6) 复位,撤除防护用品。

2) 注意事项

(1) 拆卸和安装电器元件时,应切断电源。

(2) 正确卸导线插接器(插头与插座)。要拆开插接器时,首先要解除闭锁,不允许在未解除闭锁的情况下用力拉导线,否则会损坏闭锁或连接导线。

3) 以丰田卡罗拉转向灯不亮故障为例进行线路检测

(1) 分析丰田卡罗拉转向灯电路图,如图 4-86 所示。

(2) 找到转向灯熔断丝的具体位置,如图 4-87 所示。

(3) 点火开关接通至 ON 位置,检查熔断丝 ECU – B NO.2 和 TURN&HAZ 两个熔断丝两端应该均有 12V 以上的电压。如果不正常,则应更换熔断丝;如果正常,则继续检查转向灯开关。

(4) 使用万用表电阻挡检查转向灯开关各端子间的导通性(表 4-8),开关的端子排列如图 4-88 所示,开关端子实物如图 4-89 所示,检测方法如图 4-90 所示。

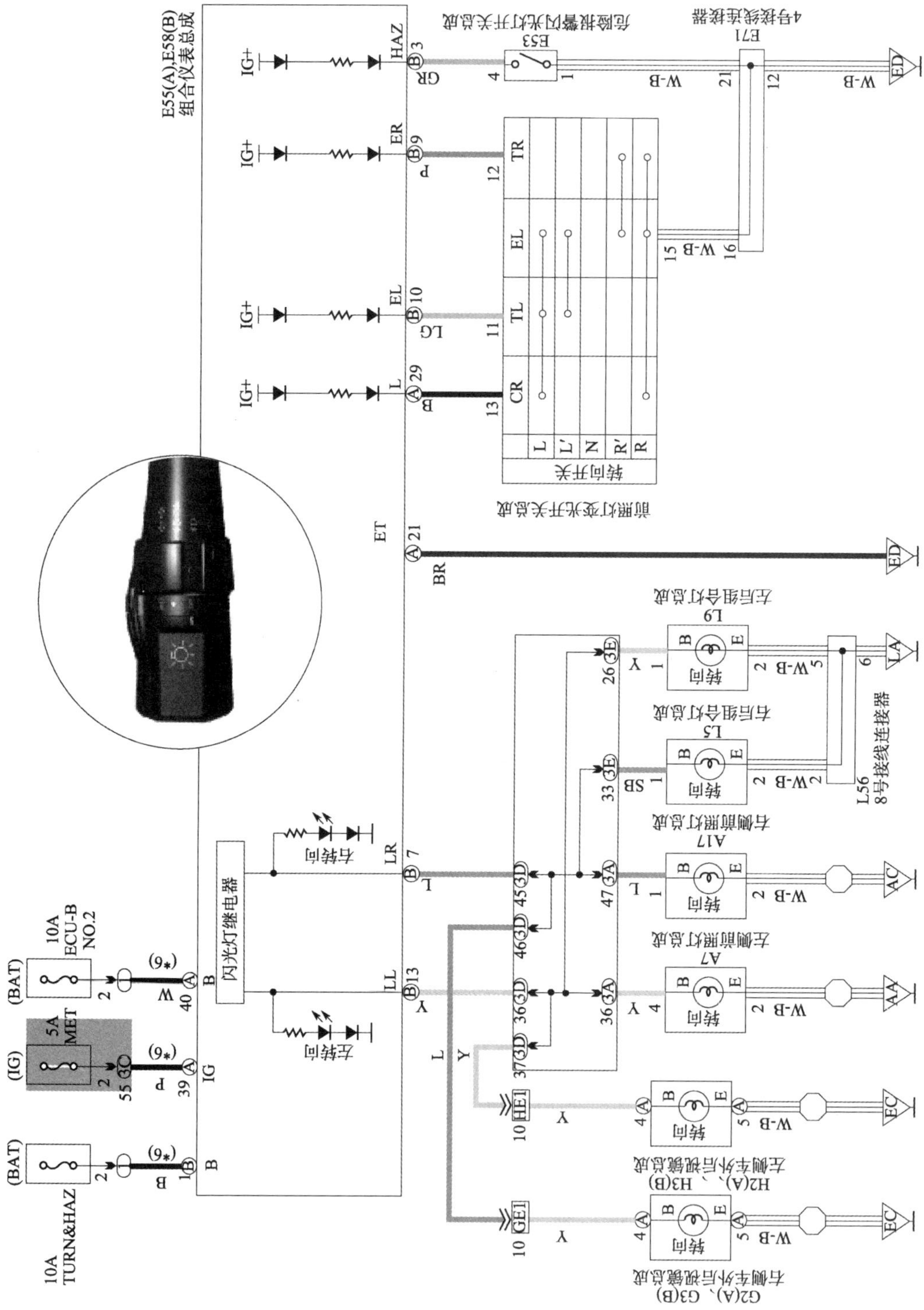

图 4-86 丰田卡罗拉转向灯电路图

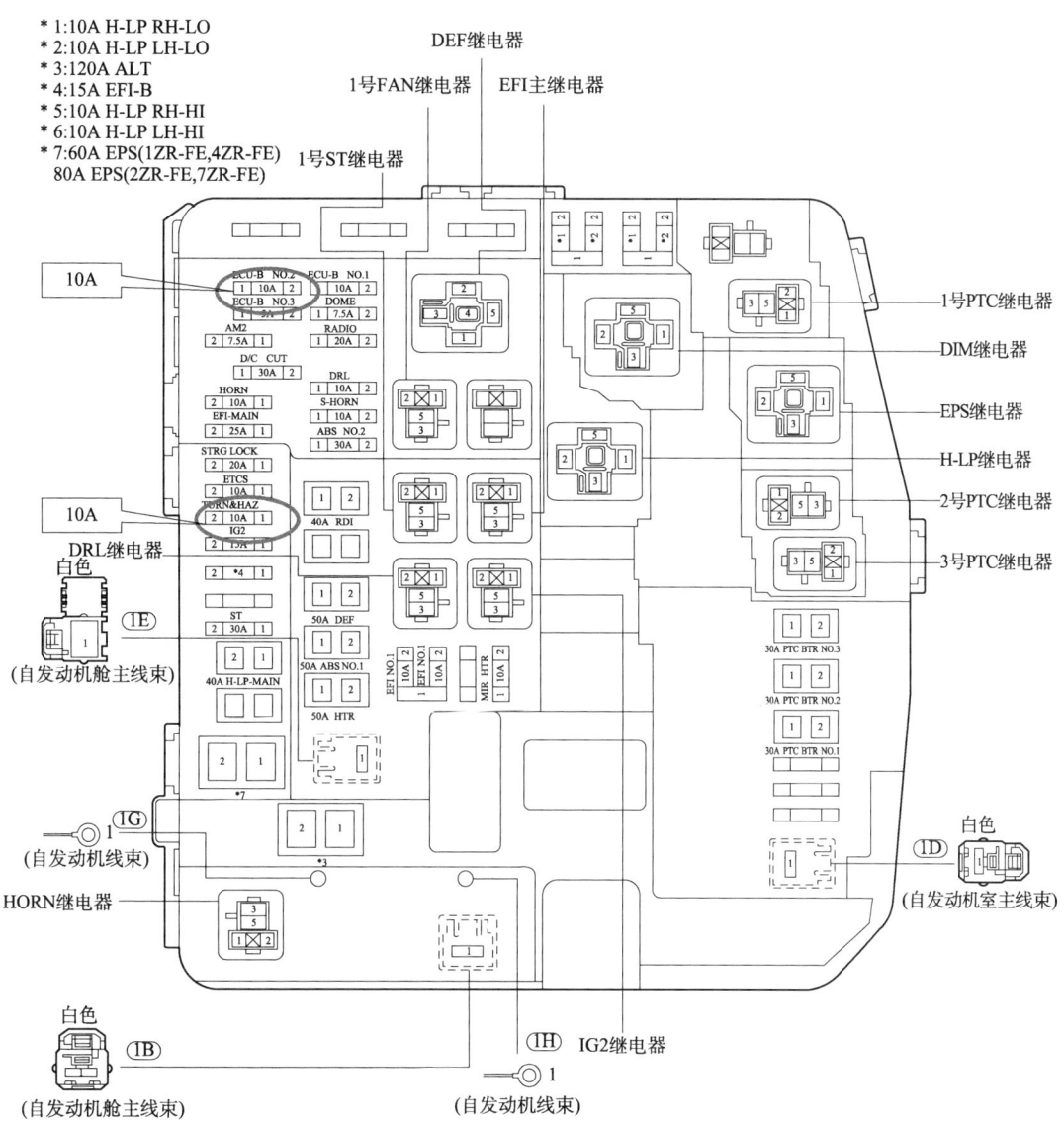

图 4-87 转向灯熔断丝的具体位置

转向灯开关各端子间的导通性 表 4-8

开关位置		万用表连接	规定条件
转向开关	L	11、13、15 针脚相互之间	导通
	L′	11、15 针脚	导通
	N		不导通
	R′	15、12 针脚	导通
	R	13、15、12 针脚相互之间	导通

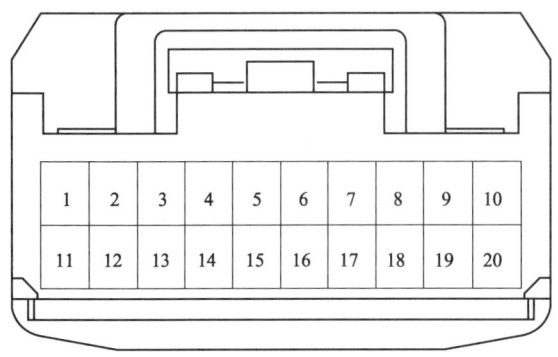

图4-88 转向灯开关端子排列

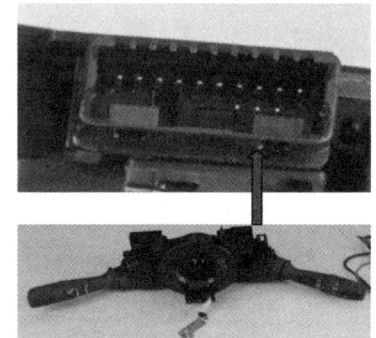

图4-89 转向灯开关端子实物图

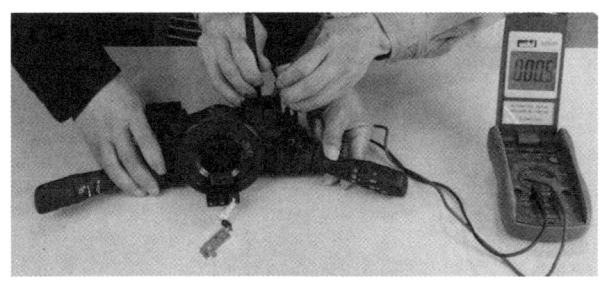

图4-90 检查转向灯开关各端子的方法

(5) 如果不正常,则应更换开关。

(6) 排除故障后,打开点火开关,检查转向系统是否能够正常工作。

(7) 复位,撤除防护用品。

三、仪表系统检修

现代汽车仪表系统采用计算机控制的电子式组合仪表,电子式仪表主要包括各种传感器及开关、专业集成电路和组合仪表板等,结构框图如图4-91所示。

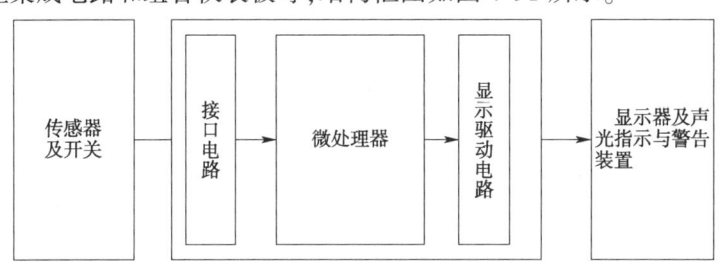

图4-91 电子式汽车仪表系统构框图

测量时,各传感器的输出信号经接口电路转化为数字信号,由微机信号处理系统进行测量,通过显示驱动电路与仪表板显示器相连,分时循环显示或同时在不同区域显示各种测量参数。丰田花冠轿车组合仪表工作原理电路,如图4-92所示。

1. 仪表系统元件检修

现代汽车仪表系统主要将车速里程表、燃油表、冷却液温度表、机油压力表、发动机转速表等不同的仪表表芯、指示灯和报警灯等安装在同一外壳内组合而成。组合仪表中的仪表可单独更换,各种指示灯、报警灯和仪表灯的灯泡可单独更换。

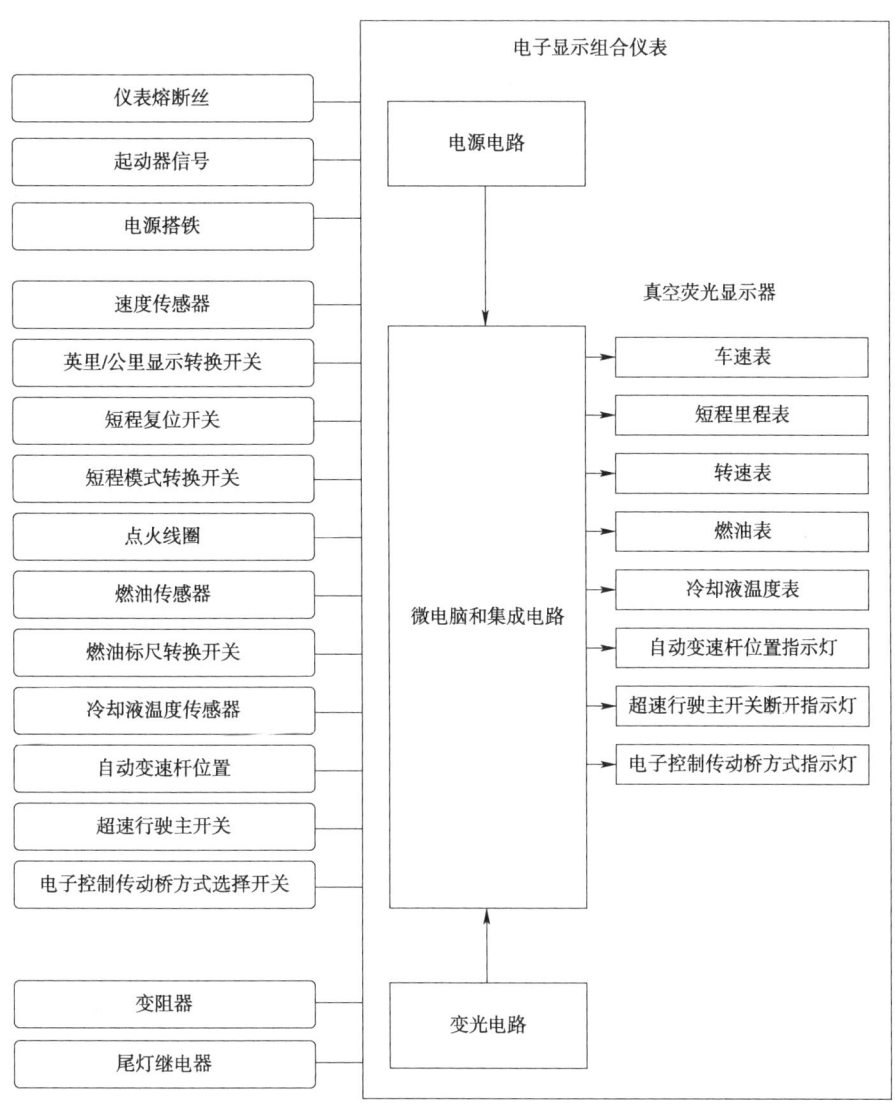

图 4-92 丰田花冠轿车组合仪表工作原理电路

1) 车速里程表及传感器的检修

丰田花冠轿车车速表电路如图 4-93 所示,采用霍尔效应式车速传感器(图 4-94),安装在主减速器上,车速传感器的信号输入到组合仪表,组合仪表经过处理和计算后由车速表显示出来。

(1) 霍尔式车速传感器的检修方法。车速传感器上有 3 个接线端子,其中端子 1 通过点火开关与蓄电池连接,端子 2 搭铁;端 3 是一信号输出线,它与发动机 ECU 的接线端子 9 连通。

① 检测传感器的电压:将点火开关置于 OFF 位置,拔下车速传感器插头,再将点火开关置于 ON 位置,检测车速传感器插头端子 1 与 2 之间的电压,该值应为 12V;如果电压值偏大或偏小,都应根据电路图检查熔断器、点火开关以及它们之间的连接导线。

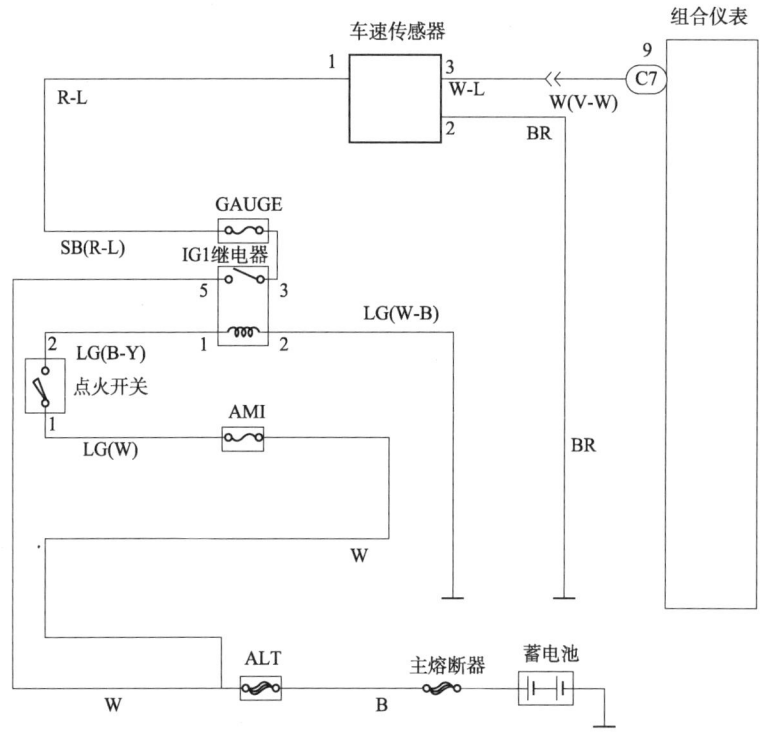

图 4-93 丰田花冠轿车车速表电路图

②检测传感器的输出信号：当汽车行驶时，用示波器检测车速传感器插座端子 3 和 2 之间有无方波信号输出（测试时，车速传感器的插头不能取下），若无信号则说明车速传感器损坏或相应的连接电路有故障，应给予及时检修或更换。

(2) 磁感应式车速传感器的检修方法。

①开路检测：断开车速传感器连接器接头，用万用表测量传感器两接线端子间的电阻，如图 4-95 所示。不同自动变速器的这种车速传感器感应线圈的电阻值不同，一般为几百到几千欧，如果偏大或偏小，都应该根据电路图检查线路。

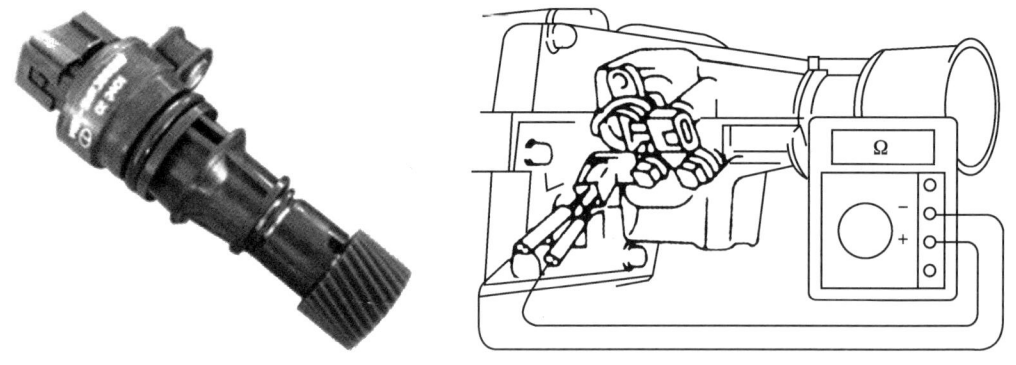

图 4-94 霍尔效应式车速传感器　　图 4-95 测量传感器两端子间的电阻

②模拟检测：将车支起，用手转动悬空的驱动车轮，同时用万用表测量车速传感器的两接线端子间有无脉冲感应电压，如图 4-96a) 所示，脉冲波形如图 4-96b) 所示。若万用表指

针有摆动,说明传感器有输出的脉冲电压、传感器工作正常;否则说明传感器有故障,应进一步检查传感器转子及感应线圈是否脏污。若脏污,应进行清洁后再进行测试。若传感器仍无脉冲电压产生,说明传感器已经损坏,应及时更换。

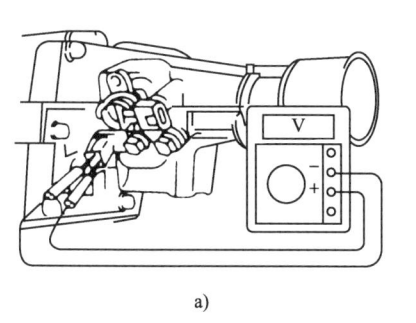
a)

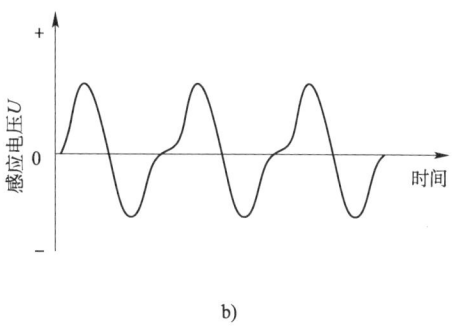
b)

图 4-96　磁感应式车速传感器脉冲电压的测量

③单件检测:拆下车速传感器,用一根铁棒或一块磁铁迅速靠近或离开传感器,同时用万用表测量传感器两接线端子间有无脉冲电压产生,如图 4-97 所示。如果没有感应电压或感应电压很微弱,说明传感器有故障,应进一步检查。再试验确认有故障后,应更换传感器。

(3)电磁感应式车速传感器的检修方法。对于变速器输入轴电磁感应式车速传感器,检测方法与电磁感应式车速传感器的检测方法基本相同,在此不再叙述。

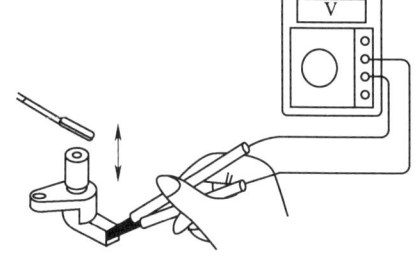

图 4-97　测量传感器两端子间脉冲电压

2)发动机转速表及传感器的检修

(1)发动机转速传感器的检修。丰田花冠的发动机转速与曲轴位置传感器一体化,采用电磁感应式,外形如图 4-98 所示。

传感器的信号齿上有一个畸变齿,传感器输出的信号既作为发动机转速信号,又作为曲轴位置信号,工作原理如图 4-99 所示。

图 4-98　发动机转速与曲轴位置传感器

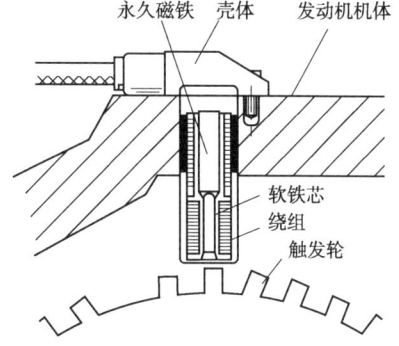

图 4-99　电磁感应式发动机转速传感器工作原理

发动机转速与曲轴位置传感器与发动机和 ECT ECU、组合仪表之间的连接线路如图 4-100 所示。检测方法与磁感应式车速传感器类似,此处不再叙述。

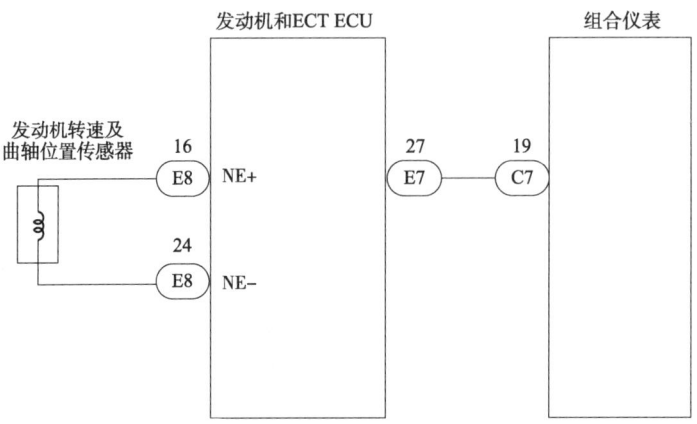

图 4-100　丰田花冠轿车发动机转速表连接线路

(2) 发动机传速表的检修。汽车用发动机转速表一般由集成电路和毫安表组成。集成电路安装于组合仪表印制电路板上,常见的故障有:指针零位不准、指示不动。

① 指针零位不准:一般是拆开组合仪表后未将指针安装准确,可重新拆开校正。

② 指针不动:一般是信号引线脱落、折断或插头接触不良所致。

3) 燃油表及传感器的检修

(1) 燃油表传感器的检测。燃油表传感器实物,如图 4-101 所示。

对燃油量传感器总成进行检测时,按照浮子高度的不同对端子之间的电阻进行检测,检测方法如图 4-102 所示,其电阻值均应符合原厂规定。否则,应予修理或更换。

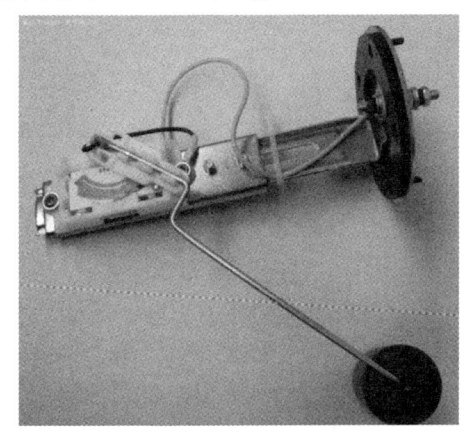

图 4-101　燃油表传感器实物图

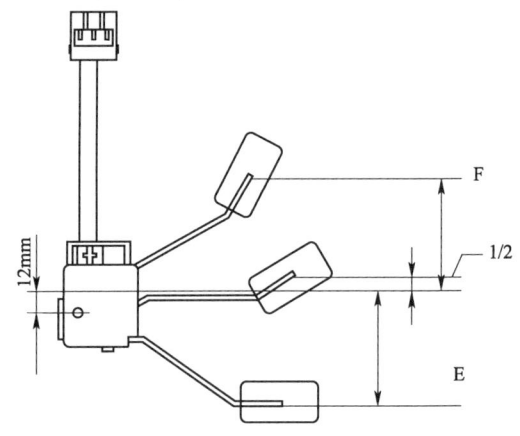

图 4-102　检测浮子高度不同下的电阻

检测的标准值,见表 4-9。

浮子不同高度下电阻的标准值　　　　　　　　　　　表 4-9

浮 子 平 面	浮子位置(mm)	电阻(Ω)
F	53.0 ± 3	4.0 ± 1
1/2	5.8 ± 3	55.0 ± 3
E	56.2 ± 3	107.0 ± 1

(2) 燃油表的检测。将被试指示表与标准传感器连接起来,如图 4-103 所示。

接通电源开关,将浮子置于各规定位置,查看指示表。指示表指针应分别指在0(E)和1(F)位置,并且误差不超过10%。否则,应予调整或更换。

如果指示值不准,对于电磁式或动磁式指示表,可改变0(E)或1(F)线圈的轴向位置,两线圈间的夹角进行调整;对于双金属片式指示表,可转动调整齿扇进行调整。

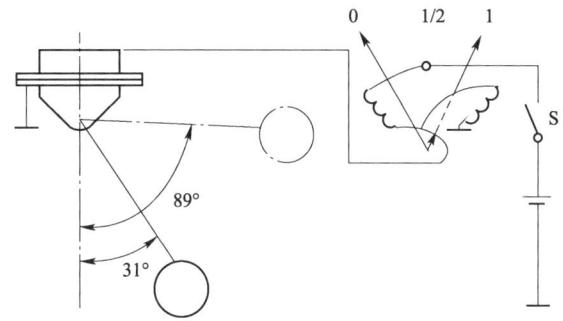

图4-103 燃油表的检测连接图

如果指示表指针指在0(E)或1(F)位置时,传感器浮子或浮子臂不在规定位置,可改变移动接触片与电阻器的接触位置进行调整。

(3)电磁式和电动式燃油表的检修。

①故障现象:接通点火开关,燃油指示表指针指在1(F)位置不动。

检查与排除:将指示表接传感器的导线搭铁,接通点火开关,查看指示表。如果指示表指针回到0(E)位置,检查传感器是否损坏或搭铁不良。必要时,进行修理或更换。

如果指示表指针不回到0(E)位置,将指示表传感器接线柱搭铁,查看指示表。如果指示表指针回到0(E)位置,检查指示表与传感器间的连接导线是否断路;如果指示表指针仍然不回到0(E)位置,检查指示表传感器接柱上的电磁线圈引线是否脱开。必要时,进行修理或更换。

②故障现象:接通点火开关,燃油指示表指针在0(E)位置不动。

检查与排除:拆下传感器上的导线,接通点火开关,查看指示表。

如果指示表指针向1(F)位置移动,检查指示表极性是否接反、传感器内部是否搭铁、浮子是否损坏。必要时,进行修理或更换。

如果指示表指针仍然停在0(E)位置不动,将指示表电源接柱搭铁试火。如果有火花,检查指示表电磁线圈是否断路;如果无火花,检查指示表电源线是否断路。必要时,进行修理或更换。

(4)双金属片式燃油表的检修。

①故障现象:接通点火开关,燃油指示表指针指在1(F)位置不动。

检查与排除:拆下传感器上的导线,接通点火开关,查看指示表。如果指示表指针回到0(E)位置,检查传感器内部是否搭铁。必要时,进行修理或更换。

如果指示表指针不回到0(E)位置,拆下指示表传感器接柱上的导线,查看指示表。如果指示表指针回到0(E)位置,检查指示表与传感器间的连接导线是否搭铁;如果指示表指针不回到0(E),检查指示表内部是否短路。必要时,进行修理或更换。

②故障现象:接通点火开关,燃油指示表指针指在0(E)位置或者不动。

检查与排除:将传感器上的导线搭铁,接通点火开关,查看指示表。如果指示表指针向 1(F) 位置移动,检查传感器是否损坏或搭铁不良。必要时,进行修理或更换。

如果指示表指针仍然停在 0(E) 位置不动,将指示表传感器接柱搭铁,查看指示表。如果指示表指针向 1(F) 位置移动,检查指示表与传感器间的连接导线是否断路;如果指示表指针仍然不向 1(F) 位置移动,测量指示表电源接柱电压,如电压为 0,检查指示表电源线是否断路;如果有电压,检查电热线圈是否断路。必要时,进行修理或更换。

4)冷却液温度表及传感器的检修

(1)冷却液温度传感器的检修。冷却液温度传感器分双金属片式和热敏电阻式。目前,大多数汽车上都采用负温度系数热敏电阻式,实物如图 4-104 所示。

图 4-104 热敏电阻式冷却液温度传感器实物图

其温度特性及传感器的检测方法,如图 4-105 所示。

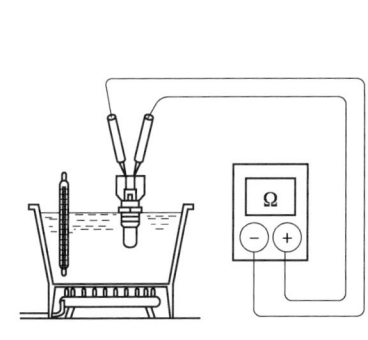
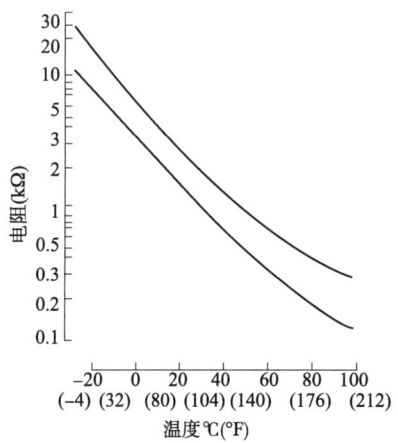

图 4-105 冷却液温度传感器温度特性及检测方法

当对冷却液温度表温度传感器进行检查时,利用万用表的欧姆挡测量各端子之间的电阻,其标准值如下:电阻在 20℃(68℉)时,为 2.32~2.59kΩ;在 80℃(176℉)时,为 0.310~0.326kΩ。

注意:当在水中检查冷却液温度传感器时,要注意不得让水进入端子内,在检查后,将传感器擦拭干净。

(2)冷却液温度表的检修。冷却液温度表因配用的传感器不同而有以下两种仪表的区别。

刻度盘刻度大小方向相反,即通电前,配双金属片式传感器的冷却液温度表指针指在最小刻度处,而配热敏电阻式传感器的冷却液温度表指针则指在最大刻度处。

双金属式传感器具有自动稳压作用,不需配稳压器,而热敏电阻式传感器则需要配稳压器。

冷却液温度表常见故障有以下三类:指针不动、示值有误差以及指针偏转到最大极限。

①指针不动。发动机运转一段时间后,当冷却液温度大于40℃时,冷却液温度表指针仍停留在原位不动,可先看其他仪表示值是否正常,若不正常,应检查公共电路是否断路,其他仪表若正常,说明冷却液温度表电路有故障。此时,先将冷却液温度传感器接线柱搭铁,搭铁后,若指针偏转,说明传感器已损坏,应更换。若指针仍不动,可将冷却液温度表出线接线柱用短接线搭铁,若指针移动,说明传感器连线断路;指针不动,说明冷却液温度表内部有断路。

②示值误差。冷却液温度表的示值出现误差时,其原因通常是稳压器失去稳压作用或传感器失效。通过燃油表示值的比较或用万用表测量其输出电压,可判断稳压器是否失效。

③指针偏转到最大极限。接通点火开关,冷却液温度表偏转到最大极限,说明传感器电路有搭铁故障。检查时,可拆去传感器引线,若指针退回,说明传感器内部搭铁。若指针不动,可拆去冷却液温度表传感器引线后,再观察指针,若指针退回,说明传感器连线有搭铁故障;仍不退回,说明表内有搭铁故障。

5)机油压力表及传感器的检修

(1)机油压力传感器的检修。机油压力传感器一般装在主油道上,实物外形如图4-106所示。

图4-106 机油压力传感器

用万用表电阻挡检测机油压力传感器的电阻。其电阻值均应符合原厂规定。否则,表明机油压力传感器有故障,应予修理或更换。

(2)机油压力表的检修。将被测指示表与正常传感器连接,线路如图4-107所示。

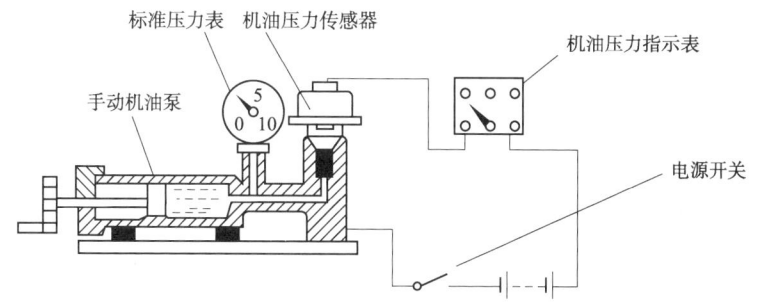

图4-107 机油压力表的检测连接线路图

接通电源开关,转动手动机油泵手柄对机油加压,并查看标准压力表和机油压力指示表。机油压力指示表的读数应与标准压力表的读数基本一致,其误差应不大于10%。

如果机油压力指示表指示值不准,对于电磁式或动磁式指示表,可改变其左右线圈的轴向位置或两线圈间夹角进行调整;对于双金属片式指示表,可转动调整齿扇进行调整。

如果机油压力指示表在高压区指示不准,对于双金属片式机油压力传感器,可改变传感器内调整电阻的阻值(30~360Ω)进行调整;对于可变电阻式机油压力传感器,可改变传感器内滑动接触片与电阻器的接触位置进行调整。

机油压力表线路的故障有示值不准、表针不动等。故障部位如图4-108所示。

①示值不准。正常情况下,未接通点火开关,指针应位于零位以下。若表针这时就指在零位或零位以上,说明指示表零位不准;接通点火开关但未起动时,指针应指在零位;若高于零位,说明传感器装歪或传感器与指示表不匹配;若指针走向最大极限,说明指示表到传感器之间有搭铁故障;发动机怠速时,指针应指在0.15~0.20MPa,高速时不应超过0.5MPa。切断点火开关,指针应缓慢退回到零位稍下位置。

若指示表到传感器间有搭铁故障,可先拆下传感器引线,看表的指针是否从最大值处退回原点。若能退回原点,说明传感器内部有搭铁故障;若拆线后仍不退回原点,可再拆下指示表传感器接线柱上的引线。若表针退回原点,说明导线有搭铁故障;若还是不能回原位,说明指示表内部有搭铁故障。

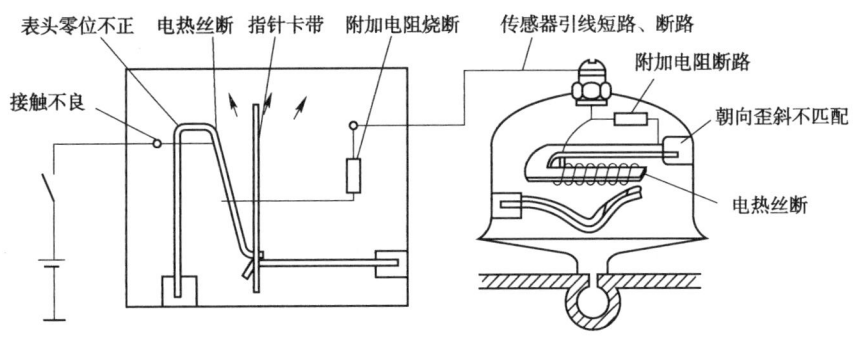

图4-108 机油压力表线路的故障部位

②表针不动。接通点火开关,其他表指示正常,但机油压力表指针不动,说明机油压力表电路有断路故障。检查时,可用导体将传感器引线搭铁,若表针摆动,说明机油压力指示表及接线均良好,应检查传感器。亦可拆下传感器,用细钢丝插入传感器油孔内顶压膜片,若指针移动,说明故障不在电路,而在于润滑系统不能建立油压;若仍不能移动,说明传感器已损坏。

短接传感器后,若机油压力表仍不动,可将机油压力表的传感器接线柱对搭铁短接。若表针移动,说明指示表到传感器连线断路;若表针仍不移动,但用试灯触试指示表进线有电压,说明指示表内部断路,应更换油压指示表。

6) 仪表电路板的检修

仪表内部电路板如图4-109所示,其中的供电电路、搭铁电路、指示电路、报警电路等都可能会出现断路、短路、电阻过大的故障,检测时需要根据故障现象进行逐一测量。

(1) 内部元件故障检修。内部的稳压电路元件、三极管元件等各种电子元件都有损坏的可能,如图4-110所示,可视具体情况进行修理,更换时要注意型号的匹配,无法修理时可更换整个仪表总成。

(2) 印刷线路板故障检修。因制作质量问题,导致仪表内部印刷线路板存在隐患,引起故障。

(3) 仪表内部报警灯或发光二极管损毁。目前,汽车仪表中的报警指示灯有普通灯泡,也有发光二极管,如图4-111所示。若其损坏,会导致报警或照明灯不亮的故障,维修时可对其进行更换处理。

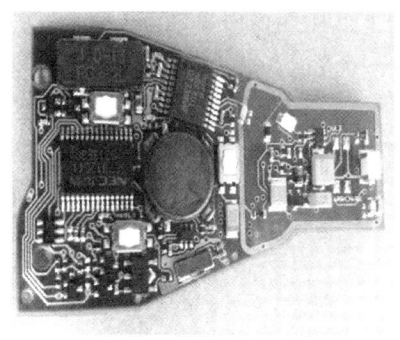
图 4-109　部分仪表电路板内部

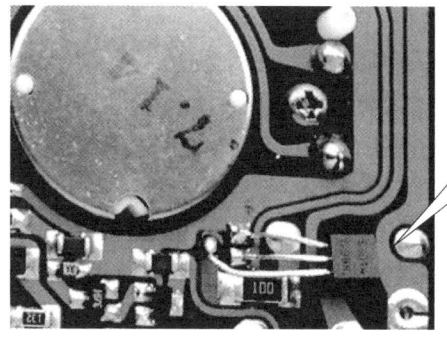

损坏的三极管

图 4-110　内部元件故障

图 4-111　仪表内部报警灯

（4）显示器故障检修。一旦电子仪表板上的显示器部分笔画、线路出现故障,应将仪表板上显示器件调整到静态显示状态,仔细观察是否还有别的故障,就此时出现的故障,使用检测设备对与此相关的电路或装置进行认真检查。若仅有一两笔画或线段不显示,则说明逻辑电路板多路传输的脉冲信号正确,可能是显示装置的部分线段工作不正常,此情况应做进一步检查,属接触不良的应加以紧固,确保电路通;若是电子器件本身的问题,通常应更换显示器件或电路板。

7）仪表电源稳压器的检修

（1）断路故障。当发现冷却液温度表和燃油表不工作,而其他仪表均指示正常时,可用短接线将稳压器的输入、输出端短接,这时若冷却液温度表针偏转,说明稳压器触点氧化、烧蚀或触点调整不当。遇此故障,可拆开稳压器外壳,清除动、静触点间的氧化层,或锉平触点上的烧蚀、毛刺,并重新调整电压。

（2）电压偏高。当冷却液温度表和燃油表均指示偏高时,可用短接线将稳压器搭铁端重复搭铁。若冷却液温度表、燃油表指示变为正常,说明稳压器搭铁不良;若重复搭铁后,两表针指示值偏高,说明稳压器调节过高或加热线圈烧断或触点烧结。

2. 仪表系统线路的检修

汽车仪表的故障,基本上可以划分为三大类:传感器损坏、线路故障、仪表损坏。

当仪表不工作或工作不良时,应对其线路、机械传动装置和传感器进行检查。线路的通断情况可用万用表或试灯进行检查;机械传动装置用常规的检查方法检查即可;传感器的检查按前述方法进行。若线路、机械传动装置及传感器工作正常,而仪表不工作或工作不正常,则应更换仪表。

（1）以电子式车速表不指示的故障诊断为例,检修思路如图 4-112 所示。

（2）以燃油表无指示故障为例,介绍仪表线路故障分析方法。

①故障现象:油箱内无论多少燃油,指针总是显示无油。

②故障原因:燃油表本身故障、电路有断路、燃油表传感器故障和稳压器工作异常等。

③检修方法:拔下燃油表传感器接线插头并搭铁,打开点火开关,观察燃油表。若指针向满油刻度方向移动,说明故障在燃油表传感器;若无反应,说明故障在仪表本身,或稳压器或电路已断路。接好燃油表传感器接线插头,打开点火开关,用万用表测量仪表上的电源线电压,若有电压,说明燃油表已损坏;若无电压,说明稳压器已坏或电路已断。

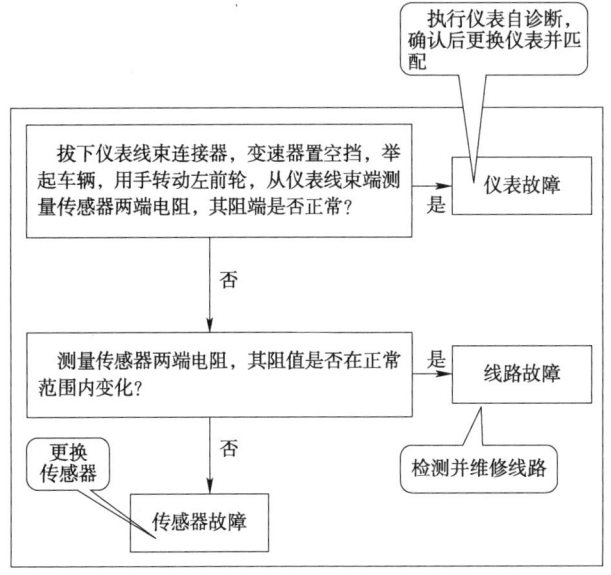

图4-112 电子式车速表不指示故障检修思路

(3)以所有仪表无指示为例,诊断方法如下。

①故障现象:打开点火开关,所有仪表均无指示。

②故障原因:熔断丝熔断、稳压器故障、电路接线断路等。

③检修方法:先检查熔断丝是否熔断,然后检查接线头是否松动、脱落,搭铁是否良好,最后用万用表测量稳压电源电压。

现代汽车的许多电子仪表板都是用微机进行控制,同时具有自检功能。只要给出指令,电子仪表板的电子控制器便会对其主显示装置进行系统的检查,若出现故障,便以不同的方式警告驾驶员,显示系统出现故障,同时将出现故障部位的故障码储存,以便维修时将故障码调出,指出故障部位。当确认仪表板有故障时,应进行检测。

常用的检测方法有:

(1)用快速检测器进行检测。快速检测器能模拟各种传感器信号,用它能够迅速测出故障的部位。如在使用测试器向仪表板输入信号时,仪表板能够正常显示,说明传感器或其电路有故障。若显示器仍不能显示,再将测试器直接接在仪表板的有关输入插座上,此时若显示器能正常显示,说明线束和连接器有故障,否则表明仪表板有故障。

(2)用电脑快速测试器进行检。电脑快速测试器能够模拟燃油的流量和车速传感器的信号,同样把测试器所发出的信号从不同部位输入,即可检验传感器、线束对电脑和显示装置的工作是否正常。

(3)用液晶显示仪表测试器进行检测。用液晶显示仪表测试器进行测试时,直接在仪表板上,能为仪表板和信息中心提供参照输入信号,这就可检测出信息中心的工作状态。这种测试的目的是,对仪表板有无故障做进一步的验证。

(4)以机油压力指示灯常亮故障为例,检修流程如图4-113所示。

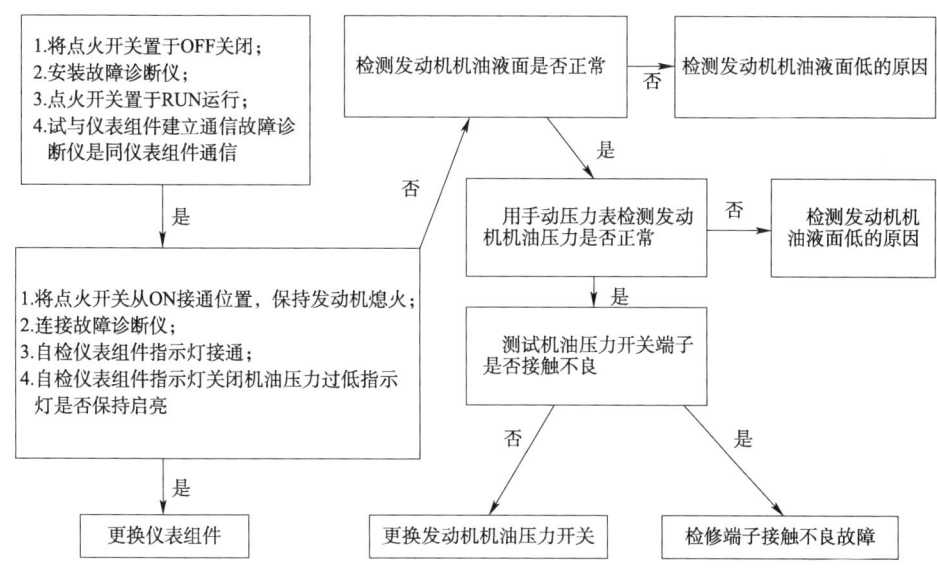

图4-113　机油压力指示灯常亮故障检修流程图

第五节　汽车辅助电器系统检修

技能要求

1. 能更换刮水臂、刮水片和调整喷水位置(初级要求);
2. 能更换喇叭(初级要求);
3. 能检查、更换电动车窗电动机及开关(中级要求);
4. 能检查、更换门锁电动机及开关(中级要求);
5. 能检查、更换电动后视镜及开关(中级要求);
6. 能检查、更换刮水器电动机及开关(中级要求);
7. 能检查、更换电动座椅电动机及控制开关(中级要求)。

知识要求

1. 刮水臂、刮水片更换技术要求(初级要求);
2. 喇叭更换技术要求(初级要求);
3. 辅助电器系统组成与工作原理(中级要求);
4. 电动车窗电动机及开关检查、更换方法(中级要求);
5. 电动后视镜及开关检查、更换方法(中级要求);
6. 刮水器电动机及开关检查、更换方法(中级要求);

7. 电动座椅电动机及控制开关检查、更换方法(中级要求)。

一、汽车刮水器系统检修

1. 刮水器系统常见易损件的更换与调整

刮水器臂和刮水器刮片安装在风窗玻璃上,由于刮水器刮片为橡胶材质,随着使用时间的增长,刮水器刮片会出现老化和损伤。当刮水器刷过风窗玻璃后,如果仍有小水滴贴在玻璃表面,此现象多为车腊、油渍或硅化物黏附于风窗玻璃或者刮水器胶条上,如果刮水器刮片使用时间较长,则可能是胶条片本身老化所致。

如果在使用过程中,刮水器系统发出"咔嗒"声或刺耳的噪声、刮水器不规则刮扫时,大都是由于胶条磨损、刮水器臂杆及支架损坏、胶条老化变形所导致。在风窗玻璃无水润滑的情况下,刮水器刮扫干净玻璃时也会有摩擦声。

在对刮水器系统进行检查时,要确认刮水器刮片擦拭有无刮水残留,系统工作有无"吱吱"的异常响声,确认刮水器刮片有无开裂、有无扭曲的情况,如图4-114和图4-115所示。

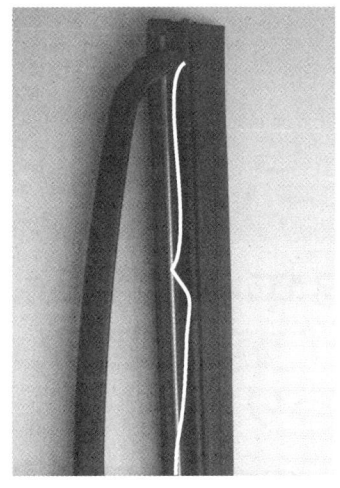
图4-114 扭曲状的刮水器刮片

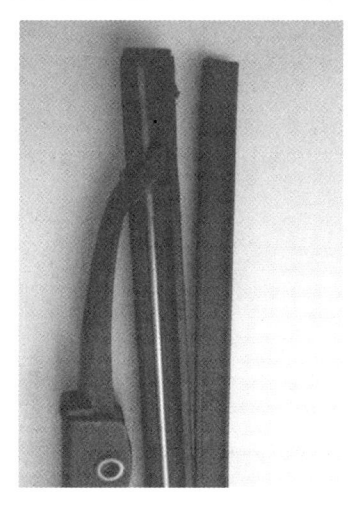
图4-115 开裂状的刮水器刮片

1)刮水器刮片的更换

按照车辆维护要求每六个月至少检查一次刮水器刮片状况,如果发现橡胶有裂缝或者局部硬化,或者使用时留下条纹和刮不净的地方,则应更换刮片。刮水器刮片更换步骤如下:

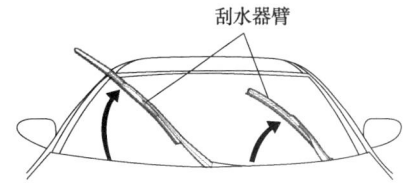
图4-116 抬起刮水器刮片

(1)将刮水器臂从风窗玻璃上拉起。要首先拉起驾驶员侧的刮水器臂,然后再拉起乘员侧的,如图4-116所示。

注意:不要在刮水器臂被拉起时打开发动机舱盖,否则,会损坏发动机舱盖和刮水器臂。

(2)在锁止凸舌边缘放一块布。用一字螺丝刀向上推锁止凸舌。将刮片总成转向刮水器臂,直至其从刮水器臂上脱开,如图4-117所示。更换刮水器刮片时,应确认不要让刮水器刮片或刮水器臂掉在风窗玻璃上。

(3)握住刮片闭合端,从托架上取下刮片。用力往外拉,直至簧片脱离托架,如图4-118所示。

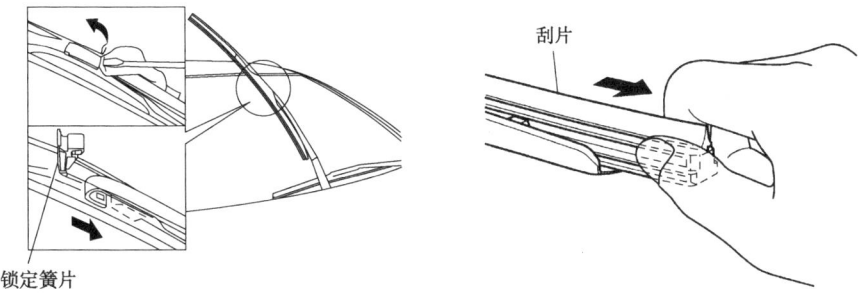

图4-117 取下刮水器刮片　　　　　图4-118 取出刮水器刮片

(4)从已拆下的橡胶片上拆下金属加强板,并装上新的橡胶刮片。安装时注意对齐橡胶凸起和夹持器槽,如图4-119所示,确保刮片中的三个橡胶锁扣装入各自的加强板刻痕内。

(5)将新的刮水器刮片的顶端放在刮片总成的终端,并将刮片按箭头所指的方向滑入总成,如图4-120所示。确保刮片总成上的锁扣与刮水器刮片的凹部相吻合,且刮片已被完全安装到位。

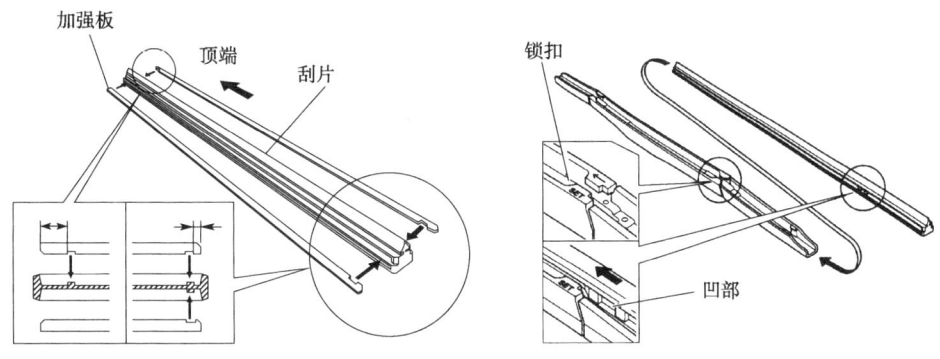

图4-119 取出旧刮片上的夹持器　　　　　图4-120 新刮水器刮片的安装

(6)将刮水器刮片总成滑入刮水器臂。按下锁扣。确保刮片总成已被锁定到位。

(7)将刮水器臂轻轻放落到风窗玻璃上,应先放回前排乘客侧的刮水器臂,然后,再放回驾驶员侧的。

2)刮水器臂的更换

当刮水器臂出现损坏时,刮水器系统可能会出现刮水器刮片刮拭不干净、刮水器刮片刮拭跳动以及异响等情况。在排除刮水器刮片损坏的可能情况下,便需要对刮水器臂进行更换。下面以雪佛兰科鲁兹为例,介绍刮水器臂的更换方法,如图4-121所示。

(1)先用小的平刃工具拆下装饰盖。

(2)先后抬起左右两侧的刮水器臂,将刮水器刮片从刮水器臂上取下来。

(3)使用套筒工具取下紧固螺母,然后使用专用工具 BO-6626 刮水器臂拔出器,拔出刮水器臂。

(4)用前风窗玻璃下遮光区域中央的黑点定位透明基圆。

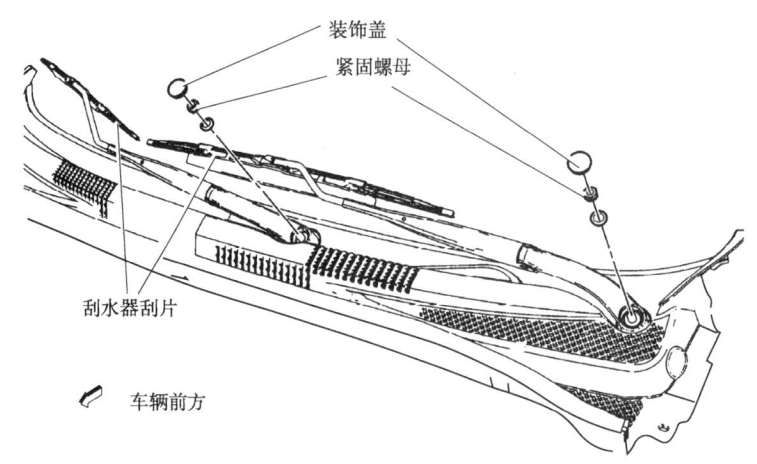

图 4-121 雪佛兰科鲁兹刮水器臂装配图

(5) 将新的刮水器臂定位于转动轴,以使刮水器刮片从透明基圆中央穿过。

(6) 将刮水器臂向下压到轴上时,举升刮水器臂刮部位。

(7) 安装刮水器臂螺母,并按照固定力矩紧固螺母,转矩为 24.5N·m。

(8) 安装刮水器刮片,释放刮水器臂,轻轻放在风窗玻璃上。

(9) 对另一个刮水器臂,重复相同程序。

(10) 全部安装完毕之后,操作刮水器开关,确认刮水器系统能正常工作,如果不正常,则需要进行重新调整。

3) 刮水器喷水位置的调整

对于喷出水柱式的喷水嘴,需要检查喷水嘴喷洒区是否集中在刮水器工作范围内,如果不在规定范围,则需要进行调整。在调整喷水嘴位置时,在喷嘴内插入一根与风窗玻璃喷洗器喷嘴的孔相匹配的钢丝,以便调整喷洒的方向。对准喷嘴,以便喷水器喷出的玻璃水能落在刮水器臂工作范围的中间,如图 4-122 所示。

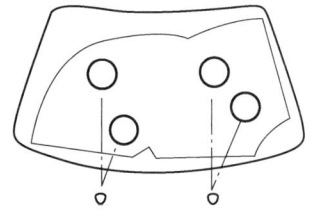
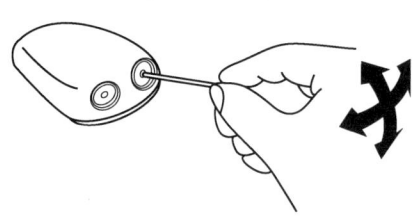

图 4-122 刮水器清洗位置调整

注意:为防止划伤风窗玻璃,在使用刮水器前要喷洒玻璃水。

2. 刮水器开关和电动机的检查及更换

当发现刮水器系统不能正常工作时,便需要对该系统进行检查。通过初步检查之后,如果排除了熔断丝继电器等故障,则需要对刮水器开关进行检查,经过检查之后,如果确认开关损坏,则需要进行开关的更换。

1) 刮水器开关的检查

下面以雪佛兰科鲁兹为例,介绍刮水器开关的检查方法。

如图 4-123 所示,雪佛兰科鲁兹的刮水器开关采用上拉电阻式的控制方式来识别开关的各个挡位,开关不同的挡位,串入的电阻值便不相同。从左往右,电阻值分别为:332Ω、

442Ω、536Ω、665Ω、825Ω 和 1070Ω。在检查时,可以根据串入电阻值的不同来进行开关好坏的检查。如果有专用的解码器设备,也可以借助解码器的数据流功能来进行检测,具体的检查方法如下:

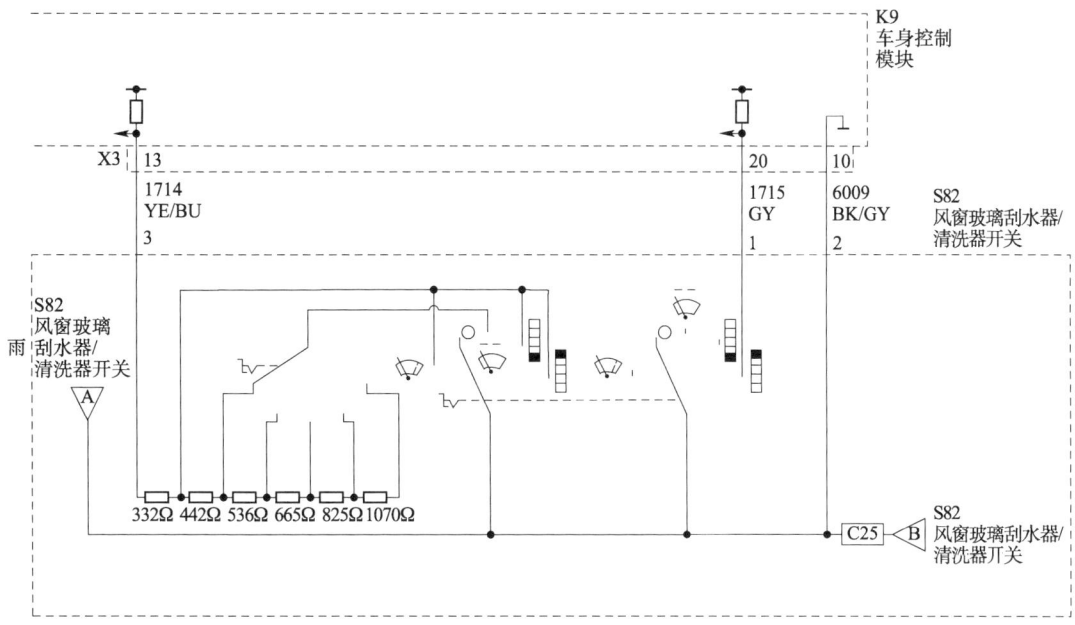

图 4-123　雪佛兰科鲁兹刮水器系统开关电路图

(1)确认点火开关处于关闭状态,连接故障诊断仪。

(2)将点火开关置于 ON 位置。

(3)风窗玻璃刮水器/洗涤器开关置于关闭位置时,确认故障诊断仪"Windshield Washer Switch(风窗玻璃洗涤器开关)"参数为"Inactive(未激活)"。

(4)刮水器开关置于关闭位置时,确认故障诊断仪"Windshield Wiper Switch(风窗玻璃刮水器开关)"参数为"Off(关闭)"。

(5)刮水器开关置于关闭位置时,确认故障诊断仪"Windshield Wiper High Speed Switch(风窗玻璃刮水器高速开关)"参数为"Inactive(未激活)"。

(6)刮水器开关置于低速位置时,确认故障诊断仪"Windshield Wiper Switch(风窗玻璃刮水器开关)"参数为"Low(低速)"。

(7)刮水器开关置于高速位置时,确认故障诊断仪"Windshield Wiper High Speed Switch(风窗玻璃刮水器高速开关)"参数为"Active(激活)"。

(8)使用刮水器开关切换 INT 延迟调整位置时,确认故障诊断仪"Windshield Wiper Switch(风窗玻璃刮水器开关)"从 D1 切换至 D5。

(9)刮水器停止和未激活且刮水器打开或不在停止位置时,确认车身控制模块"Wiper ParkSwitch(刮水器停止开关)"参数为"Active(激活)"。

通过以上的检查,如果某一项不满足,在排除线路故障之后,便可以确认为刮水器开关故障。

2）刮水器开关的更换

在确认刮水器开关损坏之后，为了恢复刮水器系统正常工作，便需要对开关进行更换。具体的更换流程如下：

（1）先用平口刃的专用工具分离转向柱上装饰盖，注意不刮花装饰盖板。

（2）转动转向盘，分别拆卸正面的 2 颗螺栓和背后的 1 颗螺栓，拆卸完所有螺栓之后，便可取下装饰盖板，如图 4-124 所示。

（3）断开蓄电池负极桩头连接线束。

（4）断开刮水器开关连接线束。

（5）松开刮水器开关上塑料固定凸舌，然后取下刮水器开关，如图 4-125 所示。

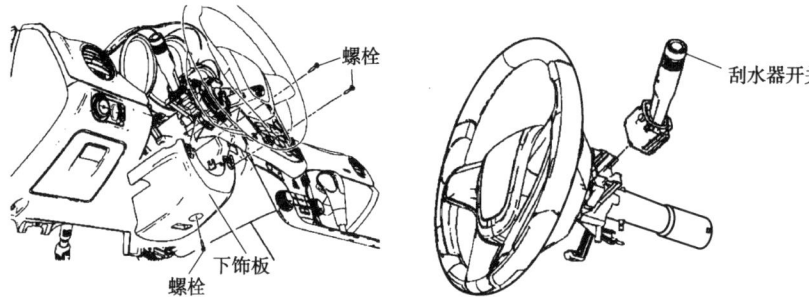

图 4-124　拆下转向柱下装饰盖　　　图 4-125　刮水器开关

（6）按照相反的顺序，把新的刮水器开关安装到转向柱上，然后安装转向柱上、下装饰盖。并按照规定力矩拧紧螺栓，力矩为 2.5N·m。

3）刮水器电动机的检查

随着使用的时间增长，刮水器系统可能出现故障，如刮水器电动机故障。下面以雪佛兰科鲁兹为例，介绍刮水器电动机的检查方法。该刮水器电动机外接 4 根导线，如图 4-126 所示。其中，A 端子连接至车身控制模块、B 端子和 D 端子为继电器供电连接线、C 端子为刮水器电动机的搭铁端子。

刮水器电动机的针脚端子如图 4-127 所示，根据电路图分析，可以采用外接电源的方式给电动机进行供电，检查电动机是否工作。具体操作方法为，给电动机 C 端子搭铁，分别给电动机 B 端子和 D 端子供电，观察电动机是否能正常工作，其中，D 端子供电时应该与 B 端子供电时电动机转速不同。如果不能正常工作，则需要对电动机进行更换。

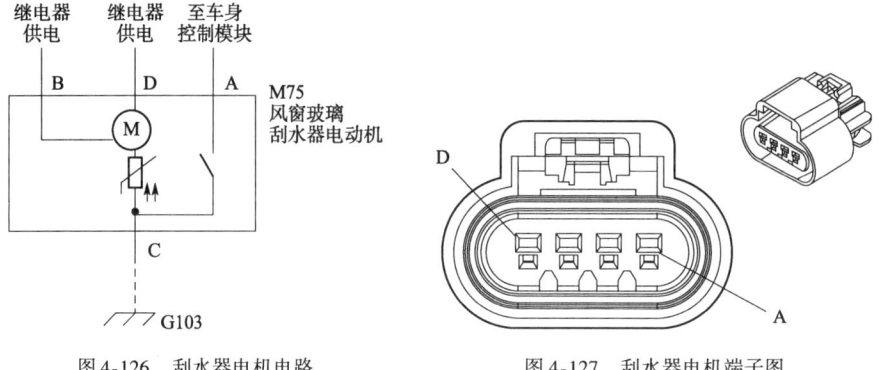

图 4-126　刮水器电机电路　　　图 4-127　刮水器电机端子图

4)刮水器电动机的更换

下面以雪佛兰科鲁兹为例,介绍刮水器电动机的更换方法和注意事项。

(1)关闭点火开关,断开蓄电池负极接线柱。

(2)先拆下风窗玻璃刮水器的刮水器臂,注意在左右刮水器臂做好标记,以免安装时装错。

(3)拆下发动机舱盖后风窗雨条。

(4)取下进风口格栅板上的 5 个固定卡夹,注意不要刮花进风口格栅板,如图 4-128 所示。

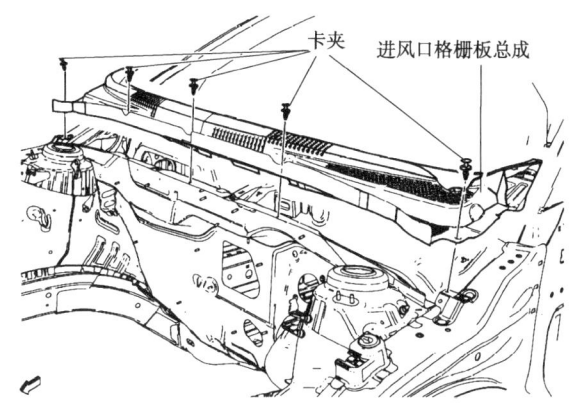

图 4-128 进风口格栅板的安装示意图

(5)断开刮水器电动机线束连接器插头,如图 4-129 所示。

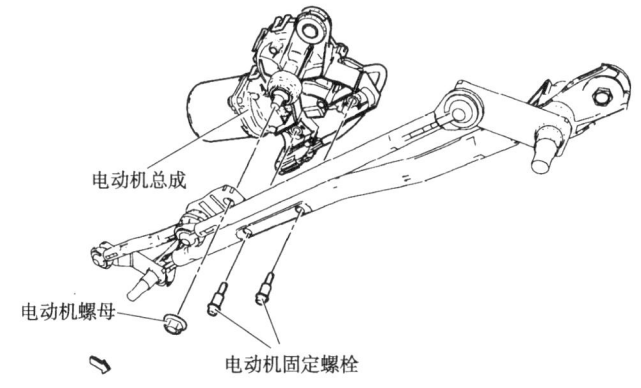

图 4-129 刮水器电动机装配示意图

(6)先拧松电动机螺母,然后拧松电动机固定螺栓,取下刮水器电动机。

(7)更换新的电动机时,按照相反的顺序进行装配就可以了。

二、喇叭的更换

目前,大多数车辆配备 2 个喇叭,即高音喇叭和低音喇叭。当喇叭出现故障之后,便需要对喇叭进行更换。下面以雪佛兰科鲁兹为例,介绍喇叭的更换方法。

雪佛兰科鲁兹的喇叭隐藏在前保险杠内侧、左前照灯下方,如图 4-130 所示。因此,在更换喇叭之前需要先拆卸前保险杠。

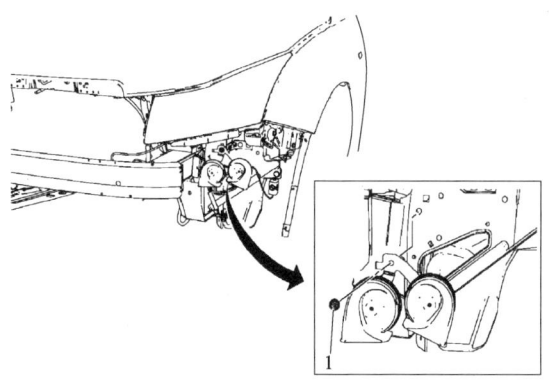

图 4-130 喇叭安装位置示意图
1-喇叭固定螺栓

具体更换流程如下:

(1) 先拆卸前保险杠,前保险杠的装配关系如图 4-131 所示。

①拆卸前轮罩衬板螺栓,如图 4-131 中的螺栓 1,左右两边和车底一共 8 颗。

②然后拆下前保险杠固定的螺栓,如图 4-131 中的螺栓 2,一共 2 颗。

③取下前保险杠固定卡夹,如图 4-131 中的卡夹 3,一共 4 颗。

④取下前保险杠下加强件螺栓,如图 4-131 的螺栓 4,一共 3 颗。

⑤松开前保险杠导板,向前拉,拆下前保险杠蒙皮。

⑥断开前保险杠上所有电气连接器。

注意:在拆卸的过程中,如果出现易损件的损坏,则需要对零部件进行更换。在取下前保险杠后,应对其进行外观保护,以免保险杠的油漆被划伤。

(2) 拆下喇叭。

①断开两个喇叭的线束插接器。

②拧松,并取下喇叭的固定螺栓,如图 4-131 所示。

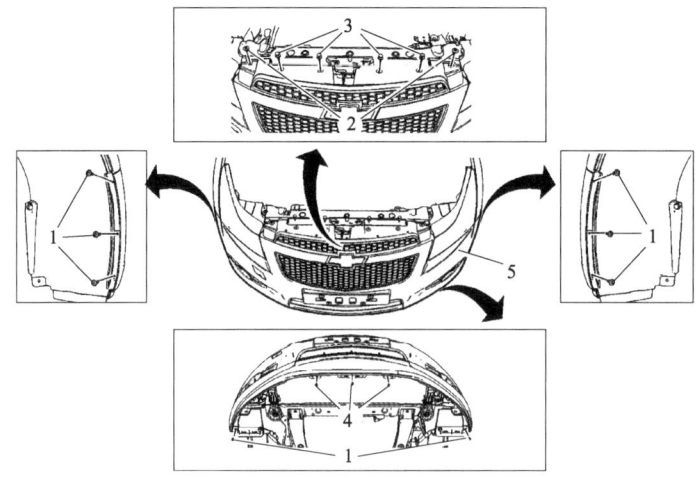

图 4-131 保险杠装配示意图

1-拆卸前轮罩衬板螺栓;2-前保险杠固定螺栓;3-前保险杠固定卡夹;4-前保险杠下加强件螺栓;5-前保险杠

(3)安装新的喇叭。

①按照相反的顺序安装新的喇叭,注意按照标准要求紧固螺栓,螺栓紧固力矩为17N·m。

②连接两个喇叭的线束连接器,并确认插接器连接正常。

③喇叭安装好之后,按压转向盘上的喇叭按钮,确认喇叭工作正常。

(4)安装前保险杠。按照与之前拆卸保险杠相反的顺序,对保险杠进行装复,注意按照要求对螺栓进行紧固。前轮罩衬板螺栓紧固力矩为2.5N·m;前保险杠固定螺栓紧固力矩为9N·m;前保险杠下加强件螺栓紧固力矩为2.5N·m。

装复完成之后,注意检查之前断开过的所有线束连接器相关的元器件,确认其能正常工作。如果不能正常工作,需要进行重新拆卸和安装。

三、汽车电动车窗系统检修

电动车窗开关和电动机的检查及更换步骤如下:

1)电动车窗开关的检查

汽车上的车窗升降开关一般有4个,即1个主开关和3个分开关。其中,主开关除了可以控制所有车门升降之外,还可以对3个分开关进行锁止。下面以雪佛兰科鲁兹为例,对车窗开关的检查进行讲解。

雪佛兰科鲁兹主驾电动车窗开关的端子如图4-132所示,主驾电动车窗开关一共有8个端子,其中1~7号端子都为电动车窗系统连接导线,在进行车窗开关检查时,需要参考每个端子针脚号的功能。每个针脚的功能如表4-10所示。在进行检查时,可以参考表中描述进行检查。

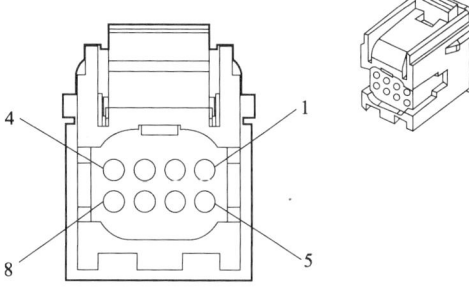

图4-132 电动车窗主驾开关端子图

电动车窗主驾开关连接导线功能表　　表4-10

针脚	导线(线径、颜色)	电路	功　能
1	0.5 黑色	1550	搭铁
2	0.5 深绿色	3381	驾驶员侧电动车窗开关快速信号
3	0.5 灰色	3380	驾驶员侧电动车窗开关下降信号
4	2.5 红色/深绿色	1540	蓄电池正极电压
5	0.5 深绿色/黄色	6134	线性互联网总线3
6	0.5 深绿色/白色	3379	驾驶员侧电动车窗开关上升信号
7	0.5 白色/紫罗兰色	3270	驾驶员侧车门锁止状态信号

由于科鲁兹电动车窗开关的信号是通过车载网络进行信号传递和信号处理,因此还可以通过故障诊断仪进行数据流的读取,来判断车窗开关的好坏。具体操作方法是:

点火开关置于ON位置,通过操作驾驶员侧车窗开关中的各个开关,观察故障诊断仪"驾驶员侧左前车窗开关"、"驾驶员侧快速主开关启动"、"驾驶员侧上升主开关启动"、"前乘客侧下降主开关启动"、"前乘客侧快速主开关启动"、"前乘客侧上升主开关启动"、"左后下降主开关启动"、"左后快速主开关启动"、"左后上升主开关启动"、"右后下降主开关启动"、"右后快速主开关启动"和"右后上升主开关启动"参数。参数会在"Inactive(未启动)"

和"Active(启动)"间变化。如果能够按照操作顺序进行变化,则说明开关正常,如果数值不变化,则说明开关出现故障,应更换驾驶员侧车窗开关。

2)电动车窗开关的更换

当检测到车窗开关损坏之后,便需要对车窗开关进行更换。下面以雪佛兰科鲁兹左前电动车窗开关为例,说明更换流程。

(1)关闭点火开关,断开蓄电池负极接线柱。

(2)拆卸前侧门拉手内螺栓。

(3)使用平口刃饰板拆卸工具撬动前车门车窗开关嵌框,向上撬松后,向上提起前车门车窗开关嵌框,在撬动时,注意不要刮伤车门内饰板。取下车窗开关嵌框时,注意车窗开关及后视镜开关后连接的线束不要被拉断。前车门车窗开关嵌框及车窗开关的装配关系,如图5-20所示。

(4)断开车窗开关及电动后视镜连接连接线束插接器,取下前车门车窗开关嵌框总成。

(5)从前车门车窗开关嵌框总成上取下左前车窗开关总成,如图4-133所示。注意不要损坏车窗开关嵌框。

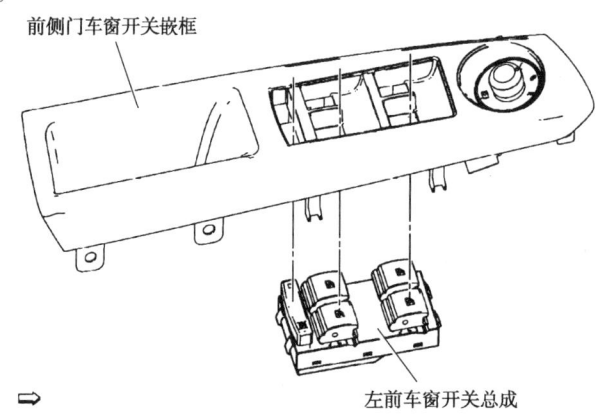

图4-133 前车门车窗开关及嵌框装配关系

(6)将新的车窗开关总成安装到嵌框上,然后连接车窗开关和电动后视镜开关线束插接器。

(7)连接蓄电池负极接线柱,打开点火开关。

(8)操作电动车窗开关总成上的各个开关,确认电动车窗功能已经恢复。

(9)按照与拆卸车窗开关嵌框相反的顺序进行安装,并按照要求紧固前侧门拉手内螺栓,螺栓力矩为2N·m。

安装完毕之后,再次确认所有拆装过的元器件已经安装到位,并确认电动车窗系统恢复正常工作。

3)电动车窗电动机的检查

电动车窗电动机都安装在车门内饰板内,在进行电动机检查时需要先拆下车门内饰板,在拆卸车门内饰板时,注意不要刮花内饰板覆盖件。

(1)点火开关置于OFF位置,断开相应的M74D车窗电动机上的线束连接器。

(2)电动车窗电动机插接器上一共有7个端子,其中1、2号端子为电动机的端子,具体的端子如图4-134所示。在其中一个控制端子和12V电压之间安装一条带25A熔断丝的跨接线,立即在其他控制端子和搭铁之间安装一根跨接线。反接跨接线至少两次,M74D 车窗电动机应执行上升/下降功能。如果执行的动作不符合规定,则更换 M74D 车窗电动机。

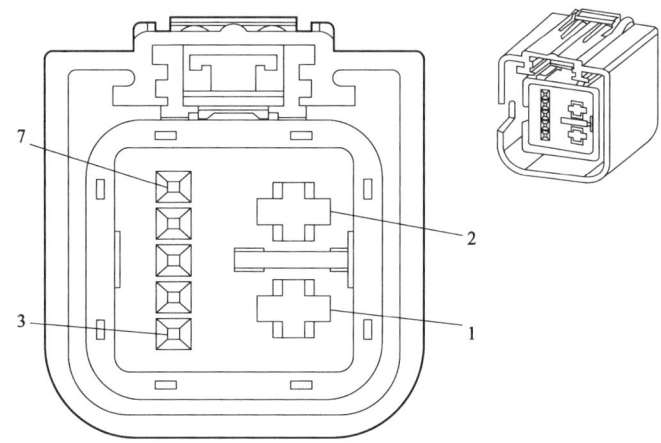

图 4-134　电动车窗电动机插接器端子图

4)电动车窗电机的更换

下面以雪佛兰科鲁兹左前车门电动车窗电机为例,介绍电动车窗电动机更换方法。

(1)打开点火开关,将左前车窗降到大约一半的位置。

(2)关闭点火开关,断开蓄电池负极接线柱。

(3)拆下前侧门挡水板和拆卸前侧门车窗外密封条,如图 4-135 所示。

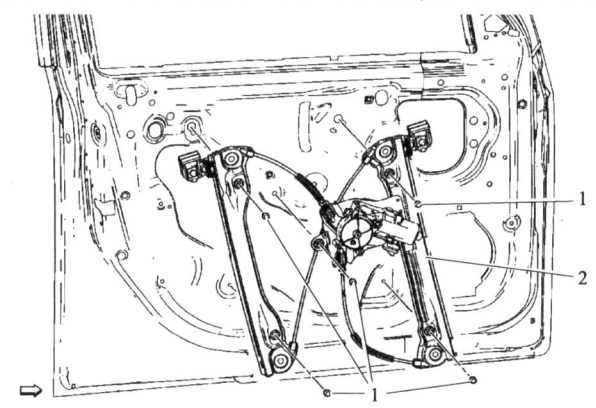

图 4-135　前侧车门电动机安装位置结构图
1-前侧门车窗框升降器螺栓;2-前侧门车窗玻璃升降器总成

(4)取下前车门车窗开关嵌框总成,注意断开电动车窗开关线束插接器。

(5)拆下车门内装饰盖板。

(6)松开车窗玻璃升降器窗框螺母,向上拉起,以便从窗框上松开车窗玻璃。

(7)必要时,旋转前门车窗,以便将其从车门上拆下。

(8)断开电动车窗电动机线束插接器。

(9)松开车窗玻璃升降器总成固定螺栓,取下车窗玻璃升降器总成。

(10)拧松电动车窗电动机与车窗玻璃升降器总成间的 3 颗固定螺栓,取下电动车窗电动机。拆下旧的电动机之后,然后把新的电动机按照与拆卸相反的顺序进行装复,注意螺栓的紧固力矩。电动机紧固力矩为9N·m。在确认电动机能正常工作之后,再装复车门内装饰盖板。

四、中央门锁系统检修

1. 中央门锁开关的检查及更换

1) 中央门锁开关的检查

下面以雪佛兰科鲁兹为例,介绍中央门锁开关的检查方法。

拆下主开关,中央门锁开关的安装位置如图4-136所示。

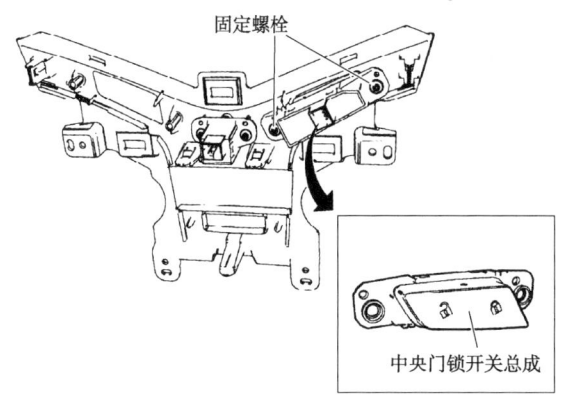

图 4-136　中央门锁开关安装图

在进行开关检查时,先确认门锁开关每个端子的含义及端子针脚号。端子号示意,如图4-137所示。

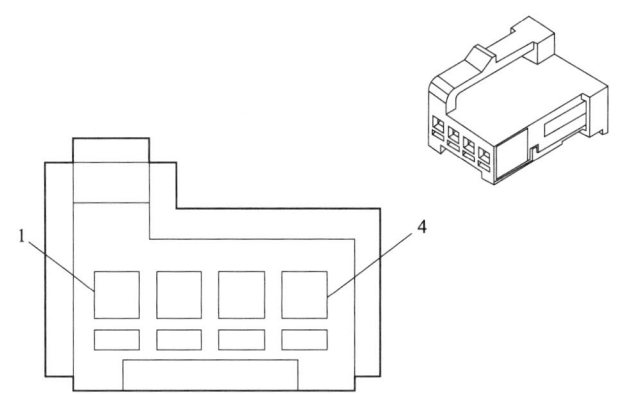

图 4-137　中央门锁开关插接器端子图

段子中一共有4个针脚,每个针脚都有不同的功能。具体的功能见表4-11。

中央门锁开关连接导线功能表　　　　表4-11

针　脚	导　线	电　路	功　能
1	0.5 黑色	50	搭铁
2	0.5 黄色	6871	LED 背景灯变光控制
3	0.5 棕色/白色	781	驾驶员车门锁开关解锁信号
4	0.5 棕色/黄色	780	驾驶员车门锁开关锁止信号

在进行开关检查时,需要准确地判断中央门锁开关上锁和解锁功能是否正常。各个端子之间的导通情况,见表4-12。

第四章 汽车电器检修

雪佛兰科鲁兹中央门锁开关端子检查表　　表4-12

端　子　号	开　关　位　置	标　准　状　态
1—4	LOCK	导通
1—3、1—4	OFF	不导通
1—3	UNLOCK	导通

在进行开关检查时,将万用表打到欧姆挡最小量程挡,两支表笔分别接触1、4号端子。当开关处于OFF位置时,端子应该不导通;当按下开关处于LOCK位置时,端子应该导通,且电阻值几乎为零。而当两支表笔分别接触1、3号端子,开关处于OFF位置时,端子应该不导通;当按下开关处于UNLOCK位置时,端子应该导通,且电阻值几乎为零。只有当开关同时满足这四种情况,才能说明开关是正常的,否则开关为损坏,需要关闭开关。

2) 中央门锁开关的更换

下面以雪佛兰科鲁兹为例,介绍中央门锁开关的更换方法,先关闭点火开关,然后取下仪表板中央部件,拆下中央门锁开关固定面板。如图4-136所示,在撬松时注意不要刮花面板,松开面板之后,拆下相关开关的线束插接器,注意不要损坏插接器。

取下开关面板之后,拧松中央门锁开关总成的2颗固定螺栓,螺栓位置如图4-136所示。松开螺栓之后,即可取下开关。然后安装新的开关,注意按照要求拧紧螺栓,力矩为1.5N·m。开关总成安装好之后,连接拆卸的所有开关的线束插接器。打开点火开关,确认中央门锁系统能正常工作。确认正常之后,装复开关面板。

2. 门锁电动机的检查及更换

1) 门锁电动机的检查

下面以雪佛兰科鲁兹驾驶员侧门锁电动机为例,介绍门锁电动机的检查方法。如图4-138所示,用蓄电池的正、负极直接连接门锁电动机插接器端子2和端子3,检查门锁电动机的工作情况。具体的标准,见表4-13。

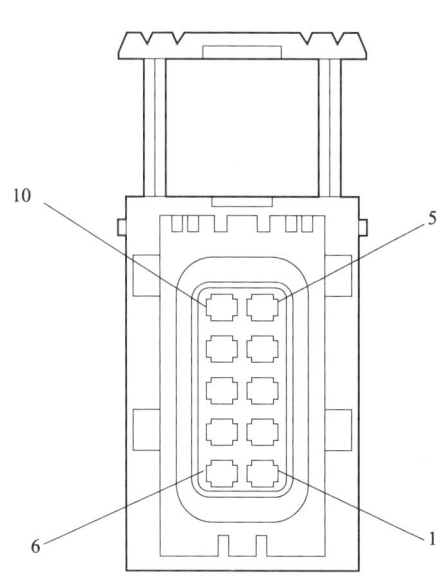
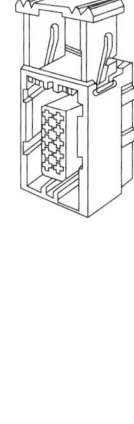

图4-138　雪佛兰科鲁兹左前车门锁电机插接器端子图

左前门锁端子的检查 表4-13

测量条件	标准状态
蓄电池"+"—端子2 蓄电池"-"—端子3	上锁
蓄电池"+"—端子3 蓄电池"-"—端子2	开锁

在进行通电检查之后,如果电动机按照表4-13中动作状态进行动作,则说明门锁电动机正常。如果不能按照相应的状态进行动作,则说明电动机出现了故障,需要更换新的电动机。

2)门锁电动机的更换

中央门锁电动机一般都是安装在车门内,当需要更换门锁电动机时,则需要拆卸车门内装饰盖板。对于现在的大多数车辆来说,中央门锁电动机一般是和门锁做成一个总成件。无法进行单独的电动机更换,更换电动机时只能更换门锁总成。

更换门锁电动机时,首先,关闭点火开关,断开蓄电池负极桩头连接线束。然后拆下车门内装饰盖板,注意不要刮花装饰盖板。断开所有元器件的线束插接器和各种线路连接装置,拆卸前侧门门锁盖的3颗固定螺栓,取下门锁盖。

拧松门锁总成的2颗固定螺栓,松开门锁总成,如图4-139所示。然后将车门锁拉线固定件从车门上松开,断开门锁电动机线束连接器插接器。拆下带有把手壳体的门锁,然后从锁上拆下把手和锁杆,拆卸完所有附属间接杆之后,取下门锁总成。

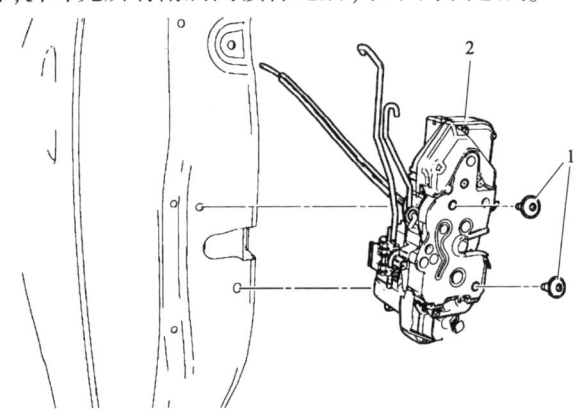

图4-139 门锁电动机总成安装示意图
1-门锁电动机总成固定螺栓;2-门锁电动机总成

在取下旧的门锁总成之后,更换新的门锁总成,安装时按照相反的顺序进行安装,注意不要把连接杆连接错误。最后安装门锁总成时,注意螺栓的紧固力矩,门锁总成固定螺栓的紧固力矩为10N·m。门锁总成安装完毕之后,检查锁、锁芯和把手的调整,确认门锁总成的各个功能恢复正常,然后安装门锁总成门锁盖。安装完毕之后,连接车门内饰板盖上相关元器件线束插接器插头,最后安装车门内装饰盖板,并再次确认相关元器件恢复正常工作。

五、电动后视镜系统检修

电动后视镜开关的检查及更换步骤如下:

1)电动后视镜开关的检查

第四章 汽车电器检修

从车辆上取下电动后视镜开关之后,对照维修手册要求进行检查。下面以雪佛兰科鲁兹为例,介绍电动后视镜开关的检查方法。科鲁兹电动后视镜的连接端子见图4-140,开关内部电路如图4-141所示。检查时从开关上拔下连接器,按照表4-14中所列出的各个针脚的功能,检查各个端子的导通情况,如不导通,要更换开关。

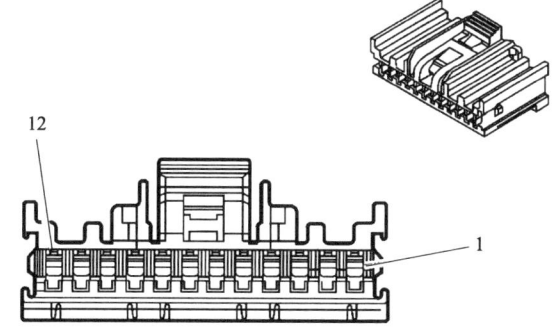

图4-140 雪佛兰科鲁兹电动后视镜开关端子图

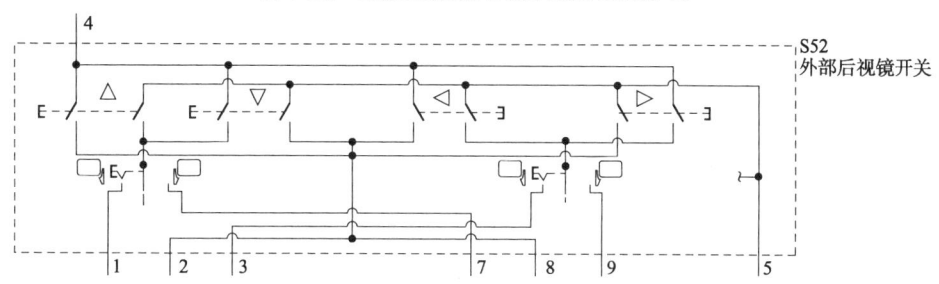

图4-141 雪佛兰科鲁兹电动后视镜开关电路图

雪佛兰科鲁兹电动后视镜开关针脚功能图 表4-14

针　　脚	导　　线	电路	功　　能
1	0.5 紫罗兰/深蓝色	3390	驾驶员侧后视镜电机向上(+)向下(-)控制
2	0.5 黄色/棕色	3391	驾驶员侧后视镜电机公共端控制
3	0.5 棕色/黑色	3389	驾驶员侧后视镜电机向右(+)向左(-)控制
4	0.5 紫罗兰/白色	2840	蓄电池正极电压
5	0.5 黑色	1550	搭铁
6	—	—	未使用
7	0.5 黄色/紫罗兰色	3397	副驾驶员侧后视镜电机向上(+)向下(-)控制
8	0.5 白色	3398	副驾驶员侧后视镜电机公共端控制
9	0.5 深绿色/黑色	3396	副驾驶员侧后视镜电机向右(+)向左(-)控制
10	0.5 黄色	6817	LED 背景灯变光控制
11、12	—	—	未使用

2)电动后视镜开关的更换

当经过检查之后,如果确认电动后视镜开关损坏,则需要更换电动后视镜开关总成。下面以雪佛兰科鲁兹为例,介绍电动后视镜开关总成的更换方法。

如图4-142所示,科鲁兹的电动后视镜开关安装在电动车窗开关嵌框上。更换电动后视镜开关时,需要先取下电动车窗开关嵌框。取下电动车窗开关嵌框之后,使用塑料撬具,轻轻地从侧边撬开以释放电动后视镜开关总成,然后取下开关线束连接器。

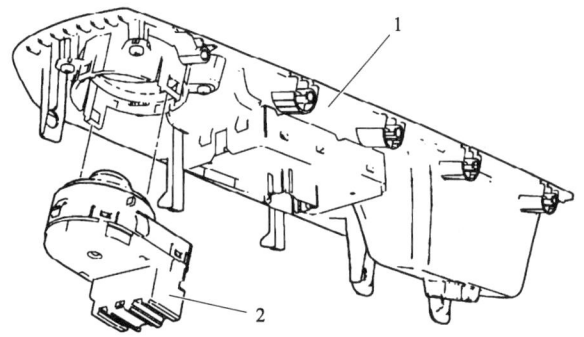

图 4-142 电动后视镜开关安装示意图

取下旧的开关之后,应确认新的开关能够正常使用,然后按照相反的顺序把电动后视镜开关安装到电动车窗开关嵌框上,连接好电动后视镜开关的线束连接器。打开点火开关,确认电动后视镜各个调节功能正常。确认正常之后,安装好电动车窗开关嵌框。

六、电动座椅系统检修

1.电动座椅开关的检查及更换

1）电动座椅开关的检查

下面以雪佛兰科鲁兹为例,介绍电动座椅开关的检查方面。如图 4-143 所示,电动座椅可以实现 6 个方向的调节。开关性能的检查方法,见表 4-15。

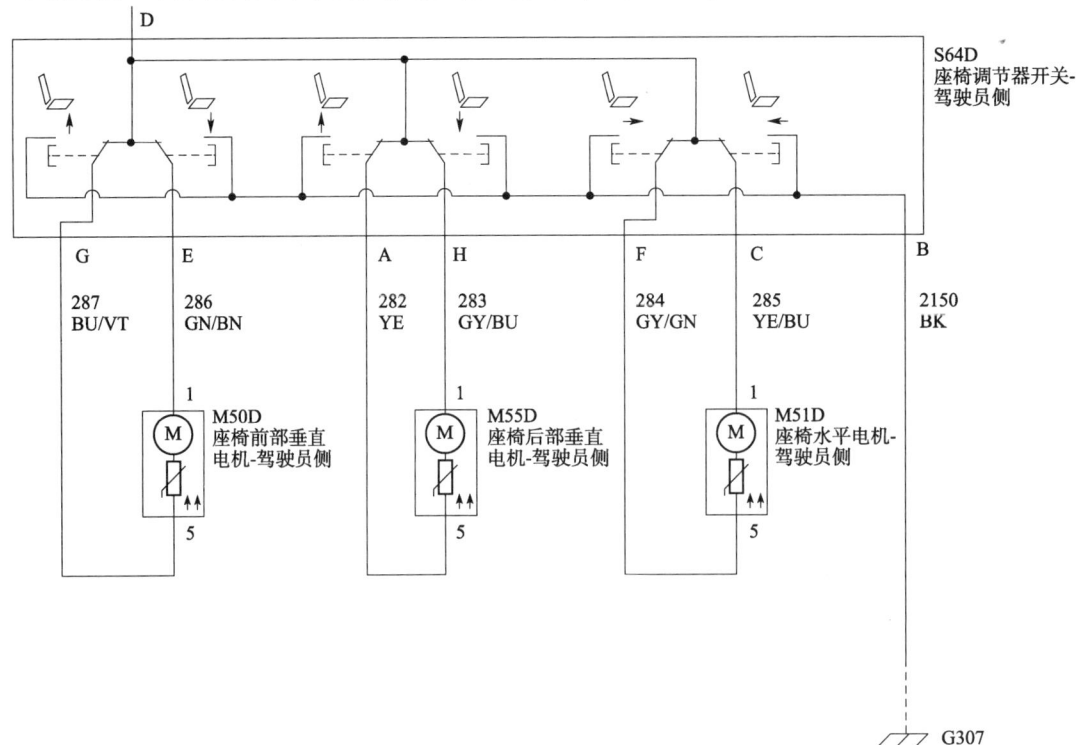

图 4-143 驾驶员电动座椅调节开关电路图

驾驶员座椅滑动开关端子的检查　　　　　　表4-15

开关状态	测试方法	测试端子	规定条件
常态	测量电阻	驾驶员电动座椅开关S64D的G端子、E端子、D端子	相互之间导通
		驾驶员电动座椅开关S64D的A端子、H端子、D端子	相互之间导通
		驾驶员电动座椅开关S64D的F端子、C端子、D端子	相互之间导通
向前滑动	测量电阻	驾驶员电动座椅开关S64D的F端子和B端子	导通
向后滑动	测量电阻	驾驶员电动座椅开关S64D的C端子和B端子	导通
前部向上	测量电阻	驾驶员电动座椅开关S64D的A端子和B端子	导通
前部向下	测量电阻	驾驶员电动座椅开关S64D的H端子和B端子	导通
后部向上	测量电阻	驾驶员电动座椅开关S64D的G端子和B端子	导通
后部向下	测量电阻	驾驶员电动座椅开关S64D的E端子和B端子	导通

检查的过程中,如果有任意一个检查项目不符合要求,则说明开关出现了故障,需要对开关进行更换。

2)电动座椅开关的更换

电动座椅开关一般是安装在座椅的外侧。以雪佛兰科鲁兹为例,其驾驶员座椅开关安装在座椅的左侧,具体位置如图4-144所示。

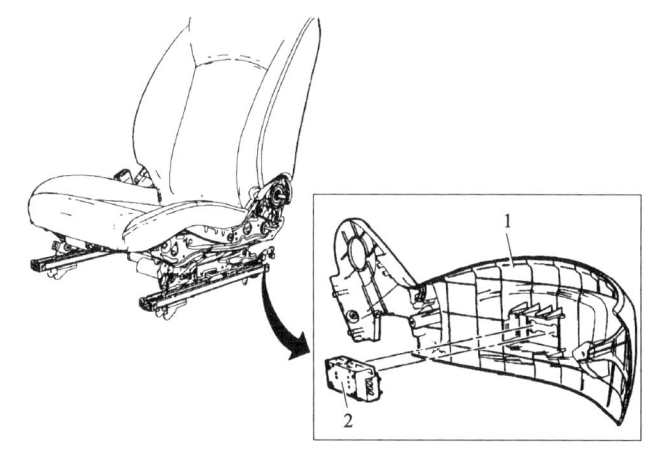

图4-144　雪佛兰科鲁兹电动座椅开关装配示意图
1-座椅外装饰板;2-电动座椅开关

经过检查之后,如果确认座椅开关需要更换。便需要先拆卸前排坐垫外装饰板,外装饰板一共有3颗螺钉,如图4-145所示。

取下外装饰板之后,断开电动座椅开关的线束连接器。注意不要损坏线束连接器。然后取下外装饰板分总成。接下来从外装饰板分总成上取下电动座椅开关,如图4-144所示。

取下旧的开关之后,按照与拆卸相反的顺序安装新的电动座椅开关。在安装外装饰板之前,先连接开关线束连接器,然后各个调节方向调节一下开关,确认电动座椅能按照开关调节的方向进行动作。确认电动座椅能正常动作之后,安装好座椅外装饰板分总成,座椅外装饰板3颗固定螺钉紧固力矩为2.5N·m。

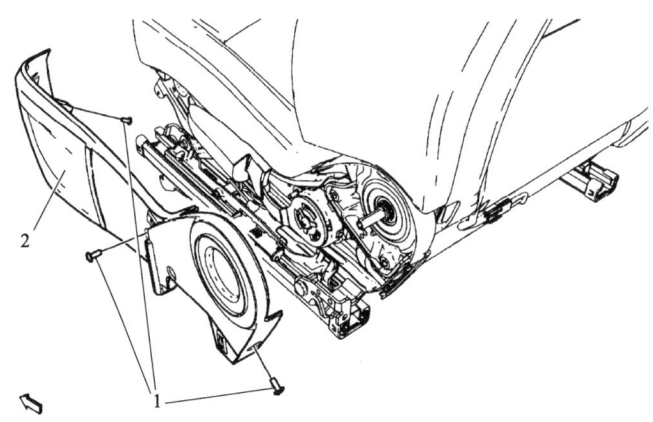

图 4-145　前排坐垫外装饰板的拆装
1-坐垫外装饰板；2-固定螺钉

2.电动座椅电动机的检查及更换

1）电动座椅电动机的检查

下面以雪佛兰科鲁兹为例，介绍电动座椅电动机的检查方法。

(1)将点火开关置于OFF(关闭)位置，断开下列相应座椅电动机上的线束连接器。

①M50D 驾驶员座椅前部垂直调节电动机。

②M55D 驾驶员座椅后部垂直调节电动机。

③M51D 驾驶员座椅水平调节电动机。

注意：执行以下测试时，确保座椅不再需要进行测试的位置。

(2)在调节电动机控制端子1和12V电源之间安装一条带30A熔断丝的跨接线。

(3)暂时在调节电动机控制端子5和搭铁之间安装一条跨接线。座椅电动机应立即执行相应的"FORWARD/REARWARD/UP/DOWN(向前/向后/向上/向下)"功能。

如果电动机不执行"FORWARD/REARWARD/UP/DOWN(向前/向后/向上/向下)"功能，则说明电动机损坏，需要更换电动机。

如果电动机执行"FORWARD/REARWARD/UP/DOWN(向前/向后/向上/向下)"功能，则说明电动机功能正常。

(4)反向连接跨接线；电动机应执行"FORWARD/REARWARD/UP/DOWN(向前/向后/向上/向下)"功能。

如果电动机不执行"FORWARD/REARWARD/UP/DOWN(向前/向后/向上/向下)"功能，则说明电动机损坏，需要更换电动机。

如果电动机执行"FORWARD/REARWARD/UP/DOWN(向前/向后/向上/向下)"功能，则说明电动机功能正常。

2）电动座椅电动机的更换

根据电动调节座椅调节方向的数量不同，电动调节座椅具备的调节电动机数量也不相同。当确认调节电动机出现故障之后，便需要对电动机进行更换。调节电动机一般都是安装在座椅的下方，如图4-146～图4-148所示为雪佛兰科鲁兹电动座椅的3个调节电动机的安装位置示意图。

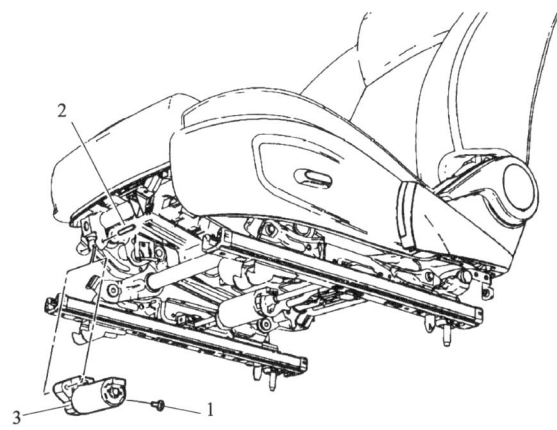

图 4-146 电动座椅前部垂直调节电动机安装位置
1-前部垂直调节电动机固定螺钉;2-滚柱销钉;3-前部垂直调节电动机

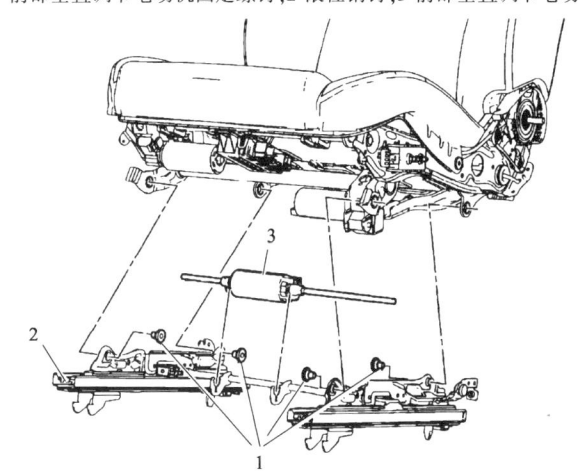

图 4-147 电动座椅水平调节调节电动机安装位置
1-前排座椅调节器滑轨螺钉;2-前排座椅调节器滑轨;3-水平调节电动机

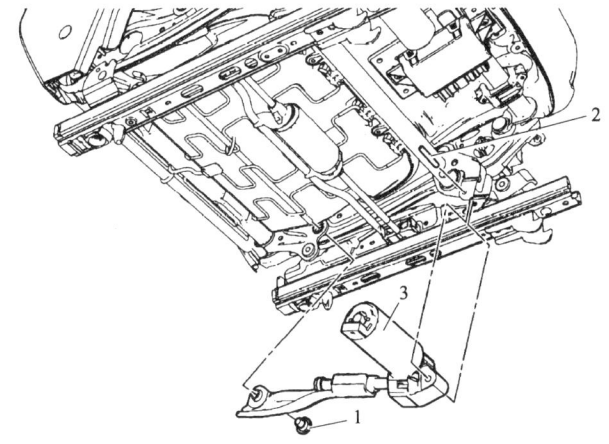

图 4-148 电动座椅后部垂直调节电动机安装位置
1-后部垂直调节电动机固定螺钉;2-滚柱销钉;3-后部垂直调节电动机

当需要更换调节电动机时,需要先拆下座椅总成。注意在拆卸座椅时,先断开蓄电池负极连接桩头。然后拆下座椅总成与车身的固定螺栓,接着断开座椅与车身相关的线束连接器插头。确认所有连接线束都被断开之后,从车内取下座椅总成。

取下座椅总成后,然后按照图 4-148 所示,拆下相对应的电动机。在更换新的电动机后,必须按照维修手册上的要求对电动机固定螺栓进行紧固。以雪佛兰科鲁兹为例,前部垂直调节电动机的固定螺栓紧固力矩为 10N·m、水平调节电动机固定螺栓紧固力矩为 42N·m、后部垂直调节电动机紧固力矩为 42N·m。

第六节　空调系统检修

技能要求

1. 能清洁冷凝器(初级要求);
2. 能更换空调滤清器(初级要求);
3. 能检查空调压缩机电磁离合器(中级要求);
4. 能检查空调制冷循环系统技术状况(中级要求);
5. 能检查、更换制冷系统各组件(膨胀阀、冷凝器、储液干燥过滤器)(中级要求);
6. 能拆装暖风控制水阀(中级要求);
7. 能拆装鼓风机和通风装置(中级要求)。

知识要求

1. 冷凝器清洁方法和技术要求(初级要求);
2. 空调滤清器更换方法和技术要求(初级要求);
3. 空调系统组成与工作原理(中级要求);
4. 电磁离合器检测技术要求(中级要求);
5. 汽车空调控制电路图相关知识(中级要求);
6. 空调压力表、制冷剂加注回收机的操作规程(中级要求);
7. 空调取暖和通风系统组成与工作原理(中级要求);
8. 鼓风机和通风装置拆装技术要求(中级要求)。

一、空调冷凝器的清洁

1. 空调冷凝器脏污的原因

汽车冷凝器采用风冷式结构时,要靠强制通风进行散热。散热盘管上装有翅片,间隔小、密集。这种结构容易发生脏堵,灰尘、油污落在散热器上,时间长了会造成冷凝器排风不良,冷凝效果降低。

2. 空调冷凝器清洁

1)冷凝器外部清洁

对冷凝器进行检查和清洁处理。一般可采取用高压水枪进行清洗,清洗时的注意事项有:清洗冷凝器时,操作水枪的距离为2m左右、直喷,实车操作时,不要将大量的水喷到发动机或线束上;如用高压水枪近距离直喷或斜喷,易使散热翅片变形,导致冷凝器堵死,降低散热效果。可采用较远、低压直射方式,一旦有散热翅片变形,应用梳子梳齐。

2)空调冷凝器内部清洁

板式冷凝器按所采用的制作材料不同有多种,常用的有钛板、不锈钢等,焊接方式有纯铜钎焊、镍焊、不锈钢焊等。清洗方法也因材料的不同而不同。

清洗不锈钢板时,勿使用盐酸或含氯化物超标的水。

不要用磷酸或硫酸清洗以钛为材料的板式冷凝器。

清洗板式冷凝器时,需要了解冷凝器所采用的材料和水质成分,切勿盲目清洗以免造成腐蚀。水垢成分含硫酸钙、硅酸盐一类的,用含柠檬酸、硝酸、磷酸等清洁剂;含碳酸钙的水垢,用10%硝酸加90%的水清洗。

二、更换空调滤清器

1. 为何要定期更换空调滤清器

空调因为季节的变换以及大气环境的影响,非常容易滋生各种细菌、病毒。如果不定期清洗和及时更换空调滤清器的话,就会释放出有毒或者含病菌的气体。一般情况下,每5000km或3个月就要对空调滤清器进行一次清洁,每20000km或12个月应进行更换。

2. 空调滤清器的更换方法和技术要求

空调滤清器(图4-149)主要安装在两个地方:一是安装在前排乘客座位的杂物箱后面,将杂物箱拆卸下来,就可以看到空调滤清器。二是在发动机舱内,前排乘客对应的一侧刮水器下方,下面以科鲁兹为例,讲述空调滤清器的更换方法。

a)空调滤清器

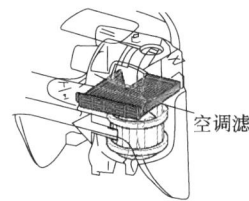
b)空调滤清器安装位置

c)空调滤清器实物图

图4-149 空调滤清器

(1)空调滤清器安装在前排乘客箱的后部,更换空调滤清器首先要打开杂物箱盖。

(2)找到杂物箱右侧的固定卡扣,用力向外侧拔出。

(3)将杂物箱盖的固定卡扣取下,使之脱离。

(4)用双手由两边向中间挤压杂物箱,将其取下。

(5)取下杂物箱就可以看到空调滤清器的盖板,用力按压盖板两侧的固定卡扣,盖板就可以取下。

(6)向外抽出旧的空调滤清器。

(7)将新的空调滤清器装入,按与拆装相反的顺序原位即可(注意空调滤清器的安装方向)。

三、空调压缩机电磁离合器的检修

压缩机电磁离合器用于控制发动机与压缩机之间的动力传动联系。当接通电源时,电磁离合器接合,将发动机的动力传递给压缩机主轴,使压缩机处于工作状态;当断开电源时,电磁离合器分离,切断发动机与压缩机的联系,使压缩机停止工作。电磁离合器在空调制冷系统中的作用就像电路中的开关,控制着制冷系统的工作状态。在汽车空调自动控制系统中,电磁离合器是执行元件,受控于电子控制器、温度控制器(恒温器)、压力控制器(压力开关)、电源开关等,用以实现最佳温度调节和制冷系统的安全保护。空调电磁离合器的检修步骤如下:

(1)压缩机电磁离合器的压力盘表面和转子及皮带轮接触面应无明显的磨损现象。

(2)电磁离合器轴应无漏油现象,运转无异常噪声;轴承应无明显的松旷,润滑脂不出现渗漏现象。

(3)起动发动机,然后接通离合器电源开关,压缩机应能马上运行;断开电源,压缩机应当立即停止运行。否则,检查离合器电源开关是否损坏,若没有损坏,则检测离合器的电磁线圈是否正常。可用万用表电阻挡测量电磁离合器线圈电阻值,应为$(3.7 \pm 0.2)\Omega$(不同车型,标准略有差异);若电阻值小于3.5Ω,则为短路;若电阻值为∞,则为开路。线圈短路或开路应进行修理或更换。修理线圈时,使用专用工具固定离合器固定板,拆下固定螺栓,用拉力器拉下驱动板,拆下卡环和盖圈。用拉力器拆下皮带轮,把线圈的固定螺栓拆掉,拿下线圈。线圈如需要重新绕制,应先测量原线圈的尺寸及线径,按尺寸做一个模具,然后再分解线圈,参考原线圈的匝数和线径进行绕制,绕制后进行绝缘处理并烘干。用万用表测量线圈的绝缘情况和阻值,符合要求后再进行组装。装配后应测量电磁离合器压力盘与皮带盘间的间隙是否在标准值内,否则应用不同厚度的垫片进行调整。

四、检查空调制冷循环系统技术状况的检查

1. 制冷剂循环的检查

通过观察窗查看制冷剂,如图4-150所示。可对系统中制冷剂量进行粗略检查。

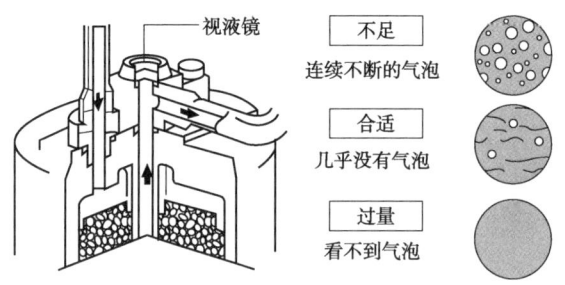

图4-150 通过观察窗查看制冷剂

(1)起动发动机,打开空调系统,使发动机在快怠速(1500~2000r/min)运转,运行5min后,观察视窗。

(2)液体正常流动:符合标准。

(3)液体不流动:检查系统的密封性并予以修复。

(4)出现气泡:缺少制冷剂,检查系统的密封并予以修复。
(5)出现乳白状气泡:潮湿现象。

2. 利用歧管压力表和温度计判断制冷循环系统的技术状况

1)温度压力检查

通过温度及压力的检测,可方便准确地判断空调系统运行是否正常。

前提条件:

(1)发动机热机。
(2)发动机转速2000r/min。
(3)发动机舱盖关闭。
(4)风扇速度调节开关置于外循环最大挡。
(5)空气温度调节开关置于最冷。
(6)打开所有出风口于最大挡。
(7)打开空调开关。
(8)打开两前门(或降下前门风窗玻璃)。

若系统运行正常,温度、压力应满足如图4-151所示关系。

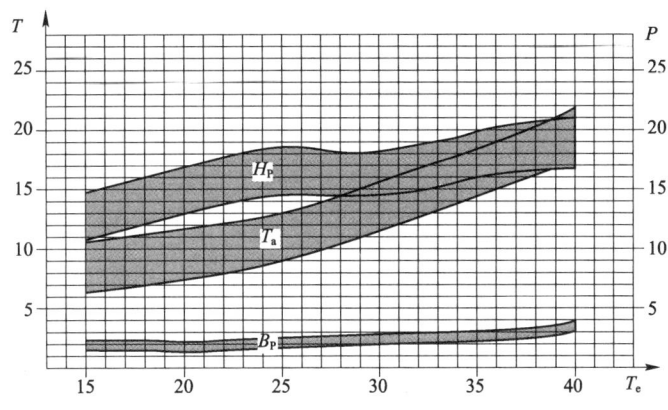

图4-151 温度、压力关系图

H_P-高压压力;T_a-中间出风口温度;B_P-低压压力;T_e-环境温度

2)压力检查

(1)将低压软管接到低压加注阀,高压软管接到高压加注阀。
(2)用手拧紧软管螺母。
(3)关闭高压手阀和低压手阀。
(4)将注入软管连接加注阀。
(5)注意不能将压缩机机油涂在连接座圈上。
(6)若用温度检查法检查出空调系统运行不正常,则可用压力检查法寻找故障部位。
(7)前提条件:发动机转速1500r/min。
(8)鼓风机转速置于高速的状态。
(9)温度控制开关置于最冷位置。

3）系统压力

（1）静态压力。高低压力相等,均为 3~5bar。

注意:静态压力是随环境温度的变化而改变。

（2）动态压力。发动机转速为 2500r/min,压缩机工作 5min。高压为 11~15bar、低压为 1.3~1.8bar。

此时获得歧管仪表的压力读数:根据读数情况进行相应的空调运转状况分析。

五、制冷系统各组件的检查和更换

1. 空调压力表的使用方法

空调压力表也称歧管压力表,其结构如图 4-152 所示。它是由高、低压力指示表,高、低压阀门开关手轮,接红色软管通高压侧的管接头 4,接黄（或绿）色软管用于抽真空和加注制冷剂的管接头 5,接蓝色软管通低压侧的管接头 6 组成。空调压力表是维修汽车空调制冷系统必不可少的重要工具,它与制冷系统相接可进行抽真空、加注制冷剂及诊断制冷系统故障等操作。空调压力表的具体操作步骤如下:

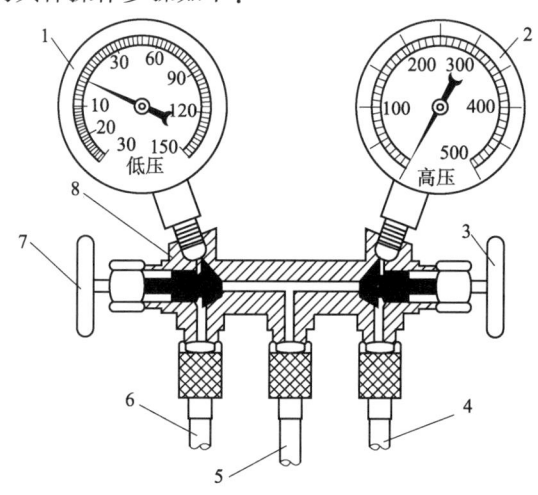

图 4-152　歧管压力计结构

1-低压表;2-高压表;3-高压阀门开关手轮;4-高压表管接头;5-中间管接头;6-低压表管接头;7-低压阀门开关手轮;8-表座

（1）当手动低压阀开启、手动高压阀关闭时,低压管路与中间管路及低压表相通,此时可从低压侧加注制冷剂或排放制冷剂,并同时检测高、低压侧的压力。

（2）当手动低压阀关闭、手动高压阀开启时,高压管路与中间管路及高压表相通,此时可从高压侧加注制冷剂,并同时检测高、低压侧的压力。

（3）当手动高、低压阀均关闭时,可检测高、低压侧的压力。

（4）当手动高、低压阀均开启时,可加注制冷剂、抽真空,并检测高、低压侧的压力。

2. 制冷剂回收机的使用

在修理汽车空调的过程中,经常要拆开空调系统,如果将制冷剂排入到大气中,既浪费又污染环境。可用制冷剂回收机将制冷剂回收,在对制冷剂没有严格要求的场合,回收的制冷剂可继续使用。该机不但可回收制冷剂,还有如下用途:

(1)制冷系统抽真空,维修工作完成之后,可对制冷系统进行抽真空。
(2)加注制冷剂,给制冷系统加注制冷剂。
(3)加注冷冻润滑油,在制冷系统抽空之后,可利用制冷剂回收机加注冷冻润滑油,以便润滑。
(4)测量制冷系统压力,可通过面板上的高、低压组合压力表测量系统压力,确定系统中的制冷剂量或判断故障。

3.冷凝器的检查和更换

(1)检查冷凝器管道和散热片上有无污垢,如有污垢附在上面,制冷剂的凝缩能力就会下降,同时制冷回路的高压管压力会急剧上升。因此,须定期清除管道和散热片上的污垢和杂物。

(2)检查散热片表面是否堵塞或损坏,若散热片表面堵塞,可用清水冲洗,再用压缩空气吹干。如果散热片弯曲变形,可用尖嘴钳校正。

(3)检查冷凝器管道和接头是否损坏,如果管道和接头有泄漏,应予以修补或更换新件,修复后要进行泄漏检查。冷凝器如有泄漏,不仅会使空调系统不能正常工作,还会对环境造成污染,应每星期检查一次,发现泄漏应立即修理或更换。

(4)随着汽车的振动,冷凝器的紧固螺栓会逐渐松动,应每6个月检查一次,将已松动的螺栓按规定力矩拧紧。

(5)需要拆卸冷凝器时,应按照制冷剂的排出方法缓慢地从冷凝器中排出制冷剂,拆开连接管道后应及时封住管口,防止潮气进入。冷凝器修理装车后,制冷系统应补加50mL的制冷剂,并对接头进行漏气试验。

(6)空调系统一般都装有循环通风过滤装置和制冷剂的储液干燥器,因此在维护时必须及时清洁和定期调换。清洗时应注意:

①不要把冷凝器散热翅片碰倒,更不能损伤管子。

②除了清洁冷凝器表面,还需清理冷凝器和散热器之间的缝隙,如果这里堵塞严重,往往会造成发动机水温过高,同时影响制冷效果。

4.储液干燥过滤器的检查

储液罐表面是否清洁,每次拆开管路进行修理或清洗时,必须更换新的储液罐。用手去摸储液干燥过滤器的进出管路,正常的情况下。进出管路没有明显温差,若发觉有明显温差,如干燥过滤器出管很冷,表面有露滴或挂霜现象,则说明内部过滤器被污物堵塞,应更换干燥过滤器,同时整个系统必须进行清洗。

5.膨胀阀的检查

当压缩机工作正常、蒸发器温度过高时,表示膨胀阀开度太小。当蒸发器进口处结霜时,表示膨胀阀开度太大,可适当地调整弹簧座的位置,用以改变膨胀阀的开度。膨胀阀开度应使蒸发器制冷剂进口温度在-6℃、出口温度在0℃。

六、暖风控制水阀的更换

(1)释放冷却系统的压力,注意不要被烫伤。
(2)拆下连接暖风控制水阀的水管。

(3)拆卸暖风控制水阀的连接螺栓。

(4)以相反的顺序安装暖风控制水阀。

(5)加注冷却液,并检查冷却液液位,必要时对冷却系统进行排空。

七、空调鼓风机的拆装

拆卸鼓风机时,应先拆去蓄电池搭铁线,卸下发热器热水管和控制导风板位置的拉索。顶起汽车,拆去除与散热器水箱支架连接处鼓风机挡板上的全部连接螺钉,然后拉出导风板,在导风罩下部与围板间垫上一块 50~100mm 的方木,以便能拆去风扇及电动机。鼓风机的拆装方法如下:

(1)拆开向鼓风机供冷的管路及鼓风机供电导线,拧去鼓风机外壳的固定螺钉,将鼓风机与外壳一起取出。如导风管接头处因密封粘紧,须细心撬开分离,防止用力过度使连接管壁变形。

(2)拧松风扇叶轮的固定螺母,拆开扇叶和电动机。

(3)重新安装鼓风机时,按与拆卸时相反的顺序进行。装扇叶时,应注意叶片曲面展开方向应离开电动机伸向外端。

第五章　汽车发动机故障诊断与排除

第一节　发动机机械故障诊断与排除

技能要求

1. 能诊断与排除气门脚、挺柱异响(高级要求);
2. 能诊断与排除连杆轴承、曲轴轴承异响(高级要求);
3. 能诊断与排除活塞敲缸、活塞销敲击异响(高级要求)。

知识要求

1. 发动机常见机械异响故障诊断方法(高级要求);
2. 发动机常见机械异响产生原因及排除方法(高级要求)。

一、发动机机械系统故障表现及影响

汽车发动机是由各总成和零部件组成的。随着行驶里程的增加,机械磨损和化学腐蚀,使零部件原有的尺寸、几何形状发生改变,配合间隙增大;长期承受交变载荷的作用而产生疲劳损坏;零件受到外载荷、高温、残余应力作用而变形;橡胶及塑料非金属制品和电器元件因长时间工作而老化,严重时产生裂纹和损伤,其强度、硬度和弹性变差。这些都将引起汽车发动机技术状况变差,动力性、经济性下降,使用可靠性降低,甚至导致发动机各种机械故障的发生。

现代汽车发动机结构复杂,出现的机械系统故障也多种多样,对其归纳分类,有助于故障成因的分析和部位的判断。

1. 工况异常

工况异常是指汽车发动机的工作状况突然出现了不正常现象,这是比较常见的工作症状。例如:发动机突然熄火后再起动困难,甚至不能起动;发动机在行驶中动力突然下降、行驶无力等。这些故障的现象明显、容易察觉,但其原因复杂,涉及较多的系统,而且往往是由渐变到突变。例如:起动困难的故障原因涉及发动机起动系统、点火系统、燃油供给系统及机械部分。因此,在发动机故障诊断时,应认真分析追溯突变前有无可疑症状,去伪存真,判明故障的存在。

2. 声响异常及振抖

有些故障可引起汽车发动机的不正常响声。出现异响预示着:配合零件可能装配不当、

零件变形、配合副磨损造成配合副间隙不合适。异响故障症状明显,容易发现。但若不及时处理可能酿成机件的大事故,因此要认真对待。事实证明,凡响声沉重,并伴有明显振抖现象的机械故障多为恶性故障,应立即停车,查明原因。一般情况下,异响原因不同而响声特征和规律也不同,在判断时,应正确分辨、仔细查听。

3. 温度异常

在正常情况下,无论汽车工作多长时间,发动机各系统和机构应保持一定的工作温度,超过这个温度,称为温度异常。例如:轿车发动机冷却系的正常温度为 95～105℃,超过此温度范围则为发动机过热。

4. 排气烟色异常

发动机在过程中,正常的燃烧生成物应表现为无明显颜色的烟雾。若燃烧不正常,烟雾的颜色将发生改变,将会排出黑烟、蓝烟或白烟。排黑烟主要是燃料燃烧不完全,烟雾中含有大量的炭粒子;排蓝烟主要是因为机油进入燃烧室被燃烧所致;排白烟是因为燃油中有水或水进入发动机汽缸。排气烟色已成为发动机故障诊断的重要依据。

5. 燃润料消耗异常

燃料、机油消耗异常也是一种故障现象。机油消耗增加,原因通常是渗漏。渗漏有向外渗漏和向内渗漏之分。内漏是指机油进入燃烧室,常伴有冒蓝烟现象。外漏是机油漏出发动机体外的故障现象,很容易被发现。渗漏易造成发动机机油量不足,从而引起发动机过热和运动件表面的拉伤甚至烧毁。因此,燃润料消耗异常是发动机存在故障的一个重要诊断参数。

6. 气味异常

燃油渗漏会有明显的气味。发动机机油和防冻液的外漏,遇高温会散发出特殊气味。机油内漏参与燃烧时,在排气管会有难闻的气味。一旦发现气味异常,应立即停车检查。

二、发动机机械系统故障成因

发动机机械系统故障种类很多,原因复杂,所以维修工作难度较大。只有明确故障现象、分清故障类型、查明故障原因,才能使发动机机械系统的维修工作顺利进行。

造成发动机机械系统故障的原因是多方面的,有设计或制造的原因,有使用不当的原因,也有维修不当的原因,但大部分是由于长期运行后的正常磨损引起的。

1. 设计与制造缺陷

汽车设计和制造上的缺陷,会给机件带来先天性不良,以致使用不久就出现故障。例如:有的发动机与底盘匹配不当,造成换挡耸车;有的发动机散热性能差,经常出现过热;有的汽缸体存在铸造气孔和沙眼,造成漏气或漏水;有的曲轴材料缺陷、制造工艺不良,出现早期的变形或断裂等;有的发动机曲轴动平衡不好,导致振动等。

2. 使用与管理因素

正确选用燃油、机油是保证汽车正常行驶、减少故障和延长使用寿命的重要因素。例如:汽油牌号选用不正确,发动机会发生爆震,易发生冲坏汽缸垫或烧毁活塞顶,并使动力性下降;机油过稀或过稠、质量等级低,都会使零件因润滑不良而导致磨损加快。

汽车驾驶员的驾驶技术和驾驶习惯直接影响汽车的技术状况,如长期低速挡高速行驶,将使机件磨损加快,长期起步过猛将使离合器过度磨损等。汽车在使用中经常超载,各系统、零部件长时间超负荷工作,会出现早期损伤,导致故障的发生。

汽车定期检测、强制维护、视情修理是保证汽车技术状况完好,减少事故发生的重要技术措施。汽车使用中不重视日常维护,新车或大修后车辆不注意走合,不执行出车前、行驶中和收车后的"三检"制度等,均会使发动机随机故障增多。

3. 维修与配件因素

不按标准、不按工艺对汽车进行维护和修理,汽车维修人员技术水平低,检测维修设备不齐全,配件质量差等,都是引起发动机机械系统故障产生的重要因素。

三、发动机机械系统故障的诊断方法

汽车故障诊断的基本原则可概括为:搞清现象、结合原理、区别情况、周密分析,从简到繁、由表及里,诊断准确、少拆为益。发动机机械系统故障更需要抓住故障现象的特征,分析造成故障原因的实质,尽量避免盲目的拆卸,更要注意防止因不正确的拆装而造成新的故障。

汽车故障诊断方法有:直观诊断法、经验诊断法和仪器诊断法。

1. 直观诊断法

有问、看、听、嗅、摸和试六种方法。

"问"就是调查;"看"就是观察;"听"就是通过辩听声音来判断发动机运转以及汽车运行状况;"嗅"就是凭借嗅觉察知发动机在运行中有无异常气味;"摸"就是用手接触可能发生故障的机件的工作温度及其振动情况;"试"是通过试车来找出故障的部位。故障的直观诊断需要根据具体情况灵活运用,一般机械故障通过"问、看、听、嗅、摸、试"得到故障信息,经进一步综合分析,都能准确、迅速地查出故障。

2. 经验诊断法

有隔离法、试探法、比较法等。

隔离法就是部分地隔离或隔断某些系统或某些部件的工作,通过观察故障现象的变化来确定故障范围或部位的方法。当隔离或隔断某部位后,若故障现象立即消失,则说明故障发生在此部位或与此部位相关的系统;若故障现象依然存在,说明故障在其他部位。例如:对发动机采用单缸断火法(或单缸断油法)来判断故障缸。又如:将变速器操纵杆放在空挡位置,断续地接合和分离离合器,根据声音的变化判断响声是发生在变速器还是离合器。

试探法是指对故障可能产生的部位通过试探性的排除或调整来判断其是否正常。例如:当怀疑是气门间隙过大(或液压挺柱故障)引起气门异响,可用厚薄规塞入气门杆与气门摇臂端(或气门杆与液压挺柱端),若异响消失或减轻,则故障原因即为气门间隙过大(或液压挺柱故障);若异响声不变,再检查其他部位。

比较法常用于在不能准确判断部件技术状况时,将怀疑有故障的零部件与工作正常的相同件对换,根据换件后故障现象的变化来判断所换件是否有故障。例如:当某缸不工作,

怀疑火花塞工作不正常时,可将一个正常的火花塞换上,若故障消失,说明该火花塞工作不正常。

3.仪器诊断法

使用仪器设备,通过测量发动机总成、机构的诊断参数,可实现对发动机的不解体检测诊断。仪器诊断法具有安全、快速、准确、预见性好等特点,是汽车故障诊断的发展方向。例如:在就车检测时,只要测量汽缸压缩压力、进气歧管真空度、汽缸漏气量或汽缸漏气率、曲轴箱窜气量等其中的一项或几项,就能确定汽缸密封性不良产生的部位及可能原因。

又如:使用发动机综合检测仪通过传感器采集信号,经计算机处理后,可以直观、方便地对发动机进行检测、分析与诊断。包括:点火提前角、汽缸压力、充电测试、进气管真空度波形、温度测量、废气分析、转速稳定性分析等。对于汽油喷射式发动机,还可以检测传感器和执行器的工作状况。

四、发动机异响诊断分析

汽油机机械系统的故障大多数是以异响和振动的方式出现的。异响是由于发动机运动机件的自然磨损、老化和损伤,使零件相互配合间隙增大,在运动中由于振动和相互撞击而发生的金属碰击声。所以,发动机机械系统的异响和振动,往往反映着不同性质和不同程度的故障。

正常发动机的转速是均匀的,运转声是轻微的,机械振动和排气声音是有节奏的;当发动机转速变化时,表现为连续的声音强弱变化,转速过渡圆滑而不间断。

如果发动机在运转过程中,出现间歇且无规律的碰撞声、摩擦声和强烈的振抖,即为异响,异响预示着发动机存在故障。发动机异响可分为气体冲击金属发出异响(如发动机爆震燃烧等)和金属与金属撞击发出异响(如活塞敲缸响等)以及空气动力异响(如风扇异响)。影响发动机异响的因素很多,如温度、速度、负荷、润滑条件等。正确分析异响特征是诊断故障原因和部位的有效途径。

根据异响的产生部位、声响特征、出现时机、变化规律,以及尾气排放的烟色、烟量等情况,用人工经验诊断法、仪器诊断法或二者相结合的方法,即可找出产生故障的原因并予以排除。

经验诊断法主要是借助听诊器、断火试验,结合变换节气门开度等,凭耳、眼进行听察异响的变化情况。在听察过程中,还要及时观察排气管冒出的烟色、烟量的变化和各仪表的工作情况等。

仪器诊断法主要根据异响和振动的频率、振幅、相位、声压等加以诊断。这种方法比较准确、迅速,受主观影响较小。

1.异响特征分析

1)响声部位特征

对应发动机的异响,首先要确定是主机响还是附件响。如果将附件皮带松开后响声消失,说明该响声与水泵或发电机及其旋转件有关;如果将全部传动皮带松开后响声仍不消失,应考虑是发动机主机响。

2)响声频率特征

连续响是指曲轴每转一圈响一次;间歇响是指曲轴每转两圈或更多圈响一次。一般配气机构所发出的响声为间歇响,活塞连杆组发出的为连续响。

3)变化规律特征

将汽油机某缸火花塞断火或喷油器断油,若响声减弱或消失,一般为曲柄连杆机构机件发出的响声;若响声不变,一般为配气机构机件发出的响声。

4)转速和负荷特征

一般情况下,异响会随发动机转速变化而改变。异响不同,异响最明显的转速范围也不同。

有些异响与发动机负荷有关,负荷变化时异响加重或减轻。例如:活塞敲缸响在怠速时较明显,且随负荷增大而增强。

5)温度特征

有些异响与发动机温度有关,而有些异响与发动机温度无关或关系不大。例如:活塞敲缸响在低温时响声明显,温度升高后异响减弱或消失;主轴承响、连杆轴承响和气门脚响等受温度影响较小。

2. 故障现象

发动机异响故障会表现出发动机正常运转时所没有的响声,同时会出现发动机振抖、运转不稳定、功率下降、燃润料消耗增加、运转无力、排气管排烟颜色异常等现象。

发动机的常见异响有:活塞敲缸响、活塞销响、曲轴轴承响、连杆轴承响、气门脚响等。

3. 故障原因

(1)装配间隙调整不当。

(2)润滑不良。

(3)运动件磨损过多,配合间隙增大。

(4)紧固螺栓松动。

(5)发动机爆震。

4. 故障诊断

发动机机械系统异响故障现象、原因及诊断方法,见表5-1。

发动机机械系统异响故障现象、原因及诊断方法　　　表5-1

响声	听诊部位	响声特征及变化规律	故障原因	诊断方法
活塞敲缸响	汽缸体上部	①急速时,在汽缸的上部发出清晰的"铛铛"敲击声; ②冷车时响声明显,热车时响声减弱或消失; ③该缸断火后,响声减弱或消失	①活塞与汽缸壁磨损后,配合间隙过大; ②活塞受热产生不正常变形或汽缸严重失圆; ③活塞销与连杆衬套装配过紧或活塞顶碰汽缸垫	①冷车时响声明显,热车时减弱或消失; ②向缸内注入少量机油,响声减轻或消失; ③该缸断火后,响声减弱或消失

续上表

响声	听诊部位	响声特征及变化规律	故障原因	诊断方法
活塞销响	汽缸体上部	①急速或略低于中速时响声比较明显,为有节奏的"嗒嗒"声; ②急加速时响声随之加大; ③温度升高后,响声不减弱; ④该缸断火后,响声减弱或消失	①活塞销与连杆小端衬套配合松旷; ②活塞销与活塞销座孔配合松旷	①该缸断火后,响声减弱或消失。在复火瞬间,响声会突然恢复并出现双响; ②适当提前点火时刻,响声会明显
连杆轴承响	汽缸体下部	①有较沉重而短促的"铛铛"的金属敲击声; ②急速时响声较小,中速时明显,突然加速时,响声增强; ③单缸断火后,响声减弱	①连杆轴承与轴颈磨损过甚,径向间隙过大; ②连杆轴承盖螺栓松动; ③轴承润滑不良,造成轴承合金层烧毁、脱落	①中速运转,响声明显,单缸断火后,响声减弱,复火时响声恢复; ②机油压力下降
曲轴主轴承响	汽缸体下部	①响声沉重、发闷; ②转速突变时,响声明显,发动机机体发生振动; ③单缸断火时,响声无明显变化,相邻两缸断火时,响声会明显减弱	①轴承与轴颈磨损而导致配合间隙过大; ②主轴承盖螺栓松动; ③轴承润滑不良,使轴承合金层烧蚀脱落	①发动机温度越高响声越明显; ②机油压力下降,发动机振抖严重; ③相邻两缸断火时,响声会明显减弱
气门脚响	汽缸盖上部	①急速时,发出连续而有节奏"嗒嗒"的金属敲击声; ②响声不随温度而变化; ③单缸断火时,响声不变	①气门间隙调整过大; ②气门调整螺钉松动; ③气门传动组件磨损; ④液压挺柱缺油	①对于可调气门,急速时,逐个在气门脚塞入厚薄规,若响声减弱,则为该气门异响; ②采用液压挺柱,用手压摇臂或液压挺柱,若感有间隙则为液压挺柱失效
正时齿轮响	正时齿轮室处	①急速、中速较为清晰; ②单缸断火时,响声不变	①正时齿轮间隙过大; ②正时链和链轮磨损松旷或张紧器失效	在正时齿轮盖处响声明显,响声严重时,在正时齿轮盖处感觉有振动

第二节　发动机燃油、控制系统故障诊断与排除

技能要求

1. 能诊断与排除发动机燃油压力不足故障(高级要求);
2. 能诊断与排除发动机怠速不稳故障(高级要求);

3. 能诊断与排除发动机加速不良故障(高级要求);
4. 能诊断与排除发动机起动困难故障(高级要求)。

1. 发动机燃油供给系统故障诊断方法(高级要求);
2. 发动机怠速控制知识要求及故障诊断方法(高级要求);
3. 发动机控制系统故障诊断方法(高级要求)。

一、发动机燃油、控制系统故障诊断方法

1. 汽油机电控系统故障特点

电控燃油喷射系统的发动机在燃油供给方面与传统的化油器式发动机有本质的区别,在诊断、分析和排除故障的手段和方法上明显不同。

对汽油机的电控系统进行故障诊断时,首先应明确所诊断的故障是否与电子控制系统相关。若发动机有故障现象,而故障警示灯并未点亮,则应该先考虑可能是与电控系统无关的故障,须避开电子控制系统,按照常规发动机的故障诊断程序进行诊断,再使用诊断仪器进行数值分析查找故障;若发动机有故障现象,且故障警示灯点亮,则应按厂家规定的程序调取故障码,并结合具体的结构类型进行故障分析,充分了解可能的故障原因,以便正确地进行诊断操作。

2. 汽油机电控系统故障诊断基本方法

汽油机电控系统常用的故障诊断方法有两种:仪器诊断法和经验分析判断法。

1) 仪器诊断法

仪器诊断法就是使用各种类型诊断仪器,通过汽车电控单元自诊断系统,从诊断座调取故障码,并读取发动机和各元件在各工况下的运行参数。例如:V. A. G 5052 和 V. A. G 6150 诊断仪是大众汽车公司生产的帕萨特和奥迪系列轿车的主要诊断设备;TECH-2 是通用汽车专用的诊断仪。

利用诊断仪器可以很快地启动车内的自诊断系统、读取故障码和数据,并且还具有数据双向传递功能,即不但能把控制单元内的数据读出来,而且能通过诊断仪将各种指令和数据传给控制单元,对控制单元参数进行调整。

2) 经验分析判断法

在全面掌握电控汽油喷射系统的工作原理,以及各种元件结构的情况下,对故障现象进行综合分析。包括模拟车辆出现故障时相同或相似的条件和环境,如振动、高温和潮湿等,判断出故障的实质。

经验分析判断法是在任何情况下都必不可少的一种方法。尽管有先进的仪器,但仪器只能从宏观角度提出一个总的方向,而对具体故障的确定和排除,最终还是要依靠人的因素来解决。因此,掌握电控汽油喷射系统的类型、结构与工作原理是必要的。

检修人员进行故障诊断时要注意:要诊断与排除一个可能涉及电控系统的发动机故障,首先应判断该故障是否与电控系统有关。若故障警示灯点亮,则应按厂家规定的程序调取故障码进行检查。若发动机有故障,而故障警示灯并未点亮,则应该像发动机没装电控系统

那样,按照基本诊断程序进行检查;再使用诊断仪器进行数值分析查找故障。否则,可能遇到一个本来与电控系统无关的简单故障,却去检查电控系统的传感器、执行器和控制电路,花费了很多时间,却不能及时排除故障。

3. 汽油机电控系统故障诊断一般程序

汽油机电控系统的故障诊断,应有步骤地进行。目前,较为常用的是六步法诊断程序,如图5-1所示,即向用户询问相关情况、直观检查、自诊断测试、基本检查、疑难故障诊断和部件检修。

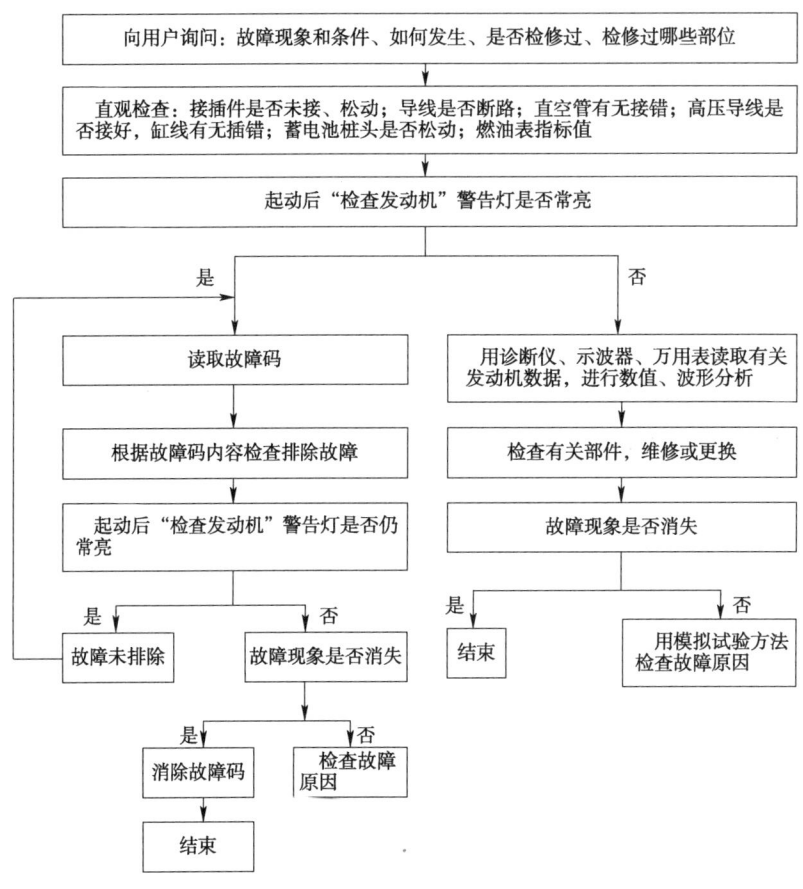

图 5-1 电控汽油喷射系统故障诊断的一般程序

二、发动机燃油、控制系统常见故障诊断与排除

在诊断发动机燃油、控制系统故障时,首先要掌握电控发动机的结构、控制原理,看懂电路图,了解各传感器和开关的参数,并要掌握诊断的基本方法和步骤。

1. 发动机不能起动或起动困难故障诊断与排除

发动机不能起动或起动困难故障,一般按如图5-2所示框图顺序进行诊断与排除。

第五章 汽车发动机故障诊断与排除

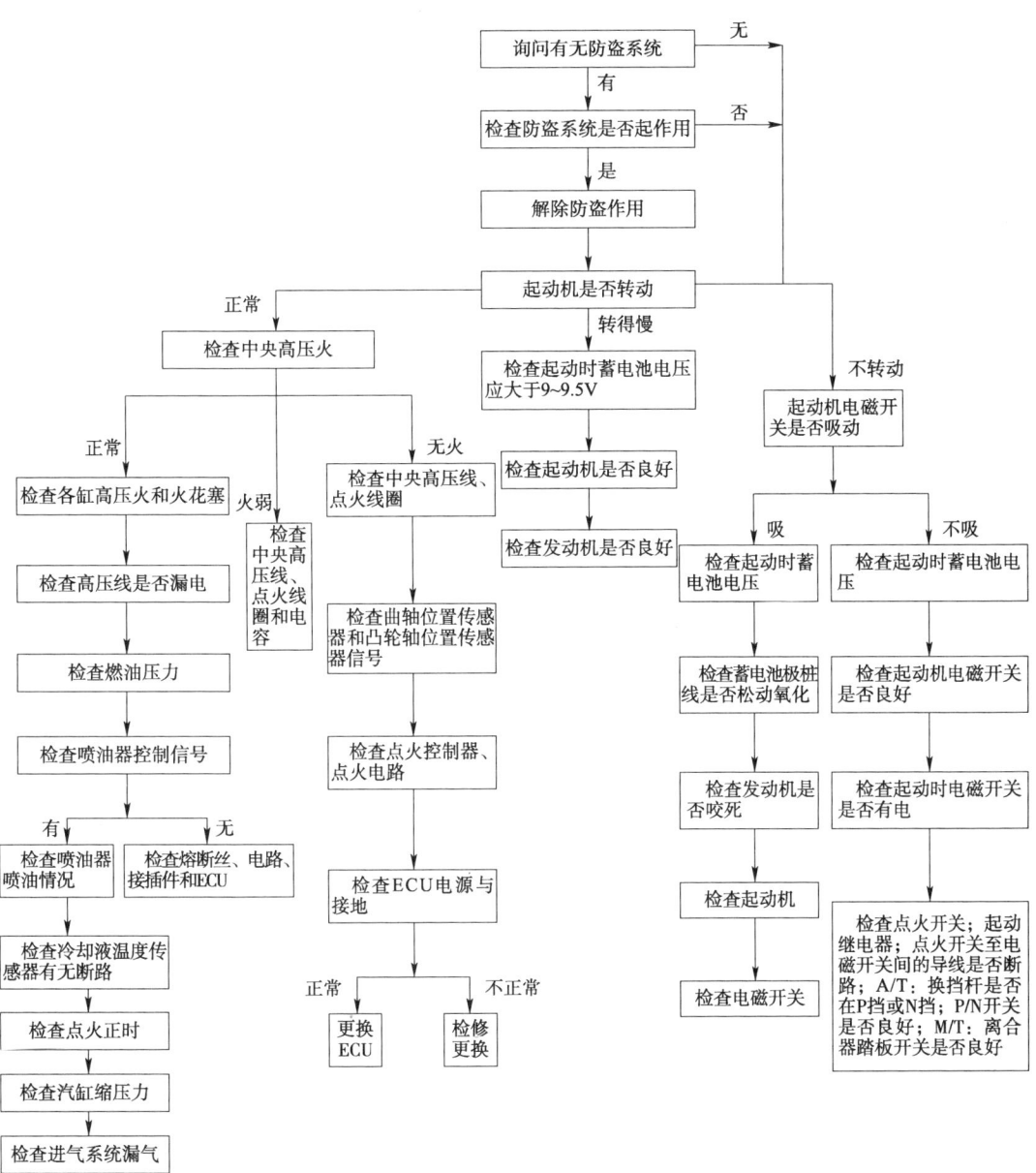

图 5-2 发动机不能起动或起动困难故障诊断程序

2. 发动机怠速不稳故障诊断与排除

发动机怠速不稳故障,一般按如图 5-3 所示框图顺序进行诊断与排除。

3. 发动机动力不足、加速不良故障诊断与排除

发动机动力不足、加速不良故障,一般按如图 5-4 所示框图顺序进行诊断与排除。

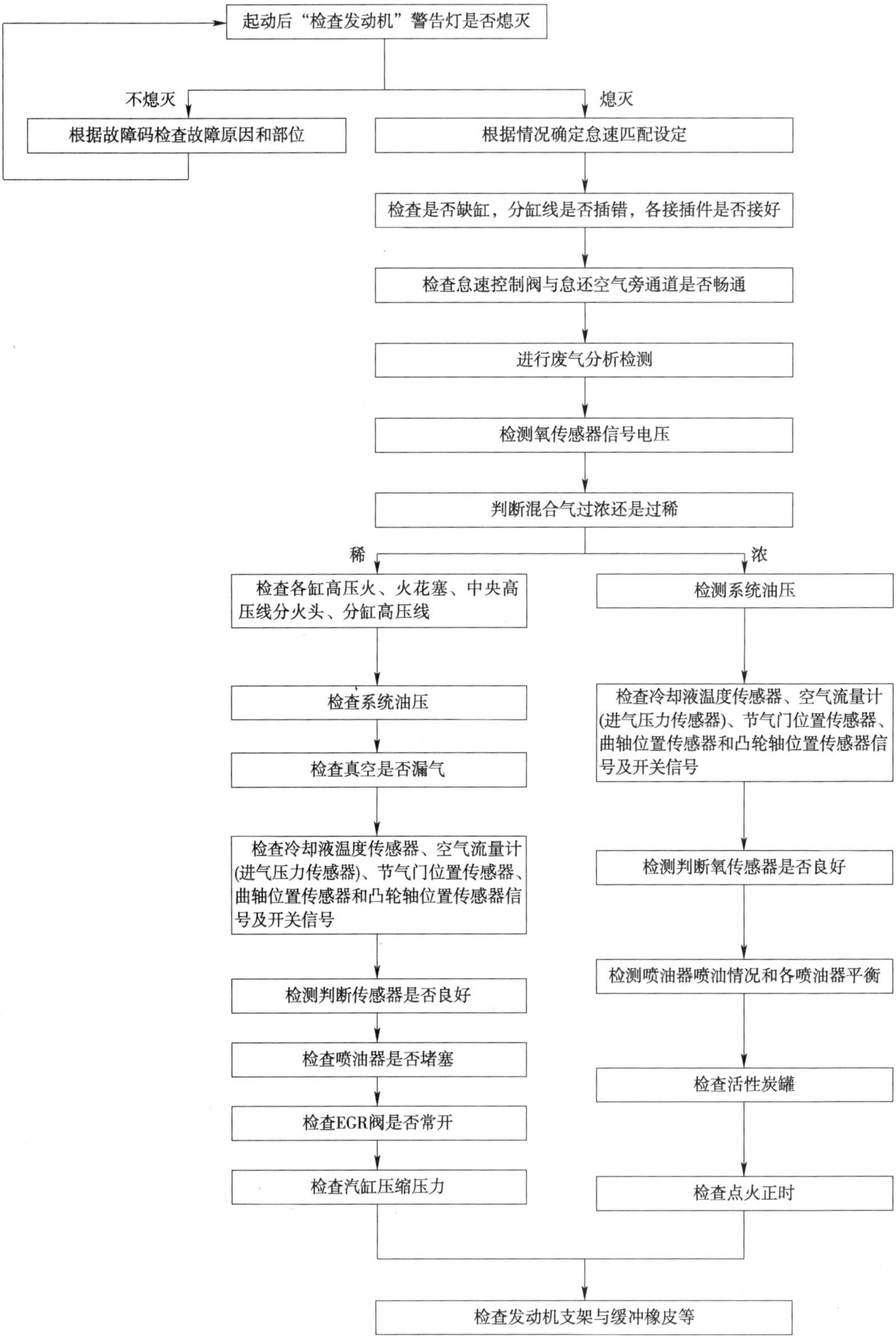

图 5-3 发动机怠速不稳故障诊断程序

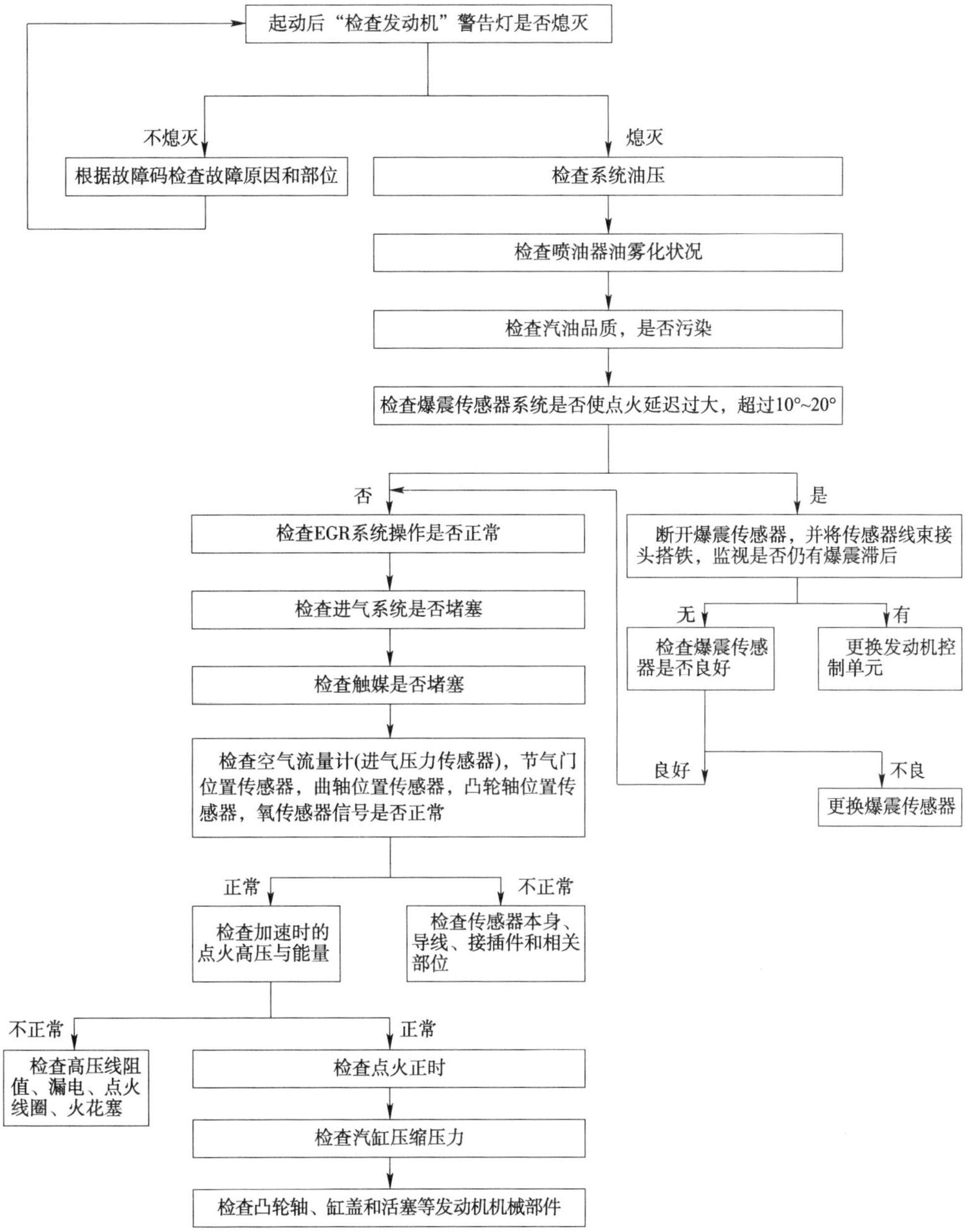

第五章　汽车发动机故障诊断与排除

图 5-4　发动机动力不足、加速不良故障诊断程序

第三节　进(排)气系统故障诊断与排除

技能要求

1. 能诊断与排除进(排)气系统故障(高级要求);
2. 能使用尾气分析仪、烟度计诊断故障(高级要求)。

知识要求

1. 发动机进(排)气系统故障诊断方法(高级要求);
2. 发动机增压系统故障诊断方法(高级要求)。

一、发动机进(排)气控制系统故障检测与诊断

1. 发动机配气正时的检查

1)简单可变进气机构配气正时检查

(1)首先必须了解和掌握原车维修手册,待检车型的可变进气机构特点,配气正时拆解校对方法、基准位置、检测要求等有关技术参数和知识要求,在原车维修手册中一般都有详尽叙述,要认真阅读,掌握要领。

(2)可变进气机构配气正时的检查可分为机械、液压、电控三部分,机械部分检查要求与一般配气机构的正时检查基本类似,参见第一章第一节发动机维护部分内容。

(3)若进气凸轮轴与排气凸轮轴间的正时链条失常,可在对应的数据流测试块中,观察到相应的动态数据超出正常范围。

(4)若因配气正时失常,致使进气门开启时间提前或滞后,发动机 ECU 多数会记录故障信息,以相应故障代码形式表示。

2)复杂可变进气机构配气正时检查

(1)检查复杂可变进气机构的配气正时时,更要了解和掌握原车维修手册中的有关技术参数、检测要求和知识要求,应掌握要领,严格按技术规范操作。

(2)所谓复杂可变进气机构就是其在机械、液压、电控三部分结构和控制上更复杂、更紧密、要求更高。有些发动机,其 ECU 可通过调节气门正时,使汽缸充气量与瞬时负荷及转速变化情况相适应,其进气凸轮可进行连续调节,排气凸轮可进行有级调节,有的还要同时调节进气歧管长度。

(3)检查复杂可变进气机构正时情况时,基本检查要求和步骤仍与一般可变进气机构类似。首先检查其外部和内部的基本正时标记,具体方法和要求应遵循各发动机维修手册中的相关规范。

(4)如果进、排气凸轮轴间的正时链条或凸轮轴信号失常,可在对应的数据流测试块中,观察相应的动态数据是否超出正常范围,以此再做判断。

(5)复杂可变进气机构的气门正时失常时,发动机 ECU 也会记录下相关的故障代码,可结合故障代码分析,对其进行进一步的测试和验证。

2. 可变进气装置的检查

1)进、排气阻力常规检查

空气供给与控制系统的进、排气阻力常规检查,主要是直观检查其进气管、排气管等相关管道的通畅程度。当出现空气滤清器太脏、进气歧管积炭过多、三元催化系统堵塞等现象时,空气供给与控制系统的进气或排气阻力将会增大,会引起加速不良、发动机发闷等症状。通过检查和清洁进、排气系统,一般就能加以排除。

2)可变进气歧管机构转换功能检查

当发动机出现性能不良症状时,需要执行可变进气歧管转换功能的测试。如发动机的进气歧管从长路径切换为短路径时,可使用该车型专用检测仪在相应的数据流组或元件测试组中,进行观察、分析和判断。

典型汽油发动机检查方法如下:

(1)在数据流中观察时,使发动机转速加速到4000r/min以上,位于组合式进气歧管上的真空单元(切换开关)必须工作。

(2)如果真空单元不动作,应在元件诊断测试模式下,检查进气歧管换向阀的工作与触发情况。

(3)检查时,要确保真空阀和真空管路无泄漏和堵塞,真空软管的连接应正确,进气歧管换向阀动作须灵活。

(4)必要时可用手动真空泵,对真空换向阀性能进行检测,以区分具体原因。

3. 进气管脉动效应检查

影响发动机可变进气系统进气管脉动效应、充气效率和空气流速的因素,在结构参数中有长度、进气管直径、进气口位置、进气截面积、管道结构等多种因素,应根据实际检查对象的具体结构和控制特点,对其进行逐项检测、分析和判别。

4. 发动机增压系统检测

现代发动机增压系统主要形式有机械增压和涡轮增压两种,废气涡轮增压系统是目前汽(柴)油机上使用最广泛的一种形式,其故障形式以及检测方法参见第二章第七节相关内容。

二、汽油车排放污染物检测方法

不分光红外线CO和HC气体分析仪,是一种能够从汽车排气管中采集气样,对其中CO和HC含量连续进行分析的仪器。它由排气取样装置、排气分析装置、含量指示装置和校准装置等组成。

1. 仪器准备

(1)按仪器使用说明书的要求做好各项检查工作。

(2)仪器校准。

①接通电源,对不分光红外线气体分析仪预热30min以上。

②用标准气样校准。先让气体分析仪吸入清洁空气,用零点调整旋钮把仪表指针调整到零点;然后把仪器附带的标准气样从标准气样注入口灌入,再用标准调整旋钮把仪表指针调到标准指示值。在灌注标准气样时,要关掉气体分析仪上的泵开关。

CO和HC两种气体的标准指示值是多大呢?对于CO气体分析仪,可把标准气样瓶上标明的CO浓度值作为校准的标准值;对于HC气体分析仪,由于是用丙烷作为标准气样,因而应按下式求出正己烷的换算值,再用正己烷的换算值作为校准的标准值。

校准的标准值(正己烷换算值) = 标准气样(丙烷)含量 × 换算系数

式中,标准气样(丙烷)含量即标准气样瓶上标明的含量值;换算系数是气体分析仪的给出值,一般为0.472~0.578。

③简易校准。先接通简易校准开关,对于有校准位置刻度线的仪器,可用标准调整旋钮把仪表指针调整到正对标准刻度线位置。对于没有标准刻度线的仪器,要在标准气样校准后立即进行简易校准,使仪表指针与标准气样校准后的指示值重合。

④把取样探头和取样导管安装到气体分析仪上,检查取样探头和导管内是否有残留HC。如果管内壁吸附残留HC很多,仪表指针大大超过零点以上时,要用压缩空气或布条等清洁取样探头和导管。

仪器经过上述检查和校准后,即可投入使用。

2. **车辆或发动机准备**

(1)进气系统装有空滤器、排气系统装有排气消声器,两者不得有泄漏。

(2)测量时,发动机冷却液和机油温度达到所规定的热状态。

3. **急速测量程序**

(1)必要时在发动机上安装转速计、点火定时仪、冷却液和润滑油测温计等测试仪器。

(2)发动机由急速工况加速至70%额定转速,维持60s后降至急速。

(3)发动机降至急速状态后,将取样探头插入排气管中,深度等于400mm,并固定于排气管上。

(4)先把指示仪表的读数转换开关打到最高量程挡位,再一边观看指示仪表,一边用读数转换开关选择适于排气含量的量程挡位。

(5)发动机在急速状态,维持15s后开始读数,读取30s内的最高值和最低值,其平均值即为测量结果。

(6)若为多排气管时,取各排气管测量结果的算术平均值。

(7)测量工作结束后,把取样探头从排气管里抽出来,让它吸入新鲜空气5min,待仪器指针回到零点后再关闭电源。

4. **双急速测量程序**

(1)必要时在发动机上安装转速计、点火定时仪、冷却液和机油测温计等测试仪器。

(2)发动机由急速工况加速至70%额定转速,维持60s后降至高急速(即50%额定转)。

(3)发动机降至高急速状态后,将取样探头插入排气管中,深度等于400mm,并固定于排气管上。

(4)先把指示仪表的读数转换开关打到最高量程挡位,再一边观看指示仪表,一边用读数转换开关选择适于排气含量的量程挡位。

(5)发动机在高急速状态维持15s后开始读数,读取30s内的最高值和最低值,取平均值即为高急速排放测量结果。

(6)发动机从高急速状态降至急速状态,在急速状态维持15s后开始读数,读取30s内最高和最低值,其平均值即为急速排放测量结果。

(7)若为多排气管时,取各排气管测量结果的算术平均值。

(8)测量工作结束后,把取样探头从排气管里抽出来,让它吸入新鲜空气5min,待仪器指针回到零点后再关闭电源。

5. **诊断参数标准**

按照国家标准《点燃式发动机汽车排气污染物排放限值及测量方法(双急速法及简易工

况法)》(GB 18285—2005)的规定,装配点燃式发动机的车辆,排放污染物限值见表5-2。

装配点燃式发动机的车辆双急速试验排气污染物限值表　　表5-2

车 辆 类 型	急 速		高 急 速	
	CO(%)	HC($\times 10^{-6}$%)[①]	CO(%)	HC($\times 10^{-6}$%)[①]
2001年1月1日以后上牌照的M_1[②]类车辆	0.8	150	0.3	100
2001年1月1日以后上牌照的N_1[③]类车辆	1.0	200	0.5	150

注:①HC容积浓度按正己烷当量。
　　②M_1指车辆设计乘员数(含驾驶员)不超过6人,且车辆的最大总质量不超过2500kg。
　　③N_1还包含设计上乘员数(含驾驶员)超过6人,或车辆的最大总质量不超过2500kg但不超过3500kg的M类车辆。

三、柴油车排放污染物检测方法

柴油车排气管排出的可见污染物表现在排气烟色上。排气烟色主要有黑烟、蓝烟和白烟三种。黑烟的发暗程度用排气烟度表示,排气烟度用烟度计检测。烟度计分为滤纸式、透光式、重量式等多种形式。

自由加速滤纸式烟度的定义是:在自由加速工况下,从发动机排气管抽取规定长度的排气柱所含的炭烟,使规定面积的清洁滤纸染黑的程度,称为自由加速滤纸式烟度。

自由加速工况是指:柴油发动机于急速工况(发动机运转;离合器处于接合位置;加速踏板与手油门处于松开位置;变速器处于空挡位置;具有排气制动装置的发动机,蝶形阀处于全开位置),将加速踏板迅速踏到底,维持4s后松开。

滤纸式烟度计是用一个活塞式抽气泵,从柴油机排气管中抽取一定容积的排气,使它通过一张一定面积的白色滤纸,排气中的炭烟存留在滤纸上,使其染黑。用检测装置测定滤纸的染黑度,该染黑度即代表柴油车的排气烟度。

滤纸式烟度计是世界上应用最广泛的烟度计之一。它有手动、半自动和全自动三种形式,都是由排气取样装置、染黑度检测与指示装置和控制装置等组成。

1.仪器准备
(1)校准。
①未接通电源时,先检查指示电表指针是否在机械零点上,否则用零点调整螺钉使指针与"10"的刻度重合。
②接通电源,仪器进行预热,然后打开测量开关,在光电传感器下垫上10张洁白滤纸,调节粗调电位器和细调电位器,使表头指针与"0"的刻度重合。
③在10张洁白滤纸上放上标准烟样,光电传感器对准标准烟样中心,垂直放置在其上。此时,表头指针应指在标准烟样所代表的染黑度数值上,否则应调节仪器后面板上的小型电位器。
(2)检查取样装置和控制装置中各部机件的工作情况,特别要检查脚踏开关与活塞抽气泵动作是否同步。
(3)检查控制用压缩空气和清洗用压缩空气的压力是否符合要求。
(4)检查滤纸进给机构的工作情况是否正常。

(5)检查滤纸是否合格,应洁白无污。

2．受检车辆准备

(1)进气系统应装空滤器,排气系统应装有消声器并且不得有泄漏。

(2)测量时,发动机的冷却液和机油温度应达到所规定的热状态。

3．测量程序

(1)用压力为0.3~0.4MPa的压缩空气清洗取样管路。

(2)把活塞式抽气泵置于待抽气位置,洁白滤纸置取样位置并夹紧。

(3)将取样探头固定于排气管内,插入深度等于300mm,并使其轴线与排气管轴线平行。

(4)将脚踏开关引入汽车驾驶室内,但暂不固定在加速踏板上。

(5)自由加速烟度检测。先由怠速工况将加速踏板踩到底,维持4s迅即松开,然后怠速运转16s,共计20s。在怠速运转16s的时间内,要用压缩空气清洗机构对取样软管和取样探头吹洗数秒。如此重复三次,以熟悉加速方法并把排气管内的炭渣等积存物吹掉。然后,把脚踏开关固定在加速踏板上,进行实测。

实测时,将加速踏板与脚踏开关一并迅速踩到底,至4s时立刻松开,维持怠速运转16s,共计20s。在20s时间内应完成排气取样、滤纸染黑、走纸、抽气泵复位、检测并指示烟度和清洗等工作。

从第1次开始加速至第2次开始加速为一个循环,每个循环共计20s时间。实测中需操作4个循环,取后3个循环烟度读数的算术平均值作为所测烟度值。当汽车发动机排气管冒出黑烟的时间与抽气泵开始抽气的时间不同步现象时,应取最大烟度值作为所测烟度值。

(6)在被染黑滤纸上记下试验序号、试验工况和试验日期,以便保存。

(7)检测结束,及时关闭电源和气源。

4．诊断参数标准

按照国家标准《点燃式发动机汽车排气污染物排放限值及测量方法(双怠速法及简易工况法)》(GB 18285—2005)的规定,装配压燃式发动机的车辆自由加速试验排放污染物限值如下,见表5-3。

装配压燃式发动机的车辆自由加速试验排气可见污染物限值表　　　表5-3

车 辆 类 型	光吸收系数(m^{-1})
2001年1月1日以后上牌照的在用车	2.5
2001年1月1日以后上牌照的装配废气涡轮增压器的在用车	3.0

第四节　润滑、冷却系统故障诊断与排除

1．能诊断与排除润滑系统报警故障(高级要求);

2．能诊断与排除冷却系统故障(高级要求);

3. 能诊断与排除机油消耗量过大故障(高级要求)。

1. 润滑系统故障诊断方法(高级要求);
2. 冷却系统故障诊断方法(高级要求)。

一、润滑系统故障对发动机工作的影响

发动机润滑系统的技术状况直接影响整机的工作性能和使用寿命。润滑系统技术状况变差,将导致机件摩擦加剧,甚至引起发动机拉缸、抱轴等致命故障,使发动机丧失工作能力。润滑系技术状况变坏的主要标志是主油道油压过低和机油变质。

机油压力过低会破坏发动机的润滑条件,造成润滑、冷却和清洗不良,引起零件的黏着磨损,甚至粘着咬死。造成油压过低的原因:机油泵零件磨损过大、润滑系各密封面和阀门泄漏、调压阀调整不当或失效、曲轴和连杆轴承间隙过大、机油黏度过低和滤芯破裂等。

机油压力过高虽不常见,但它同样会破坏正常的润滑条件。造成油压过高的原因:机油黏度过大、变质结胶、不清洁滤芯和油道堵塞、调压阀调整不当或不能开启等。

二、润滑系统常见故障的现象及原因

1. 机油压力过低

1)现象

(1)发动机怠速运转后,油压报警灯闪烁。

(2)发动机转速达到2150r/min以上,油压报警灯闪烁,警报蜂鸣器同时发响报警。

2)原因

(1)机油压力传感器效能不佳。

(2)机油压力表失准。

(3)机油油平面过低。

(4)机油黏度降低。

(5)机油泵齿轮磨损、泵盖磨损或泵盖衬垫过厚造成供油能力过低。

(6)内、外管路有泄漏。

(7)机油限压阀调整不当、关闭不严或其弹簧折断。

(8)机油集滤器滤网堵塞。

(9)曲轴主轴承、连杆轴承或凸轮轴轴承磨损或轴承盖松动、减磨合金脱落或烧损。

3)故障诊断与排除方法

(1)观察机油压力表或报警指示灯,发现机油压力过低或为零时,应立即停车熄火,否则会很快发生曲轴烧瓦抱轴等机械事故。先拔出机油尺,检查油底壳内机油量及机油品质,若油量不足,应及时添加;若机油中含水或燃油时,应通过拆检,查出渗漏部位;若机油黏度过小,应更换合适牌号的机油。

(2)若机油量充足,再检查机油压力传感器的导线是否松脱。若连接良好,在发动机运转时,拧松机油压力传感器或主油道螺塞,若机油从连接螺纹孔处喷出有力,则为机油压力

表或其传感器、连接线路故障。

(3)若机油喷出无力,则应立即熄火,检查集滤器、机油泵、限压阀、机油滤芯是否堵塞且旁通阀无法打开,各进出油管、油道及油堵是否漏油。

(4)若以上检查均正常,则应检查曲轴轴承、连杆轴承或凸轮轴轴承的间隙是否过大,间隙增大会直接影响机油压力。

2. 机油压力过高

1)现象

发动机在正常温度和转速下,机油压力表读数高于规定值。

2)原因

(1)机油压力表或机油压力传感器失准。

(2)机油液面过高。

(3)机油变稠或新换机油黏度过大。

(4)机油限压阀发卡或调整不当。

(5)通往各摩擦表面的分油道内积垢、阻塞或主轴承、连杆轴承或凸轮轴轴承等间隙太小。

3)故障诊断与排除方法

发现机油压力过高,应熄火排除故障,否则容易冲裂机油滤清器盖或机油传感器。

(1)首先检查机油黏度是否过大,限压阀是否调整不当(弹簧是否过硬);对于新组装发动机,应检查主轴承、连杆轴承或凸轮轴轴承是否间隙过小。

(2)若机油压力突然增高,而未见其他异常现象,应检查机油压力传感器及导线是否有搭铁故障。

(3)接通点火开关,机油表即有压力指示,则应检查机油压力表、传感器是否完好。

3. 机油消耗异常

1)现象

(1)机油消耗量超过规定值。

(2)排气管冒蓝烟。

(3)积炭增多。

2)原因

(1)发动机各密封面及气门油封漏油。

(2)发动机各润滑机件配合间隙过大。

(3)汽缸密封不良。

(4)曲轴箱通风不良。

3)故障诊断与排除方法

(1)首先检查外部是否有漏油,应特别注意曲轴和凸轮轴前端和后端、后端是否漏油。

(2)若发动机汽缸盖罩、气门室盖、油底壳衬垫和发动机前、后油封等多处有机油渗漏,应检查曲轴箱通风装置。若通风受阻,就会引起曲轴箱内压力升高,出现机油渗漏现象。

(3)若排气管明显冒蓝烟,则为烧机油造成的。当活塞、活塞环与汽缸壁磨损过甚;活塞环的端隙、边隙或背隙过大;多个活塞环端隙口转到一起,扭曲环装反等,都可能使机油窜入燃烧室,增加消耗。

(4)若发动机大负荷运转时,排气管冒蓝烟,但机油加注口无烟,则为气门导管油封损坏,气门导管磨损过甚(尤其是进气门),使机油被吸入燃烧室。

三、冷却系统故障对发动机工作的影响

发动机在长期使用过程中,冷却系会因零件的腐蚀、磨损和积垢等原因,影响冷却效果,表现为发动机冷却液温度过高或过低等,这都将严重影响发动机的正常工作,甚至造成拉缸。

冷却液温度过高,发动机易出现爆燃和表面点火,甚至引起活塞烧顶事故。由于高温使各运动零件受热膨胀过度,原有的配合间隙发生变化,破坏了正常的工作状态;同时,由于机油黏度下降和变质,破坏油膜,导致烧蚀、结胶、积炭,加剧发动机零件的磨损,甚至造成拉缸、烧瓦(轴承)等故障,使发动机丧失工作能力。冷却液温度过高还会出现汽缸水封圈(湿式缸套)等橡胶件老化损坏、漏水、漏油等故障。

冷却液温度过低,使燃油雾化不良,油耗增加,发动机功率下降,柴油机还会出现工作粗暴的现象。在低温情况下,机油因温度低而使机油的泵送能力变差,增加了机件的运动阻力;同时,会激化缸壁的"冷激"现象,加剧缸壁和活塞的腐蚀与磨损。

总之,发动机的工作温度过高或过低,都会影响发动机的动力性、经济性、可靠性以及它的使用寿命。实验证明,当冷却液的温度在 85~105℃时,发动机处在最佳工况。为了使水冷系持久保持这个温度范围,应经常对水冷系各部件进行检查与维护。

冷却系统主要故障是发动机过热。过热现象主要有:冷却液充足但发动机过热、冷却液不足引起发动机过热、发动机突然过热等。

1. 冷却液充足但发动机过热

1)现象

发动机的冷却液充足,但在行驶中冷却液温度超过 373K(100℃),直至沸腾(俗称"开锅");或运行中冷却液在 363K(90℃)以上,如一停车,冷却液立刻沸腾。

2)原因

主要原因有两个方面:首先是冷却系的散热能力下降,其次是发动机产生的热量增加。

冷却系本身的原因有:

(1)冷却液不足。

(2)风扇皮带打滑或断裂;水泵泵水效能欠佳或水泵轴与叶轮脱开。

(3)燃烧室积炭严重。

(4)节温器失效,使冷却液大循环受阻。

(5)电动风扇不转,或硅油风扇离合器损坏,使风扇不转或转速过低。

(6)水泵损坏。

(7)水套水垢沉积过多,或分水管堵塞、分水不畅。

(8)散热器内芯管堵塞,或散热片倾倒过多。

(9)汽缸垫烧穿,或缸盖出现裂缝,使高温气体进入冷却系。

3)故障诊断与排除方法

(1)检查风扇的转动情况及风扇皮带是否打滑。如风扇不转或转速太低,可调整风扇皮带松紧度,或检查硅油风扇离合器,或检查风扇电动机及温控开关的好坏,若损坏则应更换新件。

(2)若风扇转动正常,再用手分别感觉散热器和发动机的温度。若散热器温度低,而发动机温度高,说明冷却液循环不良。应检查散热器出水胶管是否被吸瘪,或胶管内壁有脱层堵塞,若胶管被吸瘪应更换新管。

(3)如散热器出水良好,起动发动机观察储水壶的回流,冷却液应有明显变化。否则,说明水泵或节温器有故障。或进一步拆下节温器试验,若散热器的进水管仍不排水,则说明水泵有故障;若拆下节温器后,散热器的进水管变得排水有力,则故障就在节温器,应换新件。

(4)若以上检查正常,在冷却液温度过高的同时,发动机动力明显下降,并从水箱的加水口处涌出高温气体或从排气管处排出蒸汽,则应检查汽缸垫是否烧坏。

(5)此外,还应检查是否由其他系统的原因引起过热。

(6)若发动机及冷却液温度正常,冷却液液位也正常,而冷却液温度表指示冷却液温度过高,或冷却液温度过高报警灯点亮,则为冷却液温度表、报警灯电路或元件故障。

2.冷却液不足引起发动机过热

1)现象

发动机冷却系容纳不了规定的冷却液量,或在运行中冷却液消耗异常,使发动机过热。

2)原因

(1)水套或散热器积垢过多或堵塞。

(2)散热器漏水。

(3)散热器盖的进、排气阀失效。

(4)水泵密封垫圈磨损过甚而漏水。

(5)冷却系其他部位漏水。

(6)汽缸垫水道孔与汽缸相通。

3)故障诊断与排除方法

(1)在发动机运转时,首先检查冷却系外部是否漏水,可通过紧固排除漏水部位。

(2)若冷却系外部不漏水,则应考虑为冷却系内部漏水。若发动机运转时,排气管排出大量的蒸汽,或拔出机油尺发现机油中有水,则为水套破裂或汽缸垫水道孔破损,致使冷却液漏入曲轴箱、汽缸内或进排气道内。

3.发动机突然过热

1)现象

冷车起动后,发动机冷却液温度迅速升高而产生沸腾现象;或汽车行驶中发动机突然过热。

2)原因

(1)风扇皮带断裂。

(2)冷却系严重漏水。

(3)节温器主阀门脱落致使冷却液不能进行大循环。

(4)汽缸垫烧穿,或缸盖出现裂缝,高温气体进入冷却系。

3)故障诊断与排除方法

若汽车在行驶中发动机突然过热,且冷却液沸腾后,切莫立即将发动机熄火,应怠速运转散热5min,待冷却液温度下降后,再补加冷却液。

(1)首先检查冷却液数量是否充足,再检查风扇是否转动。若风扇停转,应察看风扇皮带是否断裂、硅油风扇离合器或电磁式风扇离合器是否损坏;若为电动风扇,应检查冷却液温度开关、风扇电动机及其电路是否损坏。

(2)若风扇运转正常,冷却液数量足够,可用手感觉散热器和发动机的温度,如发动机温度很高,而散热器温度很低,说明水泵损坏或节温器失灵。

(3)若冷态发动机起动后,水箱口立即向外溢水并排出大量气泡,呈现冷却液沸腾状态,多为汽缸套、汽缸盖出现裂纹或汽缸垫烧蚀,使高温高压气体窜入水套。此时,应分解缸盖、缸体检查或更换汽缸套、汽缸垫。

第五节　排放控制系统故障诊断与排除

技能要求

1. 能检测、诊断曲轴箱通风系统性能和故障(高级要求);
2. 能检测、诊断燃油蒸发控制系统性能和故障(高级要求);
3. 能检测、诊断废气再循环系统性能和故障(高级要求);
4. 能检测、诊断三效催化转换器性能和故障(高级要求);
5. 能检测、诊断柴油机排气微粒捕集器、氧化催化转换器、选择还原催化转换器的性能和故障(高级要求)。

知识要求

1. 曲轴箱通风系统组成与工作原理(高级要求);
2. 燃油蒸发控制系统组成与工作原理(高级要求);
3. 废气再循环系统组成与工作原理(高级要求);
4. 三效催化转换器的组成与工作原理(高级要求);
5. 柴油机颗粒捕集器、氧化催化转换器、选择还原催化转换器组成与工作原理(高级要求)。

汽车的排放污染主要来源于发动机排出的废气(约占65%以上)、曲轴箱窜气(约占20%)和燃料供给系统中蒸发的燃油蒸气(占10%~20%)。汽油机的主要排放污染物是一氧化碳(CO)、碳氢化合物(HC)和氮氧化合物(NO_x)。

为了减少对环境的污染,针对汽车污染源和各种污染物的产生机理,近年来,在汽车尤其是轿车上装用了多种排放控制系统,主要包括:曲轴箱强制通风(PCV)系统、燃油蒸气挥发控制(EVAP)控制系统、排气再循环(EGR)系统、二次空气供给系统和三元催化转换(TWC)器等。

一、排放控制系统类型及工作原理

1. 三元催化转换器（TWC）

催化转换器是在排气气流中起催化作用，促使有害气体 HC、CO 和 NO_x 发生反应，生成无害的 CO_2、N_2 和 H_2O。发动机工作时会产生一些有害的燃烧产物，因此，现代汽车普遍安装三元催化转换器。这个装置串联在排气系统中。

三元催化转换器中主要起作用的是三元催化剂，它是铂（或钯）和铑的混合物，它促使有害气体 HC、CO 和 NO_x 发生反应，生成无害的 CO_2、N_2 和 H_2O。但是只有当混合气的空燃比保持稳定时，三元催化转换器的转换效率才能得到精确控制。

三元催化转换器采用铑或者铑和铂作为催化剂，除可减少 HC 和 CO 外，还有助于减少 NO_x。正因为其具有这种能够降低三种主要污染物的特性，所以称其为三元催化转换器。

双级催化转换器将三元催化转换器与传统转换器装在一个公用壳体内作为一个单独的总成，称为双级催化转换器。两者用一小块空气空间隔开。排气首先通过三元催化转换器，减少 CO、HC、NO_x 的排放。然后再经过传统的催化器，再次减少 CO 和 HC 的排放。

催化转换器使污染物与氧气发生反应来降低排放污染，反应过程中需要大量的氧气，所以很多双级催化器采用空气喷射系统，在两级催化器之间的空间喷入空气以提供氧气，如图 5-5 所示。

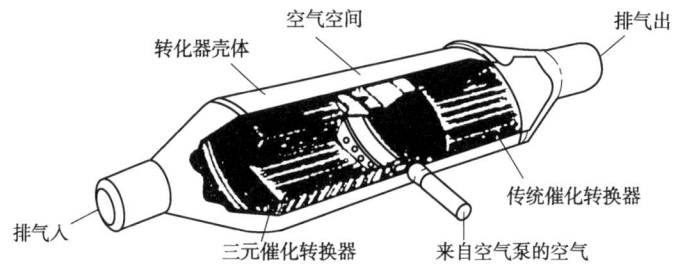

图 5-5　带空气喷射的整体式双极催化转换器

2. 燃油蒸气挥发控制系统（EVAP）

燃油蒸气挥发控制系统（EVAP）中，ECM 通过控制炭罐电磁阀控制从炭罐进入进气歧管的汽油蒸气量，防止燃油箱中蒸发的汽油（HC）蒸气逸入大气。

燃油蒸气挥发控制系统由炭罐、EVAP 电磁阀、汽油分离器、单向阀等组成，如图 5-6 所示。

EVAP 炭罐用来储存来自燃油箱的汽油蒸气，EVAP 炭罐内装有活性炭。油箱中的燃油蒸发，使油箱内压力升高，压力升高能引起蒸气被压入炭罐，活性炭吸收或储存来自油箱和发动机停转时进气管内的汽油蒸气。当发动机工作时，EVAP 炭罐内的汽油蒸气被吸入进气歧管至燃烧室燃烧。使用过程中，炭罐要注意更换，炭罐到使用寿命后吸附性变差，会有一部分 HC 排到大气。

3. 废气再循环系统（EGR）

减少 NO_x 生成的最好办法是降低燃烧室的温度。解决方法是采用废气再循环（Exhaust Gas Recirculation）系统，简称 EGR。EGR 系统通过进气歧管再循环这些气体，使燃烧温度降低。空气和燃油混合气和这些废气混合在一起时,燃油在混合气中的比例自然就降低了(混合气变稀)。因此,燃烧室的最高温度也会下降,从而减少了NO_x的产生。

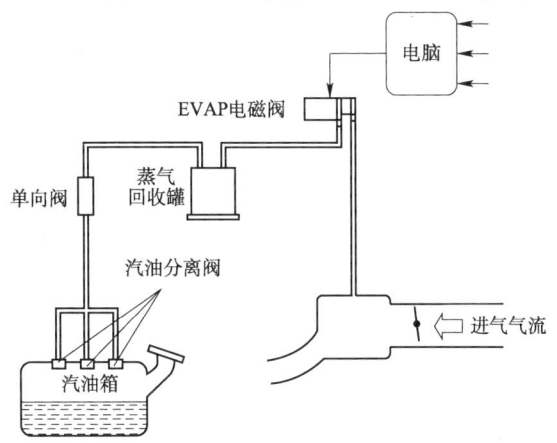

图5-6 燃油蒸汽挥发控制系统

低温及低负荷的情况下,NO_x的生成量很少,所以EGR系统没必要工作。在怠速时,如果EGR阀打开,会导致发动机抖动甚至熄火。在高速时,如果EGR阀打开,则会影响发动机的输出功率,高速时功率不足。因此,必须控制EGR阀的工作时机,EGR阀有不同的开启方式,并且EGR工作后会影响发动机的工作,所以要对EGR阀进行监控。

EGR阀的真空源,由电脑控制一个电磁阀,此电磁阀为常开电磁阀。当电脑不提供搭铁时,真空源无法流到EGR膜盒;当电脑提供搭铁后,电磁阀关闭,使真率源流到EGR膜盒,使EGR阀打开,如图5-7所示。

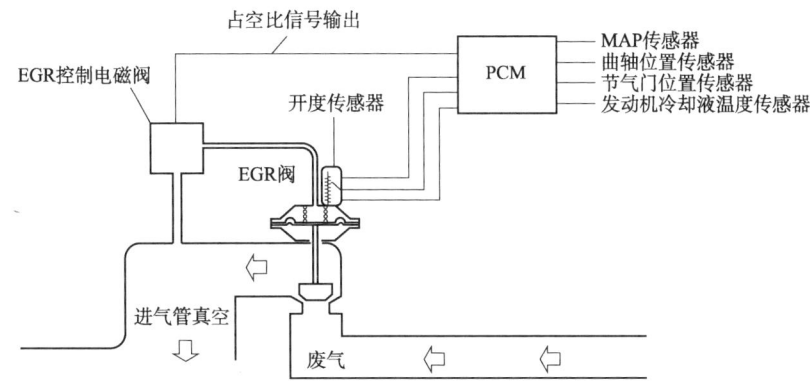

图5-7 电磁阀控制的EGR系统

4. 曲轴箱强制通风控制(PCV)

发动机工作时,曲轴箱内窜缸混合气中有未燃烧气体(HC)、燃烧的副产品(水蒸气和各种汽化的酸)等。这些气体在曲轴箱内会破坏机油品质,使机油中产生油泥,导致曲轴箱锈蚀等。早期的车辆是将这些废气排入大气,现在一些车辆使用曲轴箱强制通风控制(PVC)。

PCV阀是根据发动机工况变化而工作的,其工作情况如图5-8所示。

1) 发动机未发动时

当发动机未发动时,PCV阀在自身重量和复位弹簧的作用下,PCV阀关闭无流量,如图

5-8a)所示。

2)怠速运转或减速时

此时负压很强,所以PCV阀向上移动(打开)。但是由于真空通道仍然狭窄,通过的窜缸混合气量还很少,如图5-8b)所示。

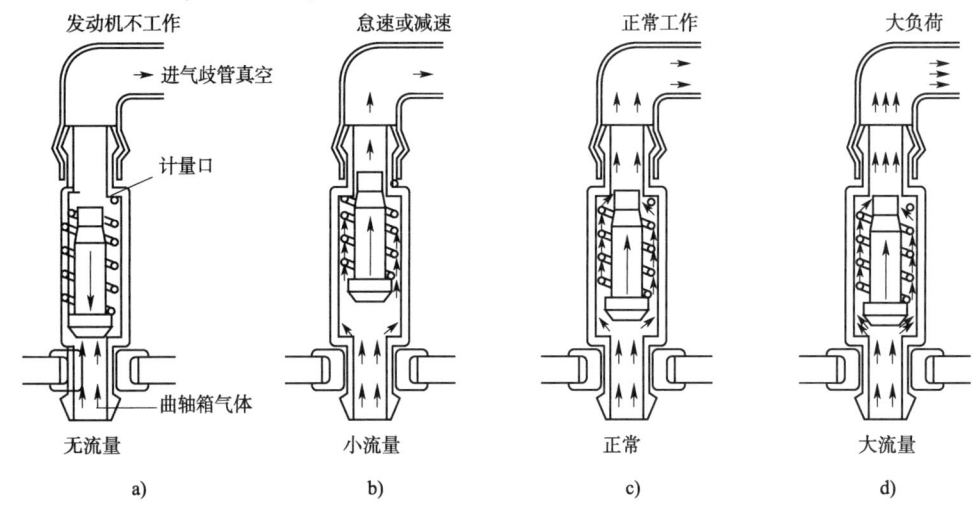

图 5-8　PCV 阀工作

3)正常作用时

当发动机在正常负荷转速下工作时,进气歧管真空吸力克服弹簧的弹力和PCV阀自身重力,PCV阀上移,真空通道扩宽,部分打开,如图5-8c)所示。

4)加速或高负荷时

此时进气歧管真空度很小,PCV阀在自重和弹簧的弹力下大部分打开,真空通道也大部分打开,如图5-8d)所示。

5. 车用柴油机后处理净化装置

随着汽车排放法规日趋严格,在对柴油机进行机内净化的同时,必须进行后处理净化。柴油机与同等功率的汽油机相比,微粒和NO_x是排放中两种最主要的污染物,尤其微粒排放是汽油机的30~80倍。针对柴油机排气中含有的大量微粒,研究开发柴油机微粒捕捉器(DPF)已成为柴油机后处理的热点。降低NO_x排放是研究的另一热点,各种催化还原净化技术应运而生,如图5-9所示。

1)微粒捕集器

目前,国内外研究的微粒机外净化主要有等离子净化、静电分离、溶液清洗、离心分离及微粒捕集器等。柴油机微粒的各种净化技术各有优缺点,通过对多种捕集柴油机排气微粒途径的比较,普遍认为较为可行的方案是采用过滤材料对排气过程过滤捕集,即微粒捕集器法。

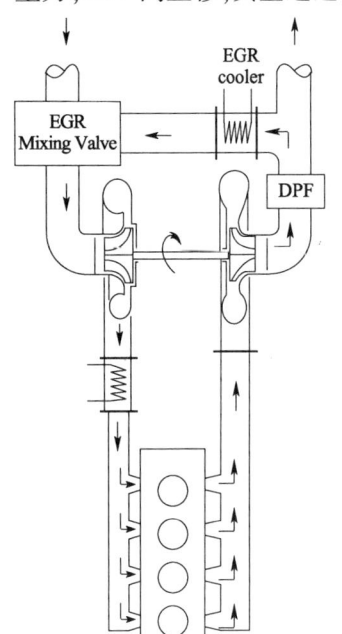

图 5-9　柴油机微粒和NO_x净化装置

柴油机微粒捕集器(DPF)被公认为是柴油机微粒排放后处理的主要方式,连续催化再生微粒捕集器如图 5-10 所示,其以高捕集效率和再生效率受到关注。

微粒捕集器的关键技术是过滤材料的选择与过滤体的再生,其中又以后者尤为重要。采用不同过滤材料的微粒捕集器结构可能各不相同,但过滤机理基本一致。用由细孔或纤维构成的过滤体来捕集柴油机排气中的微粒时,存在四种过滤机理:扩散机理、拦截机理、惯性碰撞机理和重力沉积机理。在微粒的过滤过程中,扩散、拦截和惯性碰撞通常是组合在一起同时起作用的,但三种

图 5-10　连续催化再生微粒捕集器

机理并不是完全独立的。事实上,一个被捕集的微粒到底由哪种机理而捕集得到的是很难分清的。因为它可能同时满足两种或以上捕集机理的条件。过滤材料的结构与性能对整个微粒捕集系统的性能(如压力损失、过滤效率、强度、传热和传质特性等)有很大的影响。目前,国内外研究和应用的过滤材料主要有陶瓷基、金属基和复合基三大类。

微粒捕集器是采用一种物理性的降低排气微粒的方法,在过滤过程中,微粒会积存在过滤器内,导致柴油机排气背压增加,当压力损失达到 20kPa 时,柴油机工作开始明显恶化,导致动力性、经济性等性能降低,必须及时除去积存的微粒,才能使微粒捕集器继续正常工作。除去微粒捕集器内沉积的过程称为再生,这是微粒捕集器能否在柴油机上正常使用的关键技术。

再生系统根据原理和再生能量来源的不同可分为主动再生系统和被动再生系统两大类。

主动再生系统是通过外加能量将气流温度提高到微粒的起燃温度使捕集的微粒燃烧,达到再生过滤体的目的,主动再生系统通过传感器监视微粒在过滤器内的沉积量和产生的背压,当排气背压超过预定的限值时就启动再生系统。根据外加能量的方式,这些系统主要有:喷油助燃再生系统、电加热再生系统、微波加热再生系统、红外加热再生系统以及反吹再生系统。

被动再生系统利用柴油机排气自身的能量使微粒燃烧,达到再生微粒捕集器的效果。运用排气交流等方法可以提高排气温度,使捕集到的微粒在高温下烧掉,但这些措施会使燃油经济性恶化。目前看来,较为理想的被动再生方法是利用化学催化的方法,一些贵金属、金属盐、金属氧化物及稀土复合金属氧化物等催化剂对降低柴油机炭烟微粒的起燃温度和转换有害气体均有很大的作用。催化剂的使用方法有两种,一是在燃油中加入催化剂,二是在过滤体表面浸渍催化剂。

2) 氧化催化转换器

由于柴油机排气含氧量较高,可用氧化催化转换器(OCC)进行处理,消耗微粒中的可溶性有机成分来降低微粒排放,同时也降低 HC 和 CO 的排放。氧化催化转换器采用沉积在面容比很大的载体表面上的催化剂作为触媒元件,降低化学反应的活化能,让发动机排出的废气通过,使消化 HC 和 CO 的氧化反应能在较低的温度下很快地进行,使排气中的部分或大部分 HC 和 CO 与排气中残留的 O_2 化合,生成无害的 CO_2 和 H_2O。柴油机用氧化催化剂原则上可与汽油机的相同,常用的催化反应效果较好的催化剂是由铂(Pt)系、钯(Pd)系等贵金

属和稀土金属构成。

3）选择性还原催化（SCR）转换器

SCR 转换器的催化作用具有很强的选择性，NO_x 的还原反应被加速，还原剂的氧化反应则受到抑制。选择性催化还原系统的还原剂可用各种氨类物质或各种 HC。在采用 SCR 转换器方法降低 NO_x 排放的同时，许多 NO_x 的 SCR 转换器会加速 N_2O 的形成，而 N_2O 是 CO_2 的 150 倍的强温室气体。因此，在使用选择性催化还原技术时，应综合考虑 CO_2 和 N_2O 的温室效应，以免失去柴油机低 CO_2 排放的特点。所以必须注意减少 N_2O 的生成，避免造成二次污染。

二、排放控制系统的检测与诊断

1. 三元催化转换器故障检测与诊断

1）三元催化转换器常见故障现象分析

常见的三元催化转换器故障有：催化性能恶化，净化能力衰退，内部芯子堵塞，致排气不畅、背压过高，使废气倒流到发动机汽缸内等。

主要故障原因：汽油品质不良、含铅高、易积聚炭灰污染；三元催化转换器内部陶瓷芯破损或熔化；二次空气供给不良，使催化反应失常。

2）三元催化转换器检测与诊断

（1）怠速试验法。用发动机尾气分析仪在怠速运转状态下，检测尾气中 CO 的含量，检测值应接近于 0，最大值不应超过 0.3%，否则，三元催化转换器可能已经损坏。

（2）稳定工况试验法。在检测时，使发动机缓慢加速到 2500r/min，并稳定在这一转速，同时观察尾气分析仪显示的 CO 与 HC 测量值，若 CO 和 HC 的实测值缓慢下降，并低于或稳定在怠速排放水平，则表明三元催化转换器良好，否则，可能已经损坏。

（3）快怠速试验法。使发动机稳定在 1000～1200r/min 快怠速运转状态，然后测量尾气中 CO 和 HC 的含量。若发动机技术状况良好，则 CO 排放量应 <1.0%，HC 排放量应 <100 $\times 10^{-6}$；若两者实测排放量均超标或读数长时间不变，则说明三元催化转换器已经失效。

（4）高温热电偶检测法。将高温热电偶探测头接触在三元催化转换器前、后端排气管上，三元催化转换器正常工作时，后端温度应比前端温度至少高出 35℃，若后端温度等于或低于前端，则说明三元催化转换器内无氧化反应发生，应检查二次空气喷射系统是否有故障；若二次空气喷射系统正常，则说明三元催化器转换已损坏。

（5）利用进气歧管真空度检测。将真空测试表连接到进气歧管上，切断废气再循环阀，将发动机缓慢加速到 2500r/min。若真空表测量值在瞬间下降后，又回升到的原先水平，并能稳定地保持在 47～75kPa，说明三元催化转换器没有堵塞；若真空表读数下降后不能恢复到原先水平，则三元催化转换器或排气管有可能堵塞。也可人为堵塞排气管口或脱开三元催化转换器，再对比观测堵塞前后真空表测量值的变化，以此来鉴别三元催化转换器是否有堵塞。

（6）利用排气背压法检查。从二次空气喷射管路上脱开连接空气泵单向阀的接头，如图 5-11 所示，在管路中接入压力表，检测排气背压。当发动机转速在 2500r/min 时，压力表显示的读数应 <17.5kPa；如果排气背压 ≥21kPa，则表明排气背压过高，三元催化转换系统有

堵塞。再人为堵塞排气管口或脱开三元催化器,对比观测堵塞与脱开前后压力表测量值的变化情况,以此来鉴别三元催化转换器是否有堵塞。

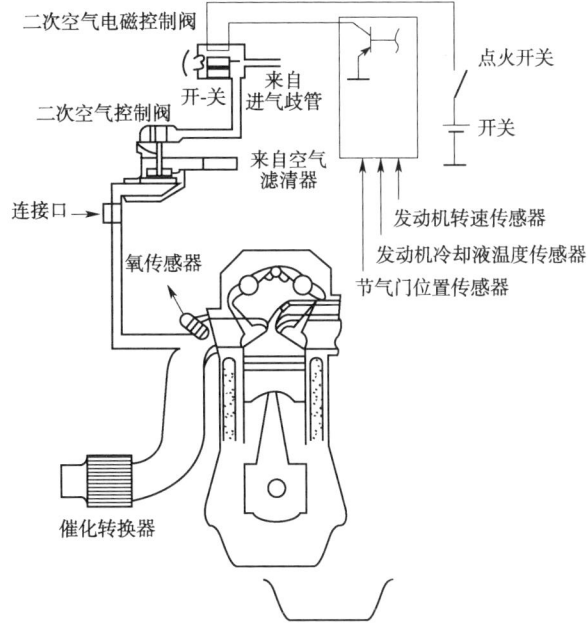

图 5-11　二次空气喷射系统

2. 燃油蒸发排放控制系统故障检测与诊断

1) 燃油蒸发排放控制系统故障现象分析

(1) 有异常气味产生。当闻到有类似臭鸡蛋的气味时,通常是蒸发排放控制系统的排气阀或 PCV 阀有故障,或者是催化剂受到了污染。

(2) 怠速时,CO 和 HC 的排放浓度失常。在发动机怠速工作时,若 CO 和 HC 的排放浓度出现异常,则可能是燃油蒸发排放控制系统的炭罐饱和、蒸发管堵塞、净化电磁阀和排气阀有故障。

(3) 发动机怠速不稳。发动机怠速运转不稳,严重时发动机发生抖动及摇晃,甚至出现失速,则可能是燃油蒸发排放控制系统泄漏,导致空燃比控制失调。

(4) 发动机转动正常,但起动困难。发动机起动时,尽管转动正常,但着车困难,则可能是燃油蒸发排放控制系统管路、炭罐、控制电磁阀密封不良。

(5) 发动机性能异常。当发动机在任何转速下加速时,出现运转不稳或失速现象;在起动和汽车定速运行时,发动机转速也出现波动时,则可能是燃油蒸发排放控制系统有故障。

2) 燃油蒸发排放控制系统检测与诊断

(1) 燃油蒸发排放控制系统是受发动机 ECU 控制的,在观察数据流时,若发动机转速、节气门开度、温度等控制条件许可,EVAP 炭罐的清洁量控制电磁阀在 ECM 脉动信号控制下,使燃油蒸气流量随着空气流量的增加而加大,与混合气混合后进入汽缸参与燃烧。

(2) 检查燃油蒸气管路的连接有无松动、死弯、扭曲、裂缝、损伤或燃油泄漏。

(3) 检查 EVAP 炭罐时,将 EVAP 炭罐清洗干净,查看活性炭罐有没有裂纹现象,然后检查 EVAP 炭罐的气流通路是否正常。

(4)通过检查 EVAP 软管的真空度,判断 EVAP 软管是否良好。

(5)检查燃油箱蒸气真空释放阀时,应取下燃油箱的加油口盖,并将其清洗干净,然后连接好真空表与真空源,检查真空释放阀是否良好,如不符合规定值,则更换原厂油箱盖总成。

(6)用万用表、检测仪、示波器等仪器检查 EVAP 炭罐清洁量控制电磁阀;测量控制电磁阀电压、数据流、波形等数据,然后根据检测数据进行分析判断。

(7)检查燃油蒸发排放控制系统的单向阀时,从单向阀进口吹入空气应畅通,从出孔吹入空气时应不通,否则,应更换单向阀。

3. 曲轴箱强制通风系统故障检测与诊断

曲轴箱强制通风系统简称 PCV,其作用是将曲轴箱内的窜气和机油蒸气导入汽缸内进行燃烧,以有效控制曲轴箱的废气排放,系统的核心构件是 PCV 阀。一般检查方法如下:

(1)从 PCV 阀上拆下通风软管,使发动机处于怠速运转状态,用手指按在 PCV 阀的开口端,正常情况下应能感觉到有真空度;否则,说明曲轴箱排放控制系统工作不正常,应用清洗液清洗 PCV 阀和通风软管,必要时更换。

(2)拆下 PCV 阀后,将干净的软管接到 PCV 阀上,从汽缸盖一侧吹气,空气应能顺畅地通过;从进气歧管一侧吹气,空气应很难通过。如果检测结果与上述要求不符,则应更换 PCV 阀。

(3)从 PCV 阀的螺纹端将一根小细棍插入 PCV 阀,检查 PCV 阀内的柱塞是否移动,正常情况下,PCV 阀的柱塞应能移动,如果柱塞不移动,则说明 PCV 阀柱塞卡滞,需清洗或更换 PCV 阀。

(4)安装 PCV 阀时,需要注意的是其拧紧力矩应符合要求,连接处密封应良好。

(5)曲轴箱强制通风系统所有连接管路应连接正确,并密封良好。

4. 废气再循环系统(EGR)故障检测与诊断

1)EGR 系统故障现象分析

(1)发动机动力性和加速性能严重不良。当 EGR 系统有故障发生时,就会引起废气再循环流量的过多、不足或控制时机不正确等问题,汽车的排放性能将会因此变差,进而影响发动机的动力性和加速性能。特别是在发动机怠速、低速、小负荷及冷机工况时,这种影响尤为明显。

(2)发动机动力性能下降,但无明显故障现象。若使用了劣质或低标号燃油后,EGR 阀枢轴和配合锥面阀座上会有积炭和胶质物沉积,造成枢轴位置关闭不良;若开启量非常小时,因 PCM 能够对这种情况进行燃油量调整,使人无法感受到性能的突变,但发动机动力性能已有所下降,驾驶时有不适感。

(3)怠速工况不良。当关闭不良故障情况比较严重时,较多的 EGR 阀异常开启量,将造成怠速工况时的混合气比例失调,从而出现间歇性失火、缺缸等现象,使发动机怠速质量变差。

(4)EGR 系统失控。由于 EGR 系统电气线路故障、其他传感器信号异常、ECU 控制信号失常或机械与真空泄漏等原因,使 EGR 系统及控制阀的工作失控,导致废气再循环流量的失常。

(5)真空源控制电磁阀故障。真空源控制电磁阀关闭不严时,会使得进气管的真空度不受电磁阀控制,使 EGR 阀真空膜室将 EGR 阀非正常打开,导致废气进入汽缸参与燃烧。

2)EGR 系统检测与诊断

(1)首先应了解和掌握所修发动机 EGR 系统的具体形式与控制条件,清楚 EGR 系统自诊断启动的必要条件,并准备好维修手册等技术资料。

(2)检修 EGR 阀时,先要区分是机械部件故障、电控部分故障,还是真空部分故障。通过调取发动机系统故障码,根据故障代码再查询相应的原因解释、代码设置条件、诊断运行条件等,基本上可以迅速地区别电气和机械部分故障的界限,然后再进行相关的检修工作。

(3)调取故障代码。如上海通用公司 Buick 轿车 LW9 发动机 EGR 系统,需使用专用诊断仪 TECH 2 或其他电脑检测仪来调取故障代码。当 EGR 系统工作正常时,应无故障代码记忆;若有故障代码时,则要按代码提示内容进行检修。

(4)用检测仪扫描运行参数。通过使用检测仪扫描运行参数,可以看到:EGR 枢轴位置感应器实际位置反馈信号、PCM 的 EGR 开度指令信号、PCM 对 EGR 的调制脉宽控制信号、MAP 信号等相关参数。在工作良好的 ECR 阀控制系统中,PCM 的指令枢轴位置和实际枢轴反馈位置应接近,并且实际位置应在发动机工况变化时,紧随着指令位置变化。将这些实测参数与正常范围值比较,可明确控制部分信号是否失真、丢失或者是 EGR 阀本身发生故障,这样,通常就能找到真正的故障点。

(5)元件动作测试。使用检测仪或手动真空源,可对 ECR 阀进行元件动作测试,通过人为操控 EGR 阀的动作,观察对应的 EGR 各项参数变化情况,就能够立刻看出 EGR 阀是否失效。

检查真空膜片式 EGR 系统工作状况时,将真空泵接到 EGR 阀上,应在发动机冷却液温度处于冷(≤50℃)或热(80~95℃或更高)状态下、发动机怠速运转时,分别抽真空到 67kPa。冷态时施加真空,真空应消失;热态时施加真空,真空应能保持住。

(6)EGR 阀及线路检修。可用万用表对 EGR 阀电磁线圈及线路进行检测,亦可使用示波器观察 ECU 控制信号与线性 EGR 阀位置传感器反馈信号的波形来判断其是否正常。

5.车用柴油机后处理净化检测

1)柴油机排放污染物净化方案

柴油机排放污染物中的 HC、CO 含量很低,一般只有汽油机的几十分子一,其 NO_x 排放量与汽油机大致处于同一数量级,但柴油机的微粒排放量相当高,为汽油机的 30~80 倍。因此,柴油机排放主要控制 NO_x 和微粒的排放量。为达到欧 Ⅱ 排放标准,可采用涡轮增压中冷和高压喷射减少微粒,采用废气再循环降低 NO_x,有的采用电子控制喷油,有的仍用机械控制。典型的欧 Ⅱ 净化方案,如图 5-12 所示。

为了达到欧 Ⅲ 排放标准,需采用电子控制,喷油压力要更高,且每循环多次喷射。其技术方案应有高压共轨或泵喷嘴喷油系统;采用多气门和可变喷嘴涡轮增压中冷,以进一步降低微粒的

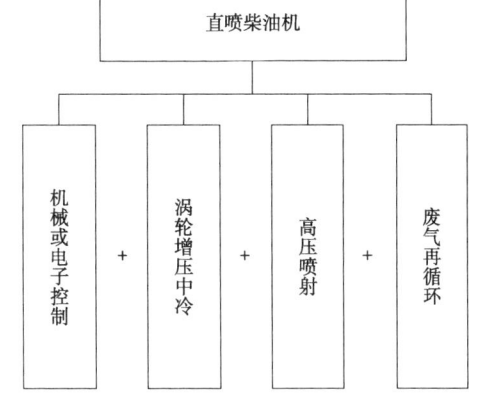

图 5-12 达到欧 Ⅱ 排放标准的柴油机净化方案示意图

排放。为进一步降低 NO_x，采用冷却废气再循环，对于重型柴油货车还需安装氧化催化转换器。典型的欧Ⅲ净化方案，如图5-13所示。

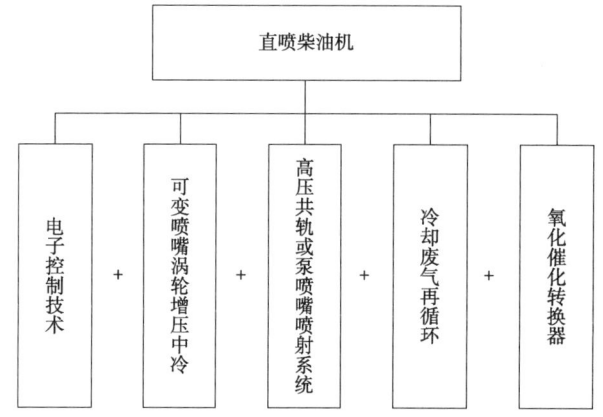

图5-13 达到欧Ⅲ排放标准的柴油机净化方案示意图

在欧Ⅲ净化方案的基础上采用微粒捕集器，可进一步降低微粒；采用多级中冷废气再循环，可进一步降低 NO_x，再加上先进的电控技术，可使微粒和 NO_x 再降低，一般能使柴油机达到欧Ⅳ以上排放标准。其典型净化方案，如图5-14所示。

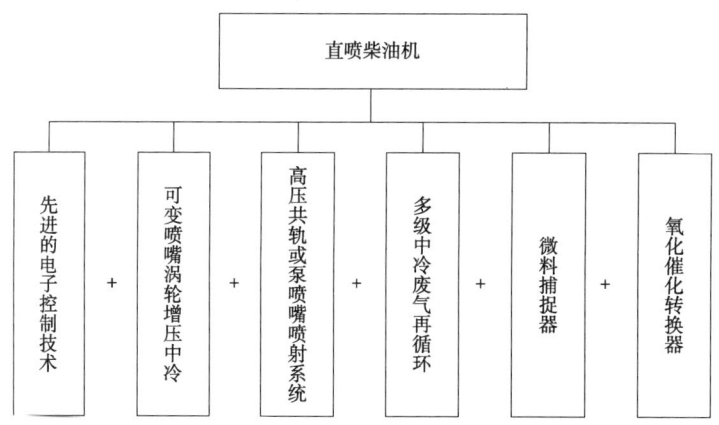

图5-14 达到欧Ⅳ以上排放标准的柴油机净化方案示意图

2）柴油机排放微粒检测

针对柴油机排放的微粒和黑烟的检测，虽然是两个不同的测量指标，但两者有着密切的关系。微粒由炭烟、可溶性有机物（SOF）和硫酸盐构成的，特别是在排放严重的中高负荷时，炭烟所占比例很大，所以表征炭烟多少的排气烟度长期以来得到了广泛应用。尽管排放法规中规定了微粒排放限值，但是微粒测量标准中的测量方法，比起烟度测量来，其设备复杂、价格昂贵、测量烦琐，因而难以普及，目前主要用于排放法规检测试验。

（1）柴油机排气微粒采集。微粒采集系统可分为两种，即全流式稀释风道采样系统和分流式稀释风道采样系统。前者将全部排气引入稀释风道里，测量精度高，但体积庞大、价格昂贵；后者仅将部分排气引入稀释风道里，因而体积较小。

分流式微粒采集系统示意，如图5-15所示。试验中，整车或柴油发动机按规定的工况运转。在CVS抽气泵的作用下，环境空气经空气滤清器以恒定的容积流量进入稀释风道。

发动机排出的废气进入稀释风道,并与空气混合,形成稀释样气,稀释比一般为 8~10。模拟由汽车排气管排出的废气在实际环境空气中的稀释状况,可以防止 HC 的凝结。在距排气入口处 10 倍稀释风道直径的地方,稀释样气在微粒取样泵的抽吸下以一定的流速流过微粒收集滤纸(一般为直径 47mm 的涂聚四氟乙烯树脂滤纸),使微粒被过滤到滤纸上。为了保证试验精度,微粒取样系统往往并联地设置两套。

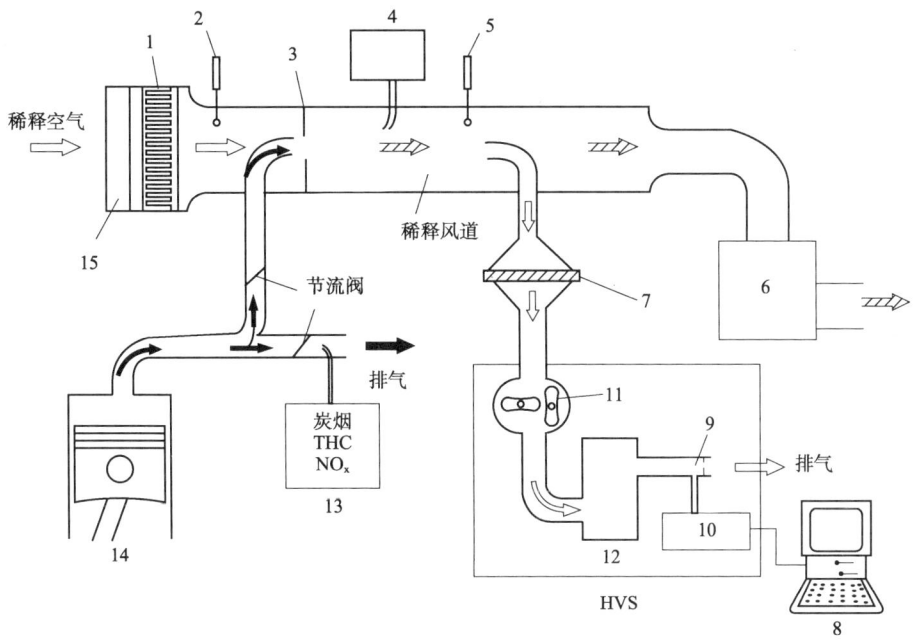

图 5-15 分流式微粒采集系统示意图

1-加热器;2、5-测温探头;3、9-节流口;4-NO_x 浓度仪;6-CVS;7-微粒滤纸;8-控制用微机;10-压力计;11-罗茨泵;12-稳压箱;13-排放分析仪;14-柴油机;15-空气滤清器

用微克级精密天平称得滤纸在收集前后的质量差,就可得到微粒的质量,并根据需要计算出单位行驶里程的排放量(g/km),或单位功的比排放量[g/(kW·h)]。

分流稀释风道测量系统由于仅取部分排气进行稀释和测量,体积和造价则要小得多,当然其测量精度不如前者。分流式采样系统除在部分国家的排放法规中允许使用外,最主要是用于研究开发和出厂产品检测。

(2) 微粒成分分析方法。微粒主要是由炭烟、SOF 和硫酸盐组成的,需要多种仪器配合使用才能准确测定具体组成成分和各种成分所占比例,常用的方法有以下三种:

① 热解质量分析法(TGA)。使用热解质量分析仪,在惰性气体中,将微粒按规定加热到 650℃,并保温 5min,使其中可挥发成分(VOC)蒸发掉。根据加热过程前后微粒样品的质量变化,就可求出 VOC 在微粒总质量中所占比例。用热质法测得的 VOC 成分主要是高沸点 HC 和硫酸盐。然后,用合成空气(体积分数 21% O_2 + 79% N_2)置换 N_2,在 650℃ 条件下,微粒中炭烟部分被空气中的 O_2 氧化,因而进一步减小的质量对应着炭烟成分,剩余的则是微量的灰分。

② SOF 萃取及分析方法。对于微粒中的 SOF 可采用萃取法采集,最常用的是索格利特(SE)萃取法,用二氯甲烷作为萃取溶剂。具体的操作方法是:将微粒样品置于索式萃取器

里的萃取溶剂中数小时,使微粒中的 HC 充分溶解在溶剂中,将不可溶解部分滤掉,然后将溶剂蒸发掉,所剩即为可溶性有机成分 SOF。也可以将收集有微粒的整张滤纸在萃取溶剂中放置数小时,根据萃取前后滤纸的质量差求得 SOF 的质量。

SOF 与 VOC 的区别在于,SOF 中只有高沸点的 HC,而 VOC 中实际上还包括硫酸盐。可通过液相色谱仪对 SOF 做进一步分析。将含有 SOF 的二氯甲烷浓缩后送入液相色谱仪,根据色谱仪获得 SOF 所含 HC 成分的种类及其浓度。

③硫酸盐分析方法。微粒中所含的硫酸盐可溶解于二甲基丙酮溶液或水中,根据溶解前后滤纸质量的变化,可求出硫酸盐在微粒中的比例。也可用测量含有硫酸盐的二甲基丙酮溶液的导电性的方法确定硫酸盐质量。

第六章 汽车底盘故障诊断与排除

第一节 传动系统故障诊断与排除

技能要求

1. 能诊断与排除离合器故障(高级要求);
2. 能诊断与排除手动变速器故障(高级要求);
3. 能诊断与排除万向传动装置故障(高级要求);
4. 能诊断与排除主减速器和差速器故障(高级要求)。

知识要求

1. 离合器故障诊断与排除方法(高级要求);
2. 手动变速器故障诊断与排除方法(高级要求);
3. 万向传动装置故障诊断与排除方法(高级要求);
4. 主减速器和差速器故障诊断与排除方法(高级要求)。

一、离合器故障诊断与排除

离合器常见故障主要有离合器打滑、分离不彻底、接合不平顺和异响等。

1. 离合器打滑

1)故障现象

汽车低挡起步时,离合器踏板完全抬起后,汽车不能起步或起步困难;汽车加速行驶时,行驶速度不能随发动机转速的升高而升高,且伴随离合器发热、产生焦味或冒烟等现象。

2)故障原因

(1)离合器踏板没有自由行程,使分离轴承常压在分离杠杆上。
(2)摩擦片油污、烧焦、磨损过薄、表面不平、硬化,或铆钉外露。
(3)压盘变形,或因磨削过多而过薄。
(4)压紧弹簧过软或折断,膜片弹簧疲劳损伤或破裂。
(5)飞轮与离合器盖之间的固定螺钉松动。
(6)分离轴承运动阻滞,不能复位。

3)故障诊断与排除

(1)拉紧驻车制动器操纵杆,挂上低速挡,慢慢放松离合器踏板的同时,缓缓踩下加速踏板,若汽车不能起步,发动机仍能继续运转而不熄火,说明离合器打滑。

(2)检查离合器踏板自由行程,如不符合规定应予调整。

(3)若自由行程正常,应检查离合器盖与飞轮连接螺钉是否松动,如松动应予以扭紧。如不松动应检查离合器盖与飞轮之间有无调整垫片,并视情减少或拆除垫片后,再予以扭紧。

(4)上述检查后果均为正常后,应拆下从动盘,检查摩擦片的技术状况,并视情予以排除。

(5)如摩擦片技术状况完好,则应分解离合器,检查压紧弹簧的技术状况。若弹性减弱或自由长度减小,可在弹簧下,适当地加垫圈继续使用;若弹簧过软或折断,应予以更换。

2．离合器分离不彻底

1)故障现象

发动机怠速运转时,踩下离合器踏板挂挡困难,且伴随齿轮撞击声。勉强挂入挡位,离合器踏板未抬起汽车便起步或发动机熄火。行驶中换挡困难,且仍伴随有齿轮撞击声。

2)故障原因

(1)离合器自由行程过大。

(2)分离杠杆变形,或某一分离杠杆折断。

(3)分离杠杆内端不在同一平面上或内端太低。

(4)从动盘正、反面装错。

(5)从动盘摩擦片铆钉松脱、摩擦片破裂、钢片变形。

(6)从动盘在花键轴上轴向运动受阻滞。

(7)压紧弹簧弹性不均,或个别弹簧折断。

(8)液压操纵式离合器液压系统油量不足(漏油)或空气渗漏。

3)故障诊断与排除

(1)将变速杆放到空挡位置,踩下离合器踏板,用螺丝刀拨转离合器从动盘,若能轻轻拨转又无划碰,说明离合器能分离;若拨转费力或拨转不动,则说明离合器不能彻底分离。

(2)检查离合器踏板自由行程,若不符合规定,应予以调整。

(3)检查分离杠杆高低是否一致,必要时进行调整。

(4)如新换摩擦片过厚,可在离合器盖与飞轮之间增加适当厚度的垫片来予以调整,但各垫片厚度应一致。

(5)如经上述检修调整仍无效,应将离合器拆下并分解,检查各机件的技术状况,必要时予以修理或换件。

3．离合器接合不平顺

1)故障现象

汽车起步时,虽然严格执行操作规程,但离合器仍不能平稳接合而产生振抖,严重时车身都会产生振抖现象。

2)故障原因

(1)分离杠杆内端高度不在同一平面内。

(2)压盘或从动盘翘曲变形。

(3) 从动盘摩擦片工作表面不平、硬化、油污、烧焦、铆钉外露、松脱、折断。

(4) 从动盘上的减振弹簧疲劳损伤或折断,缓冲片破裂。

(5) 离合器压紧弹簧折断或弹性不均,膜片弹簧疲劳损伤或破裂。

(6) 分离轴承轴向运动阻滞,不能复位。

(7) 踏板复位弹簧折断或脱落。

(8) 飞轮工作表面端面圆跳动严重(翘曲变形)。

(9) 飞轮、离合器壳、变速器的固定螺钉松动。

3) 故障诊断与排除

(1) 发动机怠速运转,挂上低速挡,慢慢放松离合器踏板,并逐步踩下加速踏板起步时,若车身有明显振抖,即为离合器接合振抖。

(2) 检查变速器与飞轮壳、离合器盖与飞轮固定螺钉是否松动。

(3) 检查分离杠杆高度是否一致,若不符合要求应予以调整。

(4) 如上述检查均属正常,应分解离合器,分别检查压盘、从动盘、各压紧弹簧等的技术状况,视情予以修复或换件。

4. 离合器异响

1) 故障现象

离合器在接合和分离时,发出不正常的声响。

2) 故障原因

(1) 分离轴承损坏或润滑不良,形成干摩擦。

(2) 分离杠杆与离合器盖的连接松旷,或分离杠杆支承弹簧折断、脱落、弹性减弱。

(3) 从动盘花键毂与花键轴配合松旷。

(4) 从动盘摩擦片铆钉松动或外露。

(5) 从动盘减振弹簧折断或弹性减弱。

(6) 分离轴承与分离杠杆内端之间没有自由间隙。

(7) 离合器盖与压盘之间的动力传递部位配合间隙过大。

3) 故障诊断与排除

(1) 轻轻踩下离合器踏板,使分离杠杆与分离轴承接触,听到有"沙沙"的响声,则故障为分离轴承缺油而润滑不良。若加注机油后仍有金属滑摩声,则故障由分离轴承损坏引起。

(2) 踩下或放松离合器踏板时,如出现间断的碰击声,则故障为分离轴承轴向运动响,说明分离轴承复位弹簧脱落;如出现连续的噪声,则故障为分离轴承与分离杠杆内端之间无自由间隙引起。

(3) 在离合器处于刚接合或刚分离时,发出"咔嗒"的碰击声,则故障由摩擦片铆钉松动引起;若发出金属刮研声,则故障由摩擦片铆钉头外露引起。

(4) 在汽车起步或行车中加减速时,发出"吭"或"咔"的响声,则故障为减振弹簧断裂,或从动盘花键毂与花键轴配合松旷。

(5) 离合器踩到底时,发出"喀啦"、"喀啦"声,在分离不彻底时尤为严重,放松踏板后响声消失,则故障由离合器盖与压盘之间的动力传递部位配合间隙过大引起。必须注意,双片离合器特别容易产生此故障。

二、手动变速器故障诊断与排除

手动变速器常见故障主要有自动脱挡、乱挡、挂挡困难和异响等。

1. 变速器自动脱挡

1）故障现象

汽车在某一挡位行驶时,变速杆自动跳回空挡位置。

2）故障原因

(1) 自锁装置的钢球或凹槽磨损严重,自锁弹簧疲劳过软或折断。

(2) 挂入挡后,轮齿未达到全齿长啮合。

(3) 齿轮或齿圈或齿套的齿在啮合端沿齿长方向磨损成锥形。

(4) 第一、二轴或输入轴、输出轴的轴承因磨损过于松旷。

(5) 同步器两侧的常啮合齿轮轴向或径向间隙过大。

(6) 各主要支承轴轴向或径向间隙过大。

3）故障诊断与排除

(1) 变速器脱挡多发生在高速挡或车速突然发生变化时,可采用连续加、减速的方法逐挡进行路试,便可确定。

(2) 将变速杆挂入脱挡挡位,拆下变速器盖,观察脱挡挡位齿轮的啮合情况,并视情予以排除。

(3) 检查自锁装置的锁止阻力,若锁止阻力很小,则为自锁效能不良。分解操纵机构,检查锁止弹簧,若弹簧过软或折断,应予以更换。

(4) 检查各支承轴和该挡齿轮的轴向、径向间隙,并视情予以调整或更换。

(5) 检查齿轮或齿圈或齿套的磨损情况,以及是否磨损成锥形。若磨损严重,应予以更换。

2. 变速器乱挡

1）故障现象

在离合器技术状况正常情况下,变速器同时挂入两个挡位,或不能挂入所需要的挡位。

2）故障原因

(1) 互锁装置失效,如拨叉轴凹槽或顶销或钢球磨损过甚等。

(2) 变速杆下端弧形工作面磨损或拨叉轴上导块凹槽磨损过大。

(3) 变速杆中部球头的定位销磨损或脱出,或球头磨损过于松旷。

3）故障诊断与排除

变速器乱挡主要是变速器操纵机构失效而引起的。诊断时,应以检查变速操纵机构各零件的技术状况为主。必要时,进行修复或更换。

(1) 挂挡时,不能挂入所需挡位,变速杆的摆转角度超出正常范围,则故障由变速杆中部球头定位销与定位槽配合松旷或球头、球座磨损过大引起。若变速杆能360°摆转,则为定位销折断或脱落所引起。

(2) 若变速器挂挡正常,却不能退回空挡,且变速杆摆动幅度较大而挂错挡,则属于变速杆下端弧形工作面或导块凹槽磨损过甚。若挂挡后不能退回空挡,说明变速杆下端弧形工作面脱出导块凹槽。

(3)若汽车起步时,一抬离合器踏板,发动机便熄火,说明变速器已挂入两个挡位而将第二轴卡死所致。此故障由互锁失效引起。

3.变速器挂挡困难

1)故障现象

离合器技术状况良好,且变速操纵机构工作正常的情况下,变速器不能挂挡或挂挡时有撞击声。

2)故障原因

(1)拨叉弯曲或扭曲。

(2)同步器技术状况不良。

3)故障诊断与排除

(1)检查同步器锁环(或锥环)的摩擦锥面螺纹槽的磨损情况。若磨损,说明摩擦作用减弱,应更换锁环(或锥环)。

(2)检查同步器锁环端齿倒角的磨损情况。若磨损,说明锁止作用减弱,在未同步时齿轮参与啮合,造成齿轮的撞击声,必须更换锁环。

(3)检查同步器滑块在锁环缺口内的配合情况。若因磨损造成其配合松旷时,滑块就难于与锁环正常咬合,引起挂挡困难。若滑块与锁环缺口配合间隙不符合规定,必须更换锁环或滑块。

(4)检查同步器花键毂与接合套的轴向移动情况。移动应无阻卡。

4.变速器异响

1)故障现象

变速器在工作挡位或在空挡时,均发出不正常的声响。

2)故障原因

(1)齿轮啮合响。新更换的齿轮副不匹配、齿轮磨损成阶梯状、齿轮牙齿折断、齿轮齿侧间隙过大等。

(2)轴承响。轴承磨损松旷、轴承损坏散架等。

(3)第二轴、中间轴弯曲,造成齿轮啮合响;第二轴花键与滑动齿轮毂配合松旷,出现异响。

(4)壳体变形或变速器总成定位不良。

(5)变速器缺油,形成干摩擦;或齿轮油变质;或不符合规格。

3)故障诊断与排除

(1)在某挡时有异响,一般为该挡齿轮个别啮合不良或损坏。

(2)变速器各挡均有噪声,多因汽车在长期使用中基础件磨损变形或修理质量差而引起。

(3)变速器缺油,形成的干摩擦,产生连续不断的啮合噪声。

(4)齿轮牙齿折断、变速器壳变形、支承轴弯曲,导致齿轮啮合位置改变,形成周期性的声响。

三、万向传动装置故障诊断与排除

万向传动装置常见故障主要是异响。

1) 故障现象

汽车起步时有撞击声,行驶中当车速变换或高速挡低速行驶时有明显的撞击声出现,整个行驶过程中始终响声不断。

汽车起步时虽无异响,但在行驶中却出现响声,特别是在加速或脱挡滑行时声响明显、清晰。

汽车行驶中有异响,车速越高声响越大,达到某一速度时,车身及转向盘出现强烈的振响。此时,若摘挡滑行,振响更强烈,车速降至中速后振抖消失,但传动轴异响仍然存在。

2) 故障原因

(1) 传动轴各凸缘连接处或中间支承固定螺栓松动。

(2) 万向节十字轴滚针轴承装配过紧或磨损松旷。

(3) 传动轴中间支承安装不当或轴承损坏。

(4) 传动轴两端万向节叉不在同一平面,破坏了等速排列。

(5) 传动轴弯曲变形,轴管凹瘪或平衡片脱落。

(6) 万向节滑动伸缩叉花键严重磨损,造成配合松旷。

(7) 万向节十字轴回转中心与传动轴轴心同轴度超差。

3) 故障诊断与排除

(1) 汽车起步有撞击声,行驶中始终有异响,属万向传动装置各配合件磨损松旷或各连接处松动所致。汽车行驶中突然改变速度时,总有一声金属敲击响,多系个别凸缘或万向节轴承松旷。起步和变换车速时,撞击声明显,低速行驶比高速时异响明显,表明中间轴承座圈配合松动。起步或行驶时,始终有明显异响并感觉有振动,说明中间轴承支架固定螺栓严重松动。

(2) 起步时无异响,行驶中却有异响,属万向传动装置在维修时装配调整不符合技术要求所致。低速行驶时出现清脆而有节奏的金属敲击声,脱挡滑行时声响清晰存在,多系万向节十字轴轴承套筒压紧过甚,使之转动不灵活。行驶中响声杂乱,时而出现不规则的撞击声,则应检查传动轴万向节叉的等速排列情况。高速行驶时,传动轴有异响,脱挡滑行则消失,则应检查中间轴承支架安装情况。

(3) 行驶中有异响,并伴随车身振抖,属万向传动装置动不平衡所致。周期性发响,车速越快响声越大,应检查传动轴是否弯曲、平衡块有无脱落、传动轴轴管是否凹瘪、万向节滑动叉花键配合是否松旷。若连续振响,应检查中间轴承支架橡胶垫环是否径向间隙过大,若中间轴承正常,则应检查万向节十字轴回转中心是否与传动轴轴心同轴。

四、主减速器和差速器故障诊断与排除

驱动桥常见故障主要是驱动桥异响。

1) 故障现象

汽车挂挡行驶和滑行时,驱动桥均有响声;汽车挂挡行驶时驱动桥异响较大,而滑行时异响减弱或消失;汽车起步或突然变换车速时,驱动桥发出"吭"的声响;汽车缓行时驱动桥

发出"喀啦、喀啦"的撞击声;汽车转弯行驶时发出较大响声,而直行时声响减弱、消失等。

2)故障原因

(1)齿轮油存量不足,齿轮油变质,油液中有较大金属颗粒。

(2)轴承损坏或严重磨损、松旷。

(3)圆锥齿轮严重磨损,啮合印痕调整不当,啮合间隙不符合标准。

(4)主、从动圆锥齿轮未成对更换。

(5)差速器壳与十字轴和行星齿轮孔与十字轴配合松旷。

(6)半轴齿轮与行星齿轮啮合间隙不符合标准(过大或过小)。

(7)半轴花键磨损,或半轴齿轮配合松旷。

(8)各齿轮齿面磨损、损伤,或轮齿折断。

(9)圆锥从动齿轮与差速器壳的铆钉(或连接螺钉)松动。

3)故障诊断与排除

(1)汽车挂挡行驶,脱挡滑行均有异响。故障通常为齿轮油存油不足,或油质不符合要求,或齿轮油变质等引起。

(2)双手握住主动锥齿轮轴凸缘盘,沿轴向能拉动,则说明主动锥齿轮轴承松旷。若用撬棒沿轴向方向能撬动从动锥齿轮,则说明差速器轴承松旷。轴承松旷,应重新调整主减速器圆锥齿轮轴承的预紧度。

(3)若上述第(2)条正常,则可松开驻车制动器操纵杆,变速器置于空挡位置,用手轻轻沿旋转方向来回晃动驱动桥凸缘盘,若能晃动,故障为主减速器圆锥齿轮啮合间隙过大;若晃动正常,故障为圆锥齿轮啮合调整不当、啮合间隙不均、轮齿折断、齿面损伤、未成对更换齿轮、从动锥齿轮连接松动等引起。

(4)挂挡行驶有异响,脱挡滑行或倒车时声响减弱或消失,则故障由主减速器锥齿轮轮齿的正面磨损严重或齿面损伤或啮合调整不当等引起,而轮齿反面技术状况良好。

(5)转弯行驶有异响、直线行驶时声响减弱或消失,则故障由行星齿轮和半轴齿轮啮合不当或齿面损伤或轮齿断裂等引起。

(6)汽车起步或突然变换车速时发出"吭"的声响,或汽车缓速时发出"喀啦、喀啦"的撞击声,则故障由驱动桥内游动角度太大引起。

(7)若异响时有时无,或有时呈周期性变化,则故障一般由齿轮油中混入杂物引起。

(8)汽车行驶时,驱动桥转动异常,并有声响,说明轮毂轴承磨损松旷,或轮毂轴承调整螺母和锁紧螺母松退;若车轮转动困难,汽车行驶一段里程后轮毂烫手,则说明轮毂轴承装配过紧或缺油。

第二节　行驶系统故障诊断与排除

 技能要求

1. 能诊断与排除行驶系统如行驶异响、跑偏、轮胎异常磨损等单个故障(高级要求);
2. 能诊断与排除悬架装置,如弹簧、减振器等单个故障(高级要求)。

知识要求

1. 行驶异响故障诊断与排除方法(高级要求);
2. 行驶跑偏故障诊断与排除方法(高级要求);
3. 车轮故障诊断与排除方法(高级要求);
4. 悬架装置故障诊断与排除方法(高级要求)。

一、行驶异响故障诊断与排除

1) 故障现象

汽车在行驶中,有时前桥或后桥会出现噪声。

2) 故障原因

(1) 减振器内部结构损坏失效。

(2) 减振器上、下端衬套或支撑座损坏。

(3) 悬架弹簧折断或变短。

(4) 悬架有关零部件固定不良。

(5) 悬架中有关轴承、衬套磨损严重。

(6) 车轮不平衡。

3) 故障诊断与排除

(1) 检查减振器是否内部损坏,检查方法同前面所述,若减振器损坏,应予以更换。

(2) 若前桥出现噪声,则用手推动横向稳定杆、前轮制动器、转向拉杆和减振器上、下端,检查其固定情况。若松动,进行调整、紧固。

(3) 检查悬架弹簧,若发现弹簧折断或弹力减弱,应予以更换。

(4) 检查悬架摆臂的铰接处,对磨损严重的,应更换球接头。

(5) 对车轮进行动平衡试验,对严重动不平衡的,应加装平衡片进行动平衡调整。

二、行驶跑偏故障诊断与排除

1) 故障现象

汽车直线行驶时,转向盘不居于中间位置;必须紧握转向盘,偏置一定角度后,汽车才能保持直线行驶,若稍微放松转向盘,汽车会自动向一侧跑偏。

2) 故障原因

造成汽车行驶跑偏的根本原因是汽车车轮的相对位置不正确、两侧车轮受到的阻力不一致。具体原因分述如下:

(1) 左、右前轮气压不相等或轮胎直径不等。

(2) 车辆左、右两弹簧弹力不等或单边松动、断裂。

(3) 两前轮轮毂轴承的松紧度不等。

(4) 前桥(整轴式)弯曲度变形或下控制臂(独立悬架式)安装位置不一致。

(5) 车架变形或左右轮距相差太大。

(6) 两前轮的定位角不正确。

（7）车辆一边车轮制动拖滞。
（8）转向系原因。

3）故障诊断与排除

（1）将汽车停放在平坦的地面上，查看汽车前部高度是否一致，若高度不一致，说明悬架弹簧折断或弹力不一致，应更换。

（2）检查左、右两前轮轮胎气压是否一致，若不一致，应按规定充气。

（3）检查左、右两前轮轮胎的磨损程度，若磨损程度不一致，应更换磨损严重的轮胎。

（4）检查左、右两前轮轮胎的花纹是否一致，若花纹不一致，应更换轮胎，使花纹一致。

（5）用手触摸跑偏一侧的车轮制动鼓和轮毂轴承部位，感觉温度情况。若车轮制动鼓特别热，说明该轮制动器间隙过小或制动复位不彻底，应检查调整。若轮毂特别热，说明该轮轴承过紧，应重新调整轴承预紧度。

（6）用前轮定位仪检查前轮定位是否正确，若不正确，应调整。

（7）测量前后桥左右两端中心的距离是否相等，若不相等，说明轴距短的一侧钢板弹簧错位，车轴或半轴套管弯曲，应检查维修。

三、轮胎异常磨损故障诊断与排除

1）故障现象

汽车行驶一段时间后，轮胎磨损速度加快，轮胎胎面出现不正常磨损形状，如图6-1所示。

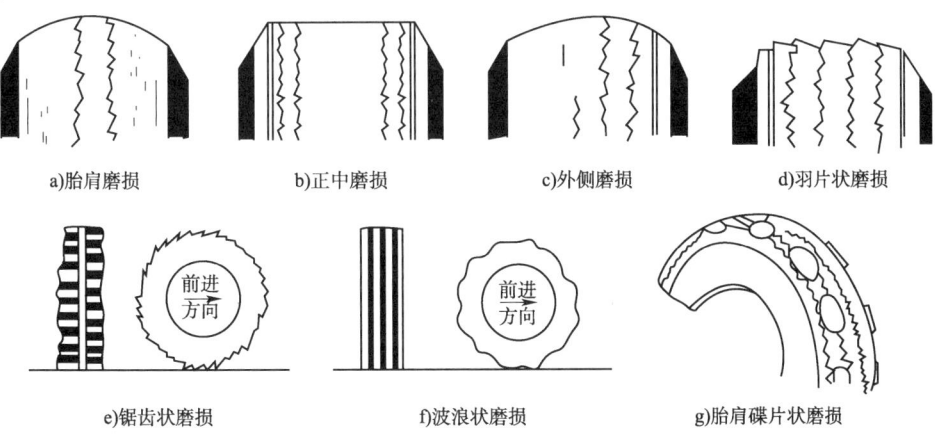

a）胎肩磨损　　b）正中磨损　　c）外侧磨损　　d）羽片状磨损
e）锯齿状磨损　　f）波浪状磨损　　g）胎肩碟片状磨损

图6-1　前轮轮胎不正常磨损示意图

2）故障原因

（1）轮胎气压不符合要求，轮胎质量不佳或车轮螺栓松动。

（2）轮胎长期未换位或汽车经常行驶在拱度较大的路面上。

（3）车轮定位不正确。

（4）横拉杆、轮毂轴承松旷或转向节与主销松旷。

（5）前轮制动复位慢或制动拖滞。

（6）前轴与车架纵向中心线不垂直或车架两边的轴距不等。

(7)前梁或车架变形。
(8)车轮不平衡。
(9)经常超载、偏载、起步过急、高速转弯或制动过猛。

3)故障诊断与排除

应根据轮胎磨损的不同情况确定故障原因和排除方法：

(1)胎肩磨损是由于轮胎气压不足或汽车长期超载造成的,应按规定充气,更换轮胎或紧固车轮螺栓。

(2)中间磨损是由于轮胎气压过高引起的,应按规定充气。

(3)内(外)侧偏磨损是由于车轮外倾角过大(小)造成的,应校正车轮定位。

(4)两侧呈锯齿状磨损,是由于轮胎换位不及时或汽车经常紧急制动或长期超载造成的,应及时进行轮胎换位(一般每行驶 10000km 应进行一次换位,并进行动平衡校正),并且告知驾驶员纠正不良驾驶习惯。

(5)由外(内)侧向内(外)侧呈锯齿状磨损是由于前束过大(小)造成的,应校正前轮定位。

(6)胎冠呈波浪状或碟片状磨损是由于轮毂轴承松旷或车轮动不平衡造成的,应更换轮毂轴承或校正车轮动平衡。

四、悬架系统故障诊断与排除

1. 非独立悬架系统常见故障

1)故障现象和原因

(1)钢板弹簧折断。钢板弹簧折断,尤其是第一片折断,会因弹力不足等原因,使车身歪斜。前钢板弹簧一侧第一片折断时,车身在横向平面内歪斜;后钢板弹簧一侧第一片折断时,车身在纵向平面内歪斜。

(2)钢板弹簧弹力过小或刚度不一致。当某一侧的钢板弹簧由于疲劳导致弹力下降,或者更换的钢板弹簧与原弹簧刚度不一致时,会使车身歪斜。

(3)钢板弹簧销、衬套和吊环磨损过甚,此时,会造成车身歪斜(不严重)、行驶跑偏、汽车行驶摆振和异响等故障现象。

(4)U形螺栓松动或折断(或钢板弹簧第一片折断)。此时,会由于车辆移位歪斜,导致汽车跑偏。

2)故障诊断与排除

(1)汽车行驶中当听到金属撞击声,应立即停车将车辆架起,使钢板弹簧处于自由状态,在钢板弹簧支架端用撬棒上下撬动钢板弹簧,若能撬动,说明钢板弹簧销、衬套、吊环支架间的间隙过大,应调整。

(2)若汽车行驶在不平路面上时,产生的金属敲击声更大,将车辆架起,使钢板弹簧处于自由状态,测量弹簧弧高,若不符合规定,则钢板弹簧因疲劳而失效,应予以更换。

2. 独立悬架系统常见故障

1)故障现象

(1)异响,尤其在不平路面上转弯时。

(2)车身歪斜,汽车在转弯时车身过度倾斜等。
(3)前轮定位参数改变。
(4)轮胎异常磨损。
(5)车辆摆振及行驶不稳。
2)故障诊断原因
(1)螺旋弹簧弹力不足。
(2)稳定杆变形。
(3)上、下摆臂变形。
(4)各铰接点磨损、松旷。
当汽车产生上述现象时,应对悬架系统进行仔细检查,即可发现故障部位及原因。

3. 减振器常见故障
1)故障现象
汽车在不平路面上行驶时,车身强烈振动并连续跳动,有时在一定的车速范围内会发生摆振现象。
2)故障原因
(1)减振器阀门密封不良产生泄漏,而使减振器油量不足或存有空气。
(2)减振器连接销(杆)脱落或橡胶衬套磨损破裂。
(3)减振器活塞与缸筒磨损过量,配合松旷。
3)故障诊断与排除
(1)检查减振器连接销(杆)、橡胶衬套等处是否有损坏、脱落、破裂。若发现上述问题,应予以维修或更换相应的零部件。
(2)若上述位置无故障,察看减振器是否有漏油和陈旧性漏油的痕迹。若发现上述问题,应更换相应的零部件。
(3)若上述位置无故障,则双手用力按压保险杠,手放松后,若车身能有 2~3 次跳跃,说明减振器良好。反之,故障发生在减振器内部,应予以更换相应的零部件。

第三节　转向系统故障诊断与排除

技能要求

1. 能诊断与排除机械转向系统故障(高级要求);
2. 能诊断与排除液压助力转向系统故障(高级要求);
3. 能诊断与排除电动助力转向系统故障(高级要求)。

知识要求

1. 机械转向系统故障诊断方法(高级要求);
2. 液压助力转向系统故障诊断方法(高级要求);
3. 电动助力转向系统故障诊断方法(高级要求)。

一、机械转向系统故障诊断与排除

1. 转向沉重

1）故障现象

在转动转向盘时,感到比平时沉重、费力。

2）故障原因

(1) 转向器方面原因。转向器蜗杆轴承预紧度过大,或轴承损坏;转向器啮合副啮合过紧;转向器缺油。

(2) 转向传动机构方面原因。转向轴弯曲或护管凹陷;转向纵、横拉杆球节与球座配合过紧或润滑不良。

(3) 其他方面原因。转向节主销装配过紧或润滑不良;止推轴承破损或润滑不良;前轮定位不准确;车桥变形破坏了前轮定位;轮胎气压过低,增大了轮胎的偏转阻力等。

3）故障诊断与排除

(1) 检查轮胎气压;检查方向轴护管有无凹陷和转向轴是否与护管碰擦。

(2) 顶起前桥,左、右扳动车轮,如很费力,则为主销配合过紧,拆下车轮检查主销装配间隙、止推轴承好坏及润滑情况,视需进行调整和润滑。

(3) 顶起前桥,手转或用弹簧秤拉转转向盘。然后使纵拉杆与转向摇臂脱离,再转动转向盘。若用力无多少变化,故障在转向器内部,应调整转向器蜗杆轴承预紧度和蜗杆啮合间隙,如故障仍不消除,则拆检和润滑转向器。若用力比原来小,则故障在横、纵拉杆球节,应拆检和润滑球节。

(4) 若无上述故障,应检查前桥,应检查并且视情调整前轮前束。

2. 转向盘不稳

1）故障现象

汽车行驶在 40km/h 以上时,转向盘抖动,前轮摇摆。

2）故障原因

(1) 转向器蜗杆轴承预紧度不足,啮合副啮合间隙过大。

(2) 转向摇臂与摇臂轴固定螺母松动。

(3) 纵、横拉杆球节磨损松旷。

(4) 转向节主销与衬套配合松旷。

(5) 前轮毂轴承预紧度不足。

(6) 前桥或车架变形,车轮不平衡或轮辋变形,引起车轮摆动。

(7) 钢板弹簧与车桥固定螺栓松动,车桥相对车架变位,使车轮摆动。

(8) 前轮定位不当,尤其是主销后倾,会使车轮有横向运动的趋势。

上述原因使车轮摆动,并通过转向传动机构传给转向盘而引起振动。

3）故障诊断与排除

(1) 将前桥顶离地面。一人转转向盘,一人观察转向摇臂,若转向盘转动,转向摇臂不动,故障在转向器内或摇臂与摇臂轴连接松旷,检查摇臂固定螺母是否松动,检查、调整转向器蜗杆轴承预紧度和啮合副啮合间隙。

(2) 若转向盘转角在30°以内,转向摇臂即跟随摆动,则故障在转向联动机构,应检查调整纵、横拉杆球节的球销与球座的配合间隙。

(3) 若转向盘到转向车轮的联动过程正常,则检查转向节与主销的配合和轮毂轴承的预紧度,并根据规定予以调整。

(4) 若无上述故障,应检查钢板弹簧与车桥固定螺栓是否松动;应根据技术要求调整前轮前束;应拆下车轮进行平衡试验,内、外胎的装配位置是否不当应进行调整,否则应更换车轮。

二、液压助力转向系统故障诊断与排除

1. 转向沉重、助力不足

1) 故障现象

汽车在行驶中突然感到转动沉重。

2) 故障原因

一般是液压转向助力系统失效或助力不足。主要原因有以下几个方面:

(1) 油液变质。

(2) 滤清器或油路有堵塞。

(3) 油路中渗入空气。

(4) 油泵驱动皮带过松或打滑。

(5) 各油管接头、油泵安全阀、液流阀等处有泄漏。

(6) 油泵磨损、内部泄漏严重。

(7) 动力缸或转向控制阀密封圈损坏。

3) 故障诊断与排除

(1) 检查转向储油罐,若油液变质则应更换规定油液。若只是液面低于规定高度,应加油使液面达到规定位置。

(2) 检查转向油液储油罐内的滤清器,若发现滤网过脏,说明滤清器或油路有堵塞,应清洗。

(3) 检查油路中是否渗入空气,如果发现储油罐中油液有气泡,说明油路中有空气渗入,应检查各油管接头和接合面的螺栓是否松动,各密封件是否损坏,有无泄漏现象,油管是否破裂等。对于出现故障的部位,应进行修理和更换,并进行排气作业,最后重新加入油液。

(4) 检查油泵驱动皮带是否过松或打滑。

(5) 检查各油管接头等处有无泄漏,油路中是否有堵塞,查明故障后按规定力矩拧紧有关接头或清除污物。

(6) 检查油泵是否磨损、内部是否泄漏严重。

(7) 检查油泵安全阀、溢流阀是否泄漏,弹簧弹力是否减弱或调整不当。对转向油泵进行输出油压检查,如果油泵输出压力不足,说明油泵有故障。

(8) 检查动力缸或转向控制阀密封圈是否损坏。

2. 转向盘回正不良

1) 故障现象

汽车完成转向后,转向盘不能回到直线行驶位置。

2)故障原因

(1)转向油泵输出油压低。

(2)液压回路中渗入空气。

(3)回油软管扭曲阻塞。

(4)转向控制阀或转向动力缸发卡。

(5)转向控制阀定中不良。

3)故障诊断与排除

(1)对液压系统进行排气操作,排气后按规定加足转向油液。

(2)检查转向油泵输出油压,若油压不足应拆检转向油泵,检查油泵是否磨损或内部泄漏是否严重、安全阀及流量控制阀是否泄漏或卡滞、弹簧弹力是否减弱或调整不当、各轴承是否烧结或严重磨损等。查明故障予以修理,必要时更换油泵。如果油泵轴油封泄漏也应更换转向油泵。

(3)检查回油软管是否阻塞,如有应更换回油软管。

(4)拆检转向控制阀或转向动力缸,查明故障原因,然后视情况进行修复,对于损坏的零件应更换。必要时更换转向控制阀或转向动力缸。

3. 转向时有噪声

1)故障现象

汽车转向时,转向系统有不太大的噪声是正常现象,但当噪声过大或影响汽车的转向性能时,必须对转向系统进行检查,并排除故障。

2)故障原因

(1)储液罐中液面太低,油泵在工作时容易渗入空气。

(2)液压回路中渗入空气。

(3)储液罐滤网堵塞,或液压回油中有过多的沉积物。

(4)转向控制阀性能不良。

(5)油泵严重磨损或损坏。

(6)油管接头松动或油管破裂。

3)故障诊断与排除

(1)当转向盘处于极限位置或原地慢慢转动转向盘时,转向盘发出"呲呲"声,如果这种异响严重,则可能为转向控制阀性能不良,应更换转向控制阀。

(2)当转向油泵发出"呲呲"声或尖叫声时,应进行以下检查。

检查储液罐液面高度,液面高度不够时,应查明泄漏部位并修理,然后按规定加足油液。检查转向油泵驱动皮带是否打滑,若打滑,应查明原因更换皮带或调整皮带松紧度;查看油液中有无泡沫,若有泡沫,应查找漏气部位并予以修理,然后排除空气。若无漏气,则说明油路有堵塞处或油泵严重磨损及损坏,应予以修复或更换。

三、电动助力转向系统故障诊断与排除

电动助力转向系统常见故障有:转向困难、左右转向力矩不同或转向力矩不均、行驶时转向力矩不随车速改变或转向盘不能正确回正、转动转向盘时出现敲击(或摇动)声等。

1. 转向困难

1）故障现象

汽车在转向时，发生转向沉重、不灵敏等转向困难现象。

2）故障原因

（1）前轮胎充气不当、磨损不均匀。

（2）前轮定位失准。

（3）前悬架下球节磨损、松旷等。

（4）转向机总成故障。

（5）力矩传感器（内置于转向柱）发生故障。

（6）助力电动机故障。

（7）蓄电池和电源系统故障。

（8）电动助力转向系统 ECU 电源电路故障或 ECU 故障。

3）故障诊断与排除

（1）检查前轮气压是否正常，胎面磨损是否均匀。

（2）检查前悬架下球节是否磨损、松旷，如不能修复应更换；检查前轮定位参数是否正确，若不正确，调整前轮定位参数。

（3）检查转向机总成，若有故障，应进行修复或更换。

（4）检查蓄电池和电源系统是否正常，若有故障，应进行修复或更换。

（5）检查电动助力转向系统 ECU 是否有故障，若有故障，应进行修复或更换。

（6）检查力矩传感器和助力转向电动机是否有故障，若有故障，应进行修复或更换。

2. 左右转向力矩不均

1）故障现象

汽车完成转向时，在向左和向右操纵时，明显感觉沉重感不同。

2）故障原因

（1）前轮胎充气不当、磨损不均匀。

（2）前轮定位失准。

（3）前悬架下球节磨损、松旷等。

（4）转向机总成故障。

（5）转向中心点（零点）记录错误。

（6）力矩传感器（内置于转向柱）发生故障。

（7）转向柱总成故障。

（8）助力电动机故障。

（9）电动助力转向系统 ECU 故障。

3）故障诊断与排除

（1）检查前轮气压是否正常，胎面磨损是否均匀。

（2）检查前悬架下球节是否磨损、松旷，如不能修复应更换；检查前轮定位参数是否正确，若不正确，调整前轮定位参数。

（3）检查转向机总成，若有故障，应进行修复或更换。

(4)检查转向中心点(零点)记录是否错误,若记录错误,应重新进行校正。
(5)检查电动助力转向系统 ECU 是否有故障,若有故障,应进行更换。
(6)检查力矩传感器和助力转向电动机是否有故障,若有故障,应进行修复或更换。

3. 转向力矩不随车速改变,或转向盘不能正确回正
1)故障现象
汽车在行驶时,车速改变但转向力矩不能同步变化,转向盘不能正确回正。
2)故障原因
(1)前悬架下球节磨损、松旷等。
(2)转速传感器故障。
(3)防滑控制 ECU 故障。
(4)力矩传感器(内置于转向柱)故障。
(5)助力电动机故障。
(6)电动助力转向系统 ECU 故障。
(7)电动助力转向 CAN 通信系统故障。
3)故障诊断与排除
(1)检查前悬架下球节是否磨损、松旷,如不能修复,应予更换。
(2)检查转速传感器是否有故障,若有故障,应进行修复或更换。
(3)检查防滑控制 ECU 是否有故障,若有故障,应进行更换。
(4)检查电动助力转向系统 ECU 是否有故障,若有故障,应进行更换。
(5)检查力矩传感器和助力转向电动机是否有故障,若有故障,应进行修复或更换。
(6)检查电动助力转向 CAN 通信系统是否有故障,若有故障,应进行修复或更换。

第四节 制动系统故障诊断与排除

技能要求

1. 能诊断与排除制动系统,如制动跑偏、制动力不足等单个故障(高级要求);
2. 能诊断与排除制动系统电子控制部分的故障(高级要求)。

知识要求

1. 制动跑偏故障诊断与排除方法(高级要求);
2. 制动力不足故障诊断与排除方法(高级要求);
3. 制动系统电子控制部分的故障诊断与排除方法(高级要求)。

一、制动跑偏故障诊断与排除

1)故障现象
汽车制动时,车辆行驶方向发生偏斜。

2)故障原因

汽车制动跑偏的根本原因是左右车轮的制动效能不等,具体原因主要有:

(1)左、右车轮制动蹄摩擦片材料不一致,或左、右摩擦片新旧程度不一致。

(2)左、右车轮蹄与鼓(盘)的接触面积、位置不一致,或间隙不相等。

(3)左、右车轮轮缸的技术状况不一,造成起作用时间或张开力大小不等。

(4)左、右车轮制动蹄摩擦片复位拉簧拉力不相等。

(5)左、右车轮轮胎气压、轮胎规格不相等,或花纹不一致。

(6)左、右车轮制动鼓的厚度、直径,或工作中的变形程度不一致。

(7)左、右车轮制动鼓(盘)损伤程度、工作表面粗糙度不一致。

(8)个别车轮蹄摩擦片与支销装配过紧。

(9)单边制动管凹瘪、阻塞或漏油;单边制动管路或轮缸内有空气。

3)故障诊断与排除

踩下制动踏板,观察汽车跑偏方向,如偏向右侧,则左侧车轮制动不灵,应重点检查左侧车轮;如偏向左侧,则应检查右轮。

(1)先检查左、右车轮型号或气压是否相同,如不相等,应调整或更换。

(2)顶起车桥,转动车轮,试验其灵活性,并用厚薄规测量蹄、鼓间隙,间隙不当,应调到规定间隙(和另一侧一样)。

(3)若上述良好,应从制动鼓检视窗孔观察制动蹄工作面有无损伤;或踩下制动踏板,观察制动蹄移动速度。

(4)若以上均无故障,应试放轮缸空气。

(5)若上述检查故障仍不消除,应拆检制动器。

二、制动力不足故障诊断与排除

1)故障现象

汽车制动时,驾驶员感到减速度不足;汽车紧急制动时,制动距离延长。

2)故障原因

(1)制动踏板自由行程过大。

(2)主缸油量不足,或补偿孔和通气孔堵塞,或活塞皮碗损坏,或出油阀开不足,或活塞与缸间隙过大。

(3)油路不通畅或有漏油。

(4)助力器不起助力作用。

(5)轮缸漏油,或活塞和皮碗阻滞、移位不足。

(6)制动鼓失圆、鼓壁过薄、沾油,或制动蹄摩擦片磨损过大、老化、铆钉露头、破损,或制动蹄与制动鼓(盘)接触不良、间隙过大。

(7)制动系统内有空气。

3)故障诊断与排除

一般踩踏制动踏板,然后根据踏板的反应情况,再加以分析和判断。

(1)踩一次制动力不足,踩两次制动效能明显提高,一般故障为主缸回油过多(活塞复位弹簧过软),或制动器蹄、鼓间隙过大,或踏板自由行程过大,应调整自由行程或制动器间隙,以及更换不符合要求的弹簧。

(2)连续踩制动踏板,踏板逐渐升高;若感到踏板还有弹性感,则为制动管路内有空气,应排放空气。

(3)连续踩踏板时,踏板逐渐升高,若踩住不放,踏板有缓慢下沉的现象,则为制动管路内有漏油的部位。有漏油,应排除漏油现象;无漏油,应拆检主缸、轮缸,检查活塞配缸间隙,皮碗是否踏翻、是否完好。

(4)踩下踏板时比较费力,连续踩踏板位置逐渐升高,踩住不放时,感到踏板有回顶感觉,故障原因为助力器辅助缸不密封,轮缸制动液回流。

(5)踩下踏板时,踏板高度正常,也无上述不良感觉,但制动效果不良,故障在车轮制动器。

三、制动系统电控部分故障诊断与排除

1)故障现象

汽车仪表上ABS故障警告灯常亮。

2)故障原因

(1)轮速传感器故障。

(2)轮速传感器与ABS ECU连线故障。

(3)轮速传感器与齿圈的安装间隙过大,或者传感器、齿圈表面脏污。

(4)ABS ECU故障。

(5)ABS压力控制阀故障。

3)故障诊断与排除

ABS采用电子液压控制,因此,在ABS正常工作情况下出现表6-1所列现象是正常的,并不是故障。

ABS现象说明　　　　　　　　　　　　　　　　　　　表6-1

现　象	说　明
系统自检声音	发动机起动后,有时会从发动机舱中传出类似碰击的声音,这是ABS进行自检的声音,并非不正常
ABS起作用时的声音	1. ABS液压控制单元内电动机的声音; 2. 与制动踏板振动一起产生的声音; 3. ABS工作时,因制动而引起悬架碰击声或轮胎与地面接触发出"吱嘎"声
ABS起作用,但制动距离长	在积雪或是砂石路面上,有ABS的车辆的制动距离有时候会比没有ABS车辆的制动距离长,因此需提醒驾驶员在上述路面行驶时应加倍小心

(1)ABS自诊断。ABS自诊断是利用汽车ABS ECU的自诊断功能,即ABS ECU能对系统电路进行自检,若发现异常,ABS ECU则将故障信息存储,并点亮ABS警告灯。ABS ECU的自检包括静态(点火开关接通,汽车不行驶)和动态(汽车行驶)两种情况。

①静态自检。当点火开关接通后,ABS ECU会立即对系统电路进行自检,仪表板上的制动警告灯(红色)和ABS警告灯(黄色)会点亮;若系统正常(放松驻车制动器操纵杆),警告

灯 2~3s 内会熄灭,自检过程完成;若系统不正常,警告灯会持续点亮,ECU 将故障信息以代码形式存储,同时关闭 ABS 功能(此时汽车常规液压或气压制动功能仍然有效),提示驾驶员进行检修。

②动态自检。当汽车行驶达到一定车速后(因车而异),系统将对 ABS 的轮速传感器、电磁阀、回油泵等元件及电路进行自检,若发现异常,则点亮 ABS 警告灯(黄色),存储故障代码,关闭 ABS,此时汽车只能保持常规液压或气压制动功能。

(2)仪器诊断。ABS 的仪器诊断是利用故障诊断仪(解码器)与车载电脑(ABS ECU)建立通信,读取自诊断信息,还可通过 ABS ECU 对元件进行控制操作等。

现在车辆一般都需要使用故障诊断仪来读取 ABS 故障信息。当读取故障代码之后,就应针对故障范围进行检测并予以排除,然后再对系统进行检测,确保故障已经排除。

对于不同汽车,使用对应的故障诊断仪,连接到车辆 OBD-Ⅱ诊断接头。打开点火开关,进入 ABS 诊断程序,读取 ABS 故障代码,还可在车辆动态时读取动态信息(数据流),并按诊断仪提示的故障信息范围分别进行元件、线路等检测。

①若是传感器故障,可使用数字式万用表对故障元件和线路进行检测,如某轮速传感器故障,应顶起车辆,转动该车轮,用万用表检测其输出电压信号,并且同时观察诊断仪数据变化;若传感器输出信号电压正常,而诊断仪不能显示数据变量,表明传感器无故障,应继续检查传感器与齿圈的间隙、轮速传感器导线及 ABS ECU;若传感器无输出信号电压,则故障在传感器,应更换。

②若是执行器故障,可利用诊断仪中对执行器的主动测试功能,操控继电器、电磁阀和回油泵等元件动作,通过声音来判断其是否工作正常。如 ABS 制动压力调节阀的回油泵故障,可通过主动测试功能给油泵继电器通电控制,若继电器有闭合的"嗒嗒"声,而回油泵无转动声音,则故障在油泵或油泵线路;若继电器无闭合的"嗒嗒"声,则故障在油泵继电器或相关电路。

(3)偶发性故障诊断。在电控系统中,在元件和线路的连接处,可能出现瞬间接触不良问题,在 ABS ECU 自检时留下了故障信息,但是故障发生原因却自行消失,这种故障信息称为偶发性故障。偶发性故障由于故障信息表示始终存在,因此,这类故障通常应采用模拟故障出现的条件使其再现。

①当振动引起的接触不良可能是主要原因时:将连接接头或线束轻轻地上下左右摇动,如果在摇动中有信号变化突现,那就是接触不良引起的故障,应及时验证并排除。

②当怀疑涉水是引起故障的主要原因时:在连接接头或线束处洒水,并轻轻地上下左右摇动,如果在摇动中有信号变化突现,那就是涉水短路引起的故障,应及时验证并排除。

第七章 汽车电器故障诊断与排除

第一节 充电、起动系统故障诊断与排除

技能要求

1. 能诊断与排除充电系统故障(高级维修工);
2. 能诊断与排除起动系统故障(高级维修工)。

知识要求

1. 充电系统故障诊断与排除方法(高级维修工);
2. 起动系统故障诊断与排除方法(高级维修工)。

一、充电系统的常见故障诊断与排除

电源系统的故障主要是以是否充电来表现,主要有不充电、充电电流过小和充电电流过大等故障。

1. 不充电

1)故障现象

(1)发动机中高速运转,放电警告灯不熄灭。

(2)打开前照灯,电流表指示放电。

2)故障原因

(1)线路的接线断开或短路。

(2)电流表的接线错误。

(3)发电机故障。

(4)调节器调整不当或有故障。

3)判断步骤与方法

(1)检查发电机皮带的状况。

①检查发电机皮带的松紧度;用手指压下皮带的中部,若压下量过大,说明发电机皮带过松,应调整。

②检查发电机皮带是否打滑。

(2)检查充电线路各导线和接头有无断裂或松脱,检查发电机的接线是否正确。

(3)打开点火开关,但不起动发动机,用试灯将其一端接在发电机的磁场接线柱上,另一

端搭铁,观察试灯。

①若试灯不亮,说明故障在调节器。

②若试灯亮,则拆下发电机"电枢"接线柱上的导线并悬空,用试灯将其一端接在发电机"电枢"接线柱上,另一端搭铁,若试灯不亮或灯光发红,说明故障在发电机。

(4)若发电机有故障,可用万用表测量各接线柱之间的电阻值,粗略判断故障所在,测量前,拆下发电机各接线柱上的导线,将万用表置于R×1挡测量各接住间的电阻值,其阻值应符合规定,若不符合规定,应对发电机进行拆检。

(5)若调节器有故障。

①对于晶体管调节器,应更换。

②对于触点式调节器:

A. 检查低速触点有无烧蚀或脏物,若有,应用砂纸或砂布条研磨或清洁。

B. 检查高速触点能否分离,若不能分离应修复。

2. 充电电流过小

1)故障现象

(1)蓄电池在亏电情况下,发动机以中速以上转速运转时,电流表指示充电电流过小。

(2)蓄电池经常存电不足。

(3)打开前照灯,灯光暗淡,按动电喇叭声音小。

2)判断步骤与方法

(1)外观检查。

①检查发电机皮带的松紧度,用手指按下皮带的中部,若压下量过大,说明发电机皮带过松,应调整。

②检查充电线路各导线接头是否接触不良或锈蚀脏污。

(2)拆下发电机"+"和"F"接线柱的导线,用试灯的两根接线分别触及"+"和"F"接线柱,起动发动机,并逐渐提高转速,同时观察试灯:

①若试灯亮度不变或变化很小,说明故障在发电机。

②若试灯随发动机转速增加而亮度增加,说明故障在调节器。

(3)对于装有晶体管调节器的充电系统,可起动发动机,并使其略高于怠速运转,然后连接调节器的"F"与"-"接线柱,逐渐提高发动机转速,观察电流表:

①若电流表指示的充电电流增大,说明故障在调节器。

②若电流表指示无变化,说明故障在发电机。

(4)若是故障在发电机,应进行解体检查。

(5)若是故障在调节器:

①对于晶体管调节器,应更换。

②对于触点式调节器,应拆下调节器盖进行检查。

A. 用手拉紧弹簧,起动发动机并以中速运转,若充电电流增大,说明调节器限额电压过低,应调整弹簧拉力。

B. 用螺钉旋具连接低速触点,若充电电流增大,说明低速触点烧蚀或脏污,应研磨或清洁。

3. 充电电流过大

1) 故障现象

(1) 在蓄电池不亏电的情况下,充电电流仍在 10A 以上。

(2) 蓄电池电解液损耗过快。

(3) 分电器断电器触点经常烧蚀,各种灯泡经常烧坏。

2) 判断步骤与方法

充电电流过大的故障,一般都是调节器失调所致,所以在检查时,主要是对调节器进行检查。

① 对于装有晶体管调节器的充电系统,应检查发电机与调节器是否匹配,如果无匹配问题,则应更换调节器。

② 对于装有触点式调节器的充电系统,应进行弹簧弹力及衔铁间隙的调整,使之符合要求。

二、起动系的常见故障诊断与排除

下面以丰田轿车起动系为例,分析起动系的故障,其电路见图 7-1。其他车型起动系的诊断思路和方法大致相同。

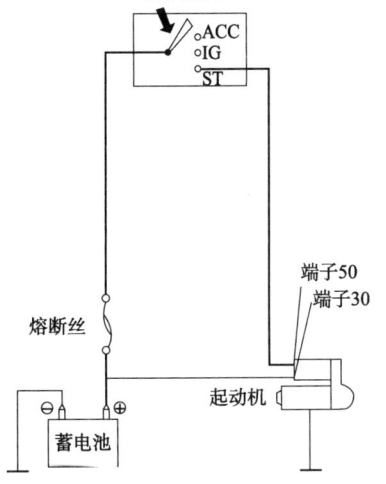

图 7-1 起动系电路图

1. 起动机不转

1) 故障现象

将点火开关旋至起动挡,起动机驱动齿轮不向外伸出,起动机不转。

2) 诊断思路与方法

此种故障可能由蓄电池及电路连接造成,也有可能由起动机本身造成,首先应进行区分,方法如下:用螺丝刀或导线短接起动机电磁开关上的端子 30 和端子 C 两个接线柱。

若起动机不转,说明电动机有故障,应解体检修。

若起动机运转,说明电动机正常,故障在起动机本身以外的电路。

诊断流程,见图 7-2。

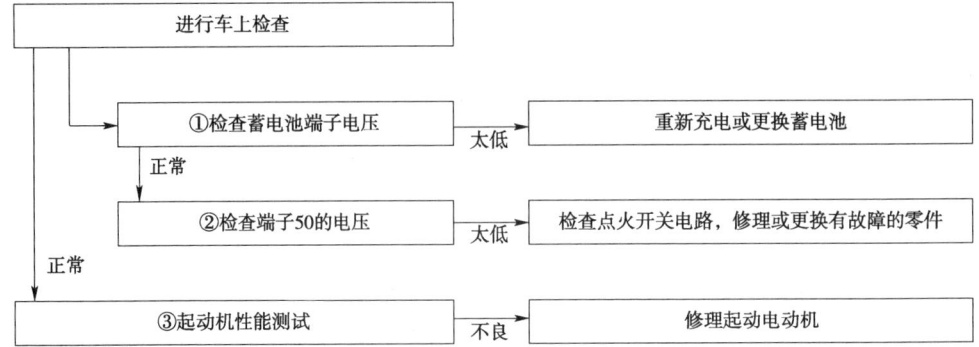

图 7-2 起动机不转故障诊断流程图

(1)在车上检查蓄电池的状况和电源导线连接情况。可以按喇叭或打开前照灯,若喇叭响声变小或前照灯灯光暗淡,说明蓄电池容量过低或电源导线接触不良;也可以在点火开关位于"起动"挡时,测量蓄电池两端的电压,不应低于9.6V。

若蓄电池良好,应检查端子50的电压,若电压过低(<8V),应对蓄电池的正极线、搭铁线、各接线柱及点火开关进行检查,若接线柱有脏污或松脱,应清洁或紧固,若点火开关损坏,应进行修理和更换。

(2)若故障仍然存在,说明故障在起动机本身。此时,应进行起动机的性能测试(吸引和保持线圈测试等)或解体测试,进行故障诊断与排除。

2. 起动机转动无力

1)故障现象

将点火开关旋至起动挡,驱动齿轮发出"咔嗒"声向外移出,但是起动机不转动或转动缓慢无力。

2)诊断思路与方法(图7-3)

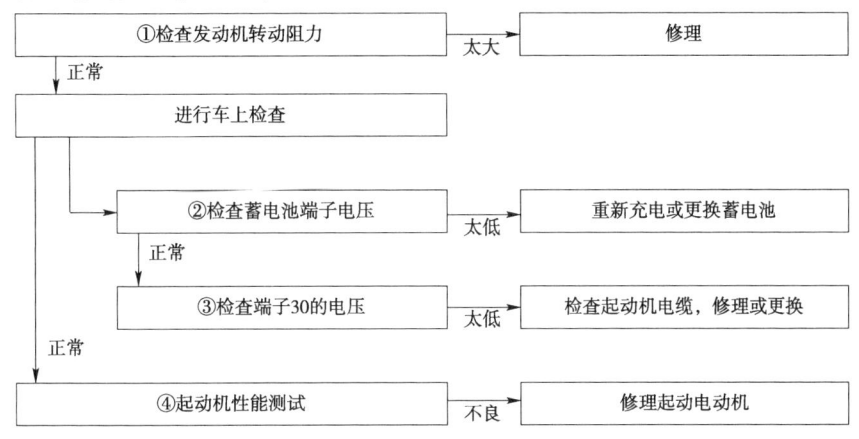

图7-3 起动机运转无力故障诊断图

(1)首先应该检查蓄电池容量和电源导线的连接情况,确认蓄电池容量是否足够,线路连接是否良好。

(2)若故障依然存在,要区分故障在起动机或发动机本身,还是在端子30之前的电路,方法是用螺丝刀短接起动机电磁开关的端子30和端子C两个接线柱。

若短接后起动有力且运转正常,说明起动机电磁开关内主触点和接触盘接触不良。

若短接后起动仍然无力,则可认为电动机有故障,需进一步拆检。故障可能是由主开关接触不良、电刷和换向器之间电阻过大或接触不良、单向离合器打滑等引起的。

(3)如果在接通起动开关后,起动机有连续的"咔嗒"声。若短接起动机电磁开关的两个主接线柱,起动机转动正常,说明电磁开关保持线圈断路或短路。

3. 起动机空转

1)故障现象

接通点火开关起动开关,起动机只是空转,不能带动发动机运转。

2)诊断思路与方法

(1)起动机空转时,有较轻的摩擦声音,起动机驱动齿轮不能与飞轮轮齿啮合而产生空转,即驱动齿轮还没有啮合到飞轮轮齿中,电磁开关就提前接通,说明主回路的接触盘行程过短,应拆下起动机,进行起动机接通时刻的调整。

(2)起动机空转时,有严重的碰擦轮齿的声音:说明飞轮轮齿或起动机驱动齿轮严重磨损,应拆下起动机进一步检查,根据实际情况更换驱动齿轮或飞轮轮齿。

(3)起动机空转时,速度较快但无碰齿声音:说明起动机单向离合器打滑,即驱动齿轮已经啮入飞轮轮齿中,但不能带动飞轮旋转,只是起动机电枢轴在空转,应更换单向离合器总成。

第二节　照明、信号及仪表故障诊断与排除

技能要求

1. 能诊断与排除照明系统电路故障(高级维修工);
2. 能诊断与排除信号系统电路故障(高级维修工);
3. 能诊断与排除仪表系统电路故障(高级维修工)。

知识要求

1. 照明系统故障诊断方法(高级维修工);
2. 信号系统故障诊断方法(高级维修工);
3. 仪表系统故障诊断方法(高级维修工)。

一、照明系统电路故障诊断与排除

1. 灯光不亮

引起灯光不亮的原因主要有灯泡损坏、熔断丝熔断、灯光开关或继电器损坏及线路短路或断路等故障。如果一只灯不亮一般为灯丝烧断,将灯泡拆下后检查,若灯泡损坏,则更换新灯泡。如果几只灯都不亮,喇叭也不响,则可能是总熔断器熔断;若同属一个熔断丝的灯泡都不亮,则可能是熔断丝熔断。在进行故障诊断时,应根据电路图对电路进行检查,判断出故障的部位。

2. 灯光亮度不够

若灯光亮度不够,多为蓄电池电量不足或发电机及调节器故障所引起。另外,导线接头松动或接触不良、导线过细或搭铁不良、散光镜坏或反射镜有尘垢、灯泡玻璃表面发黑或功率过低及灯丝没有位于反射镜焦点上,均可导致灯光暗淡。

检查时,首先检查蓄电池和发电机的工作状态。若不符合要求,应先恢复电源系统的正常工作电压,在电源正常的状态下,检查线路的连接情况及灯具是否良好。

3. 灯泡频繁烧坏

灯泡频繁烧坏,一般是电压调节器不当或失调致使发电机输出电压过高造成的,应重新将工作电压调整到正常工作范围。此外,灯具的接触不良也有可能造成灯泡的频繁损坏,检查时,也应注意这方面的情况。

具体的故障原因,见表7-1。

照明系统电路故障现象及故障原因　　　　　　表7-1

故障现象	故障原因
所有灯都不亮	蓄电池至总开关之间线路断路; 灯光总开关损坏; 电源总熔断器熔断
远光灯或近光灯不亮	变光开关损坏; 导线断路; 远光灯或近光灯熔断丝熔断; 灯光继电器损坏; 前照灯损坏; 灯光总开关损坏
前照灯灯光暗淡	熔断丝松动; 导线接着松动; 前照灯开关或者继电器触点接触不良; 发电机输出电压低,用电设备漏电,负荷增大; 接触不良
一侧前照灯亮另,侧前照灯暗	前照灯暗的一侧搭铁不良; 变光开关处接触不良
前照灯后灯亮,仅示宽灯不亮	前照灯总开关损坏; 熔断丝熔断; 示宽灯灯泡损坏; 示宽灯线路断路; 继电器损坏
灯泡经常烧坏	发电机输出电压过高

二、信号系统电路故障诊断与排除

1. 转向灯及应急灯常见故障现象及故障原因分析(表7-2)

转向灯及应急灯常见故障现象及故障原因　　　　　　表7-2

故障现象	故障原因
转向信号灯及危险报警闪光灯均不工作	转向灯及危险报警闪光灯的熔断丝熔断; 闪光继电器损坏; 线束故障等涉及整个系统工作的部位
转向灯不工作但危险报警闪光灯工作正常	转向灯的熔断丝熔断; 转向开关故障; 转向开关相关的线路故障
两侧转向灯同时亮	转向开关失效
两侧转向灯闪烁频率不同	两侧灯泡的功率不等; 有灯泡坏

续上表

故障现象	故障原因
转向灯常亮不闪	闪光器损坏； 接线错误
闪频过高或过低	灯泡功率不当； 闪光器工作不良,触点间隙过大或过小； 电源电压过高或过低

2. 制动灯常见故障现象及故障原因分析(表7-3)

制动灯常见故障现象及故障原因　　　　表7-3

故障现象	故障原因
制动灯不亮	制动灯熔断丝熔断； 制动灯泡损坏； 制动开关损坏； 线束故障等涉及整个系统工作的部位

3. 倒车灯常见故障现象及故障原因分析(表7-4)

倒车灯常见故障现象及故障原因　　　　表7-4

故障现象	故障原因
倒车灯不亮	倒车灯熔断丝熔断； 倒车灯泡损坏； 倒车灯开关(驻车挡空挡位置开关)损坏； 线束故障等涉及整个系统工作的部位

4. 喇叭常见故障现象及故障原因分析(表7-5)

喇叭常见故障现象及故障原因　　　　表7-5

故障现象	故障原因
喇叭不响	喇叭熔断丝熔断； 喇叭继电器损坏； 喇叭开关损坏； 喇叭损坏； 车身控制模块损坏(主车身ECU)

三、仪表系统电路故障诊断与排除

组合仪表常见故障现象及故障原因分析,见表7-6。

组合仪表常见故障现象及故障原因　　　　表7-6

故障现象	故障原因分析
整个组合仪表不工作	仪表熔断丝熔断； 仪表线束及连接器接触不良； 组合仪表总成损坏

续上表

故障现象	故障原因分析
车速表故障	车速传感器故障； 制动系统故障； 线束和连接器接触不良； 组合仪表总成损坏
转速表故障	发动机转速传感器故障； 发动机和 ECT ECT 故障； 线束和连接器接触不良； 组合仪表总成损坏
燃油表故障	燃油量传感器故障； 线束和连接器接触不良； 组合仪表总成损坏
冷却液温度表故障	冷却液温度传感器故障； 发动机和 ECT ECT 故障； 线束和连接器接触不良； 组合仪表总成损坏
钥匙开锁警告蜂鸣器不工作	前门门控开关损坏； 钥匙开锁警开关损坏； 线束和连接器接触不良； 组合仪表总成损坏

第三节 汽车辅助电器系统故障诊断与排除

技能要求

1. 能检修、更换音响娱乐系统(高级要求)；
2. 能诊断与排除电动座椅系统故障(高级要求)；
3. 能诊断与排除电动后视镜系统故障(高级要求)；
4. 能诊断与排除中控门锁系统故障(高级要求)；
5. 能诊断与排除刮水器系统故障(高级要求)；
6. 能诊断与排除电动车窗系统故障(高级要求)；
7. 能诊断与排除安全气囊系统故障(高级要求)。

知识要求

1. 音响娱乐系统检修、更换方法(高级要求)；
2. 电动座椅系统故障诊断方法(高级要求)；
3. 电动后视镜系统故障诊断方法(高级要求)；
4. 中控门锁系统故障诊断方法(高级要求)；
5. 刮水器系统故障诊断方法(高级要求)；

6. 电动车窗系统故障诊断方法(高级要求);

7. 安全气囊系统故障诊断方法(高级要求)。

一、刮水器系统常见故障诊断与排除

在对风窗刮水器系统的故障进行检修之前,首先要确定是电路故障还是机械故障。最简单的方法就是从电动机上拆下连接刮水器片的机械臂,接通刮水器系统,观察电动机的运行,如果电动机工作正常,则是机械问题。

风窗刮水器系统常见的故障有:刮水器不工作、间断性工作、持续操作不停及刮水器片不能复位等。下面以科鲁兹轿车为例,分析风窗刮水器系统的故障诊断方法。

1. 刮水器不工作

如果刮水器在所有挡位都不工作,按照图7-4的方法步骤进行检查。

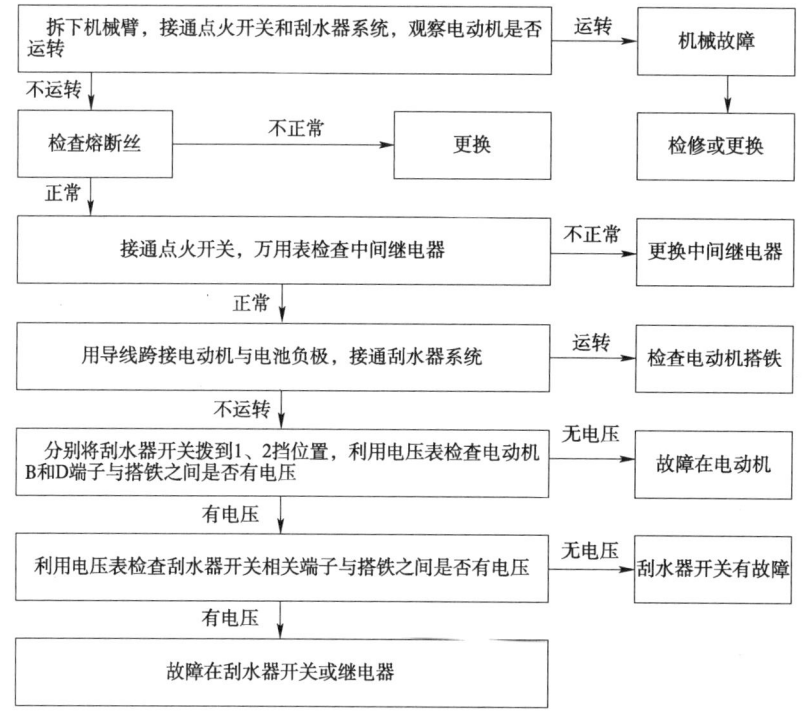

图7-4 刮水器不工作检查步骤

从以上的分析过程可以知道,电路中的故障原因主要有:

(1)刮水电动机断路。

(2)熔断丝烧毁。

(3)线路连接松动、断线或搭铁不良。

(4)刮水开关接触不良或继电器触点接触不良。

(5)电动机失效,如电枢短路等。

在各部件的检查过程中,可以参照上面的电路检查方法和步骤进行。

机械部分的故障原因主要有:

(1)蜗轮蜗杆脱离啮合或者损坏。

(2)杆件连接松脱或损坏。

(3)刮水器片的传动机构等被卡住等。

2.刮水器速度比正常慢或转动无力

电气或机械故障均能引起刮水器速度比正常慢。首先按照上述方法确定故障在电气部分,还是在机械部分。

大多数导致刮水器动作慢的电路故障是由于接触电阻大而引起的。如果故障表现为所有的速度挡都慢,应检查电源到刮水器开关之间的电路,主要是中间继电器、熔断丝和刮水器开关连接线端子插接是否牢固可靠。电源供电路正常,则应检查刮水器开关中有无接触不良的现象。

如果电源供电回路正常,则应检查刮水电动机的搭铁回路是否正常,方法是将电压表的正表笔接电动机的搭铁端(或电动机壳体),负表笔接到电池负极,电压降不应超过0.1V,否则应修复电动机搭铁回路。

最后检查电动机轴承和蜗轮组的润滑情况。

3.间歇刮水系统不正常

如果刮水系统只是在间歇挡位工作不正常,首先应检查间歇继电器的搭铁是否良好。如果搭铁正常,利用欧姆表检查继电器到刮水器开关之间的电路,如果连接线路也是良好的,则应更换间歇继电器。

4.刮水器不能复位

造成刮水器不能复位的故障可能是复位开关的原因,也可能是刮水器开关内接触片变形所致。最常见的与复位开关有关的故障是,当开关断开时,刮水器就停在该位置。首先要拆下电动机端盖,接通刮水开关,观察复位开关的工作情况。当关闭刮水器开关时,复位置开关应能使其常闭触点闭合到位,否则应更换复位开关。

二、电动车窗系统常见故障诊断与排除

电动车窗系统常见故障类型有:某个车窗只能向一个方向运动、某个车窗两个方向都不能运动、所有车窗均不能升降或偶尔不能升降和三个车窗分开关不起作用。而导致这些故障现象的原因主要有:熔断丝被烧断、电动车窗继电器故障、分开关故障或分开关至主开关可能出现线路故障、总开关出现故障、车窗电动机故障、分开关至电动机线路故障、搭铁不良故障以及传动机构机械故障等。

具体的故障类型、故障原因及诊断思路,如表7-7所示。

电动车窗故障类型、原因及对应诊断思路表 表7-7

常见故障	故障原因	诊断思路
某个车窗只能向一个方向运动	分开关故障或分开关至主开关可能出现线路故障	检查分开关导通情况及分开关至主开关控制导线导通情况
某个车窗两个方向都不能运动	传动机构机械故障; 车窗电动机故障; 分开关至电动机线路故障	检查传动机构是否卡住; 测试电动机工作情况,包括断路、短路及搭铁情况检查; 检查分开关至电机电路导通情况

续上表

常 见 故 障	故 障 原 因	诊 断 思 路
所有车窗均不能升降或偶尔不能升降	熔断丝被烧断； 电动车窗继电器故障； 搭铁不良故障	检查熔丝和继电器； 检查、清洁、紧固搭铁
三个车窗分开关不起作用	总开关出现故障	检查总开关导通情况

三、中控门锁系统常见故障诊断与排除

当系统出现故障时,如果能够读取故障代码,则按照故障代码的提示进行诊断,如果不能读取故障代码,则要根据车辆的维修手册和系统的电路图进行诊断。中控门锁系统常见的故障症状及诊断方法见表7-8,在进行故障诊断时可以参考此表的方法进行诊断。

中控门锁系统常见故障症状及诊断方法　　　　表7-8

序号	故 障 症 状	诊 断 方 法
1	车门不锁定或解锁	检查电路熔断丝； 检查中控门锁继电器； 检查主驾侧车门锁芯开关； 检查车门锁开关； 检查车门锁按钮开关
2	车门不能锁定	检查中控门锁继电器； 检查车门开关； 检查车门锁按钮开关
3	车门不能解锁	检查中控门锁继电器； 检查车门开关； 检查车门锁按钮开关
4	即使解锁后,车门打开,车门仍然可重新锁定	检查主驾侧车门开关
5	即使点火钥匙插入点火开关,车门仍然可锁定与解锁	检查车身电器故障； 检查点火钥匙开关
6	即使点火开关位于ON(Ⅱ)位置,车门仍然可锁定与解锁	检查点火开关
7	车门有时不能锁定与解锁	检查车门开关； 检查主驾侧车门锁芯开关； 车门锁系统组合部件插头连接不良或松动

四、电动座椅系统常见故障诊断与排除

电动座椅系统除了包含座椅位置调节之外,有的车辆电动座椅还可以实现座椅加热和座椅位置记忆等功能。电动座椅的常见故障有:座椅电动调节功能失效、座椅加热功能失效、座椅位置记忆储存功能失效等,故障现象及故障原因分析见表7-9。在进行故障诊断时,务必要结合该车型的维修手册进行诊断。

第七章 汽车电器故障诊断与排除

汽车电动座椅系统常见故障及原因分析表　　　　表 7-9

故 障 现 象	故 障 原 因
座椅电动调节功能失效	(1) 系统熔断丝故障； (2) 座椅调节开关故障； (3) 座椅调节电动机故障； (4) 线束故障等
座椅加热功能失效	(1) 系统熔断丝故障； (2) 加热器继电器故障； (3) 座椅加热开关故障； (4) 座椅加热器故障； (5) 线束故障等
座椅位置记忆储存功能失效	(1) 系统熔断丝故障； (2) 驾驶位置储存开关故障； (3) 车门控制器故障； (4) 电动座椅控制装置故障； (5) 座椅位置传感器故障； (6) 挡位开关故障； (7) 线束故障等

五、汽车音响娱乐系统检修与诊断

1. 汽车音响系统常见故障与诊断方法

不同汽车上的音响设备虽然种类繁多,线路以及机械应用各不相同,但它们都存在最基本的故障特点。无论是什么样的机型,总体可以归纳出下面六种典型故障。

1) 整机不工作

这种故障并不是很多。该故障大多发生在电源供电线路上,突出表现在车上电源断路、机内线路烧断、开关触点烧坏等。

检修这种故障,对于一些普通型、中级型机器不是十分困难,因为这种故障位置较为直观,修理过程比较简便,无需更换任何部件。但是,当这种故障发生在一些高档汽车音响中时,其检修就相对困难一些。这主要是因为一些高档机器电源供电方式与普通型机器不同。它们大多采用多级电源供电,而且电源供电线路分向到达具体位置的作用很难得到快速理解,尤其是电源采用电子开关电路的机型更是这样。多级推动开关电路在设计上是比较微妙的,如想找到造成整机不工作的故障点,需经一段曲折的检查过程后,方能得出结论。能够找到故障点,就是成功修复机器的标志,剩下的就是损坏元件的更换问题,其维修的关键就是能否购置到损坏元件,如贴片三极管等。

2) 机械故障

机械故障是汽车音响比较常见的故障。

以卡带汽车音响为例,机械故障突出表现在:放音变调、绞带、不走带。损坏情况有皮带断、齿轮牙磨平等。日常维修中机械故障存在的困难突出表现在更换损坏配件方面,因为在电子市场上很难购买到来自不同机器上应用的不同配件,也正是由于在购置配件方面存在有一些困难,所以有相当数量的机器因无配件更换而放弃维修。实际维修常采用的一些应急维修方法有:从旧机器上拆件、自制、补齿、穿钉、加垫等。

3)放音走带,收、放音均不响

这种故障在日常维修中较为突出,属于典型机内功放集成电路损坏。

由于汽车音响功放集成电路是收音与放音共用电路,它存在工作时间长、本身功率产生热量大、车体热源烘烤、电源不稳等因素的影响,出现损坏的机会较多。

日常检修功放电路故障时存在购置原型号集成块难的问题,这是维修人员均会遇到的实际问题。从平时接触到的一些机器中不难看出,汽车音响功放电路基本采用 BTL 电路,而且这种集成电路外围件较少,是较容易采用代换方法来修复的。但是,当高档机器上采用的一些较特殊功放集成电路损坏时,由于这种机器控制音量是在电子电路搜索中进行的,它不像电位器控制音量那样能够直观地找到信号源,而且功放集成电路外围线路也与 BTL 电路存在一些差异,因此,采用代换方法修理需经过一段较细致的判断过程才能使机器恢复正常。

4)收音正常,放音不响

这种故障在实际中并不是太多,其故障点多为供电线路断路。

这种故障有两种现象,一种为放音走带机器不响,另一种为放音不走带无音响。

检修这种故障时,收音正常可确定功放电路是正常的。当遇到放音走带机器不响时,故障一般为放音前置级供电线路断路。如遇到放音不走带机器不响时,一般故障点仅在收、放音转换开关的放音供电位置。

这种故障如发生在一些普通型、中级型机器中,则排除难度不大,一般故障点好确定。但是,如这种故障发生在一些高档机器中,如采用电子收、放音转换电路的机型中,排除故障时就较难得到快速定位和确定故障点,这就需要维修人员能够细致地确定电子转换控制电路的具体位置,然后进一步检查故障点。

5)放音正常,收音不响

这种故障在日常维修中遇到的也不是很多,故障点多数在收音供电线路上,其中以断路比较常见。

检修这种故障,应将重点放在机内收、放音转换开关收音点位置,因为该故障表现为 AM、FM 收音均不响,因此故障点基本在收音供电线路的关键点位置。

同样,这种故障会出现在一些高档机型中,特别是出现在采用电子开关进行收、放音转换的电路和显示屏控制电路中。在排除故障方面相应存在有一些难度,因为这种电路开关连锁控制线路比较繁杂,检查故障点需经过一段曲折的检测过程才能确定转换开关的具体位置。

6)收放音均正常,CD 不响

在 CD 与收、放音共用功放电路的高级汽车音响中,这种故障的现象经常遇到,随着安装 CD 机的车型不断普及,其维修量将会逐渐增加。

一般单碟 CD 播放器、六碟 CD 播放器、十碟 CD 播放器的故障部位多数在控制电路、供电线路、CD 播放器本身线路和机械部分。当轿车上使用的 CD 播放器出现故障时,一般维修难度较大,因为基本无法购置配件,例如唱头损坏后因难以购置新件导致无法完成对 CD 播放器的维修。

第七章 汽车电器故障诊断与排除

另外,维修汽车 CD 播放器是最为麻烦的一项工作,因为在整个维修过程中必须把 CD 播放器与控制主机同时从车上拆下来。一般多谍 CD 播放器存在无脉冲电路和有脉冲电路控制两种,选碟方式极其特殊。

2.汽车音响主机的更换

当检测到音响主机损坏之后,便需要对音响主机进行更换。下面以雪佛兰科鲁兹为例,介绍音响主机的更换方法,如图 7-5 所示。

音响主机更换流程如下:

(1)将点火开关置于 OFF 挡,断开蓄电池负极接线柱。

(2)使用平头塑料装饰工具拆下仪表板中央上装饰条。

(3)拆卸 2 颗音响主机固定螺栓。

(4)断开音响主机后面的连接线束插接器。

(5)取出音响主机,注意不要刮花仪表板。

(6)取出新的音响主机后,连接新的音响主机后面的线束连接器。

(7)安装 2 颗音响主机固定螺栓,螺栓紧固力矩为 2.5N·m。

(8)连接蓄电池负极接线柱,打开点火开关到 ON 位置或者 ACC 位置。

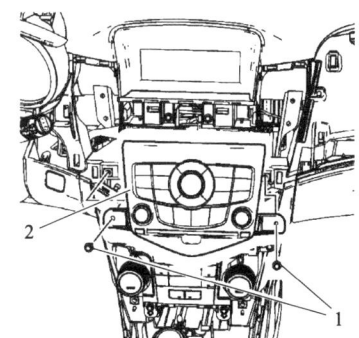

图 7-5 音响主机安装示意图
1-音响主机固定螺栓;2-音响主机

(9)打开音响电源开关,并调节音响的各个功能,确认音响设备正常工作。

(10)安装仪表板中央上装饰条,注意调节装饰板之间的缝隙。

拆卸下来的元件及音响主机安装完毕之后,再次确认音响系统的各个功能恢复正常工作、仪表板的装饰板安装正常。

六、安全气囊系统常见故障诊断与排除

在仪表控制单元上,SRS 指示灯 1 表示故障与 SRS 有关,系统指示灯如图 7-6 所示。

图 7-6 SRS 指示灯
1-SRS 指示灯

如果系统正常,将车辆转为 ON 模式时 SRS 指示灯应点亮,然后 6s 后熄灭。若非如此,则系统有故障。

注意:如果 SRS 指示灯点亮并且没有显示 SRSDTC,进行 SRS 症状故障排除。

1.对插接器特别是带端子测试孔的插接器电路进行故障排除(以本田 XR-V 为例)

所需专用工具,阳针脚探针 07ZAJ-RDJA110。

注意:①确保在进行电气系统测试时 12V 蓄电池充足电。如果 12V 蓄电池没有充足电,测试结果可能不准确。

②为避免损坏插接器,不要插入测试设备探针、回形针或其他的替代品。损坏的端子会导致连接不良和测量不正确。

(1)对插接器 A 电路进行诊断或故障排除时,使用合适的端子测试孔。从端子侧将检测仪或跨接线的针脚探针插入端子测试孔,如图 7-7 所示。

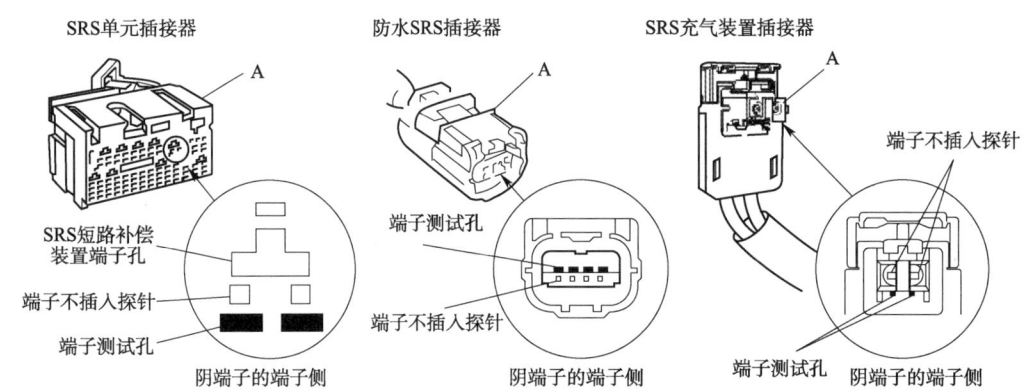

图 7-7　端子测试孔检查

注意：①不要在端子上插入检测仪或跨接线的针脚探针。

②为避免损坏插接器端子，不要插入测试设备探针、回形针或其他的替代品，以免损坏端子。损坏的端子会导致连接不良和测量不正确。

(2)将线束端子的一侧 A 连接到数字式万用表 B 上，并将线束端子的另一侧 C 连接到阳针脚探针上，如图 7-8 所示。

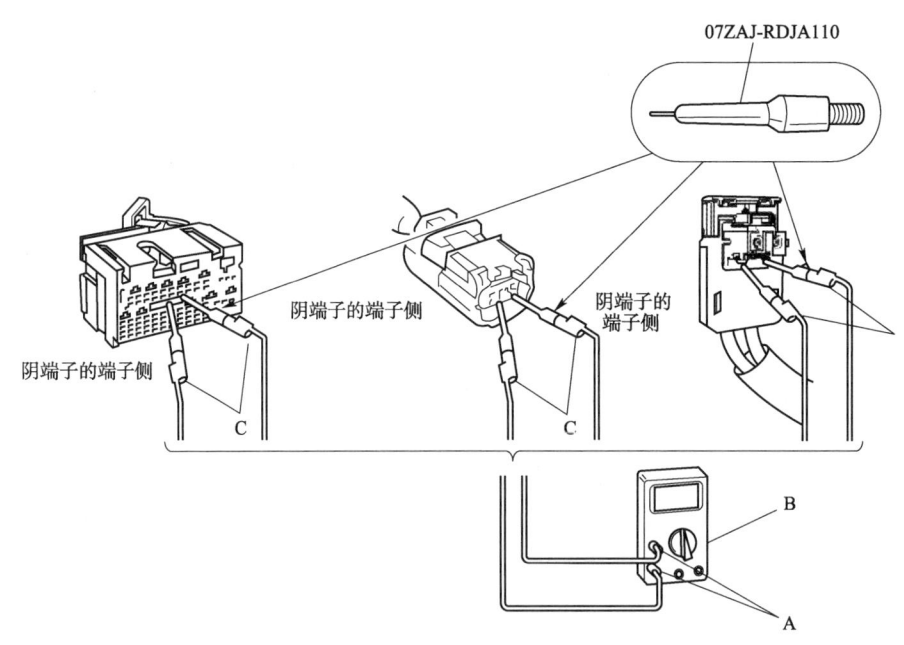

图 7-8　阴端子测试孔检查

(3)从端子侧轻轻地接触端子测试孔处的阳针脚探针。不要将尖端强行插入端子。

注意：①为获得准确结果，务必使用阳针脚探针。

②为避免损坏插接器端子，切勿插入测试设备探针、回形针或其他的替代品。损坏的端子会导致连接不良和测量不正确。

③切勿刺穿导线上的绝缘层。刺穿会导致电气连接不良或间歇性故障。

2. 对带端子测试孔的插接器以外的插接器电路进行故障排除

所需专用工具,背部探针适配器、17mm 07TAZ-001020A。

注意:①切勿将检测仪的探针插进插接器的端子侧,且切勿损坏插接器。
②切勿刺穿导线上的绝缘层。刺穿会导致电气连接不良或间歇性故障。
③切勿强行插入探针。

使用电气系统测试设备时,将17mm检测仪的背部探针适配器插进插接器的线束侧,如图7-9所示。

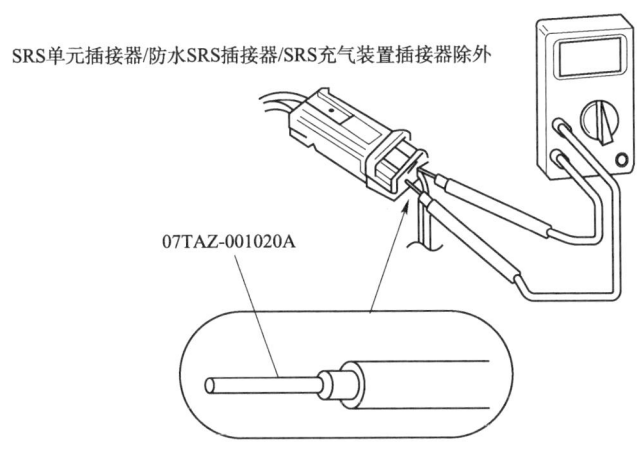

图7-9 背部探针使用方法

3. SRS单元短接连接器断路的诊断

所需专用工具,SRS短路补偿装置 070AZ-SAA0100。

注意:①为避免损坏插接器孔,从端子侧将SRS短路补偿装置直接插入孔内。
②安装SRS短路补偿装置前,使用电气触点清洁剂清洗此装置,并使用压缩空气吹干。
③如果SRS短路补偿装置有损坏,切勿使用此装置。
④重新连接SRS单元插接器前,确保拆下SRS短路补偿装置。
⑤当12V蓄电池断开后,有些在存储器中的系统存储数据会丢失。

当SRS单元插接器A(39针)和B(39针)断开后,插接器中会自动发生短路,防止气囊或张紧器意外展开。诊断系统时,有时需要断开电路。诊断需要断开电路时,将SRS短路补偿装置插入指定孔内,如图7-10所示。

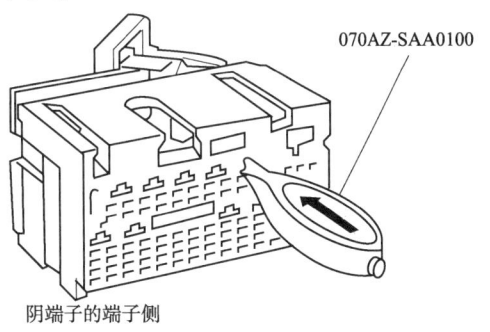

图7-10 短接补偿装置使用方法

端子编号显示在阴端子的端子侧。将SRS短路补偿装置插入插接器端子侧孔内,如图7-11、图7-12所示。

4. 使用系统故障代码诊断(DTC)

使用SRS单元的自诊断功能,可定位系统问题的原因并将此信息存储在存储器内。为了便于故障排除,可使用HDS通过数据插接电路检索此数据。

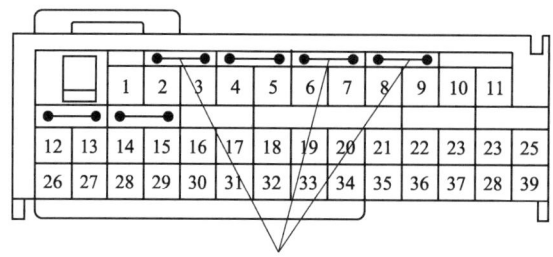

图 7-11　短路补偿装置短接孔

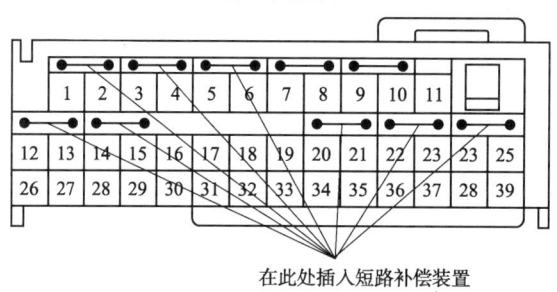

图 7-12　短路补偿装置短接孔

将车辆点火开关转为 ON 挡位时，SRS 指示灯应点亮。如果指示灯在 6s 后熄灭，则系统正常，当前未检测到任何问题。

如果有问题，则 SRS 系统将定位和定义问题，将此信息存储在 SRS 电脑存储器中，并点亮 SRS 指示灯。即使车辆点火开关转为 OFF(LOCK) 挡位或蓄电池已断开，此数据仍保留在存储器中。

此数据在存储器中被存储为故障诊代码(DTC)。

DTC 将根据故障进行闭锁或重置。使用重置 DTC，下次车辆转为 ON 模式时，SRS 指示灯将熄灭，且系统正常，但仍将存储 DTC。使用闭锁 DTC，SRS 指示灯不会熄灭，直至故障被修复且 DTC 被清除。

将解码器连接到数据诊断接口(DLC)时，可在解码器的 SRS 菜单中检索更为详细的 DTC。

读取和记录 DTC 后，转至该代码的故障排除程序。

注意：①确保 12V 蓄电池充足电。如果 12V 蓄电池电量耗尽或电量过低，电气系统测量值可能不正确。

②仅使用数字式万用表检查系统。将欧姆表量程转到最低一挡时，确保它的输出为 10mA(0.01A) 或更小。较高输出的检测仪会损坏气囊电路或导致气囊的意外展开并可能造成人员伤害。

③每当车辆转为 ON 模式，或车辆转为 OFF(LOCK) 模式的时间少于 3min 时，小心不要

撞击 SRS 单元;气囊可能意外展开,导致损坏或人员受伤。

④拆下仪表板线束或地板线束前,断开驾驶员气囊充气装置插接器、前排乘客气囊充气装置插接器、两个侧气囊充气装置插接器、两个侧窗帘式气囊充气装置插接器和两个前排座椅安全带张紧器插接器。

接下来介绍如何读取故障代码(DTC):

注意:开始前,确保蓄电池电量充足。

(1)将车辆点火开关转为 OFF(LOCK)挡位后,然后等待 10s。

(2)将解码器连接到数据连接器 A 上,如图 7-13 所示。

(3)将车辆点火开关转至 ON 挡位。

(4)确保解码器与车辆和 SRS 单元正常通信。如果不能进行通信,则需要对诊断接口电路进行故障排除。

(5)使用解码器,检查是否有 SRS DTC。

(6)读取和记录 DTC。

注意:除非故障排除程序提示,否则不要清除 DTC。

(7)将车辆点火开关转至 OFF(LOCK)挡位,然后等待 10s。

(8)执行 DTC 故障排除程序。

接下来介绍如何清除故障代码(DTC)。

图 7-13　诊断接口位置图

注意:开始前,确保蓄电池电量充足。

将车辆点火开关转为 OFF(LOCK)挡位,然后等待 10s。

将解码器连接到数据诊断接口连接器上。

将车辆点火开关转至 ON 挡位。

确保解码器与车辆和 SRS 单元正常通信。如果不能进行通信,则需要对诊断接口电路进行故障排除。

在解码器的 SRS MENU(SRS 菜单)中,选择 SRS,然后用解码器清除 DTC。

将车辆点火开关转至 OFF(LOCK)挡位,然后等待 10s。

5. 排除间歇性故障

如果为偶发故障且没有再发生此故障,存储器中将存储 DTC,同时根据检测到的故障,SRS 指示灯可能点亮。

注意:①检查 12V 蓄电池的状态。蓄电池电压过低可能导致某些间歇性故障。

②线盘故障或损坏,会导致与驾驶员气囊充气装置 DTC 相关的间歇性故障。

检查 DTC 后,按以下方式排除故障:

(1)使用 HDS 检查 DTC。

(2)使用 HDS 清除 DTC。

(3)拉紧驻车制动器操纵手柄,然后起动发动机,并使其怠速运转。

(4)SRS 指示灯点亮约 6s 然后熄灭。

(5)摆动相关线束和插接器,然后检查是否连接松动、销配合不良或搭铁不良。

(6)进行行驶测试(快速加速、快速制动和拐弯),将转向盘完全转向左边和右边,并握住保持5~10s。如果再次出现该故障,SRS指示灯将点亮。

(7)如果无法重现该故障,询问客户发生该故障的条件或请求客户演示该故障。

第四节　空调系统故障诊断与排除

技能要求

1. 能诊断与排除空调制冷系统故障(高级要求);
2. 能诊断与排除手动空调系统电路故障(高级要求);
3. 能诊断与排除自动空调系统电路故障(高级要求);
4. 能诊断与排除空调取暖和通风系统故障(高级要求)。

知识要求

1. 汽车空调制冷循环系统故障诊断方法(高级要求);
2. 自动空调系统电路故障诊断方法(高级要求);
3. 手动空调系统电路故障诊断方法(高级要求);
4. 空调取暖和通风系统故障诊断方法(高级要求)。

一、空调制冷系统故障的故障诊断

制冷系统的故障,常以压力为准进行分析,另外制冷效果、制冷剂的泄漏,都是分析事故的重点内容。在电气系统方面,故障表现为电路中元件、熔断丝、触头接触、过载烧坏、电动机等故障,这些故障不仅使制冷循环停止,而且常常伴有异响、过热等出现。机械类故障:空调器整体就是一个机械装置,其中压缩机、风机、皮带轮、离合器、膨胀阀、轴封、热交换器、轴承、阀片等元件,在运动中会出现各种故障,原因分析见图7-14~图7-17。

1. 空调不制冷故障原因分析

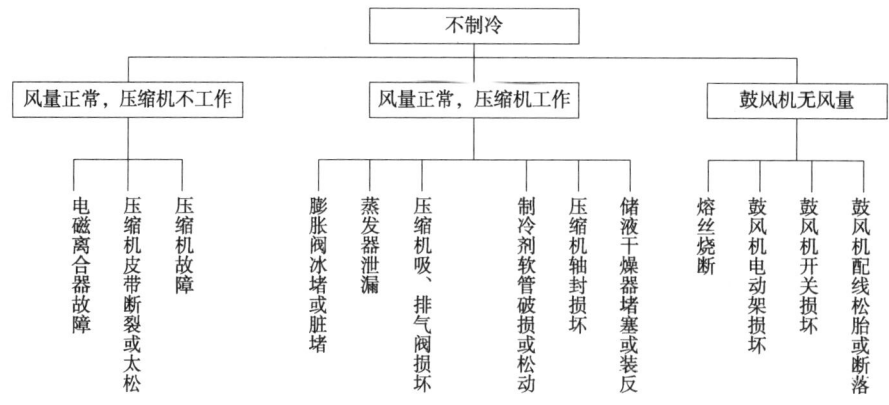

图7-14　空调不制冷故障原因分析图

2. 空调制冷不足故障原因分析
3. 空调间歇性制冷故障原因分析
4. 空调系统异响故障原因分析

第七章 汽车电器故障诊断与排除

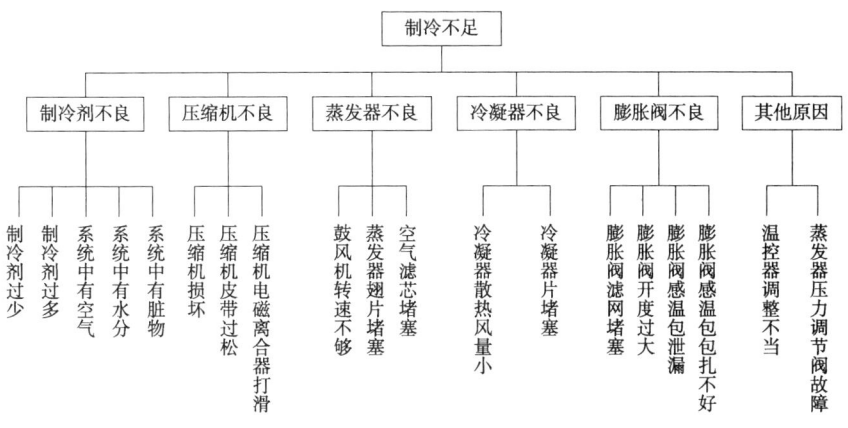

图 7-15 空调制冷不足故障原因分析图

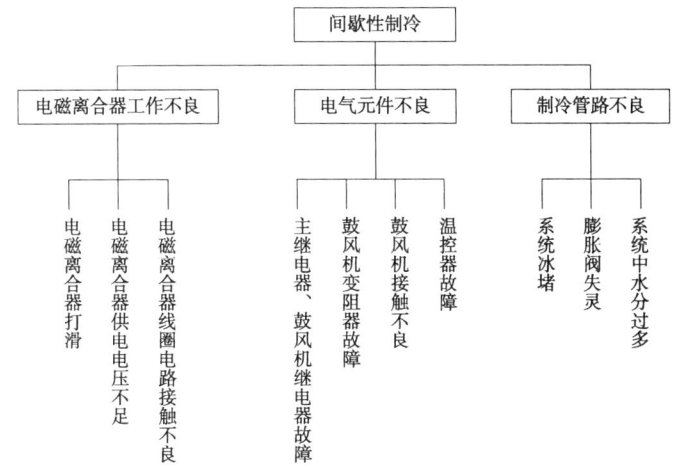

图 7-16 空调间歇性故障原因分析图

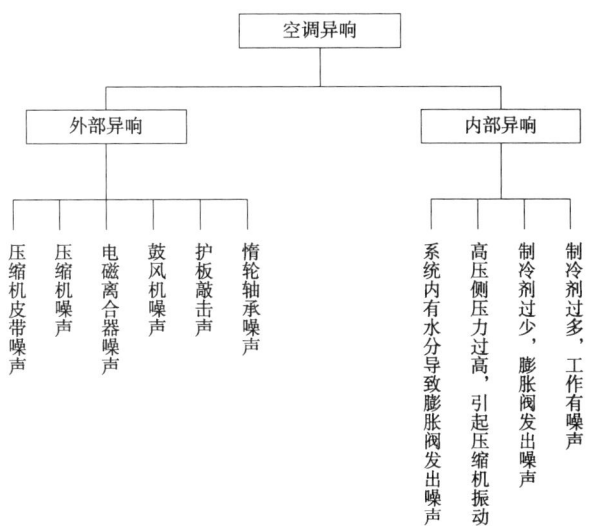

图 7-17 空调系统异响故障原因分析图

二、手动空调系统电路故障诊断与排除

手动空调就是手动调节的汽车空调系统,即汽车的温度调节、通风模式以及风速等都是依靠驾驶员手动操作各种控制键来实现的。虽然手动增加了驾驶员的劳动强度,但手动空调比较经济,所以目前仍然广泛应用在大多数中级和经济型轿车上。

1. 手动空调鼓风机不工作的故障诊断

检查鼓风机在哪个挡位不工作。将点火开关接通,将风扇转速设置在不同挡位,观察鼓风机在不同挡位的工作情况。

若鼓风机在所有挡位都不工作,检查步骤如下:

(1)检查鼓风机电动机是否故障。
①断开鼓风机电动机线束接头。
②用测试灯跨接鼓风机电动机的端子的电源侧和搭铁侧(线束侧)。
③将点火开关接通。
④把风扇开关转至接通位置。
⑤观察测试灯是否正常启亮。

(2)检查鼓风机电动机搭铁电路是否有故障。用一端接电池正极的测试灯,另一端接鼓风机电动机端子的搭铁侧(线束侧)。若测试灯不亮,应维修鼓风机电动机的搭铁电路。

(3)检查鼓风机电动机电源电路是否有故障。
①检查熔断丝,必要时进行更换。
②断开手动空调控制面板线束连接。
③用一端接搭铁良好的测试灯,另一端接手动空调控制面板端子(线束侧)。
④将点火开关转至接通位置。
⑤试灯应该正常,否则线路故障

2. 手动空调鼓风机电阻的故障诊断与检修

(1)拆车厢内装饰板。
(2)拆发动机 ECU 和空调 ECU。
(3)拆卸空气管。
(4)拆开接头,拆卸两个螺钉和鼓风机电阻器
(5)检查鼓风机电阻器电阻,如图 7-18 所示。如果电阻达不到规定范围,更换鼓风机电阻器。
(6)安装鼓风机电阻器,安装空气管。
(7)安装发动机 ECU 和空调 ECU。
(8)安装车厢内装饰板。

三、自动动空调系统电路故障诊断与排除

1. 自动空调电路的电路框架分析

电路控制系统比较复杂,不同类型的自动空调控制差别较大,但其控制电路可按照电路

功能和输入输出原则进行划分。

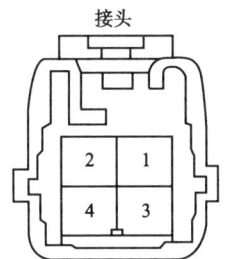

测试接头	条件	规定标准
1—3	—	≈0.4Ω
1—2	—	≈1.5Ω
1—4	—	≈3.0Ω

图 7-18　鼓风机插头

1）按电路功能划分（图 7-19）

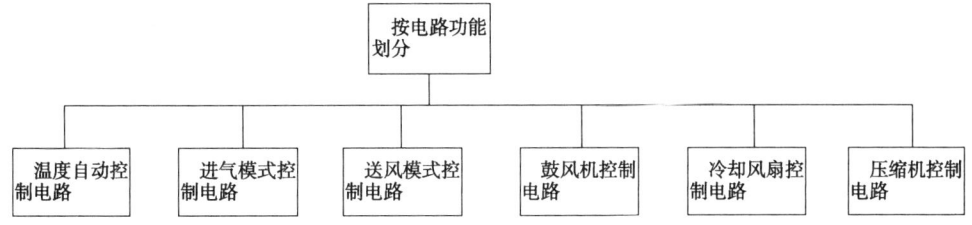

图 7-19　按电路功能划分

2）按输入输出原则分（图 7-20）

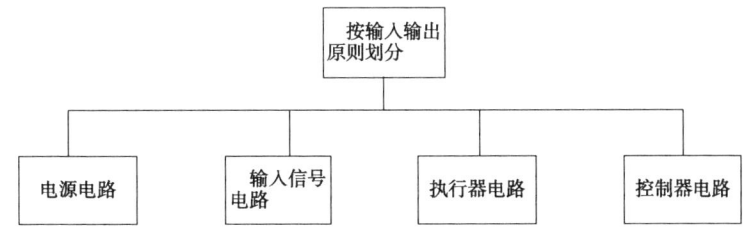

图 7-20　按输入输出原则划分

2. 自动空调各部件的检修

1）电源电路检测

以 LS400 轿车自动空调为例，分析其电路的特点、组成、控制原理、线路检修方法及思路，控制电路如图 7-21 所示。拆下空调 ECU，保持连接器处于连接状态。测量端子 +B、IG、ACC 与 GND 间的电压，均应为 12V。若无 12V 电压，则应检查相应熔断丝及供电电路。

2）输入信号电路检修

以 LS400 轿车自动空调为例，如图 7-21 所示。

（1）车内温度传感器。车内温度传感器用于检测车内的温度，并发送适当的信号给空调 ECU。拆下仪表板 1 号下罩，脱开车内温度传感器连接器，检查车内温度传感器连接器两端子间的电阻,在25℃时其阻值为1.6~1.8Ω;在50℃时其阻值为0.5~0.7kΩ,且当温度升高时,其阻值逐渐降低。

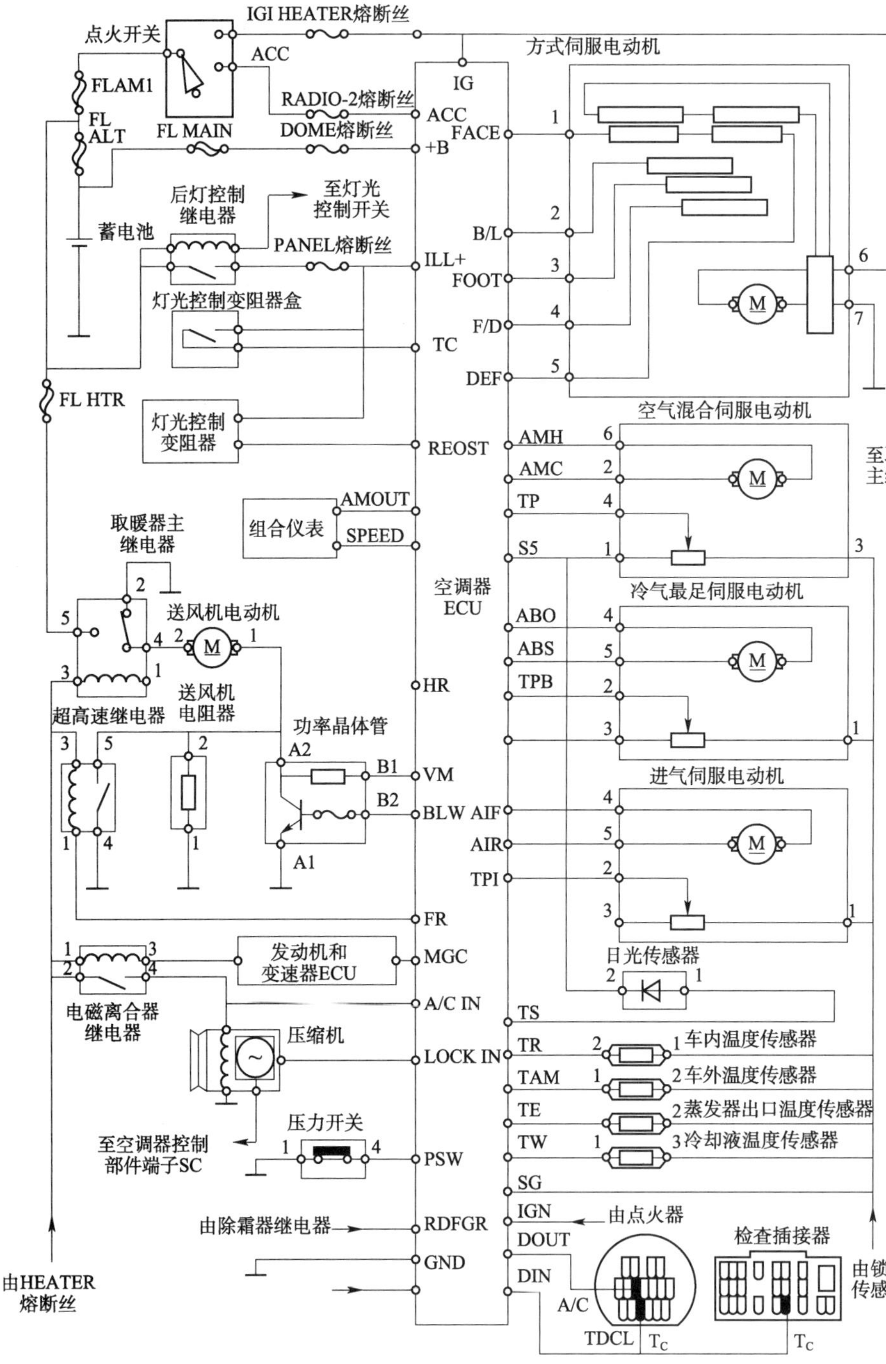

图7-21 LS400轿车自动空调系统电路图

(2)车外温度传感器。车外温度传感器用于检测环境温度,并发送适当的信号给空调ECU。拆下前散热护栅,脱开车外温度传感器连接器,检查车外温度传感器连接器两端子间的电阻,在25℃时其阻值为1.6~1.8Ω;在50℃时其阻值为0.5~0.7kΩ。随着温度升高,其阻值逐渐降低。

(3)蒸发器温度传感器。蒸发器温度传感器用于检测冷却组件内的温度,发送适当的信号给空调ECU。拆下蒸发器出口温度传感器,检查蒸发器温度传感器连接器两端子间的电阻,在25℃时其阻值为4.5~5.2kΩ;在50℃时其阻值为2.0~2.7kΩ。随着当温度升高,电阻逐渐降低。

(4)冷却液温度传感器。冷却液温度传感器用于检测冷却液温度,发送适当的信号给空调ECU。当发动机温度较低时,这些信号用于预热控制。拆下加热器组件和冷却液温度传感器,检查冷却液温度传感器连接器的端子1与3之间的电阻,在0℃时其阻值为1.56~17.5kΩ;在40℃时其阻值为2.4~2.8kΩ;在70℃时其阻值为0.7~1.0kΩ。随着温度升高,电阻逐渐降低。

(5)日光传感器。日光传感器内光控二极管检测太阳能辐射,并将信号传给空调ECU。太阳能辐射强度越强,光控二极管的电阻越小,当传感器没有接收到太阳能辐射时,即使系统正常,也会显示诊断代码21。拆下杂物箱,脱开日光传感器连接器,测其反向电阻,当传感器用布蒙住时,阻值为无穷大,掀开遮传感器的布并用灯光照射时约为4kΩ,当灯光逐渐移开时,阻值逐渐增大。

(6)压缩机锁止传感器。发动机每转一圈,压缩机锁止传感器便向空调ECU发送4个脉冲。若压缩机皮带或电磁离合器打滑,空调ECU将使压缩机停止工作,且指示器以1s间隔闪烁。用千斤顶顶起汽车,脱开压缩机锁止传感器连接器,测量压缩机锁止传感器连接器端子之间的电阻,在25℃时其阻值应为530~650Ω;在100℃时其阻值应为670~890Ω。

(7)压力开关。当制冷剂压力降得太低(系统压力低于0.22MPa)或升得太高(系统压力高于2.7MPa)时,压力开关将信号发送给空调ECU。当空调ECU收到这些信号时,输出信号给发动机和自动变速器ECU,通过"发动机和自动变速器ECU"断开压缩机继电器,并使电磁离合器断开。拆下右侧前照灯,脱开压力开关连接器;接通点火开关,将压力表连接到制冷系统,当制冷剂气体压力改变时,检查压力开关端子1与4之间的导通情况。若压力在正常范围内,压力开关不通,则为压力开关损坏。

(8)点火器电路。空调ECU通过接收点火器送来的信号监测发动机转速。空调ECU利用发动机转速信号和压缩机转速信号检测压缩机同步情况。

3)空调执行器电路检修

以LS400轿车为例,如图7-8所示。

(1)鼓风机电路。打开风扇和空调,若风机不转,则应检查加热器继电器。取下继电器并连接继电器端子4、5,风机应转动。否则,如测量继电器端子1与3间有电压,则为继电器损坏;连接继电器端子4与5,若风机不转,则为风机电阻或电源故障;若风机不能调速,则多为功率管(蒸发器组件内)损坏;若无高速,则为极高速继电器损坏。

(2)空气混合伺服电动机及传感器电路。空气混合风门位置传感器安装在空气混合伺服电动机内,用于检测空气混合风门的位置,并将信号送入空调ECU。空气混合伺服电动机及传感器电路不正常会引起无冷气、冷气不足等故障。

拆下空调 ECU,保持连接器处于连接状态。接通点火开关,改变设定温度,使空气混合风门起作用,并在每次改变设定温度时测量空调 ECU 连接器端子,IP 与 SG 间的电压(最冷控制时为 4V),当设定温度升高时,电压值应按直线规律逐渐降低(暖气最足时为 1V)。若不正常,则可取下加热器组件,脱开空气混合伺服电动机连接器,测量空气混合伺服电动机连接器端子 1 与 3 间的电阻,其正常值为 $4.7\sim7.2\text{k}\Omega$。当空气混合伺服电动机以正确顺序运转时,测量空气混合伺服电动机连接器端子 4 与 3 间的电阻,最冷控制时为 $3.76\sim5.76\text{k}\Omega$。当设定温度升高时,电阻值应按直线规律逐渐降低,暖气最足时为 $0.94\sim1.44\text{k}\Omega$。

(3)进风控制伺服电动机及传感器电路。进风控制传感器安装在进气伺服电动机组件内,用于检测进风风门的位置,并将测得的信号送入空调 ECU。

接通点火开关,按下"REC/FRS"开关,改变新鲜空气和再循环之间的进气,测量进气伺服电动机运转时传感器端子 TPI 与 SG 间的电压,在 REC 侧时约为 4V;当进气伺服电动机从 REC 侧移到 FRS 侧时,电压值应按直线规律逐渐降低,在 FRS 侧时应为 1V。若不正常,则拆下加热器组件,脱开进气伺服电动机组件连接器,测量进气伺服电动机连接器端子 S5 与 SG(6 针连接器中端子 3 与 1)间的电阻,其正常值为 $4.7\sim7.2\text{k}\Omega$。当进气伺服电动机以正确顺序运转时,测量在进气伺服电动机连接器端子 TPI 与 SG(6 针连接器中端子 2 与 1)之间的电阻,在 REC 侧时应为 $3.76\sim5.76\text{k}\Omega$;当进气伺服电动机从 REC 侧移到 FRS 侧时,电阻值应按直线规律逐渐降低,在 FRS 侧时应为 $0.94\sim1.44\text{k}\Omega$。端子 4 与 5 之间应导通。

(4)送风伺服电动机电路。送风伺服电动机电路根据从 ECU 来的信号使伺服电动机运转,改变每个送风风门的位置。当"AUTO"开关接通时,ECU 按照设定温度自动在吹脸、脸与脚之间、脚三种高度之间改变送风。当"AUTO"开关断开时,由手动开关选定某一位置。检修时先设定到执行器检查状态,按下"TEMP"开关,使其进入步进送风,再依次按该开关,检查气流送风变化情况,气流变化送风应从"吹脸最冷—脸—脸和脚—脚—脚和除霜器—除霜器"依次变化。否则,可取下加热器组件,脱开伺服电动机连接器,将电源正极连接到端子 6、电源负极连接到端子 7,然后再将电源负极依次接端子 1、2、3、4、5,工作方式也应按上述顺序变化,否则为送风伺服电动机损坏。

(5)最冷控制伺服电动机电路。最冷控制伺服电动机按从 ECU 来的信号控制最冷控制风门在开、半开、关 3 个送风状态之间转换。当"AUTO"开关接通时,通风口处在吹脸位置,空调 ECU 控制该风门在开、半开和关位置。当在吹脚或脸和脚位置时,该风门一直关闭着。检修时可设定到执行器检查状态,按下"TEMP"开关,使其进入步进送风,再按"TEMP"开关,根据风量和风门运转噪声检查风门能否转换。否则,可拆下加热器组件,脱开最冷控制伺服电动机连接器,将电源正极连接到端子 4、电源负极连接到端子 5,然后再将电源负极依次接端子 1、2、3,若风门位置不能转换,则为电动机组件损坏;若正常,则为配线或 ECU 损坏。

(6)压缩机电路。空调 ECU 从端子 MGC 输出电磁离合器信号"ON"信号到发动机和自动变速器 ECU。当发动机和自动变速器 ECU 接到此信号时,它从端子 ACMG 传送一个信号,接通压缩机电磁离合器继电器,于是压缩机电磁离合器接通。空调 ECU 也通过端子 A/C IN 监视电源电压是否供应到电磁离合器上。

拆下空调 ECU,保持连接器处于连接状态,接通点火开关,按下一个风扇转速控制开关,检查在空调开关接通或断开时,空调 ECU 连接器的端子 A/C IN 与车身搭铁之间的电压,其正常值为:空调开关接通时,电压为蓄电池电压;空调开关断开时,电压为 0V。再检查压缩机电磁离合器,脱开电磁离合器连接器,将电源正极导线连接到电磁离合器连接器端子上,电磁离合器应吸合,否则要修理或更换电磁离合器。

四、空调取暖和通风系统的故障诊断与排除

1. 采暖系统故障检修

当暖风系统不热或没有暖风时,应做以下检查:
①先检查发动机的冷冻液是否充足。
②观察发动机冷却液温度是否正常。

(1)若发动机冷却液温度正常,则将空调控制面板上的温度开关转到最热位置,用手摸发动机后部暖风小水箱进水管上的暖风开关两端,若两端温差很大,则说明暖风开关坏,需要更换暖风开关。

(2)若暖风开关正常,则用手摸发动机后部暖风小水箱进水管和出水管的温度,如果出水管温度很低,说明小水箱堵,需要维修。

(3)若风机转速低或风机不转,则需检查风机、风机调速器及风机电路。

(4)若某个出风口没有暖风,则检查该出风口的电动机或风门。

2. 鼓风机开关的检修

鼓风机开关位于操纵板上,其工作电路如图 7-22 所示,检查相应接线端子的电阻。鼓风电动机的工作原理:当鼓风电动机开关置于低速(Low)、中速1(Med1)、中速2(Med2)或高速(High)等挡位时,电路中所串联的电阻值越来越小。电阻值的变化,改变了鼓风电动机的工作电压。由于电动机是单速电动机,工作电压越高,转速越高,故与鼓风电动机串接的电阻阻值越小,其工作电压越高,转速越高。

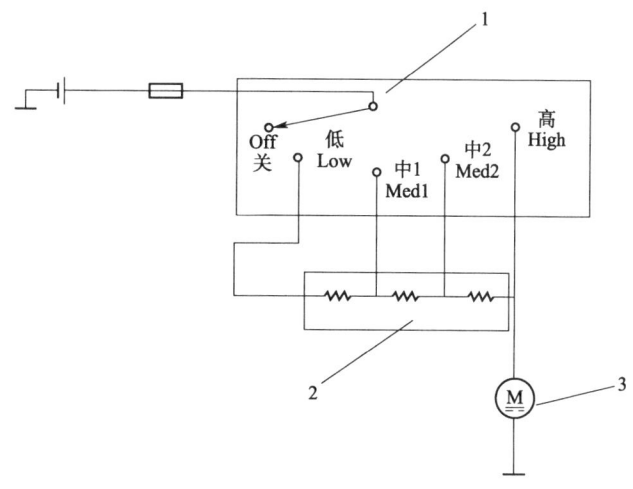

图 7-22 鼓风机工作电路图
1-鼓风机风量开关;2-鼓风机电阻;3-鼓风机电动机

五、罗宾耐尔 34711-2K 型制冷剂回收充注机的使用

注意：本内容包括与操作、使用、维护有关的许多重要安全规则，如果不按这些规则操作将会带来危险和对设备的损坏。

1. 汽车空调的特点

（1）汽车空调压缩机的动力是由发动机通过皮带带动的，压缩机的主轴与皮带轮之间设有电磁离合器，接通时使压缩机转动。

（2）汽车空调采用半封闭压缩机系统，所以在汽车空调循环系统中加设了干燥过滤器，以吸收从压缩机轴的缝隙中进入系统的水分及其他杂质。

（3）同样因为采用半封闭系统，汽车空调需要定期补充制冷剂。为弥补制冷剂的泄漏，汽车空调系统中装有储液罐，制冷剂数量比较多，一般来讲轿车空调制冷剂需要 1kg 左右。

2. 汽车空调的维护内容

（1）检查空调管路的密封性。

（2）清除管路上的油污、水分和其他杂质。

（3）检查压缩机以及离合器的功能是否正常。

（4）补充冷冻油。

（5）充注制冷剂。

3. 本设备可完成的维护项目

（1）利用真空泵对汽车空调系统抽真空，通过压力表观察汽车空调系统是否有泄漏。

（2）清除管路内的水分和其他杂质；设备配置的强力真空泵可以排除设备内的水分及其他杂质，同时设备内的油分离器可将空调内的废旧冷冻油分离出来。

（3）补充冷冻油：向空调系统中补充冷冻油。

（4）充注制冷剂：在确定汽车空调密闭性良好的情况下，向其充注制冷剂。

（5）为符合当今国际上的环保标准以及减少维修厂家的维修成本，本设备还备有回收和再生的功能，再生的制冷剂可以达到 SAE 标准。

4. 定义的术语及设备结构介绍

1）术语解释

系统：待维修汽车的空调系统。

设备：34711-2K 型制冷剂回收、再生、充注机。

源罐：装有制冷剂的储液罐，用于向工作罐中添加制冷剂。

电子秤：计量制冷剂重量的秤。

内置工作罐：设备内置的制冷剂周转罐，回收时用于存储制冷剂。罐上共有三个接口，分别为：气态口、液态口和排空气口。

2）控制面板示意图（图 7-23）

3）键盘功能介绍

除了数字键以外，键盘还包括特殊的按钮，用于进行专门的操作，见表 7-10。

第七章 汽车电器故障诊断与排除

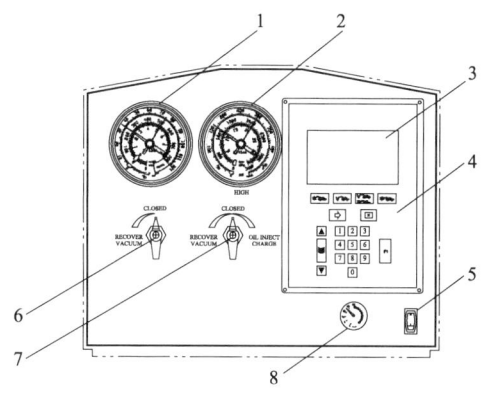

图 7-23　控制面板示意图

1-低压表;2-高压表;3-显示屏;4-键盘;5-电源开关;6-低压阀;7-高压阀;8-内置工作罐压力表

键 盘 符 号 功 能　　　　　　　　　　表 7-10

编号	按 键 符 号	功　　　能
1	START	开始执行设定的程序
2	STOP	终止正在执行的程序
3	RECOVER	用于启动回收操作
4	VACUUM	用于执行抽真空和自动再生程序
5	CHARGE	将所设定重量的制冷剂自动地充注到空调系统中
6	MENU	进入主菜单
7	"▽"或"△"	选择菜单的选项
8	CLEAR	清除设备控制器中存储的数据
9	ENTER	确认设置的数据
10	F1	将冷冻油注入空调系统

4) 设备部件示意图

内部件示意图,如图 7-24 所示。

外部部件示意图,如图 7-25 所示。

5) 设备的初始化设置

用菜单键选择初始化菜单。

(1) 选择工作语言。用上、下键选择所需的工作语言。按开始键确认。

(2) 选择计量单位。用上、下键选择所需的计量单位。按开始键确认。

(3) 用上、下键选择操作方式。基本操作方式按设备提示分步进行。细节操作方式无操作提示。按开始键确认。

(4) 按开始键进行加真空泵油操作。

(5) 从注油口缓慢加入一点儿真空泵油。

(6) 按开始键使真空泵运转,同时加入泵油直到液面达到视窗中部。

(7) 按停止键停止操作。

(8) 连接高、低压软管,打开歧管阀,按开始键。

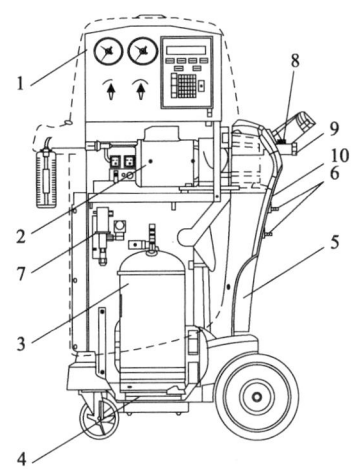

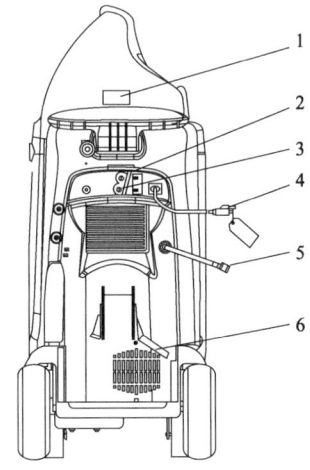

图 7-24 设备部件示意图
1-控制面板;2-真空泵;3-内置工作罐;4-电子秤;5-排油瓶;6-快速接头卡头;7-自动排空气装置;8-真空泵注油口;9-真空泵视窗;10-真空泵排油口

图 7-25 外部部件示意图
1-认证标牌;2-高压管接口;3-低压管接口;4-电源线;5-补液管;6-原罐固定带

(9) 将补液管与制冷剂原罐相接。打开罐阀,倒置原罐,固定于设备上。

(10) 按开始键,设备自动抽真空 5min,清除设备内部的空气。

(11) 抽真空完成后,设备自动开始向工作罐中补充制冷剂。

(12) 当工作罐中有足够的制冷剂或原罐空时,设备自动停止。按停止键可暂停操作,再按停止键退出倒罐操作。

注意:在充注之前工作罐中至少应有 3.6kg 的制冷剂。

(13) 当倒罐完成时,按停止键退出。

(14) 设备初始化完成。

6) 回收(系统的制冷剂)

(1) 打开主电源开关,显示屏显示"制冷剂重量×.××KGS"。

(2) 检查设备左侧的排油瓶液面,记下油面刻度。

(3) 按下回收键。

(4) 如果这时显示屏中显示"已过滤××KGS",这说明设备已累计回收及再生的制冷剂多达 168kg 或更多,更换干燥过滤器后,按启动键,累计数清零,程序回到正常菜单。

(5) 将高低压管连到汽车空调的高低压接口上,并打开快速接头阀门,将面板上的高低压阀,逆时针旋转到"RECOVER/VACUUM"位置,按启动键启动回收操作。

(6) 系统压力低时,回收将暂停,并在显示屏提示"系统压力低"。当压力回升或按启动键后,可继续执行回收;或按停止键,退出回收程序。

(7) 回收开始后,设备先进行内部清除,程序有两种选择:一是默认清除程序,不做任何改动;二是按启动键跳出清除程序。当回收要求准确计量回收重量时,选择默认清除程序;当要求回收速度快时,选择跳出清除程序。

第七章 汽车电器故障诊断与排除

(8)设备回收至系统压力到 25PSI❶时,回收自动停止。

(9)设备自动排油,油滴排完大约需要 90s,记下排油瓶内液面增加数。

(10)全部结束后,显示屏显示"已回收×.××KGS"。

注意:此时显示的回收重量与当时环境状况有很大的关系,因此不能用来判断电子秤的精确性。等待 5min,确认压力表读数没有回升,如果系统压力上升按启动键继续回收。如果进行了再次回收,应等到系统压力稳定 2min,按停止键结束回收程序。

7)给空调系统抽真空

(1)如果在回收过程中,系统内有大量油液漏出,千万不要立刻直接用自动充注程序。排出的油经处理后必须补回空调系统中,而自动充注程序不具备补油功能。

(2)真空泵离前一次更换真空泵油累积使用 10h 以上,运行抽真空程序前显示屏提示"真空泵油使用时间××:××",按停止键更换真空泵油或者按启动键继续,单独更换真空泵油的程序可在改变设置菜单中找到。真空泵油更换时间最多不得超过 10h。

(3)如果被抽真空的系统中在抽真空时还有 25PSI 以上的压力,设备将显示"系统压力高",这说明空调系统中还有制冷剂存在,应重新进行回收,等回收结束后再进行抽真空程序。

34711-2K 的抽真空程序分为两种:一种是单纯的抽真空程序,一种是和充注程序合二为一的自动充注程序。按下"VACUUM-CHANGE"键后可以选择"抽真空—充注"两种工作方式,按"START"键后,设备提示输入充住量,输入后按"START"键确认,设备进入抽真空状态。设定抽真空时间再按"START"确认,设备开始抽真空,结束后,自动进入加注状态。在选择"抽真空—充注"自动完成模式之前,要确认在回收结束时空调系统的冷冻油没有排出。

(4)按下抽真空键。

(5)将高低压管连到汽车空调的高低压接口上,并打开快速接头阀门,将面板上的高低压阀,逆时针旋转到"RECOVER/VACUUM"位置,连接完毕后按启动键。

(6)按数字键修改抽真空时间,按下启动键。

(7)设备运行过程中,如遇特殊情况需要停止,可按停止键暂停。如需恢复操作,按启动键恢复;如需停止操作,按停止键退出程序。

(8)到达设定时间后抽真空自动结束,如补充冷冻油应继续执行下面的程序;如不补充冷冻油,按停止键退出程序。

8)补充冷冻油

在充注汽车制冷系统之前,必须为汽车空调补充冷冻油,补充油的数量依照回收时的排油数量确定。排油数量为设备左下侧塑料瓶内的液面差(回收前后的差额)。如果回收时没有排油,不要向汽车空调内充注冷冻油。

(1)先为要修的车辆选好适用的冷冻油,油的型号在汽车的说明书里都能找到。冷冻油选择错误会造成汽车压缩机润滑不良,缩短寿命。

(2)取下设备右侧的塑料瓶,套上黑色的 O 形圈,套圈的高度为回收前的液面高度。

---

❶ 1PSI=6.895kPa。

(3)将油倒入注油瓶中。

(4)注油瓶安装在设备右侧。

(5)关闭低压侧阀门,顺时针打开高压侧阀门到"CHANGE/INJECT OIL"位置。

(6)按住 F1 键,冷冻油自动开始加注,当液面降到套圈高度时,松开 F1 键。

(7)其他特质的油类向汽车空调系统的加注方法,同样依照上述方法,依次完成。

(8)补充冷冻油程序结束,按停止键才能彻底退出。

9)充注制冷剂

(1)按充注键。将高低压管连到汽车空调的高低压接口上,并打开快速接头阀门,将面板上的高、低压阀顺时针旋转到"CHANGE/INGECT OIL"位置,连接完毕后按启动键。

(2)按数字键修改充注量,再按启动键确认。

(3)如果输入重量与工作罐中制冷剂相减后远远小于1.36kg,充注程序将无法正常运行,显示屏提示制冷剂不足。

(4)设备没有停止充注时,不得中断。设备充注量达到设定值时会自动结束充注过程。当充注速度仅为30s充注0.02kg时,设备提示充注速度慢并自动停止充注。

(5)当充注速度慢并暂停后,请参阅不完全充注程序。

(6)设备在通电过程中,制冷剂原罐应保持一定的制冷剂数量,并保证制冷剂补液管与原罐连接正常。在待机状态几分钟后设备将自动从原罐中补充制冷剂。

(7)充注完成后,将高、低压管从空调系统上拆下。

不完全充注辅助程序:回收结束后,确认充注管及各阀门位置没有变动,按"VACUUM"键。在充注程序的过程中,如果充注速度缓慢,请参照以下步骤操作:

①逆时针打开低压阀门。

②起动车辆,并打开空调系统。

③压机将从低压端将制冷剂吸至空调系统。

④达到设定量后显示屏显示"充注完成 已充注×.××公斤"。

⑤关闭高、低压阀门。

⑥关闭汽车空调和汽车发动机。

⑦将输液管从汽车空调中摘下。充注完成。

10)循环再生

为了提高制冷剂的纯度,使其达到再生利用的标准,本设备可对制冷剂进行多次性循环过滤,按以下步骤进行操作:

按"MENU"进入主菜单,

(1)按"▽"直到键设备提示"循环再生"。

(2)按"START"键进入循环再生状态。

(3)按"STOP"可停止循环再生程序。

11)倒罐

(1)进入主菜单后,按"▽"键找到"工作罐补液"。

(2)检查制冷剂源罐与设备后部的黑管是否连好,打开源罐阀门,将其倒置,然后按"START"键,开始自动倒罐。

(3)按"STOP"键可随时终止倒罐程序。

12)修改设置

设备电脑设置可以通过专门的程序对其进行修改。修改的方法如下：

(1)打开设备电源。

(2)按菜单键,这时设备进入设置选择菜单,按动上或下键或下面目录中对应的数字键,就可选择设置的菜单。

①语言选择。

②版本号1.10。

③改变默认设置。

④选择操作模式。

⑤更换真空泵油。

⑥真空泵油使用时间。

⑦更换干燥过滤器。

⑧干燥过滤器性能。

⑨单纯清洁再生。

13)工作罐补液

(1)按上或下键,修改相应的设置。按启动键确认。

(2)确认值将成为设置值。

(3)按停止键退出修改设置程序,原设置不变。

第五节　新能源汽车电力驱动和电池系统维护

技能要求

1. 能使用高压维修开关(高级要求);

2. 能维护动力电池(高级要求);

3. 能检查动力电池连线状况(高级要求)。

知识要求

1. 高压电安全防护相关知识及作业专用工具选用与使用方法(高级要求);

2. 高压维修开关相关知识与安全操作要求(高级要求);

3. 动力电池结构及维护方法(高级要求);

4. 动力电池连接线检查方法及技术要求(高级要求)。

一、高压电安全防护

1. 电的危害

1)触电

触电是指电流通过人体时,致使人的心脏、肺及神经系统的正常功能受到影响,导致人体的呼吸和心跳停止,会危及生命。如果电流足够大,也会导致烧伤,烧伤有可能在身体的表面,如手和胳膊,也有可能在人体内部,对内脏造成伤害。

2) 燃烧

电流在正常使用过程中也会产生热,电线或者机器过热,通风不良就会热量积蓄,发生火灾。为了解决这个问题,就要对电器进行降温,比如电脑里就安装了风扇;电线都有自身承载能力,超过承载能力,电线就会过热,并引起起火。为了避免这种危险,家庭线路中都会安装熔断丝,最初的熔断丝是一段金属丝,也被称为保险丝。出现电流过大危险时,这段金属丝会自己熔断,保证电路安全,现在的家中熔断路大多换成了空气开关。

3) 辐射

继大气污染、水污染和噪声污染之后,电磁辐射已成为"第四污染源"。来自电脑、电视、手机、B超、微波炉、电磁炉、电热毯、电冰箱、空调机等的电磁辐射,这些或多或少都对人体产生危害。值得注意的是,卧室尽量不要摆放电器;微波炉工作时,人不要站在旁边;手机接通后再放到耳边,因为接通那一瞬间的电磁辐射最强。

2. 发生触电的情形

除非产生闭合电路(电流在人体和高压电路之间流动),否则不会导致高压触电。带有高压电路车辆的高压电路与车身搭铁绝缘。因此,在表7-11所示情况下可能发生触电。

发生触电的情况与条件　　　　　　　表7-11

情　　况		条　　件	触电的风险
高压绝缘电阻减小时	直接触摸高压电路的一侧		无风险
	触摸高压电路的负极(车身搭铁)侧	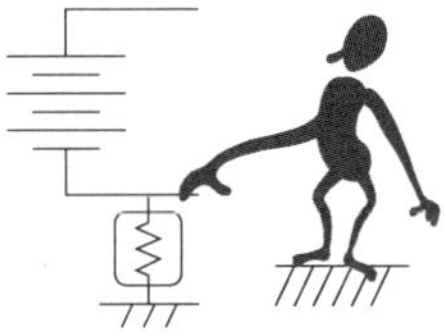	无风险
	触摸高压电路的正极侧		可能导致电击
同时直接触摸高压电路的正极和负极侧			触电

3. 高压防护

1) 高压防护

为了区分车辆上的高压部分,所有高压线束和连接器均为橙色或黄色,HV 蓄电池和其他高压零部件均带有"高压"警告标签。切勿随意触摸这些零部件或其线束。图 7-26 为带有高压的部件。

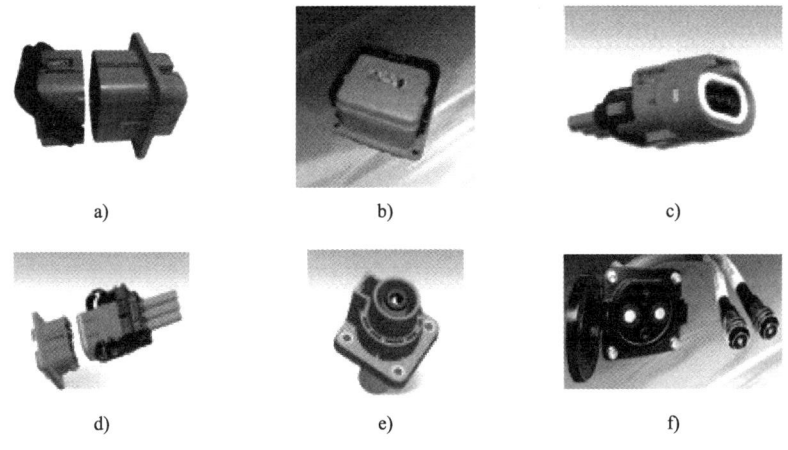

图 7-26 高压部件

高压安全方式包括两点:高压电路绝缘和切断高压电路。

(1) 高压电路绝缘。如图 7-27 所示,各高压零部件(HV 蓄电池、带转换器的逆变器总成、电机等)配有箱或罩,将高压电路与车身电气绝缘。

(2) 切断高压电路。为防止触电的可能性,动力管理控制 ECU(HV CPU)利用系统主继电器(SMR)自动切断高压,需要切断高压以进行维修车辆等工作时,拆下维修塞将有效实现切断。切断高压电路分为:自动切断 SMR(系统主继电器)和手动切断维修塞。

①使用系统主继电器(SMR)自动切断。

A. 使用电源开关切断,驾驶员使用电源开关关闭"READY"模式时,SMR 关闭。

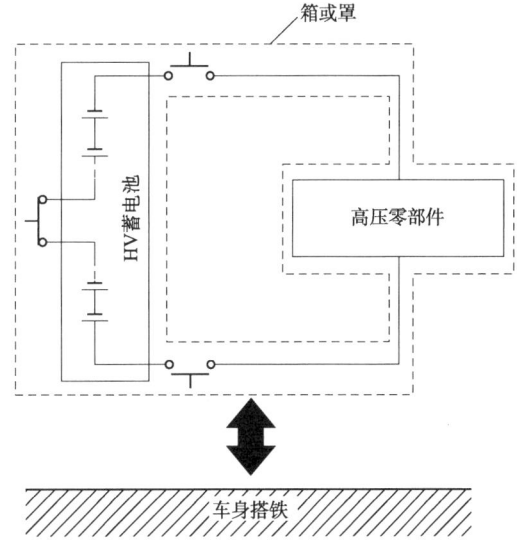

图 7-27 高压零部件绝缘示意图

B. 发生碰撞时切断,检测碰撞振动会导致 SMR 关闭。

C. 除自中央空气囊传感器总成的信号外,安装在带转换器的逆变器总成内的断路器传感器检测到碰撞发生并关闭 SMR。

D. 激活互锁开关时切断,互锁开关检测是否安装了维修塞。如果忘记拆下维修塞并试图维修高压部位,则由于互锁电路,拆下带转换器的逆变器总成盖将关闭 SMR。

②使用维修塞手动切断。

维修塞位于 HV 蓄电池中部,以便其可以切断所有高压。

2)新能源汽车作业十不准

(1)未持证员工不准装接电动汽车高压电气设备。

(2)任何人不准玩弄高压电气设备和开关。

(3)破损的电气设备应及时调换,不准使用绝缘损坏的电气设备。

(4)不准利用车身电源对电动汽车以外部的用电设备供电。

(5)任何人不准启动挂有警告牌的电气设备。

(6)不准用水冲洗揩擦电气设备。

(7)熔断丝熔断时,不准调换容量不符的熔断丝。

(8)不经技术部门或主管部门审批,不准私自改动和加装。

(9)发现有人触电,应立即切断电源进行抢救,按未脱离电源前不准直接接触触电者。

(10)雷雨天气,禁止室外对车辆充电和维修维护。

4. 高压维修工具

高压维修常用的工具有:兆欧表、绝缘手套、绝缘胶鞋、护目镜、防护服、pH 试纸、电工胶带等,如图 7-28 所示。

 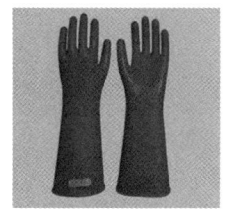  

a)兆欧表　　　　b)绝缘手套　　　　c)绝缘胶鞋　　　　d)护目镜

图 7-28　高压维修工具

1)兆欧表

兆欧表的正确使用方法:

(1)兆欧表必须水平放置于平稳牢固的地方,以免在摇动时因抖动和倾斜产生测量误差。

(2)接线必须正确无误,兆欧表有三个接线桩,"E"(搭铁)、"L"(线路)和"G"(保护环或叫屏蔽端子)。保护环的作用是消除表壳表面"L"与"E"接线桩间的漏电和被测绝缘物表面漏电的影响。在测量电气设备对车身绝缘电阻时,"L"用单根导线接设备的待测部位,"E"用单根导线接设备外壳;如测电气设备内两绕组之间的绝缘电阻时,将"L"和"E"分别接两绕组的接线端;当测量电缆的绝缘电阻时,为消除因表面漏电产生的误差,"L"接线芯,"E"接外壳,"G"接线芯与外壳之间的绝缘层。

"L"、"E"、"G"与被测物的连接线必须用单根线,绝缘良好,不得绞合,表面不得与被测物体接触。

(3)摇动手柄的转速要均匀,一般规定为 120r/min,允许有 ±20% 的变化,最多不应超过 ±25%。通常都要摇动 1min 后,待指针稳定下来再读数。如被测电路中有电容时,先持续摇动一段时间,让兆欧表对电容充电,指针稳定后再读数,测完后先拆去接线,再停止摇动。若测量中发现指针指零,应立即停止摇动手柄。

(4)测量完毕,应对设备充分放电,否则容易引起触电事故。

(5)禁止在雷电时或附近有高压导体的设备上测量绝缘电阻。只有在设备不带电又不可能受其他电源感应而带电的情况下才可测量。

(6)兆欧表未停止转动以前,切勿用手去触及设备的测量部分或兆欧表接线桩。拆线时也不可直接去触及引线的裸露部分。

(7)兆欧表应定期校验。校验方法是直接测量有确定值的标准电阻,检查其测量误差是否在允许范围以内。

2)绝缘手套

使用绝缘手套的注意事项。

(1)戴绝缘手套之前,确保绝缘手套没有破损、破洞或裂纹等。

(2)不要戴湿手套。

二、高压维修开关操作方法

1. 维修开关(Service Switch)(图7-29)

维修开关是电动车辆中一种常用的手动操作设备,主要作用是当车辆在以下情况时直接断开高压回路,从而保证操作人员的安全。

(1)检修所有高压模块产品。

(2)检修所有动力电池包四周的零部件。

(3)检修其他以需要拆卸或移动高压产品为前提的零部件。

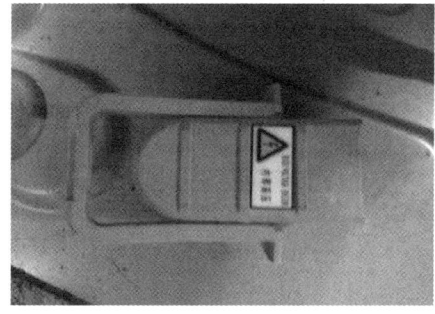

图7-29 维修开关

2. 高压维修开关操作

在进行维修高压系统前,务必遵守安全说明且按以下要求切断高压电路:

(1)使用"警告:高压请勿触碰"标牌告知其他人员正在检查和/或维修高压系统。

(2)将电源模式切换至OFF并将车钥匙拿出车内检测区。

(3)断开辅助蓄电池负极端子电缆。

(4)穿戴好绝缘手套、绝缘胶鞋等防护用具。

(5)拆下维修塞把手并存放在规定的地方。

(6)拆下维修塞把手后等待10min,以使带转换器的逆变器总成内的高压电容器放电。

(7)检查带转换器的逆变器总成内的端子电压(0V检查)。

拆卸维修塞开关,高压维修开关上有互锁开关,滑动维修塞把手杆,如图7-30所示,向上拉维修塞把手杆,拆下维修塞把手,将拆下的维修塞把手放入口袋中,以防止其他人员意外将其重新连接。

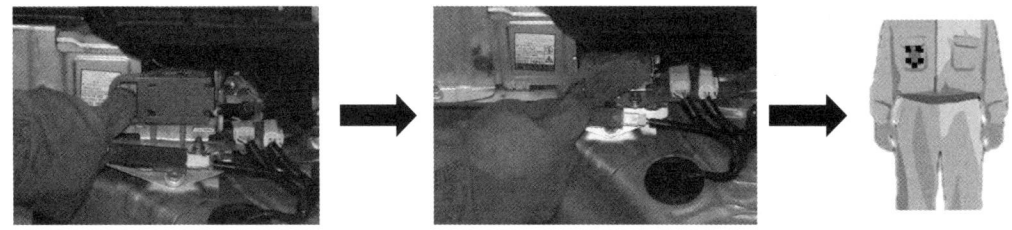

图7-30　高压维修开关拆卸步骤

三、动力电池的结构和维护

1. 动力电池的结构

动力电池模组放置在一个密封并且屏蔽的动力电池箱里面,通常安装在后排座椅后方,动力电池系统使用可靠的高低压接插件与整车进行连接。系统内的 BMS 实时采集各电芯的电压值、各温度传感器的温度值、电池系统的总电压值和总电流值,电池系统的绝缘电阻值等数据,并根据 BMS 中设定的阀值判定电池系统工作是否正常,且对故障实时监控。动力电池系统通过 BMS 使用 CAN 与 VCU 或充电机之间进行通信,对动力电池系统进行充放电等综合管理。

新能源汽车常用的动力电池有镍氢蓄电池和锂蓄电池,下面以这两种蓄电池进行结构说明:

1) 镍氢蓄电池

镍氢蓄电池总成主要由镍氢蓄电池(蓄电池模块)、温度传感器、电流传感器、电压传感器、SMR(系统主继电器)、镍氢蓄电池冷却鼓风机、蓄电池智能单元和维修塞把手组成如图7-31所示。

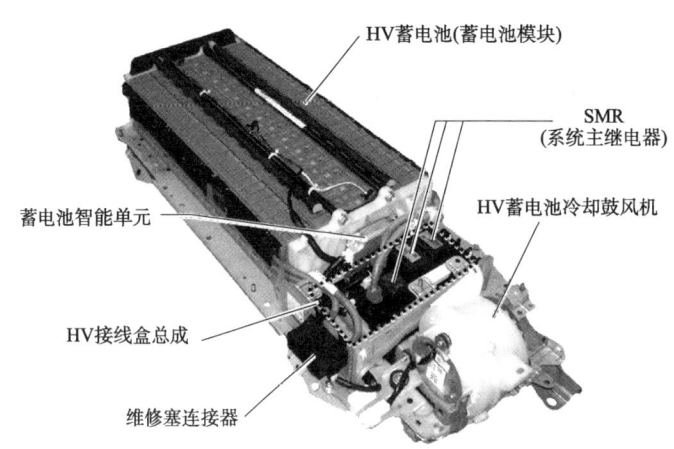

图7-31　镍氢蓄电池总成

2) 锂蓄电池

锂蓄电池总成主要由锂蓄电池组、温度传感器、电流传感器、电压传感器、SMR(系统主继电器)、锂蓄电池冷却鼓风机、蓄电池智能单元和维修塞把手组成,如图7-32所示。

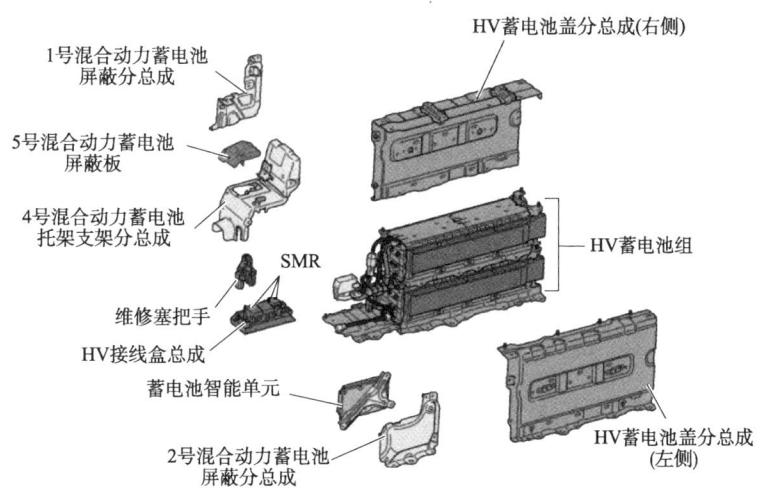

图 7-32 理蓄电池总成

2. 动力电池的维护

动力电池储存、维护的基本要求:

(1)电池存储过程中,应有适当的保护,保持 30% 左右的 SOC 水平,确保不会短路和液体不会进入箱体,以免电池组浸泡在液体中(如水、油等)。

(2)如果暂不使用,应保持 30% 左右的 SOC 水平,储存在 5~45℃ 干燥、清洁及通风良好的仓库内。

(3)每月 1 次检查电池总压、单串电压、单串与总压的定量关系、压差水平。发现问题即时维护处理。

(4)检查 BMS 显示器上的电压数据与实际电池电压值,以确保 BMS 的电压采集的准确性,若不一致则要进行校对。

(5)检查 BMS 的温度采集数据与实际温度值,采集数据与实际温度值的数据误差不允许超过 3℃,确保电池不会在温度过高或温度过低的时候被充电或者放电。

(6)检查 BMS 的电流采集数据与实际电流值,误差不允许超过 1%,确保电池不会被过电流充电或者过电流放电。

(7)检查导电带、电压采集端子等节点是否存在松动、脱落、生锈或者变形等情况,确保电池组使用的串并联线束牢固可靠。

(8)检查电池外壳是否存在裂缝、变形、极柱松动、鼓胀等异常情况。

(9)检查充电设备的可靠性,确保充电设备完全按照 BMS 发出的调压调流信号执行充电动作,确保电池不会被过充电。

(10)检查放电保护设备,例如快速熔断器、直流接触器、继电器、空气开关等,确保若出现短路、过流等危险状况时,电池组能被快速切断主回路。

(11)测试电动机控制器、车载空调控制器等高压用电设备的通信及执行功能,确保当 BMS 发出切断信号时,所有高压用电设备能及时停止用电,确保电池不被过放电。

(12)检查电池组与车体的绝缘电阻状态,确保阻值符合我国国家标准(≥500Ω/V),以保证电池不存在漏电现象。

(13)每年1次开箱检查电池组,查看是否有电池漏液,如果闻到有刺鼻的电解液气味,通知专业人员进行及时排查,更换漏液电池。

(14)电池在装卸过程中,应轻搬轻放,严防摔掷、翻滚、重压。库存电池不得倒放及卧放,并避免机械冲击或重压,严禁将电池暴晒和淋雨。为确保电池组能正常运行,电池组必须进行日常维护,为了保证电池组使用性能和正常的使用寿命,除了日常维护之外,必须定期对运行车辆进行检修;并依照相应表单做好维护记录。按维护时间主要分为三类维护:日常维护、一级维护、重点维护,见表7-12～表7-14)。

日常维护 表7-12

序号	维护内容	操作方法	注意事项
1	对正、负极接线柱螺丝进行检查,确定是否有松动现象	戴上绝缘手套,手握动力线绝缘胶套轻轻摇动	检查电池正、负极螺栓等高压部分时,须先戴上绝缘手套,防止触电,同时不能用力太大
2	检查有无故障报警	查看车上显示屏故障代码	有故障代码及时处理,不能让车辆带病工作
3	检查总电压是否正常	总压不得高于126V,不得低于90V	有故障代码及时处理,不能让车辆带病工作
4	电池组信息排查	在车上显示屏进入电池管理界面查看电池电压、温度、电流、SOC信息是否正常并记录下来	发现有电压、温度、电流、SOC等电池故障时必须及时处理,不能让车辆带病工作

一级维护 表7-13

序号	维护内容	操作方法	注意事项
1	电池箱体外观检查及修复	目测电池包是否完好,有无损坏或腐蚀;各紧固件螺栓、螺母是否松动	有损坏或者紧固件状态异常要及时处理
2	高压线检查	目测航插是否完好,电池包之间连接线是否松动,高压线束有无损坏擦伤	发现线束损坏松动,及时更换维修
3	电池箱体输入端绝缘性	总正端子对车身、总负端子对车身,绝缘内阻大于20MΩ	有故障代码及时处理,不能让车辆带病工作
4	电池组信息排查	断开高压开关检测,整包内阻大于20MΩ,压降<10mV	发现绝缘不良时,防止触电,及时上报处理
5	电池管理系统检查	模块插件无松动,电池管理系统数据显示无异常	发现数据异常,及时找出原因

重点维护 表7-14

序号	维护内容	操作方法	注意事项
1	检查电池包防护等级	无积水,无电解液	确保电池与底盘的绝缘
2	电池包内各层级绝缘层检查	用数字电压表测量各个电池包总正、总负端子对车身的电压是否小于10V	如果发现电压偏高,直接寻找漏电点,更换绝缘部件,消除安全隐患

续上表

序号	维护内容	操作方法	注意事项
3	检查电池 SOC、总电压级单体电压一致性	SOC、电压与单体电压一致	发现有电压、温度、电流、SOC 等电池故障时必须及时处理,不能让车辆带病工作
4	电池包内线束、插件检查	使用扭力扳手进行校正,要求无松动	注意身体不要和车身接触,以免触电
5	检查电池外观整洁程度	目视无腐蚀、氧化、生锈等现象	发现有腐蚀、氧化、生锈处,使用酒精清洁表面
6	检测电池外观	目测电池外观无破损、损坏、漏液、严重变形	发现有电池损坏,不得再继续使用

四、动力电池连接线检查方法及技术要求

电源电缆是连接高压系统零件的高压、大电流电缆,高压电路零部件与车身绝缘以确保安全,为使高压系统绝缘和隔离,用盖、壳等保护高压零部件(HV 蓄电池、带转换器的逆变器总成、电机等)和高压线束。

利用内置于线束绝缘体的网状导体对电源电缆进行屏蔽以防止电磁干扰,为便于辨认,高压线束和连接器采用橙色标记,将其与普通低压系统区分开,如图 7-33 所示。

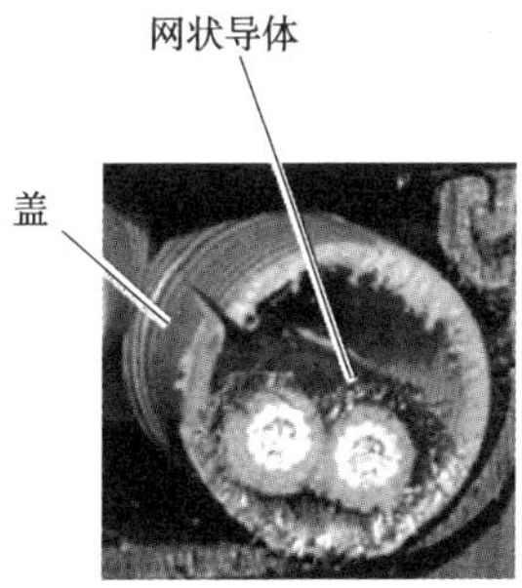

直流母线电压故障检查步骤:

1. 检查直流高压接插件

断开维修开关,拔下高压接插件,用万用表测量控制器上高压接插件正极、负极对控制器外壳阻抗,一般大于 20MΩ。

若正常,进行下一步检查;若异常,检查高压电缆。

2. 检查高压输入信号

用万用表检查高压输入端,应在标准电压范围内。

图 7-33 高压电缆

参 考 文 献

[1] 吕坚,陈文华.发动机机械系统检测诊断与修复[M].北京:人民交通出版社,2011.
[2] 陈文华,吕坚.汽油发动机电控系统检测诊断与修复[M].北京:人民交通出版社,2013.
[3] 秦兴顺,刘成.汽车传动系统检测诊断与修复[M].北京:人民交通出版社,2012.
[4] 宋保,张杰飞.汽车行驶、转向和制动系统检测诊断与修复[M].北京:人民交通出版社,2012.
[5] 鲍贤俊.汽车维修业务管理[M].北京:人民交通出版社,2012.
[6] 崔选盟.汽车故障诊断技术[M].北京:人民交通出版社,2011.
[7] 邹小明.汽车检测诊断技术[M].北京:人民交通出版社,2010.
[8] 杨益明.汽车检测设备与维修[M].北京:人民交通出版社,2010.
[9] 周建平.汽车电气设备构造与维修[M].北京:人民交通出版社,2011.
[10] 关志伟.汽车空调[M].北京:人民交通出版社,2009.
[11] 张蕾.汽车空调[M].北京:人民交通出版社,2009.

图书资讯

全国交通运输行业职业技能鉴定教材——汽车维修工			
书　　名	书　　号	定价(元)	作　　者
职业道德和基础知识	14075	50	交通运输部职业资格中心
汽车检测工、汽车机械维修工、汽车电器维修工职业技能鉴定教材(初级、中级、高级)	14092	60	交通运输部职业资格中心
汽车检测工、汽车机械维修工、汽车电器维修工职业技能鉴定教材(技师、高级技师)	预计2017年11月出版		交通运输部职业资格中心
汽车车身整形修复工职业技能鉴定教材	预计2017年9月出版		交通运输部职业资格中心
汽车车身涂装修复工职业技能鉴定教材	预计2017年9月出版		交通运输部职业资格中心
汽车美容装潢工、汽车玻璃维修工职业技能鉴定教材	预计2017年9月出版		交通运输部职业资格中心
其他汽车维修类图书			
书　　名	书　　号	定价(元)	作　　者
汽车维修从业人员安全生产指南	11697	48	中国汽车保修设备行业协会
汽车维修企业转型发展典型案例	11696	68	中国汽车维修行业协会
汽车美容——车身清洁维护岗位技术培训教材(第二版)	13414	30	吴晋裕
机动车维修价格结算员素质教育读本	11380	28	本书编写组
机动车维修业务接待员素质教育读本	11381	38	本书编写组
汽车钣金	11206	39	岸上善彦
汽车涂装	11020	48	末森清司
液化天然气(LNG)客车使用与维修手册	11526	36	金柏正
I/M制度在汽车维护中的应用	13659	50	刘元鹏
《汽车维修业开业条件》(GB/T 16739—2014)宣贯读本	12125	36	张学利　蔡凤田

★ 咨询电话:010 - 85285003　010 - 85285852
★ 欢迎加入汽车维修类图书QQ交流群:569603680
★ 邮箱:dlyscbzx@163.com